1900년대 겔레르트산에서 바라본 터반과 부다성.

1900년경의 엘리자베트 다리.

1905년경 도나우-코르조.

1890년대 얼어붙은 도나우강 건너가기.

1870년대 슐렉 프리제시가 새
로 건축하기 이전에 성삼위일체
거리에서 바라본 마차시 성당.

1890년대 1구의 폰티Ponty(잉
어) 거리.

1900년 터반의 어러니커커시 Aranykakas(황금수탉) 거리와 허드너지Hadnagy(소위) 거리.

1900년 슈밥산의 포도밭에서 포도 따기를 하고 있는 요커이 모르. 그 옆은 손녀 페스티 마셔.

1895년경 바치 거리의 마차.

1894년 한때 바로시하즈 광장(시청광장), 이곳은 20세기 초 벨바로시Belváros(도심지) 정비 와중에 사라졌다.

1898년 한때 로자 광장이었던 곳과 두나 거리 모퉁이.

1906년경 페렌치엑 바자르 입구에서 꽃을 파는 여성들.

1896년 구벨바로시(구도심)의 세베스첸 광장.

1890년대 키라이 거리 모퉁이에 있는
오르치하즈(역사적 건물).

1910년대 페스트 지역의 거리에 있는
정교회 유대인 신자.

1907년 이라니 거리의 1번지 건물(공동 주택과 상점).

1896년 6월 8일, 베르메죄의 밀레니움 기념 의장 행렬 행사에 참가하기 위해 크로아티아 국기를 들고 있는 페여체비치 토도르 백작.

1896년 6월 8일, 머르기트 다리 위의 밀레니움 의장 행렬.

1896년 밀레니움 전시관의 '산업관Iparcsarnok'.

1896년 밀레니움 전시를 위해 바로시 리게트 안에 건설된 국민적인 유원지인 고대-부다성 Ős-Budavára.

1901년 홀드 거리의 우편저축은행.

1910년경 그레섬 보험회사 '궁전'.

1899년의 언드라시 대로.

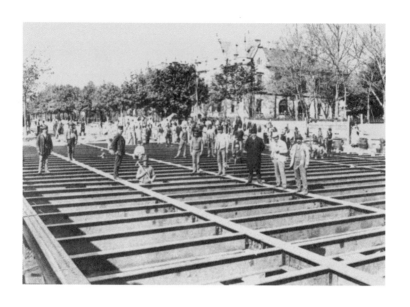

1896년 지하철도 건설.

1913년 부다페스트 공공철도회사의 안내자(가이드)들.

1905년경 엘리자베트바로시 저축은행과 뉴욕 보험회사 건물(궁전)이 있는 에르지베트 쾨루트 (에르지베트 환상대로).

1912년 여판Japán 커피하우스 예술가의 테이블. 왼쪽 전면에 시네이-메르세 팔, 오른쪽에 지팡이를 쥐고 있는 리플 로너이 요제프.

1904년 헝가리국영철도회사의 서부정비창.

1900년대 손디 거리의 전화 케이블 끌어오기(전화선 가설).

1904년 쾨바녀 거리의 헝가리 국영우체국 차고지에서 총커 타이프 우편자동차를 인수하는 모습.

1890년대 환자긴급구호차(앰뷸런스) 출동 훈련.

1890년대 소방대의 건물 올라가기 훈련.

1890년대 헝가리아 호텔의 식당.

1910년 바로시 리게트의 군델 카로이 식당, 오른쪽 뒤편에 서 있는 사람이 군델 카로이.

1910년 6월 19일 헝가리 육상대회 멀리뛰기 경기에서 6.85미터로 우승한 서트마리 칼만.

1900년대 아레나 거리에 있는 여학교의 체조 시간.

1900년대 버로시 거리와 코소루 거리의 모퉁이.

1900년대 9구에 위치한 토트 미하이 철공소.

1910년대 간츠Ganz 전기주식회사의 대형 기계(제작)실.

프라테르 거리 모퉁이의 쿤 요제프 식당과 그 정원에 있는 가족, 종업원과 단체 손님들.

1905년의 선거 기간에 테레즈바로시 성당 앞을 순찰하는 후사르 근위대.

1910년 6월 17일 '비가도Vigadó' 앞에서의 선거권 요구 시위.

1906년 헝가리 전통 의상diszmagyar을 착용하고 마차시 성당 앞에 서 있는 정치인들(diszmag-yar는 헝가리의 전통과 정체성을 상징하는 복장).

1910년경 페스트 거리의 신문팔이 소년.

1910년 외트베시 콜레기움의 새 건물 낙성식에서의 베외티 졸트, 블라시치
줄러 그리고 베르제비치 얼베르트.

1914년 1월 자그레브에서의 티서 이스트반과 슈케르레츠 이반 크로아티아
총독.

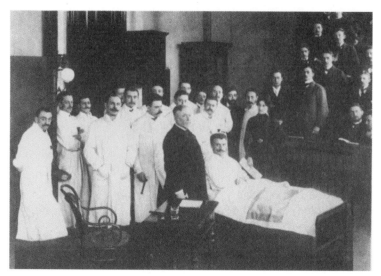

1890년대 부다페스트대학 의과대학에서 코라니 프리제시 남작이 조교들과 개강 수업을 하고 있다.

1900년경 슈테파니어 거리의 쌍두마차.

1900년경 카로이 궁전의 응접실.

1910년경 경마장의 신사 숙녀 관객들.

1910년경 부다산에서 소풍을 하고 있는 시민 가족.

1910년대의 페스트에 거주하는 시민 가족.

1910년경 소규모 중산층 가족의 부엌.

1910년에 발생한 높은 월세(월세 인상)를 반대하는 세입자들의 시위.

부다페스트 1900년

JOHN LUKACS

BUDAPEST, 1900

부다페스트 1900년

존 루카스 지음 김지영 옮김

글항아리

일러두기

• 이 책은 존 루카스의 영어판인 *Budapest 1900: A Historical Portrait of a City and Its Culture*(New York: Weidenfeld & Nicolson, 1988)와 이 책의 헝가리어 번역본인 *Budapest, 1900: A város és kultúrája*(Budapest, Európa könyvkiadó, 1991)을 대조하면서 번역했다.

머리말

1900년에 부다페스트는 유럽에서 가장 젊은(시카고를 제외한다면 세계에서 가장 젊은) 대도시였다. 25년 동안 인구는 세 배, 건물은 두 배로 늘어났으며, 도시는 육체적으로나 정신적으로 활력이 넘쳐흘렀다. 무엇보다 부다페스트의 이러한 활력은 당시 오스트리아-헝가리 이중 제국의 쌍둥이 수도였던 빈과 특별한 대조를 이루었다. 빈에 관해서는 지난 25년 동안 영어로 된 수많은 책이 출간되었다. 그 책들은 대부분 특정 주제에 집중한 터라 꽤 선별적으로 도시의 초상을 그리고 있다. 또한 그 책들은 대체로 주제 선정뿐만 아니라 그것을 다루는 연대기적 방식에 있어 꽤나 자유스럽다. 반면에 나는 이 책에서 조금 엄격한 방식을 취했다. 이 책은 1900년이 중심이며, 기껏해야 1896년부터 1906년까지 10년 정도의 세월을 다루고 있다. 그리고 이후에 무슨 일이 벌어졌는지 알고 싶어하는 영어권 독자를 위해 일종의 종결부인 "그 이후"(7장의 제목이다)를 첨부했다. 이러한 방식을 취하는 것이 그렇게 어려운 작업은 아니었다. 역사적으로 흔치 않은 우연의 일치로 1900년은 여러 측면에서 그리고 여러 수준에서 부다페스트 역사의 정점이자 전환점이었기 때문이다(위기의 해인 1905~1906년도 마찬가지였다). 아마 도시의 물리적 모습과 그 안에서 살아가는 다양한 계층의 삶을 포함해 다각도로 도시의 초상을 구성하려 했던 내 시도가 더 어려운 작업이었을 것이다. 이 작업을 하면서 나는 나의 역사철학과 합치하고 위계질서에 따라 진행되는 나의 이전 책들의 관행을 따랐다. 이 책에서는 도시의 물리적·물질적 상황(2장), 도시의 사람들(3장), 그들의 정치(4장), 예술 및 지적 삶의 상황과 구현(5장), 잘 보이지는 않지만 명백한 마음과 정신의 성향(6장)의 순서를 따랐다.

1900년의 부다페스트에는 흥미와 존경의 대상이 될 만한 점이 많았다. 그러나 이 책 『부다페스트 1900년』이 향수에 영감을 받은 것은 아니다. 당시 이 도시의 삶에는 (현재와 마찬가지로) 이중성이 있었다. 도시적이고 세련된 감성과 남성적이며 거친 지방성의 공존, 헝가리적이면서 동시에 세계주의적인 범상치 않은 진정한 정교함이 이러한 이중성의 한 요소였다(돌이켜보면, 자극적이고 매력적이었다). 그 후 부다페스트의 역사에서 끔찍한 비극으로 가득 찬 한 세기에 달하는 시간이 흘렀다. 그리고 지난 90여 년간 헝가리인은 1900년 부다페스트의 장단점을 받아들이는 데 어려움을 겪었다. 훌륭한 교양인이자 자유주의자이며 원칙론적 보수주의자였던 헤게뒤시 로란트(1872~1943)가 51년 전에 썼던 한 문장이 이러한 이중성을 설명해주고 있다. "작은 나라의 역사에서 그 무엇에도 비할 수 없는, 그렇게 운 좋은 시기에 얼마나 많은 자갈이 켜켜이 쌓여 있는지! (…) 쓸모없는 잔해 속의 희귀한 금속들!"[1] 강조점은 내가 찍은 것이다.

1990

---

1 Hegedüs KAT, p. 229.

차례

1장

색채, 말씨, 소리

COLORS,
WORDS,
SOUNDS

1900년 5월 1일 밤, 헝가리 화가 문카치 미하이(1844~1900)가 독일의 한 개인 요양원에서 사망했다. 그는 9일 후 부다페스트에 묻혔다. 그의 장례식은 15년 전 5월의 어느 날 파리에서 거행된 빅토르 위고의 장례식이 그랬던 것처럼 "단순히 죽은 사람을 매장하는 의례가 아니었다. 그것은 불멸을 기념하는 행사였다. 19세기는 그 열정과 열의를 메아리치게 하던 사람과 함께 역사가 되었다".[1]

부다페스트의 영웅 광장에 있는 예술의 전당 신고전주의 양식 열주列柱와 여섯 개의 코린트식 기둥 앞에 관대棺臺가 설치되었다(위고의 시신은 개선문 아래 안치되었다). 문카치의 석관石棺은 15미터 높이의 관대 위에 놓였다. 석관은 헝가리의 유명한 조각가가 제자들과 함께 서둘러 완성했고, 관대는 헝가리 모더니즘의 대표적 계승자인 유명한 건축가가 제작

---

1 Richardson, p. 283.

했다. 역설적이게도 이 작품은 앞면에 크게 조각된 역동적인 수사슴 부조를 제외하면 헝가리적이거나 모더니즘적인 분위기가 거의 없었다. 석관은 하얀색, 관대는 검은 벨벳 빛깔이었다. 검은 깃발이 드리워진 두 개의 거대한 기둥은 하얗게 칠한 월계수 화환으로 장식되었다. 그리고 구의 형태로 깎아 둥글게 가지치기를 한 검푸른 잎의 어린나무들이 두 줄로 늘어서 있었다. 폭포처럼 이어지는 검은빛의 향연 속에서 관대의 아래쪽 중앙에 문카치의 옆모습이 금박으로 장식된 대형 흰색 부조가 눈에 띄었다. 네 개의 청동 횃불이 관대 주변에서 타오르며 연기를 내뿜었다. 바람이 부는 상쾌한 5월의 하루였다.

이 기념비적인 장례 미장센 위에는 헝가리식으로 뽐내는 듯한 비대칭의 물건이 하나 있었는데, 바로 예술의 전당 다락방 끝에서 한쪽으로 드리워져 반원형으로 쓸려내려온 거대한 검은 베일이었다. 마치 슬픔에 잠긴 국민 여배우 같은 모습이었다.

검정 코트와 정장용 실크해트를 착용한 정부 각료와 부다페스트 시장의 모습이 보였다. 주교와 경기병, 뒤러의 장례식 그림에 나올 법한 네 명의 전령관, 검은 손전등이 부착된 긴 은빛 지팡이를 든 세 명의 기수도 있었다. 향과 몰약이 미풍에 흩날렸다. 3시 30분에 장례 행렬이 움직이기 시작했다. 헝가리 화가들이 중세 형식으로 장식한 영구차를 검은 덮개와 은빛 천을 씌운 여섯 마리의 검정말이 끌었고, 화환을 가득 실은 마차 여덟 대가 뒤를 이었다.

도시의 소음이 잦아들었다. 도나우강 페스트 쪽 지역의 트롤리 차량은 모두 멈춰 섰다. 검은 깃발이 휘날렸다. 행렬은 서쪽으로 천천히 나아가 넓게 트인 언드라시 대로大路에 다다랐다. 갑자기 말발굽 소리가 부드러워졌다. 언드라시 대로는 단단한 나무 블록으로 포장되어 있었기 때문이다. 문화종교부 장관은 이날 휴교를 명했고, 학생들은 장례 행렬이 지나는 연도沿道를 메우라는 지시를 받았다. 대규모 행렬은 페스트의 자랑거리인 그 길을 따라 신흥 부자들의 별장과 쇠를 두들겨 만든 철제 울타리, 강대국들의 영사관, 5월의 녹지와 어린 마로니에를 지나갔다.

언드라시 대로에서 1.5킬로미터쯤 내려온 옥토곤(팔각광장)에서 나팔수가 행렬을 멈추게 한 뒤 좌회전해 순환로Ring 쪽으로 방향을 선회했다. 주교와 각료들이 각자의 마차에 올라탔다. 커피 전문점의 테라스 앞에서는 집시 악단이 문카치가 가장 좋아했던 헝가리 노래를 연주했다. 목수 협회와 도장공 협회 회원들이 검정 옷을 입고 뻣뻣하게 서 있었으며, 공장의 합창단이 비가悲歌의 저음부를 오후의 하늘로 날려보냈다. 잠시 소동이 일어나기도 했다. 시각장애인 학교 합창단이 앞으로 나와 노래하기로 돼 있었는데, 이를 통고받지 못한 기마경찰이 나타나 겁먹은 합창단을 뒤로 물러나게 했던 것이다. 그러나 새로 지은 멋진 아파트의 좁은 장식용 발코니가 구경꾼의 무게 때문에 무너질지 모른다는 두려움 외에 별다른 소란은 없었다. 엘리자베트 순환로 44호의 2층 발코니에는 흰 수염의 왜소한 인물이 서 있었다. 헝가리 문학의 거장인 요커이 모르(1825~1904)였다. 그는 행렬이 자기 밑을 지나갈 때 모자를 들어 인사했다. 여자들은 무릎 굽혀 인사했는데, 개중에는 무릎 꿇는 사람도 있었다. 행렬은 순환로에서 1.5킬로미터쯤 더 내려가 방향을 바꾼 뒤 라코치(당시에는 케레페시) 거리로 들어서 시립 묘지로 향했다. 그즈음 군중은 보랏빛 황혼 속으로 서서히 흩어지기 시작했다.

부다페스트의 길거리에 불이 켜졌다. 그 그림자 속에서 와인에 취한 도시의 밤 에너지가 생기를 되찾고, 요란하며 시큼한 소음이 밤공기의 틈새를 메웠다. 방금 지나간 이상한 휴일의 감상, 뒤늦은 애도의 감정이 흘렀다. 다시 한번 15년 전 파리의 하루와 기묘한 유사함이 떠올랐다. 당시 영국 대사는 빅토리아 여왕에게 다음과 같이 보고했다. "개선문 아래 세워진 거대한 관대나 화려한 장례식에 충격적이거나 현란하거나 적절해 보이는 것은 거의 없습니다. 사람들의 행동에도 슬픔이나 엄숙함은 거의 없습니다……."[2]

•• — ••

부다페스트에서 이렇게 큰 규모의 장례식이 치러진 것은 6년 만이었다.[3] 1894년 3월, 망명자였던 위대한 국가 지도자 코슈트 러요시 (1802~1894)의 시신이 고향으로 돌아왔다. 코슈트와 문카치는 국외에 알려진 헝가리인 중 가장 유명한 인물이었다. 헝가리 사람들은 이런 사실을 잘 알고 있었다. 헝가리가 문카치의 명성을 통해 세계에서 얻은 명예, 이것이 그를 신격화한 가장 중요한 이유였을 것이다.

문카치는 혜성 같은 삶을 살았다. 그는 1844년 헝가리 동북부의 낙후된 먼지투성이 마을 문카치에 거주하던 독일계 헝가리인 부모에게서 태

---

2 Richardson, p. 287.
3 Perneczky, pp. 50ff.; Malonyay, Ⅱ, pp. 120ff.; Budapesti Napló, May 9, 1900.

어났다. 그는 당시 많은 사람이 그랬던 것처럼 자신의 이름을 헝가리식으로 고쳤는데, 원래 이름 리브Lieb를 문카치Munkácsy로 바꾸면서 철자 끝에 귀족이 주로 사용하는 'y'를 덧붙여 귀족처럼 과장된 이름을 지었다. 그의 어린 시절은 불우했다. 부모가 돌아가시고 고아가 된 그는 친척 집에서 목수의 견습생이 되었다. 그는 가난하고 마른, 병에 찌든 아이였다. 청소년기에 그는 그림에 재능을 보였는데, 동정심 많은 화가가 그를 동료삼아 아라드의 지방 도시로 데려갔다. 그 후 그는 페스트로 갔다가 빈으로 갔는데, 그곳에서 미술 학교에 입학하지 못했다(등록금이 부족해서인지 기량이 부족해서인지는 알 수 없다). 그는 다시 페스트로 갔다가 뮌헨을 거쳐 뒤셀도르프에 정착했다. 그곳에서 그는 스케치로 생계를 꾸려나갔지만, 헝가리 화가 동료나 몇몇 독일인 스승에게 별다른 인상을 남기지 못했다. 그러다가 전환점이 찾아왔다. 1868년 그는 「애도의 집Siralomház」이라는 대형 작품을 그렸다. 이 그림은 어둡고 이국적인데, 기법보다는 주제가 이국적이었다. 농민 옷차림의 헝가리 산적이 불안한 슬픔에 잠긴 그늘진 인물들에 둘러싸여 탁자에 기대어 앉아 있다. 배경은 어둡고 붓놀림은 강하며 자연주의적이다. 구성과 대조에 상당한 재능이 엿보이며, 쿠르베의 스타일을 연상시킨다. 이 그림은 즉각적인 성공을 거두었다. 미국의 개인 수집가 1세대에 속하는 필라델피아의 상인 윌리엄 P. 윌스태크가 금화 2000탈러를 지불하고 이 그림을 사들였다. 문카치가 아직 스물여섯 살도 되기 전이었다.

1870년에 이 그림이 파리의 살롱에 전시되었다. 문카치는 이를 통해 부와 명성을 얻을 수 있었다. 그는 파리로 거처를 옮겼다. 그리고 남작의

미망인과 결혼했다. 문카치에게는 사회적 야망이 있었다. 부부는 빌리에 거리에 대저택을 소유했다. 정부 각료, 예술가, 대사, 러시아 공작, 스웨덴 국왕 등이 부부의 만찬에 참석했다. 문카치는 미남이었다. 검은 눈동자와 잘 다듬어진 턱수염, 그가 습관처럼 착용하던 나비넥타이가 우아한 보헤미안의 느낌을 주었다. "오! 너무 잘생겼어." 이렇게 감탄하는 파리의 여인도 있었다. 그는 파리 화가의 아내를 정부情婦로 두었다. 뮌헨 출신의 유력한 미술품 거래상 제들마이어가 그의 대리인이 되었는데, 잡역부 역할까지 도맡을 정도였다. 그는 문카치에게 무엇을 그려야 할지 계속 조언했다. 문카치의 그림은 매우 비싼 값에 팔렸는데, 미술품 수집을 시작한 부유한 미국인들이 60점 이상을 구매하기도 했다. 코르넬리우스와 윌리엄 밴더빌트, 제이 굴드, 윌리엄 애스터, 오거스트 벨몬트, 필라델피아의 금융 천재 에드워드 T. 스토츠베리, 미시간 주지사 러셀 앨저 장군, 헝가리 출신의 신문 업계 거물 조지프 퓰리처, 뉴욕의 식당 경영자 델모니코 등이 그런 인물이었다. 가장 성공적인 작품은 제들마이어가 제안한 「빌라도 앞에 선 예수」라는 큰 그림이었다. 이 그림은 백화점 업계에서 급부상하던 필라델피아 출신의 거물 '상인 대공大公' 존 워너메이커가 15만 달러에 구매했다. 현재 가치로 200만 달러에 달하는 금액이다. 이 그림은 지금도 부활절 기간마다 워너메이커 백화점에 전시되고 있다.[4] 제들마이어는 「빌라도 앞에 선 예수」를 필라델피아로 보내기 전에 3년 동안 유럽 투어를 진행했다. 당시(1881~1884) 여러 비평가는 문카

___

4 1988년 워너메이커가 대기업에 매각된 후 이 작품은 6만 달러에 팔렸고, 전시는 중단되었다.

치를 현존하는 가장 위대한 예술가, 세계에서 가장 위대한 현대 예술의 창시자, 미켈란젤로나 렘브란트와 어깨를 나란히 하는 예술가라고 칭송했다.[5] 제들마이어가 인쇄한 2절판 책자에 이런 내용과 문카치에 대한 논평이 수록되어 있다. 문카치는 너무 유명해서 미국인 팬이 편지 주소를 '유럽, 문카치'라고만 적어도 그에게 배달될 정도였다. 1886년 제들마이어는 미국으로 개선凱旋 여행을 준비했다. 워너메이커에 팔린 「빌라도 앞에 선 예수」에 이어 문카치의 수많은 작품이 팔렸다. 클리블랜드 대통령은 백악관에서 문카치를 맞이했고, 해군 장관은 워싱턴에서 만찬을, 델모니코는 뉴욕에서 축제 연회를 열었다. 문카치가 프랑스로 돌아가기 위해 뉴욕항 부두에서 여객선 샹파뉴호號에 승선할 때는 헝가리 집시 악단이 「문카치 행진곡」을 연주하기도 했다.[6]

그의 성공은 그가 평생 사랑하고 충성했던 그의 조국에 커다란 반향을 일으켰다. 그는 젊은 헝가리 화가들이 파리에서 공부할 수 있도록 자금을 마련하기도 했다. 페스트에서 「빌라도 앞에 선 예수」가 전시되었을 때는 8만 명의 유료 관람객이 전시장을 방문했다. 이 전시회의 위원장을 맡았던 이는 당시 가장 학식 있던 헝가리 추기경 이포이 어르놀드(1823~1886) 주교였다. 1890년경 헝가리 정부는 문카치에게 새 의회의

---

5 John Maass의 원고(Philadelphia, "Munkácsy in America"), 나의 소장품.

6 두 세대 뒤에 헝가리 출신의 문카치 전기 작가 페르네츠키 게저Perneczky Géza는 「빌라도 앞에 선 예수」를 할리우드의 대작과 비교했다. 미국의 미술사가 존 마스John Maass는 문카치의 미국 여행과 관련하여 다음과 같이 적었다. "제들마이어는 스타가 '개인적으로 출연하는 여행'을 포함하여 미국 영화 산업의 홍보 방법을 (…) 기대했다. (…) 「성의」(1953)나 「바라바」(1962) 같은 성경 영화의 장면들은 놀라울 정도로 「빌라도 앞에 선 예수」와 흡사했다."

사당 건물에 걸 기념비적 작품 「헝가리의 정복Honfoglalás」을 의뢰했다. 헝가리 부족 연맹의 지도자로 헝가리 왕조를 연 아르파드(845~907)가 헝가리 언덕과 평원에 거주하는 주민들의 존경을 받으며 하얀 종마에 꼿꼿이 앉아 있다. 이 그림은 문카치 최고 작품의 수준에는 훨씬 못 미친다. 그러나 그즈음 그는 이미 병자였다. 젊은 시절부터 잠복해 있던 질병―아마 매독이었을 것이다―이 그의 몸과 뇌에 깊숙이 영향을 미치고 있었다. 이런 사실을 아는 사람은 거의 없었다. 그는 국가적 영웅이었고, 국보였으며, 세계에서 가장 유명한 헝가리의 아들이었다.

혜성 같은 삶, 아니 유성 같은 삶이 더 어울린다. 사람들이 유성의 상승을 얘기할 때 사실 유성은 추락하고 있다. 문카치가 바로 그런 경우였다. 그는 자수성가한 화가였고, 뛰어난 재능을 지닌 예술가였다. 그러나 그의 최대 걸작은 아마 잘 알려지지 않은 것들, 몇 점의 여름 풍경과 초상화일 것이다. 그의 재능과 성격에는 이중성이 있었다. 그는 심오했지만 습관적으로 피상적이었고, 기법에 집착했지만 작업 속도는 빨랐다. 렘브란트를 비롯해 그의 전범典範이 되었던 스승들은 대개 후기 르네상스 화가였다. 그러나 그는 이탈리아를 거의 방문하지 않았고, 피렌체를 넘어 여행하지도 않았다. 그는 프랑스를 매우 좋아했지만, 프랑스어 회화나 작문은 거의 공부하지 않았다. 그의 그림은 주제나 기법에 있어 시대의 산물이었다. 그의 최정점은 쿠르베나 밀레와 비교할 수 있을 것이다. 그러나 문카치의 유성은 인상파 신세대 화가들이 살롱을 떠난 1870년대에 파리의 하늘에서 잠깐 빛을 발했을 뿐이다. 문카치는 인상파 화가들을 증오했다. 그는 죽기 전 아내에게 보낸 편지에 자신이 진정으로 원하는 것은 "인상파의 과장을 없애기 위해"[7] 예술 학교를 여는 것이라고 적었다. 그가 죽기 훨씬 전부터 프랑스 비평가들은 문카치를 외면했다. 문카치를 개인적으로 좋아했던 뒤마 피스는 헝가리 친구 유슈트 지그몬드(1863~1894)에게 다음과 같이 말했다. "문카치는 아내에게 이익을 얻기도 하고 피해를 보기도 했다. 그의 평판은 과장되었다."[8] 위스망스는 「빌라도 앞에 선 예수」를 보고 문카치를 그저 장식만 좋아하는 '의심쩍은 모험가'로 평가했다. 그의 집을 '통속적인 궁전'이라고 헐뜯는 사람도 있었다. 그가 죽기 2년 전 빌리에 거리의 저택에 있던 물건들이 경매에 부쳐졌다. 고블랭 직물, 도자기, 페르시아 카펫, 골동품 권총, 그의 그림 일부가 헐값에 팔렸다. 시간이 지나면서 그림의 상태도 나빠졌다. 문카치는 습관적으로 큰 작품의 밑그림에 검은 역청을 사용했는데, 이것이 그림의 색을 바래게 했던 것이다.

국장國葬으로 진행된 장례식의 장려함과 압도적 분위기가 이런 내부 사정을 덮었다.[9] 그리고 1900년 5월 부다페스트 신문들의 호기로운 어조에는 이런 사정에 대한 숙고의 흔적이 전혀 없었다. 그러나 문카치의

---

7 Malonyay, Ⅱ, p. 100.

8 Lázár, p. 124. 제들마이어가 문카치의 명성을 더 훼손했을 가능성도 있다. 그가 음악 반주에 맞춰 문카치의 작품 「임종을 맞은 모차르트」를 전시하거나, 새로운 관행에 따라 「빌라도 앞에 선 예수」 순회 전시 입장권을 판매한 것에 대해 많은 악의적 비평과 사람들의 온갖 불만이 쏟아졌다.

9 Perneczky, p. 51. "이 장례식은 오락, 축제, 감각적 연극에 열광하는 대중을 위해 만들어진, 기괴하고 과장된 절충주의의 결정체로서 문카치의 마지막 대작이었다. (…) 정직하고 독립적인 연구를 통해 문카치의 회화적 재능을 평가해야 하지만, 동시에 그의 실수 및 방향 오류가 그의 조국의 실수 및 방향 오류와 일치한다는 점도 간과해서는 안 된다."

한계에 대한 인식이 서쪽으로 1000킬로미터 떨어져 있으며 부다페스트보다 수십 년 앞선 문화를 보유한 파리의 비평가들이 보인 특별한 반응이었다고 생각해서는 안 된다. 헝가리의 지성사와 예술사에서 흔히 볼 수 있듯이 세계적인 명성과 진정한 가치는 별개의 문제였고, 그 둘이 일치하는 일은 거의 없었다. 문카치가 혜성처럼 파리 살롱가의 정점에 도달했던 1873년 바로 그해에 헝가리 화가 시네이 메르셰 팔(1845~1920)은 「오월의 소풍Majális」을 그렸다. 이 작품은 결국 헝가리인이 그린 19세기 최고의 그림으로 평가받는다. "결국"이란 표현을 쓴 이유는 부다페스트에 이 그림이 처음 선보였을 때 반응이 몹시 형편없어서 시네이 메르셰 팔이 이후 몇 년간 그림에서 손을 뗐기 때문이다. 그러나 「오월의 소풍」은 구성과 기법 모두 프랑스의 위대한 전기 인상파 화가 모네와 르누아르의 새로운 양식과 정확히 일치한다는 점에서 매우 중요하다. 문카치는 파리에서 젊은 헝가리 화가 팔 라슬로(1846~1879)와 친하게 지냈다. 팔 라슬로는 비극적으로 젊은 나이에 죽었지만, 개인적으로 뛰어나게 바르비종파를 변주한 화가였다(밀레는 젊은 화가 중 그를 가장 유망한 인물로 평가했다). 1900년 부다페스트에서 문카치의 이름을 일상 용어처럼 사용하던 수천 명의 사람 중 분명히 팔 라슬로의 이름을 알고 있는 사람도 있었을 것이다. 그러나 문카치가 세상을 떠나기 몇 년 전 이미 헝가리 화가들은 그가 대표하는 회화 전통을 거부했다. 문카치가 프랑스를 사랑하고 파리에 거주하며 그곳에서 대성공을 거두었음에도 불구하고 이 회화 전통은 본질적으로 독일적·뮌헨적이었다. 1890년대에 이르러 헝가리 최고의 화가들은 이러한 회화 전통에서 벗어났다. 그들은 자유분방한 예술가의 비밀스러운 작업장보다는 너지바녀, 괴될뢰, 솔노크 같은 지역의 진지한 작업장에서 모든 것을 공개하고, 바래지 않는 물감을 사용하는 헝가리 외광파外光派 회화를 추구했다. 1897년 너지바녀 지역 화가들의 첫 번째 전시회가 개최되었고, 1900년경에는 헝가리 현대 회화가 시작을 넘어 본격적인 발전 단계에 이르렀다.

문카치의 시신이 마지막 여행을 시작했던 예술의 전당을 자신들의 보루로 삼고 있던 보수주의자 일부는 이 화가들에게 맹비난을 퍼부었다. 그러나 그것은 그리 문제가 되지 않았다. 이 화가들은 자신들이 무엇을 하는지, 어디에 서 있고 어디에 앉아 있는지 잘 알고 있었다. 1900년 부다페스트의 화가, 조각가, 건축가들은 습관적으로 언드라시 대로의 커피 전문점 '여관Japán(일본)'에 모였다. 이들은 종종 이 커피 전문점 테이블의 자줏빛 대리석 표면에 연필로 그림을 그리기도 했는데, 한번은 명망 있는 미술품 수집가가 커피 전문점 주인에게 이 테이블을 팔라고 설득해 집으로 실어가기도 했다. '여관'은 순환로의 웅장한 아파트 단지로부터 그리 멀지 않은 곳에 있었다. 엘리자베트 순환로는 건물뿐만 아니라 분위기, 색채, 소리, 포장도로 위로 들려오는 말씨 등이 1900년 부다페스트의 전형적인 모습을 띠고 있었다. 그리고 '여관'에 모인 사람들의 마음과 대화도 그러한 모습이었다.

크루디 줄러(1878~1933)는 부다페스트에 관해 다음과 같이 썼다. "봄이면 이 도시는 페스트 쪽 강변을 산책하는 부인들의 향내와 제비꽃 냄새로 가득 찬다. 가을에는 부다 쪽이 이런 분위기다. 왕궁 벽 산책로에 떨어지는 밤송이 소리, 약간은 쓸쓸한 적막 속에 저쪽 간이 판매점에서 조각처럼 바람에 실려오는 군악대의 음악. 가을과 부다는 같은 어머니에게서 태어났다."[10] 계절과 색상의 대비는 부다페스트가 빈보다 더 선명했다. 자동차 배기가스와 디젤의 매연이 대기를 꽉 채우기 전인 1900년에는 이러한 대비가 더 선명했을 것이다. 크루디가 묘사한 것처럼 제비꽃 빛깔은 부다페스트 봄의 색이었다. 3월 초순에 처음 피어난 제비꽃으로 만든 작은 꽃다발을 여성에게 선물하는 것이 관례였다. 농부 아낙네들은 도시의 남쪽과 서쪽 농원에서 이런 꽃다발을 만들어 코르쇼街道 주변과 길거리에서 판매했다. 3월에는 강물이 불어나는 소리와 냄새도 밀려왔다. 도나우강은 빈보다 부다페스트에서 더 빠르고 깊게 흘렀다. 강물은 종종 낮은 부두까지 범람했고, 소용돌이치는 물 덩어리의 모습과 굉음은 두려움을 일으킬 정도였다. 4월 말에는 진줏빛 안개가 굽은 강과 다리와 부두를 휘덮고 언덕 위 왕궁까지 들이쳤다. 이 빛은 긴 여름 아침을 거쳐, 성숙하고 선명한 늦은 9월까지 계속되었다.

밤이 되면 그림자가 물러가고 진녹색의 새로운 공기가 약속의 장막처

---

10 Krúdy PBS, p. 40.

럼 도시 위로 피어올랐는데, 이것은 서유럽의 산성 띤 녹색 봄과 성격이 달랐다. 5월과 6월의 헝가리는 부다페스트에서조차 지중해를 닮은 무언가를 느낄 수 있었다. 수많은 굴뚝에서 나오는 연기도 그림자와 함께 물러갔다(물론 외곽 지역의 제분소와 공장에서 나오는 짙은 연기가 사라진 건 아니지만). 카페와 야외 식당 앞에는 의자와 탁자가 놓이고, 부다페스트의 밤이 꽃피우기 시작하면 수많은 사람이 모여들었다. 독특한 습관과 맛을 지닌 밤의 생활이 이른 저녁에 시작되어 새벽까지 이어졌다. 부다페스트에는 아침 10시보다 밤 10시에 더 붐비는 거리가 여럿 있었지만, 몽마르트르나 피커딜리처럼 밤의 유흥이 밀집되어 있기 때문은 아니었다. 먼지 없는 공기의 신선함, 특히 5월 소나기가 내린 후의 상쾌함은 헝가리 시골 지역을 도시로 불러온 듯했다. 부다페스트는 18세기의 런던 또는 19세기의 필라델피아 일부 지역처럼 매연과 사람으로 가득 찬 팽창하던 대도시였지만, 목가적 이상향이 아주 가깝게 느껴지는, 아직은 농촌의 마음을 지닌 도시였다. 5월이 되면 제비꽃은 사라지고 대신 아카시아와 라일락과 살구꽃이 만개했는데, 이런 꽃은 부다페스트 외곽 지역에서 가장 풍성하고 아름다웠다. 거기에는 초월적이면서도 촉감으로 느낄 수 있는 세속적이고 에로틱한 약속의 느낌이 있었다. 이런 느낌은 젊은이들뿐만 아니라 모든 사람의 마음을 관통했다. 이는 단지 여성들의 우아한 움직임, 그녀들의 가벼운 여름 옷차림 아래로 보이는 율동을 관찰하는 데 그치지 않았다. 그것은 일종의 열망이었다.

여름은 더웠다. 빈보다 더 더웠다. 때로 찌는 듯이 더웠지만, 엄청난 뇌우로 더위가 가시기도 했다. 그러나 그렇게 습하지는 않았다. 먼지투성이의 메마른 거리 위로 몰려든 검은 소나기구름은 쾌적하고 편안한 긴 여름밤을 보증했다. 이런 밤은 언제나 시원했다. 5월과 8월 부다페스트의 밤은 초목의 상태만 다를 뿐 큰 차이가 없었다. 가장 무더운 날에도 나무는 푸르렀고, 마르거나 시들지 않았다. 여름은 반복해서 '아름답고 상쾌하고 기운찬 오늘'의 즐거움을 약속하는 계절이었다. 부다페스트의 부르주아 부인이나 젊은 젠트리 부인이 양쪽으로 여닫는 창문을 활짝 열고 제라늄 위로 기대듯 몸을 숙이는 모습은 1900년경 여름 코트다쥐르의 프랑스 여인의 모습, 시대에 조금 뒤졌지만 아름답고 상쾌하고 기운찬 몸짓과 거의 다를 바 없었다(아마 그 마음도 비슷했을 것이다). 노란 가루가 날리는 시골로 둘러싸인 부다페스트는 도나우강을 따라 푸른 나무 그늘처럼 펼쳐졌는데, 꽃보다 채소를 좋아하는 사람에게는 바깥 잎 가장자리가 공장 굴뚝의 검은 연기로 인해 서리가 긴 초대형 녹색 양배추처럼 보였을지도 모른다. 늘어선 아파트와 사람으로 붐비는 이 도시는 여름 피서지나 온천장 같은 느낌을 주었다. 유명 휴양지로 떠나는 구실로 부다페스트를 악평하는 사람을 제외하면, 부다페스트의 여름에 대해 불만을 토로하는 사람은 거의 없었다. 풍성한 과일과 채소와 생선이 시장만이 아니라 거리로도 쏟아져 나왔다. 젊은이들은 새벽까지 깨어 있었다. 노인들은 더운 오후에 백일몽을 꾸고, 새로운 환경과 새로운 싸움과 새로운 희롱거리를 상상하며 다가올 겨울을 준비했다.

부다페스트의 가을은 짧았다. 어쨌든 가을의 아름다움은 너무나 빨리 성숙해버리는 여인처럼 또는 헝가리 남성의 우울처럼 예측할 수 없는 것이었다. 미네르바의 올빼미가 해 질 무렵에 날아다니는 것만이 아니라,

1900년경 부다페스트에 살던 헝가리 최고의 작가들도 마음속에 가을을 품고 있었다. 이 마음속 음악의 악기는 봄철의 바이올린, 노천 선술집과 식당에서 달그락거리는 접시 소리나 자갈의 바스락거림과 섞이는 집시 악단의 여름 음악 같은 화려함이 아니었다. 깊고 진한 헝가리 산문散文은 점잔빼며 성가를 읊조리는 듯한 바이올린보다는 첼로라고 하는 편이 더 맞았다.

부다페스트에서는 4월이 아니라 3월이 가장 잔인한 달이었다. 그리고 11월은 가장 슬픈 달이었다. 100년 전만 해도 11월은 헝가리 평원 위로 신선한 공기 방울이 줄무늬처럼 축축한 안개로 퍼져가던 달이었다. 그 안개는 도나우강 다리의 넓은 기둥 주위를 소용돌이치며 솟아올라 부다의 높은 언덕을 구름처럼 휘감았다. 모든 '애도의 날'에는 수천 명의 사람이 손에 꽃을 들고 부다페스트 묘지로 모여들었다. 이런 날은 다른 나라보다 헝가리에서 더 심각하게 받아들여졌는데, 아마도 민족적 기질 때문이었을 것이다. "테메트니 투둔크Temetni tudunk", 이 간결한 헝가리 어구를 영어로 정확히 번역하려면 열 단어 이상이 필요하다(그래도 완전히 정확하다고 할 수는 없다). "우리가 알고 있는 한 가지 일, 그것은 바로 사람을 묻는 방법이다." 현대 헝가리 역사의 가장 큰 비극들―1849년에 독립 전쟁이 붕괴한 후 13명의 헝가리 장군이 처형된 사건, 1918년에 제1차 세계대전의 패배로 구舊헝가리 왕국이 해체된 사건, 1944년에 히틀러의 제3제국과 맺은 치명적 동맹으로부터 탈피하기 위한 노력이 갈가리 찢기고 분열되어버린 사건, 1956년에 부다페스트를 중심으로 일어난 위대한 국민적 봉기가 실패한 사건, 이 모든 사건이 10월이나 11월 초에 발생했다. 물론 1900년의 부다페스트가 위의 마지막 세 가지 비극을 알고 있었던 것은 아니지만 말이다.

그러다가 (빠르면 11월 셋째 주, 늦어도 12월 중순 이전의) 어느 날 아침 새로운 일이 벌어졌다. 수정 같은 추위에 굴절된 옅은 금빛의 겨울 태양과 함께 부다페스트 위로 친근한 하늘이 다시 솟아올랐다. 또는 하늘은 잿빛이었지만, 침실의 오리털 이불처럼 천상을 가득 채우는 풍성한 눈송이가 부다페스트 전역을 휘덮었다. 1900년 부다페스트의 겨울은 지금보다 더 빨리 왔고, 더 춥고, 눈도 더 많이 내렸다. 당시 ― 비단 1900년만의 일은 아니다 ― 에는 도나우강 전체가 얼어붙고, 모험심 강한 사람이 페스트에서 부다까지 얼음 능선을 가로질러 걸어가는 일도 흔했다. 대기 중에는 축제의 느낌이나 순수함 같은 것이 흘렀다. 눈이 많이 내리는 지역과 달리 부다페스트의 겨울은 긴 휴식과 수면의 계절이 아니라 기대와 흥분으로 가득 찬 계절이었다. 정오가 되기 전에 벨바로시(4구역, 도심)의 거리는 겨울옷을 차려입고 뽐내듯 걷는 여성과 소녀들, 모피 깃이 달린 외투를 입고 산책하는 신사로 가득 찼다. 모피가 없는 소녀는 털목도리라도 걸쳤다. 그들은 제과점과 꽃집과 장갑 가게를 들락거리며 장밋빛 종이로 구깃구깃 포장한 작은 꾸러미를 마련해 새끼손가락 끝으로 우아하게 흔들며 거리를 활보했다. 1900년 거리에는 말이 끄는 마차 사이사이로 검정말이 끄는 검은 썰매가 낡은 털 담요를 무릎에 덮은 승객을 태우고 은빛 마구를 번쩍이며 여전히 미끄러져 달리고 있었다. 이 도시는 외부 얼음과 내부 불꽃의 대조를 만족스럽고도 설득력 있게 제공했다. 애정을 퍼부은 부르주아 장식의 따뜻한 편안함, 발밑에 깔려 있는 진한 빨간색 카펫, 타일로 만든 난로의 쇠살대 받침과 여러 사람의 마음속에서 진홍색 혀처럼 날름거리며 타오르는 불꽃, 이러한 포근한 집안 내부의 분위기로부터 불과 몇 걸음 떨어지지 않은 거리를 연한 하늘빛의, 탁탁거리는, 다이아몬드 같은 매서운 기후가 휩쓸고 지나갔다. 다가가기 어려운 정문, 얼어붙은 출입구, 어둡고 음침한 거리에서도 두껍게 쌓인 하얀 눈은 색상과 분위기의 대조를 연출했다. 밖에서 따뜻한 실내 공기를 느껴보려 안을 들여다보는 것이나, 비좁은 방에서 눈 쌓인 바깥 거리를 바라보는 것 모두 좋은 느낌을 자아냈다. 뽀드득거리는 눈 소리, 특이한 화학 물질 냄새, 지붕과 창턱, 하얗게 장식된 부다페스트의 기념물과 상점 간판 등이 도시에 복합적인 안정감을 주었다. 창턱 뒤에서는 주부가 양쪽으로 여닫는 창문 사이에 끼우는 긴 사각형 단열 지지대를 톡톡 두드려 제자리에 고정했다. 부둣가나 인적이 끊긴 거리, 언덕 위 왕궁 가장자리의 산책로를 걷고 있는 몇 명 안 되는 사람들은 분명 연인이었을 것이다.

겨울은 구운 고기 요리, 소시지, 베이컨, 시골에서 보내온 사냥감과 가금류 등으로 식탁이 휠 정도로 풍성하고 식사 시간은 매우 길어지는 계절이었다. 또한 겨울은 벨바로시 상점가에서 풍겨나오는 젖은 양모, 가죽, 페이스트리 크림, 향수 냄새가 가득 차는 계절이었다. 크리스마스에 대한 기대, 춤추는 모임과 무도회에 대한 설렘, 부다페스트 스케이트 클럽의 빙판이나 도시 공원의 얼어붙은 호수 또는 평일 저녁 전깃불 아래에서 만남의 기회를 가질 수 있을지 모른다는 젊은이들의 희망으로 한껏 부풀어오르는 계절이기도 했다. 클럽의 작은 파란색 깃발이 옥토곤(팔각광장)에 내걸리면 스케이트 타기에 얼음이 충분히 단단해졌음을, 그리고 스케이트 타러 온 선남선녀가 서로 추파를 던지기에 충분한 시간이 되었음을 의미했다. 그러면 소녀의 보호자로 따라온 중년 여성들은 오븐처럼 따뜻하고, 대기실의 거친 바닥에서 녹는 얼음과 기름칠한 가죽 및 석탄 연기의 냄새가 뒤섞인, 난로의 운모 유리창으로 보이는 빨간 불꽃처럼 어둠 속에서 밝게 빛나는 클럽하우스의 창가에 모여 수다를 떨기 시작했다. 이 도시는 기대감과 날씨가 뚜렷한, 지금보다 훨씬 더 뚜렷한 도시였다.

•• —— ••

1900년은 부다페스트에서 절정의 시기였다. 겨울도 예외는 아니었다. 여름은 하늘로, 그리고 그 마음속으로 질주했다. 빈의 동쪽에 위치하며 유럽에서 미지의 지역인 이곳에 도착한 외국인 방문객은 일류 호텔, 판유리 창문, 전차, 우아한 신사 숙녀, 이제 막 완성될 세계에서 가장 큰 의회의사당 건물이 있는 현대적인 도시를 보고 깜짝 놀랐다. 그러나 아직 이 도시는 완전히 국제적이진 않았다. 거리마다 그리고 고향 시골에서 부다페스트로 올라와 그 거리를 메우고 있는 사람들에게 헝가리적 정서가 곳곳에 남아 있었다. 어떤 의미에서는 헝가리인, 독일인, 슈바벤인, 그리스인, 세르비아인이 섞여 살던 1세기 전의 낙후되고 무질서했던 도시보다 더 국제적이지 않았다. 1900년 무렵에는 상당수의 유대인을 포함한 모든 사람이 헝가리어로 말하고 노래하고 먹고 마시고 생각하고 꿈을 꾸었던 것이다. 부다페스트는 계급에 매우 민감한 사회였다. 봉건 귀족이 애용하던 내셔널 카지노와 작가, 예술가, 연예인이 자주 가던 커피 전문점 '뉴욕' 사이에는 우아한 클럽하우스와 경마장의 노천 일반 관람석 사이만큼이나 큰 차이가 있었다. 이렇게 분리된 세계였지만, 그렇다고 연결이 완전히 불가능한 것은 아니었다. 몇몇 귀족은 작가와 화가를 존경했고, 작가와 화가 대부분은 귀족, 특히 타고난 귀족을 존경했다. 그들은 같은 신문과 같은 책을 읽고, 같은 연극을 보고, 같은 문화 제공자를 알고 있었다. 그들은 다른 장소에서 식사하고, 식탁도 다르게 차려졌지만, 그들이 좋아하는 국민적 음식, 음악가, 의사, 여배우 등은 거의 같았다. 부다페스트에는 작가나 예술가에게 국한되는 특별한 보헤미안의 삶이 없었다. 실제로 이 도시에는 예술가들의 구역이 없었다. 블룸즈버리나 소호도 없었고, 몽마르트르나 몽파르나스도 없었고, 뮌헨의 슈바빙도 없었다.

부다페스트는 문학에 더없이 잘 어울리는 곳이었다. 고대 헝가리어는 19세기 초의 애국적인 작가와 고전주의자들이, 때론 난관에 부딪히기도 했지만, 세심한 주의를 기울여 어휘를 보강하고 재구성함으로써 풍부하고 힘이 넘치는 유연한 언어, 서술적·시적·서사적 표현이 가능한 언어가 되었다. 그러나 헝가리어는 유럽 언어 중 고아와 같은 처지였다. 헝가리어는 라틴어, 독일어, 슬라브어 계열에 속하지 않았던 터라 헝가리 문학은 헝가리 외에서는 메아리도, 반향도, 평판도 얻지 못했다. 19세기 내내 오직 한 명의 헝가리 작가 요커이 모르의 작품만이 외국에서 종종 번역되었지만, 그나마 1900년경 그의 소설은 형식과 범위에서 낡은 것이 되어버렸다. 그러나 1900년 부다페스트는 문학의 반향을 불러일으켰다. 모든 헝가리 작가가 그것을 알고 있었다. 19세기 국가의 문학적·문화적·정치적 부흥기에 활동한 위대한 시인과 작가 중 부다페스트 출신은 없었다. 1900년에도 이런 사실에는 변함이 없었지만, 그들 모두는 중력에 끌리듯 부다페스트에 이끌렸다. 그들이 부다페스트에 살게 된 것이 단지 그들의 작품을 구매해주는 신문사나 출판사가 가까이 있다는 장점 때문만은 아니었다. 그들은 이 도시의 분위기가 필요했다. 시골의 색채, 냄새, 음악, 그곳 사람들의 언어에 흠뻑 젖은 시골 작가, 문자 그대로 시골 냄새 물씬한 가르도니 게저(1863~1922)나 믹사트 칼만(1847~1910)[11] 같은 작가도 이 도시의 분위기가 필요했다. 그러나 부다페스트에서 글을 쓰는 것만이 아니라 부다페스트에 관해 글을 쓰는 것을 선택한 작가들이 1900년에 헝가리 문학 역사상 처음으로 등장했다. 그들이 반드시 그 시대의 가장 위대한 작가일 필요는 없었다(물론 그들 중 최고의 작가도 있었다). 1900년에 부다페스트와 헝가리 문학은 피할 수 없이 서로 얽혀 있었다.

여기서 1900년의 부다페스트에 관해 글을 쓴 세 명의 작가를 재능순으로 묘사해보겠다. 세 명의 작가는 코보르 터마시(1867~1942), 쾨르멘디 페렌츠(1900~1972), 크루디 줄러다. 코보르의 책은 제목과 출간일이 이 책의 주제와 정확히 맞아떨어진다. 그가 1900년에 쓰고 1901년에 출판한 소설의 제목은 단순명쾌하게 『부다페스트』였다. 이 소설은 1900년부터 당시 가장 중요한 문학 잡지였던 『주週, A Hét』에 연재되기 시작했다.

---

11 1910년 부다페스트를 방문한 시어도어 루스벨트는 믹사트의 소설 『성 베드로의 우산』을 읽고 헝가리를 방문하고 싶다는 욕구가 생겼다고 말했다. 이 책은 1901년 영어로 번역되었다.

코보르는 이 정기 간행물의 주요 기고 작가였다. 그는 실제로 부다페스트에서 태어난 최초의 헝가리 소설가였다.[12] 코보르의 『부다페스트』는 시대물로 지금은 거의 잊혔지만, 일부 장점이 있으며 상당히 관심을 가져볼 만한 작품이다. 코보르가 『부다페스트』에서 시도한 것은 아르투어 슈니츨러가 4년 전 빈에서 '윤무Reigen'라는 제목으로 출판했던 유명한 책 『라롱드La Ronde(윤무)』의 부다페스트 버전이었다.[13] 코보르가 슈니츨러의 영향을 받은 것은 거의 확실했다. 두 책의 주제는 성적 관계, 정사情事의 순환 고리(『부다페스트』는 순환적이라기보다 순차적이다)였다. 그렇지만 두 책 사이에는 큰 차이가 있었다. 슈니츨러는 매우 재능 있는 달인이었던 반면, 코보르의 글은 기복이 심하고 어설펐다. 슈니츨러의 주된 관심사는 성性이었던 반면, 코보르의 관심사는 도시의 사회적 초상이었다. 슈니츨러는 때때로 탁월한 저널리스트의 모습을 보였으며, 프로이트의 이론에 영감을 준 부르주아 신경증 문화의 대표 주자였다. 그러나 주변 환경 묘사는 그에게 확실히 부차적인 주제였다. 코보르의 책은 철저하게 비관적이었지만, 슈니츨러의 비관주의에는 함축성이 있었다. 거의 모든 슈니츨러의 글에서 입술에 흐르는 냉소적인 미소를 느낄 수 있었지만, 코보르의 얼굴에서는 일말의 미소도 감지할 수 없었다. 『부다페스

---

12 부다페스트 출신 중 거의 유일하게 주목할 만한 또 다른 작가는 뛰어난 문학평론가 페테르피 예뇌(1850~1899)였다. 그는 음악학자이기도 했으며, 완벽하게 2개 국어를 구사했다(그가 가끔 쓴 독일어 수필의 문체는 걸작이었다). 우울한 경향이 있고 신경질적이며 심오한 사람이었던 페테르피는 1899년 스스로 목숨을 끊었다.

13 이 작품의 제목 '부다페스트'는 1896년 출판된 에밀 졸라의 『파리』의 영향을 받은 것으로 보인다.

트』에서 정부情婦, 기혼녀, 남편 등의 성생활 사정은 코보르의 주된 관심사를 설명하기 위한 기제다. 그의 관심사는 비참과 부귀, 비열과 오만, 비굴과 권력, 여전히 강한 봉건계급 의식, 더 강력해지는 돈의 영향력 등이 혼재하는 도시의 부도덕 — 신경증보다는 부도덕 — 이다. 그리고 돈 없는 삶의 비참함, 토끼 굴 같은 어두운 아파트에 사는 여성과 딸의 가난에 찌든 삶이다. 코보르에게 이런 삶은 익숙한 것이었다. 이런 점이 그의 책이 우리에게 충격과 감동을 주는 요소다. 반면에 상류층의 삶과 환경에 대한 그의 묘사는 훨씬 더 뒤처졌다. 이것은 고상함보다는 비참함에 관한 책, 쓰디쓴 연기와 독하고 거친 풍미로 가득 찬 침울한 책이다. 코보르는 1901년 출판한 책 서문에 다음과 같이 적었다. "나는 부다페스트의 토대가 되는 심연에 직접 빛을 비추었다." 그는 별로 성공적이지 못했는데, 그 심연이 부다페스트를 축조해내지 못한 것도 불성공의 한 요인이었다. 그러나 음울한 겨울 묘사로 가득한 코보르의 『부다페스트』는 1900년 부다페스트의 하늘과 마음속을 질주하던 그 여름의 실제 분위기를 보정하는 중요한 작품으로 남아 있다.

당시의 이 도시를 아주 다른 방식으로 조명한 책이 쾨르멘디 페렌츠의 기념비적인 소설 『행복한 세대A boldog emberöltő』[14]다. 이 책은 그렇게 큰 관심을 끌지는 못했지만, 파리와 뉴욕에서 축약본 형태로 출판되기도 했다. 그러나 현재 그는 모국에서조차 거의 잊힌 작가가 되고 말았다. 쾨르멘디 페렌츠는 1930년대에 7년 정도 활동한 매우 짧은 경력의 작가다. 이

---

14 The Happy Generation(New York, 1949); Cette heureuse génération(Paris, 1947).

후 그는 헝가리를 떠나 영국으로 갔다가 다시 미국으로 이주했는데, 그곳에서는 거의 글을 쓰지 않았다. 『행복한 세대』의 핵심은 그 연대기적 성격에 있는데, 이것이 쾨르멘디가 다루는 주제의 고정편 같은 것이었다. 이 책은 새로운 세기의 첫날인 1900년 1월 1일 부다페스트에서 태어난 한 남자의 이야기를 다루고 있다. 이 책은 뛰어난 부다페스트 상류 부르주아 소설이지만, 지금도(혹은 지금까지) 별로 인정을 못 받고 있다. 코보르가 슈니츨러의 『라롱드』에 영향을 받았듯 쾨르멘디는 토마스 만의 영향을 많이 받았다.[15] 그러나 토마스 만의 『부덴브로크가의 사람들』과 쾨르멘디 페렌츠의 『행복한 세대』 사이에는 근본적인 차이가 있다. 『부덴브로크가의 사람들』이 한 가족의 3대에 걸친 흥망성쇠의 이야기인 반면, 『행복한 세대』는 태양 빛 가득한 번영과 안정의 고원에서 더 많은 것을 탐하다가 비극적으로 무너져내리는 30대 독신 남자의 반 세대에 걸친 삶과 가족 이야기다. '행복한 세대'라는 제목이 붙은 이유는, 주인공이 언드라시 대로에서 태어난 1900년은 거의 모든 것이 안전하고 훌륭하며 세련되고 발전하는 낙관주의로 가득 찬 시기였기 때문이다. 실제로 그의 아버지는 두 아들에게 종종 이렇게 말했다. "너희가 자라날 세대는 행운으로 가득 차 있다……. 그렇지 않을 이유가 없다."[16]

물론 이 소설은 코보르의 『부다페스트』와 달리 회상, 1930년대의 쓰

---

15 『행복한 세대』에서 가장 약한 부분은 젊은 주인공이 여러 나라의 남녀가 입원한 스위스의 결핵 요양소에서 1년간 지내며 겪은 연애담인데, 분명히 『마의 산』의 영향을 받은 것으로 보인다.

16 Körmendi, p. 40. 그는 '행복boldog'이라고 말했지만, 그 영어 단어happy는 여기서나 책 제목에서나 적절해 보이지 않는다. 아마 '축복blessed'이라는 단어가 더 어울릴 것이다.

라리고 우울한 회상에서 영감을 받아 쓰였다(이 책은 히틀러가 집권한 이듬해인 1934년에 출판되었다). 1930년대의 관점에서 보면, 1900년의 세계는 너무나 축복받고 너무나 멀리 있어서 더는 돌아갈 수 없는, 완전히 상실해버린 세계였다. 슈테판 츠바이크의 『어제의 세계』보다 10여 년 앞서 발표된 『행복한 세대』는 츠바이크의 작품 같은 애절한 회고록이 아니라 소설이다. 그러나 안전했던 1900년의 기준과 가치에 대한 존경은 츠바이크가 망명지 브라질에서 썼던 고귀하고 애처로운 회고록만큼이나 쾨르멘디의 소설에도 강하게 녹아 있다. 『행복한 세대』는 세기 전환기 및 그 이후 시기의 언드라시 대로에 충만했던 부르주아적 분위기의 화창함을 보여준다는 점에서 매우 중요하다. 이 책은 존경할 만한 의사이자 아버지인 헤게뒤시 가문의 가장을 통해, 시대의 안전함과 확실성뿐만 아니라 견고한 개인적·문명적 성실이라는 부르주아적 미덕이 존재했음을 증명하고 있다. 이 가문의 넓은 아파트는 장식용 골동품으로 가득하고, 육중한 커튼 사이로는 1900년 부다페스트의 여름 햇살이 스며들고 있다. 오래된 가족 초상화 몇 점, 편안한 팔걸이 의자 몇 개, 항상 처음 같은 일요일 가족 만찬이 벌어지는 정오의 향기, 이곳은 안전하게 보호받는 친밀의 세계다. 이런 모든 요소와 함께 『행복한 세대』는 그저 향수에 젖어 있는 것만이 아니라 한 계층, 장소, 시대의 정신적 열망과 분위기를 완벽하게 묘사하고 있다. 『행복한 세대』는 그리 대단한 작가는 아니었던 쾨르멘디의 가장 위대한 작품(약 850쪽 분량이다)임에 틀림없다. 이 소설은 문학사에서뿐만 아니라 그 시대와 장소를 알고 싶어하는 모든 역사가에게도 인정받을 만한 가치가 있는 작품이다.

이제, 20세기 헝가리의 가장 위대한 산문 작가, 아마도 헝가리 문학을 통틀어 가장 위대한 산문 작가, 다른 언어로 그렇게 많이 번역되지 않았고 헝가리 바깥에서는 거의 알려지지 않았지만 그럼에도 유럽 최고 작가 중 한 명임이 분명한 작가의 차례다. 크루디 줄러[17]는 1896년 아직 열여덟 살이 되지 않은 나이에 부다페스트로 왔는데, 열세 살 때 처음으로 지방 신문에 자신의 글을 실은 경험이 있었다. 그는 대다수 헝가리 지방 작가처럼 부다페스트에 매료되어 있었다. 그의 아버지는 아들이 변호사가 되기를 원했지만, 그는 부다페스트에서 시인이 되겠다고 주장했다(그는 부다페스트에서 단 한 편의 시도 쓰지 않았다). 시골 지역의 늙고 가난한 젠트리 계층의 일원이었던 아버지는 여러 이유로 그에게서 상속권을 박탈했다. 이는 두 세대뿐만 아니라 두 세기의 단절이었다. 여기에도 연대기적인 우연의 일치가 있었다. 그의 아버지는 1900년 12월 30일, 정확히 구舊세기의 마지막 순간에 세상을 떠났다. 그 무렵 아들은 현대 도시 부다페스트에서 책을 출판한 작가가 되어 있었다. 그의 첫 번째 책은 그가 스물두 살이던 1899년에 출판되었다. 그의 첫 장편 소설은 1901년에 선보였다.

크루디 줄러는 짧게 부다페스트를 비웠던 기간을 제외하고 여생을 그 도시에서 보냈다. 그러나 그는 다년간 부다페스트에 관한 글을 쓰지 않았다. 그는 주로 헝가리 대평원의 애수 어린 지역이나 카르파티아산맥 언저리의 작은 마을에 관한 글을 썼다. 그가 자신의 마법 같은 탐조등을

---

17 그의 삶에 관해서는 1986년 12월 1일자 『뉴요커』에 실린 나의 기사를 참조하라.

부다페스트에 관한 기억으로 돌리기 시작한 것은 1912년 무렵이었다. 이후 그는 그리움을 자아내는 곡조와 깊이를 지닌 자신만의 서정적인 문체로, 그 이전과 지금까지 누구도 쓰지 않았고 아마(아니 절대적으로) 앞으로 누구도 쓰지 않을 방식으로 그 도시, 1900년 무렵의 그 도시에 관한 글을 종종 발표했다.

여기서 부다페스트에 관한 그의 문장을 어느 정도 인용하려 한다. 그는 색채와 냄새와 소리를 묘사한 작가였다. 부다페스트에 대한 묘사는 그의 소설, 스케치, 소품 등 수백 군데에 골고루 흩어져 있다. 그중 일부는 그가 죽고 나서 수십 년이 지난 뒤 소책자로 출판되었다. 부다페스트를 다룬, 환상적일 만큼 풍부한 그의 문장에는 이원성 혹은 진화라고 할 만한 것이 존재한다. 자유분방한 정신을 소유했고, 번쩍이는 현대적 산문체를 구사했으며, 그를 표현하기 위해 남용된 수많은 단어 중 최고 의미에서 반동적이었던, 역사의식 깊은 작가 크루디는 때때로 거대하고 상업적이며 뻔뻔스러울 정도로 열정적인 1900년의 대도시를 좀더 느리고 고상하며 조용하고 시골에 가깝던 이 도시의 과거와 대조하며 마구 흔들어댔다. 때때로 그는 자신이 부다페스트에 도착했던 바로 그즈음 — 위대한 개국 천년 기념 축제가 벌어졌던 1896년 — 에, 대포 소리가 울리고 도시가 번쩍거리며 헝가리의 위대함을 축하하던 바로 그때에 이 도시는 미덕을 잃었다고 기술했다. 그는 "예전에는 작은 집과 겸손한 시민과 손수건을 흔들던 젊은 장밋빛 애국 소녀가 가득하고, 순종적이며 조용하던 유적 같았던 도시 부다페스트"를 프란츠 요제프 황제가 1896년 방문했던 일에 관해 쓴 적이 있다. 그러나 "이제 페스트는 겸손의 가면을 벗어던졌다. 이 도시는 해가 지날수록 더 많은 장신구를 착용하고 있었다. 겸손했던 자는 목소리가 더 커졌고, 검소했던 자는 도박꾼이 되었으며, 엄격한 수녀원에서 자란 처녀는 풍만한 가슴을 뽐내기 시작했다. (…) 페스트는 불결해졌다."[18]

고귀한 창부였던 이 도시는 순수했던 시절 자신이 몸 바쳤던 젊은 황제의 영광을 잊어버렸다. 이 도시는 더 이상 어깨를 움츠리며 성수聖水 냄새를 들이마시지 않았고, 한때는 살짝 내리깔던 눈을 크게 치켜뜨며, 꿀과 황금빛 호두 같은 작은 선물에 만족하지 않게 되었다. 이 도시는 자신의 커가는 매력을 의식했고, 말괄량이 같으면서도 범세계적인 자신의 새로운 면을 발견했으며, 무도회 상대조차 없는 작은 소녀였던 자신의 진가를 느끼기 시작했다. 검소한 노老황제는 매춘부처럼 자신을 요구하던 페스트가 더 이상 자신을 사랑하지 않는다는 것을 깨닫고 혼란스러워했다. 1860년대에 '상인과 장인 무도회'에 모습을 보였던 날씬한 엘리자베트 황후의 왕관 같은 머리 모양을 즐겁게 따라 하던 순진했던 처녀는 엉덩이가 퍼지고 탐욕스러우며 고삐 풀린 여자가 되어버렸다. 황제의 대관식 당시 키시드 거리의 이발사에게 도움을 받아 구레나룻을 정리했던 신사들은 점점 숫자가 줄어 이제는 늙은 관리인, 퇴역 군인, 구시대의 관청에서 일했던 공무원 정도만이 프란츠 요제프 황제의 수염을 따라 하고 있을 뿐이다……[19]

---

18 Krúdy MLVB in MVK, p. 339.
19 Krúdy MLVB in MVK, pp. 340~341.

끝나지 않은 크루디 소설의 전설적인 영웅은

(…) 바람에 흔들리는, 감성적이고, 순결하며, 허리 부분이 하얀 자작나무가 도시의 숲에서 점점 사라지는 것을 보았다. 그는 오래된 주민들의 주택 응접실에서 분주하고 경쾌한 여성의 손가락 사이로 완성되던 자수와 편물과 레이스가 사라져가는 것을 보았다. 여성들의 머리 모양과 표정이 더 이상 벨바로시 지역이나 부다 지역의 성당에 있는 오래된 마돈나의 모습을 닮지 않고, 악명을 날리는 일시적 여성 인사나 무용수나 매춘부의 패션에 좌우되는 것을 보았다. (…) 극장에서 여성의 벗은 어깨 위로 몸을 구부리고, 또는 길거리에서 여성의 베일 걸친 모자 옆에 몸을 기대고, 심지어는 얼마 남지 않은 크리스마스이브의 밀랍 양초 냄새가 여전히 남아 있는 가족들의 아파트에서조차, 골라낸 어구를 속삭일 때 말투는 더 경박해졌고 쾌락 추구는 더 뻔뻔해졌다.[20]

그는 또한,

(…) 청백색의 여러 탑과 끝없이 솟아오르는 지붕들, 강 위에 늘어선 하얀 배 무리와 도나우강을 가로지르는 무지갯빛 다리들…… 어느 집에서나 볼 수 있는 부녀자 ― 아이들의 찢어진 옷을 꿰매고, 남편을 위해 점심 식사를 준비하며, 집안일을 도맡아 하는 초라한 하녀 같은 모습으로『천일

---

20 Krúdy MLVB in MVK, p. 249.

야화』에 나올 법한 자세를 유지하고 있는 — 의 얼굴에 주름이 잡혔다 사라졌다 하는 모습을 보았다. 그는 젠체하는 신사들이 생각보다 빨리 생긴 목주름과 머리의 떨림을 감추기 위해 점점 더 높은 옷깃을 착용하는 것을 보았다. 그는 새로운 옷자락이 초원의 꽃처럼 포장도로를 장식하는 봄날의 가슴 시린 하루하루와, 가난한 여사무원에게 공작부인처럼 우아한 걸음으로 언드라시 대로를 내딛도록 고무하는 정오의 투명한 햇볕 가득한 눈 덮인 겨울의 나날을 보았다……[21]

제1차 세계대전의 암울했던 시기에 부다페스트에 대한 크루디의 채찍질은 아름답고 사랑스럽던 절정기 부다페스트에 대한 조용하고 서정적인 향수로 바뀌기 시작했다. 1920년과 1921년 민족주의 정서 및 민족주의 정권이 부다페스트— 정확히는 부다페스트의 정신— 를 공격하자 크루디는 이렇게 적었다. "의회가 부다페스트를 매도하고 있다."[22]

어쨌든 페스트는 그렇게 기분 좋은 도시가 아니다. 그러나 호감 가는 곳이다. 그렇다. 다혈질의 선정적인 젊은 유부녀, 추파를 던지는 그녀의 눈빛을 모든 사람이 알고 있고, 신사들은 기꺼이 몸을 굽혀 그녀의 손에 키스하는, 그 유부녀처럼 호감이 가는 곳……. 우리 같은 시골 사람이 아무리 짜증을 내더라도, 오래되고 축복받은 마자르족이 꿈꿔왔던 헝가리 문화가 그 특질을 부여받은 곳은 부다페스트다. 이곳에서는 극장에서 공연

21 Krúdy MLVB in MVK, p. 251.
22 Krúdy PA, pp. 28~29.

되는 춤도 최고이며, 이곳에서는 군중 모두가, 바로 전날 감옥에서 출소한 사람이라 할지라도, 자신을 신사라고 생각한다. 이곳에서는 의사가 훌륭하게 치료하고, 변호사는 세계적으로 명성을 날리고, 아주 작은 방을 빌려도 욕실이 있고, 가게 주인은 창의적이고, 경찰은 공공의 평화를 지키고, 귀족은 호감 가고, 가로등은 아침까지 타오르고, 관리인은 유령이 얼씬거리지 못하게 하고, 전차는 한 시간 안에 당신을 가장 먼 곳으로 데려다주고, 시市 공무원이 주州 공무원을 얕잡아보고, 여성은 연극 잡지에 정통하고, 짐꾼이 길모퉁이에서 겸손하게 인사하고, 여관 주인은 손에 모자를 들고 당신이 좋아하는 음식을 물어보고, 마부는 온종일 엄숙하게 당신을 기다리고, 여점원은 당신의 아내가 세상에서 가장 아름답다고 맹세하고, 소녀는 나이트클럽이나 오르페움 극장에서 당신의 정치적 주장을 공손히 경청하고, 조간신문은 사고를 신고한 당신을 칭찬하고, 유명인은 카페 정원에서 타구唾具에 침을 뱉고, 누군가 당신이 외투 벗는 것을 도와주고, 장의사는 당신이 이 도시를 영원히 떠날 때 서른두 개의 금니를 드러낸다.

그렇다. 당시에는

그 축복받은 평화의 시대에 대해 할 말이 얼마나 많은가? 라코시 들판에서 불어오는 바람에 먼지 가득했던 부다페스트의 대기, 그러나 바람이 바뀌어 부다 언덕 쪽부터 숨 쉬기 시작하는 봄의 대기는 더욱 달콤했다. 그러면 믿음직한 노신사는 도시의 겔레르트 언덕에서 제비꽃 냄새를 맡을 수 있다고 우겼다……. 그리고 이 믿음직한 사람의 이야기를 다시 들어보라. 그러면 봄에 체크무늬 바지를 입고, 옷깃에 작은 꽃다발을 꽂고, 바치 거리에서 다가오는 푸른 베일의 여인이 아니라 슈바벤 꽃장수를 사랑하는 척 길모퉁이에 서서 기다리는 사내의 풍경이 당시에는 그렇게 놀라운 일이 아니었다는 걸 알게 된다……. [23]

벨바로시의 가장 번화한 상점가, 바치 거리

벨바로시의 작은 광장은 과자 상자 같았다. 도나우강에서 불어온 미풍이 태양 빛과 뒤섞여 빙빙 맴돌고, 햇빛에 반짝이며 역 앞에 서 있는 전세 마차에서는 백작 부인이 섬세한 발로 막 땅을 디디며 내려섰다. 연금을 받는 노인은 티끌 하나 없는 옷을 입고 벤치에 앉아 있었고, 종이 울리면 고리버들 바구니를 든 식료품상과 갓 구운 카이저롤 냄새를 풍기는 제빵사가 검은 능직綾織 옷을 입은 객실 하녀의 손에 입맞춤했다. 양장점 여점원의 뱀 같은 허리, 모자점 소녀의 하얀 블라우스…… 서점 직원의 은빛 머리칼은 이 거리에 색채를 더했다. 누구든 벨바로시에 살게 되면 기품 있는 여생을 누릴 수 있을 터였다. 상점의 진열창에서 멋진 옷을 구하거나 유행을 따르는 법을 알기도 쉬웠고, 구매자는 쉽게 신용을 얻을 수 있었다. 런던에서 수입한 최고 상품, 양복, 모자, 장갑 등을 파는 유명한 가게는 가을날의 대규모 여우 사냥처럼 추억이 되었다. 파리에서 직수입된 제품은

23 Krúdy PA, pp. 231~232.

대규모 야회夜會에 참석하는 여인 같은 향기를 풍겼다. 커피 전문점의 종업원이 최신판 『르 피가로』를 가져다주었다. 이발사는 파리에서 이발 기술을 배워왔고, 처녀는 자수에 머리글자를 수놓았고, 향신료 가게에는 뭄바이에서 막 도착한 화물선의 냄새가 풍겼다. 호텔 주변에서는 부유한 외국인이 신발을 빛내며 돌아다녔고, 마차의 커튼은 모험심 강한 화류계 여성의 모습을 가리지 못했고, 보석의 반짝임에 눈이 멀 지경이었고, 은행원은 새 지폐를 건네주었다. 축복받은 벨바로시의 세월이여! 청춘처럼……다시 돌아올 수 있을까?[24]

그리고 다른 거리에서도

'여판'에 모인 여인들은 오렌지 향기를 풍겼다. 라코치 거리는 평판이 의심스러운 여인들로 가득 차 있었지만, 그녀들은 베를린에 가면 공주 대접을받을 만큼 예쁘고 젊었다. 긴장한 듯 뻣뻣한 초급 장교와 가짜 시골 신사가 엠케 커피 전문점 주변에서 그녀들을 힐끔거렸다……. 어린 소녀는 실크 스타킹을 신었고, 백발의 여성은 자신을 품평하는 시선을 느꼈다. 이도시는 여성 숭배만으로도 축복이 넘쳤다. 남자들의 눈은 떨렸고, 여자들은 너무나 아름다웠다. 세비야에서 온 듯한 흑발의 여인, 이야기 속 동쪽태양의 나라에서 온 듯한 금발 치렁한 여인들이 여름 초원의 반딧불이처럼 숨바꼭질하고 있었다.[25]

---

24 Krúdy BUK, p. 74.
25 Krúdy BUK, p. 76.

크루디가 부다페스트의 이중적 모습을 조망하던 그 순간 첼로의 음색
은 너무도 깊었다.

날마다 건축물이 세워졌고, 저택 꼭대기는 태양을 향해 솟아오른 탑으로
뒤덮였다. 밤에는 끝없는 장례식이 벌어지는 것 같았다. 늙은이의 시체,
낡은 집, 오래된 거리, 한물간 관습 같은 닳고 허물어진 것들을 도시 바
깥으로 운반하는 수레의 물결이 언제까지고 이어졌다.[26]

여기에 인용한 문장에서 독자는 크루디의 언어뿐만 아니라 헝가리 문
학 언어─그리고 헝가리 정신─ 의 특별한 색조를 이해하거나 감지할 수
있을 것이다. 그것은 장조長調의 흐름 속에 항상 존재하는 단조短調의 특
별한 조합이다.

•• ── ••

부다페스트의 시끌벅적함 아래로는 애잔하고 우울한 색조가 흘렀다.
거기에는 도시의 소음이 잦아든 한밤중의 고독과 고요 속에서만 들을
수 있는 향수 어린 기억의 잔향보다 더 많은 것이 있었다. 하지만 이러
한 장조와 단조의 뒤섞임, 낙관주의와 비관주의의 공존, 빛과 어둠의 혼
합은 결국 피할 수 없는 인간의 조건이자 가치 있는 문화의 조건이기도

---

26 Krúdy SF in MT, p. 40.

했다. 단지 일부 사람 ─ 헝가리인도 여기에 포함된다 ─ 이 다른 사람들보다 그것을 조금 더 의식하고 있을 뿐이었다. 파스칼이 말했듯이 인간은 짐승이기도 하고 천사이기도 하다. 도스토옙스키가 이러한 이중성 및 이 이중성이 인간 영혼에 공존한다는 점을 광신적으로 주장했지만, 이런 주장이 헝가리인에게 별로 감흥을 주지 못한 것은 헝가리인이 그러한 사실을 잘 알고 있었기 때문이다. 이 꾀죄죄한 러시아인은 헝가리인이 모르는 것은 아무것도 말해주지 않았던 것이다.

1900년에 부다페스트와 빈은 색채, 취향, 소리뿐만 아니라 심정적 분위기도 매우 달랐다. 부다페스트는 여전히 자신감이 넘쳤다. 부다페스트의 건축 열기나 재정적 번영은 이런 상황의 결과였다. 이것은 뿌리 깊은 (그리고 비종교적인) 비관주의가 종종 삶에 대한 욕구, 소위 프랑스식 삶의 기쁨joie de vivre보다 더 강한 (그러나 덜 촘촘한) 육체적 욕구의 갑작스러운 폭발로 깨져버리는 헝가리인의 기질과 많은 관련이 있었다. 이러한 차이의 결과가 1900년에는 손에 만져질 듯 뚜렷했다. 빈은 신경과민 상태였지만, 부다페스트는 그렇지 않았다. 도시의 삶에는 많은 어려움, 불만, 그림자, 어둠이 있었다. 그러나 아직은 과거와 결별하려는 명확한 의지나 미래에 대한 자의식 강한 의심이 없었다. 헝가리식 비관주의에는 인간의 노력이 헛된 것이라는 슬픈 노래가 깃들어 있는 반면, 독일식 고뇌에는 그런 것이 없었다. 그 어조는 종종 우울했지만, 말씨와 소리와 색채와 맛과 촉감의 물질적 즐거움을 포함한 삶의 욕구는 풍부했다. 헝가리인은 신경증보다는 정신병 쪽으로 기울어져 있었다. 잠재의식 ─ 무의식과 구별되는 ─ 에 대한 독일인의 생각, 즉 무언가가 "더 깊기" 때문에 더 진실하다는 생각은 헝가리인의 마음에 와닿지 않았다. 특히 그것이 일상의 현실에서 유리된 지식인의 언어로 표현됐다면 더욱 그러했다. 헝가리인은 심리적 사안에 대해 민감하며 세심한 편이었지만, 그런 것을 의식적인 마음의 표현으로 인식하는 경향이 강했다. 1900년 이후 오랜 시간이 지난 뒤에도 부다페스트에서 프로이트의 영향력은 미미했다. 뜻을 분명히 밝히는 헝가리어의 특성과 헝가리인의 언어 습관이 그 원인 중 하나였다. 헝가리인의 기질에는 이런 기묘한 모순, 즉 남성적 내성内省이 깊은 반면 편견이나 사랑이나 증오를 감추지 않는 경향이 있었다. 프로이트의 제자 페렌치 샨도르(1873~1933)도 있었고, 정신분열증에 대해 심오한 글을 쓴 바비츠 미하이(1883~1941)나 차트 게저(1887~1919) 같은 재능 있는 작가도 있었다. 그러나 크루디 같은 인간 영혼의 파악자, 연금술사, 위대한 작가들은 꿈과 꿈의 실체에 사로잡혀 '잠재의식'을 설명할 필요를 전혀 느끼지 못했다. 그들이 남자와 여자, 어린이와 성숙한 사람의 정신 및 마음이 나타내는 특이한 경향에 대해 알지 못했던 것은 그것이 알 가치가 없는 것이었기 때문인지도 모른다.

당시 부다페스트의 에로틱한 삶 역시 빈의 그것보다 덜 신경질적이었는데, 남녀 관계에 관한 문헌에서도 이런 점은 꽤 명백히 나타난다. 이런 삶이 19세기 후반의 낭만주의적 고뇌와 절망으로 점철되는 일도 거의 없었다. 최악의 경우, 에로틱한 삶은 거칠고 남성 중심적이었다. 최선의 경우라도, 본인이 사랑받고자 하는 욕심보다 상대방을 기쁘게 하려는 욕망이 확실히 우선순위를 점했다는 의미에서 후기 부르주아적이라기보다는 후기 귀족적이었다. 아마 이런 이유로 외국인들은 당시 아름답기로 유명했던 헝가리 여성보다 헝가리 남성에게 더 매력을 느꼈던 것 같다. 예를 들면, 1900년에 많은 빈 여성이 헝가리 남성과 결혼했지만, 반대의 경우는 매우 드물었다. (의외로 성性의 덧없음에 대해 놀라울 만큼, 때로는 충격적일 만큼 잘 알고 있었던) 크루디 같은 작가도 낭만적인 사랑과 기쁨을 주려는 욕망을 핵심 주제로 삼을 정도였다. 크루디와 다른 면이 있지만, 역시 철저한 부다페스트인이었던 작가 세프 에르뇌(1884~1953)는 자신의 최고 소설 중 하나에 다음과 같이 적었다. "나는 나 자신에게 말하고 있었다. 나는 사랑에 빠졌어, 사랑해. 이 여자를 육체적으로 향유하기 위해. 아! 거기 짐승이 있어. 나도 짐승이야. 그러나 내가 느끼는 것은 그것뿐만이 아니라 정반대의…… 그리고 남자로서, 그녀에게 받기 원하는 것을 백배는 더 달콤한 방식으로 그녀에게 돌려주겠어. 그녀는 실신과 눈물 사이에서 나와 함께 있다는 걸 행복해할 거야. 그녀는 열이 나고 몸이 떨리고, 그녀의 입은 베개 속에서 불타는 비명을 삼켜버려 벽 너머에서는 그 소리를 들을 수 없을 거야……."[27] 진지한 가톨릭 신자였던 바비츠 미하이는 다른 면에서 약간 어두운 소설인 『죽음의 아들들Halálfiai』에 다음과 같이 적었다. "그 시절은 헝가리에서 사랑의 시기였다. 오래된 헝가리 소설가에게 배운 사랑, 어구로 표현된 사랑. 인생에서 다른 무엇이 흥미로울 수 있겠는가?"[28] 바비츠가 쓴 걸작 시의 제목은 「두 자매」다. 두 자매는 욕망과 슬픔이다. 이 시는 평행과 역설(슬픔은 욕망이 되고, 욕망은 슬픔이 된다)의 깊고 비관적인 투르 드 포르세tour de forcer(힘의 회전)이

---

27 Szép LA, p. 32.
28 Babits HF, p. 51.

지만, 신경질적이거나 퇴폐적이지는 않다. 1900년의 부다페스트에서 욕망과 슬픔은 자매였을지 모르나, 두 자매 중 확실히 욕망이 우세했다. 욕망이 언니였고, 슬픔이 동생이었던 것이다.

헝가리인의 인간 본성에 대한 이해—거의 개인적이며 결코 집단적이지 않은— 와 추상성에 대한 거부감은 현대 헝가리 문학의 질적 향상뿐만 아니라 1900년 이후 수많은 헝가리인의 세속적 성공에도 중요한 원인이 되었다. "1900년 이후"라고 한 것은 과거를 회고해볼 때 이런 사실, 즉 부다페스트가 배출한 1900년 세대의 놀랍고도 다양한 성공을 인식할 수 있기 때문이다. 비교적 작고 거의 알려지지 않았던 이 나라의 체육계와 대학과 젠트리 가문과 부다페스트의 부르주아 가정에서 비범한 학자, 과학자, 작가, 사상가, 발명가, 철학자, 금융가, 제작자, 화가, 작곡가, 음악가 —노벨상 수상자와 사기꾼 등(어떤 경우에는 동일인일 수도 있다) — 가 세상 밖으로 쏟아져 나왔던 것도 바로 이 무렵이다. 그들 중 상당수가 지금도 기억되고 있지만, 그들 중 가장 훌륭한 몇몇은 완전히 잊히기도 했다. 이후 헝가리의 비극과 부침이 이어지는 와중에 그들 중 다수는 타지에서 행운과 명성을 얻기 위해 헝가리를 떠났다. 그러한 비극과 부침의 씨앗은 1900년에 이미 그곳에 존재했다.

세 세대, 거의 90년이 지난 지금 돌이켜보면 1900년의 부다페스트는 실제보다 훨씬 더 좋아 보인다. 1920년대에 민족주의자와 반혁명 정권은 공식적으로 1900년의 부다페스트 문화를 맹비난했고, 많은 헝가리인이 이에 동조했다. 50~60년 후, 헝가리 마르크스주의 공산당 정권은 존경과 찬양으로 가득한 역사적 재구성을 통해 부르주아 시대의 예술과 문학의 출판 및 기념물과 인물에 대한 기억과 축하를 공식적으로 인정하고 촉진하는 것이 적절하다는 것을 깨달았다. 그러나 당시 1900년의 빈(또는 그 시대 서구 세계의 세련된 부르주아 문명)에 대한 평판에도 비슷한 일이 일어났다. 1920년대, 심지어 1950년대에 그 누가 '1900년 빈'이 뉴욕과 파리에서 가장 세련되고 성공적인 전시회의 주제가 되리라고 생각했겠는가? 비오스트리아인이 '1900년 빈'을 주제로 그렇게 많은 책을 저술하리라고 그 누가 생각했겠는가? 프란츠 요제프 황제와 합스부르크 왕가에 대한 숭배가 빈에서 신성불가침한 것이 되고, 오스트리아 사회주의 정부가 그에 대해 공공의 경의를 표하게 되리라고 그 누가 생각이나 했겠는가? 그렇다. 1900년의 부다페스트 역시 우리를 끌어당긴다. 그러나 우리는 무비판적이고 비역사적인 향수를 불러일으키는 증상에 관해 고찰해야만 한다.

1900년은 부다페스트 역사의 이정표이자 전환점으로, 연대기 이상의 의미를 지니고 있다. 1900년의 부다페스트는 서양 문화의 가장 중요한 두 수도인 1900년의 빈과 1900년의 파리 ― 두 도시에 관해서는 많은 책이 저술되었다 ― 와 대조를 이룬다. '아름다운 시절belle époque'은 기분 좋은 향수를 불러일으키는 문구이지만, 구舊프랑스의 위기와 19세기의 사상·이상·기준으로부터의 탈피는 파리에서 1900년이 되기 15년 전 또는 25년 전에 벌써 시작되었다. 빈에서도 1900년은 흥미로운 예술적·지적 증상과 불안한 징후를 드러내며 오스트리아 세기말fin-de-siècle의 종말을 고하던 시기였다. 부다페스트에서는 불행mal de siècle(권태)이 막 시작되려던 참이었다. 그렇다. 그런 의미에서 부다페스트는 빈에 뒤처졌다. 그

러나 무엇이 "뒤처지는" 것이고 무엇이 "앞서는" 것일까? 그렇다. 구舊자
유주의의 위기, 구식 정치와 자본주의 질서의 와해, 도시의 사회적·재정
적 균형의 붕괴 같은 것은 부다페스트보다 빈에 이미 7년 전, 10년 전,
12년 전에 찾아왔다. 물론 빈에서 생긴 일(그리고 빈 사람들의 마음속에 생
긴 일)이 1900년 무렵 빈 사람들이 얕잡아보던 제국의 쌍둥이 동생 수
도 부다페스트에 영향을 미쳤으리라는 점은 논쟁의 여지가 없다. 그들은
(프로이트가 그랬던 것처럼) 부다페스트와 헝가리인, 그 반半 야만적인 국
가와 장소를 멸시했다. 그러나 빈 사람들이 몰랐던 것—그들이 어떻게
알 수 있었겠는가? — 은 1900년의 부다페스트에서 빈보다 훨씬 더 빠르
게 19세기의 사고방식, 시각, 태도, 심지어 말투까지 다른 방식으로 바뀌
고 있었다는 사실이다. 부다페스트가 헝가리 문화의 중심지가 되던 바
로 그때 새로운 세대의 화가, 작가, 작곡가 등은 헝가리 시골 지역에서 영
감을 얻고 있었다. 새로운 헝가리 화가 페렌치 카로이(1862~1917), 홀로
시 시몬(1857~1918), 리플 로너이 요제프(1861~1927), 촌트바리 코스
트커 티버더르(1853~1919)는 구스타프 클림트, 에곤 실레, 오스카어 코
코슈카로부터 아무것도 배우지 않았다. 크루디 줄러, 코스톨라니 데죄
(1885~1936), 어디 엔드레(1877~1919), 바비츠 미하이 같은 작가는 로
베르트 무질, 게오르크 트라클, 후고 폰 호프만슈탈과 매우 달랐다. 버
르토크 벨러(1881~1945), 코다이 졸탄(1882~1967)은 아르놀트 쇤베르
크, 안톤 베베른과 공통점이 거의 없었다. 오직 부다페스트의 건축물에
서만 오스트리아-독일의 직접적인 영향을 엿볼 수 있을 뿐이었다.

　1900년은 부다페스트의 절정의 시기였다. 그해 부다페스트 번영의 절

정은 이 도시의 문화생활의 절정과 일치했다. 그리고 몇 년 뒤, 정확히는 1905~1906년에 다시 한번 의회·정치 질서의 붕괴와 새로운 양식·형태·태도·표현의 등장이 동시에 발생했다. 새로운 세대의 남녀가 탄생하고 있었다. 궁극적으로 색채, 소리, 말씨─부다페스트의 분위기, 음악, 언어[29]─가 변해갔다. "향기와 색채와 음향이 서로 응답한다……."[30] 보들레르의 시 「조응照應」에 나오는 이 유명한 어구를 1900년의 부다페스트보다 더 잘 표현한 시간과 장소는 세상에 거의 존재하지 않았다.

---

[29] 새로운 세기가 시작되며 헝가리어의 철자도 바뀌었다. 1900년 헝가리 과학 아카데미는 진지한 논의와 연구를 거쳐 헝가리어의 이중 자음 cz를 좀더 현대적인 형태의 c로 바꾸었다(둘 다 영어의 ts 소리에 해당된다).

[30] Comme de longs échos qui de loin se confondent

  Dans use ténébreuse et profonde unité

  Vaste comme la nuit et comme la clarté

  Les parfums, les couleurs et les sons se répondent…….

  멀리서 뒤섞이는 긴 메아리처럼

  어둡고 깊은 조화 속에

  밤처럼 그리고 빛처럼 광막한

  향기와 색채와 음향이 서로 응답한다…….

도시풍의 헝가리 시는 프랑스 시의 영향을 받았는데, 1900년경에는 특히 그랬던 것 같다. 예를 들면, 보들레르의 「조응」과 랭보의 「모음」은 시인이자 소설가 코스톨라니 데죄에게 큰 영향을 미쳤다. 코스톨라니의 걸작 「일로너」는 헝가리 여성 이름의 모음을 사용하여 운율을 맞추고 있는데, 단순함과 선율의 아름다움에서 랭보의 「모음」을 능가하고 있다.

2장

도시

THE
CITY

1900년이 되기 몇 년 전 유럽에서 가장 유명한 국제적 언론인이었던 『런던 타임스』의 외교 수석 특파원 드 블로위츠가 빈에서 부다페스트로 여행을 간 적이 있다. 그는 월간지 『19세기』에 자신의 이름으로 다음과 같이 기고했다. "전 세계에서 빈보다 더 별 볼 일 없는 도시는 없다고 자백하고 싶다……. 말하자면, '10여 개의 도시 중 단지 하나'일 뿐이다……. 나는 같이 간 아들에게 분을 바른 듯한 프라터 공원의 운치 없는 모습, 수도를 관통하는 동맥 같은 복잡한 거리, 빠르게 변하는 세상 속에서 경직된 모양으로 왠지 낯설어 보이는 성당, 세상에서 가장 혼란스러운 제국의 다양하고 이질적인 요소를 마지못해 수렴하며 이 도시의 인상을 완결짓는 전통적인 정부 청사 등을 보여주었다."[1]

1 Blowitz, *The Nineteenth Century*(London, October 1894).

반면에 밝고 따뜻했던 다음 날 내가 드디어 도나우강이 내려다보이는 호텔 '헝가리아'의 그늘진 발코니에 섰을 때 부다-페스트는 나에게 매력덩어리로 다가왔다. 나는 내가 기억할 수 있는 한 가장 기분 좋은 감각을 경험할 수 있었다. 여기서 강폭은 넓어지고 물살은 약해지며, 두 개의 웅장한 다리 아래로 도나우강이 장대하게 흘러갔다. 다리는 도시 너머 훨씬 아래쪽에서 구부러져 바다로 뻗어가는 강의 모양과 크기와 진로를 가렸다. 앞쪽에는 예전에 대포로 헝가리를 떨게 했던 부다의 우뚝 솟은 오래된 요새와, 정복자의 무자비한 눈이 공포를 자아내던 예전의 제국 부르크城市가 얼굴을 찡그리고 있었다. 그러나 요새와 부르크 둘 다 영원히 사라질 것이다. 근처에 새로운 왕궁이 건설되고 있는데, 이 왕궁은 오스트리아의 오랜 지배에서 벗어나 현재 헝가리 왕의 거주지로 사용되고 있는 오래된 노란색 병영 자리를 흡수할 것이기 때문이다. 그 아래 강은 생명력을 잃지 않으며, 전체적으로 따뜻하고 찬란하며 활기 띤 모습은 생동감이 넘쳐흐른다……

블로위츠의 빈 혐오에는 특이한 면이 있었다. 그는 이렇게 적었다. "빈에 갈 때마다 나는 그곳이 오래되면 오래될수록 더 즉흥적으로 보인다는 느낌을 받았다." 그러나 부다페스트야말로 훨씬 더 즉흥적인 곳이었다. 그곳에서는 오래된 것이 별로 중요하지 않았다. 그곳은 연기가 피어오르고 부풀어 오르는, 팽창하는 현대 도시였다.

부다페스트의 가장 좋은 점은 그 위치였다. 그곳은 도나우강 주변의 도시 중, 이 거대한 강이 한가운데로 흐르는 유일한 대도시였다. 빈은 도시의 6분의 5가 강 남쪽에 펼쳐져 있어서(베오그라드도 마찬가지다) 빈에서는 이 거대한 강의 흐름을 의식하지 못하고도 몇 달을 보낼 수 있었다. 반면에 부다페스트는 강에 의해 도시가 거의 균등하게 나뉘어 있었다. 더욱이 도나우강(이 강은 과거에도 그랬고, 현재도 전혀 푸르지 않다)은 부다페스트에서 폭이 480미터 정도로 적당한 크기를 유지하고 있었다. 부다페스트에서 북쪽으로 40킬로미터 떨어진 지점에서 도나우강은 남쪽으로 방향을 틀어 곧장 굽이쳤다. 도나우강이 굽은 곳은 강과 언덕과 땅의 비율이 절묘해 화가들이 천국처럼 여기는 장소로, 라인강이나 허드슨강의 아름다운 계곡보다 낭만적이지는 않지만 더 매력적인 공간이었다. 베네치아나 뉴욕의 경우와 마찬가지로 1900년 부다페스트에 가기 위한 가장 편리하고 저렴한 방법은 배를 이용하는 것이었다. 배를 타고 부다페스트에 들어가면 먼저 산업 시설이 펼쳐진 교외 지역이 눈에 띄었지만, 그 너머로 보이는 부다의 산줄기가 웅장한 광경을 약속했다. 곧이어 숲이 우거진 섬이 나타나고, 도나우강이 약간 굽어지면서 한낮의 진줏빛 도는 푸른 회색 대기 사이로 도시의 전경이 단숨에 드러났다. 왼쪽에 늘어선 건물과 오른쪽 제방 위로 솟아오른 언덕이 거대한 강의 존재감은 훼손하지 않으면서 놀라운 균형감을 선사했다. 그 광경은 당당했지만, 두려움을 일으킬 정도는 아니었다. 마치 도시의 심미적 목적을 위해 도나우강을 발명한 것 같기도 했다. 물론 그런 일이 일어난 것은 아니지만, 실제로 19세기 페스트의 위대한 건축가였던 레이테르 페렌츠(1813~1874)가 1865년 높은 석조 벽 사이로 넓은 반원형 운하를 만들어 강의 절반을 흐르게 한 뒤 부다페스트의 남쪽에서 원래의 강과 합류하도록 하는 계획을 고안한 적이 있다. 이 야심 찬 계획이 실현되지 않은 것은 천만다행이다.

1900년에 회색 화산암 제방과 부두가 건설되었다. 도나우강을 가로지르는 일곱 개의 큰 다리 중 세 개는 1900년 이전에 이미 건설되었다. 당시 공사 중이던 네 번째 다리인 엘리자베트 다리는 아직 토끼장 같은 거대한 나무 비계飛階 형태로 2년 후 완공될 터였다. 1900년에 부다 지역과 페스트 지역의 대조는 지금보다, 아니 불과 몇 년 후보다 훨씬 더 컸다. 왕궁은 1905년에 완성될 예정이었는데, 프라하의 흐라드차니와는 비교가 안 될 정도였다. 도나우강과 페스트 쪽에서 보이지 않는 왕궁의 거대한 뜰과 남쪽·서쪽 벽면은 18세기 형태의 세부와 비율을 지니고 있어 고전적이라기보다는 오스트리아식 바로크풍이었는데, 프란츠 요제프가 이것을 고집했다고 한다. 이 왕궁은 곧, 1686년 터키로부터 부다를 탈환한 사부아 공국 오이겐 공작(1663~1736)의 기마상 주변으로 강을 향해 뻗은 멋진 테라스를 갖추게 된다. 그러나 왕궁은 거대하다기보다는 아래로 낮게 깔린 듯하고, 웅장하기보다는 장식적이며, 돌 사마귀가 박힌 듯 이상하고 못생긴 둥근 지붕이 주요 부분을 덮고 있어 옛 헝가리 전사의 반半야만적인 투구를 생각나게 했다.[2] 마치 합스부르크 바로크보다는 헝가리 민족주의의 새로운 형식을 제시하거나, 오스트리아와의 이중 제국 내에서 헝가리가 차지하는 위치에 대한 국가와 정부의 분열된 마음을 상징하는 것 같았다. 그러나 다시 말하건대, 전망이 주는 전체적인 효과는 매

---

2 1944~1945년 겨울 부다페스트 포위 공격 당시 불탔지만, 40여 년이 지난 지금 거의 복구가 완료되었다. 새 지붕은 예전 것보다 더 단순하고 아름답다.

우 인상적이었다. 왕궁이 있는 언덕(바르헤지)은 100미터를 넘지 않았지만, 페스트 쪽에서 보면 더 높아 보였다. 호텔 발코니와 창문 또는 페스트의 부두 위 산책로에서 바라보는 풍경은 세계의 어느 수도와도 비교할 수 없는 아름다움을 선사했다. 부다 쪽에서 손짓하는 왕궁 언덕의 건물들은 도나우강의 웅장하고 완만한 굴곡과, 페스트의 분주한 부두에서 활처럼 강을 가로질러 왕궁 언덕의 돌담 근처 녹지와 난간을 지나 신고전주의 형식의 왕궁 터널 입구까지 이어진 고전적 형태의 사슬 다리로 인해 더욱 풍부한 연극 조의 장관을 연출했다. 이 다리의 부다 쪽 교두보에서 증기 동력 엘리베이터가 경사면을 따라 왕궁 언덕을 오르내렸다.

왕궁 언덕은 당시의 부다페스트 10개 구역 중 '1구역'이었다. 이곳은 현재 가장 유명하고 가장 오래되었으며 가장 아름다운 구역으로, 관광객이 너무 많아 최근에 자가용 출입이 금지되었다. 1900년에는 이 정도의 명성과 인파와 교통 체증이 없었다. 당시 이곳은 역사와 건축물이 뒤범벅된 곳이었는데, 그렇게 비좁지 않으면서 조용하고 넉넉한 공간감이 있어 '밀림'이라기보다는 '뒤범벅'이라고 하는 것이 더 어울렸다. 이곳에는 새로 재건축한 왕궁, 새로 재건축한 대관식 성당(마차시 성당), 물결 모양의 하얀 돌난간, 상상력 풍부한 헝가리 건축가가 구상한 '어부의 요새' 등이 페스트 지역을 꽉 채운 집과 거대한 의회의사당 건물을 내려다보고 있었다. 1899년 드 블로위츠와 얼추 다를 바 없는 외국인 방문객(그가 드 블로위츠를 싫어했음은 거의 확실하다)이 부다페스트에 왔다. 그는 기이할 정도로 뛰어난 능력을 지닌 제롬 타로라는 사람으로, 프랑스 교육부가 대학에서 프랑스어를 가르치도록 부다페스트로 파견한 인물이었다. 그는 새로운 기념 건축물을 싫어했다. "나는 이곳 부다페스트에서 앙주와 코르비누스의 중세 시대를 찾았지만, 모든 것이 새롭고 공격적이어서 사람의 눈과 정신을 멀게 한다."[3] 그러나 이 모순적이며 예리한 젊은 프랑스인은 왕궁 구역의 오래되고 온화한 귀족 저택 앞에서 편안함과 경외감을 느꼈다. 이 구역의 광장 주변에 몇 채의 새로운 정부 건물(예를 들면 국립기록보관소)이 있었지만, 나머지 대부분은 1830년 이전에 지어진 집과 작은 궁전들이었다. 타로는 이 영웅적인 골동품들에 대해 다음과 같이 적었다. "나는 이 오래되고 졸린 듯한 거리, 낡은 누런 집, 단순하지만 행복했던 시절의 흔적을 얼마나 사랑하는지…… 나는 중세풍의 가짜 장식보다 이런 집의 안뜰과 곰팡이 낀 우물에서 역사의 웅얼거림을 더 잘 들을 수 있다."[4]

반복해서 말하지만, 이곳은 1900년의 부다페스트에서 유행이 가장 앞선 곳이 아니었다. 주택 일부분은 부다 포위전과 터키의 점령에도 살아남은 중세 시대의 유물이었다. 회랑과 뜰은 18세기 또는 그 전에 만들어졌고, 그보다 약간 덜 낡은 벽면은 회색 화산암이나 누런 치장 벽토로 만들어졌는데, 이런 벽면은 대개 서쪽의 밀라노부터 동쪽의 크라쿠프까지 합스부르크의 영역을 특징짓던 양식이었다. 대문과 현관은 시원한 그늘의 고요함을 숨 쉬는 듯했고, 뜰에는 할아버지처럼 오래된 버즘나무와 우물이 산재했다. 자갈이 깔린 보도와 도로는 역사적인 어느 가을날의

---

3 Tharaud, pp. 17~18, 26.

4 타로는 왕궁 거리의 샛길에서 완벽한 비더마이어 시대의 유산, 1830년대의 산물인 루스부름 제과점과 다실을 발견하고 황홀해했다. 나도 이 가게가 아직 존재한다는 사실을 여기에 적으며 기쁨을 느낀다.

공기를 호흡하고 있었다. 그 아름다움은 철분 미네랄 향기 가득한 샘물이 졸졸대는 비단 같은 밤의 고요함이 그러하듯 도시적이라기보다는 시골 느낌이 강했다.

수도에서 가장 오래된 주민들이 이곳에 살았다. 1구역은 부다의 다른 지역과 마찬가지로 보수적이고 전통적이었다. 즉 단정적으로 말해 헝가리적이지 않았다. 1900년 부다 지역에 사는 사람 상당수가 독일어를 사용했다(부다의 많은 거리와 언덕과 목초지 이름이 독일식이었는데, 1847년과 1873년의 법령에 따라 헝가리식으로 바뀌었다). 그러나 이 지역의 건물과 분위기는 오스트리아식 디자인과 남부 독일식 건축 양식에도 불구하고 헝가리 바로크식의 귀족적 성격을 쌓아갔다. 이것은 아마도 라마르크가 완전히 틀리지 않고 다윈이 전적으로 옳지 않다는 하나의 예가 될 것이다. 왜냐하면 삶, 특히 역사적인 삶에서는 획득 형질이 유전될 수도 있기 때문이다(와일드식으로 얘기하면 자연, 특히 역사적 자연에는 예술을 모방하는 방법이 있다).

1900년의 1구역에 관해 이야기할 내용이 두 가지 더 있다. 그중 하나는 현재도 존재하고 있지만, 다른 하나는 60년 전에 사라졌다. 현존하는 것은 교구 성당의 이름을 딴 크리스티너 구역이다. 이곳은 왕궁 언덕의 서쪽 사면에 자리잡은 가톨릭 부르주아 구역으로 지금도 주로 독일식 이름을 가진 공무원이나 장인 가족 등 오래된 중산층이 거주하고 있는데, 점점 더 새로운 아파트가 들어서고 있다. 부다 지역의 첫 번째 트롤리 노선이 이곳에서 남부역까지 운행되었다. 1900년 무렵 도나우-사바-아드리아 회사가 남부역과 서남쪽 발칸을 연결하는 열차를 운영했다. 남부역은 부다페스트에서 크로아티아산맥을 가로질러 트리에스테와 베네치아로 가는 유명한 '트리에스테 야간 특급' 열차의 출발점이자 종착역이었다. 나의 부모와 조부모를 포함한 수많은 신혼부부가 목재로 만든 이 열차의 침대칸에서 베네치아로 가는 신혼여행의 첫날밤 또는 이틀째 밤을 보냈다.[5] 크리스티너 구역의 정원과 마당 곳곳에는 야외 시설이 감춰져 있어, 언제나 음식을 먹을 수 있는 선술집, 와인 가게, 식당 역할을 했다. 이런 곳은 옛 부다페스트의 귀중한 유산으로 지금도 몇 개가 남아 있다. 아카시아, 버즘나무, 가래나무 아래 소박한 탁자가 놓인 이런 장소는, 작은 오케스트라와 푸른 호이리거 와인으로 유명한 오스트리아 그린칭, 히칭 지역의 명소인 빈식 정원 식당의 헝가리 버전이라 할 수 있었다. 그러나 두 곳의 차이점도 유사점만큼이나 중요했다. 부다페스트의 온화한 기후 덕분에 5월 초부터 9월 말까지 이런 정원 식당─헝가리어로 '녹색 식당zöldvendéglő'이라고 한다─에서 저녁 늦게 식사하는 것이 가능했다. 와인, 가금류, 채소, 과일 등은 대부분 그 지역 생산물이었다. 부다의 식당으로부터 1.5킬로미터 이내 지역에서 재배되던 복숭아와 포도 품종은 헝가리에서 가장 평판이 좋았다. 이런 정원 식당은 지역 주민뿐만 아니라 페스트에서 오는 단골들이 애용하는 곳이기도 했다. 1900년경에 가장 유명한 식당은 '대리석 신부'라는 곳이었다. 그러나 '대리석 신부'는 '나팔수' '녹색 통' '황금 오리' '장미 나무' '일곱 올빼미' '붉은 개구리' 같은 식당들─이들 식당 중 일부는 2구역에 있었다─처럼

---

5 1900년에 이 유명한 기차는 부다페스트에서 오후 8시에 출발해 이튿날 오후 2시 15분 베네치아에 도착했다. 지금(1988년) 이 기차 여행은 오히려 1시간 이상 더 걸린다.

푸른 잎 무성한 나무 아래의 유쾌한 여름 저녁과 맛있는 요리만으로 유명한 것이 아니었다. 이곳 내부에는 갑자기 추워지거나 폭우가 쏟아질 때 또는 가족을 접대하고자 할 때 사용할 수 있는 편안한 방이 준비되어 있었다. 춥지만 상쾌한 겨울날에 이런 방은 구석에 놓인 커다란 타일 난로가 내뿜는 열기로 온 구석이 골고루 데워지고, 휘휘 소리를 내며 활기차게 내달리는 외부의 차가운 겨울바람과 대조를 이루는 따뜻한 내부의 바스락거림 및 음식, 와인 냄새 스민 공기로 그윽한 편안함을 제공했다.

1구역에서 얘기할 다른 하나는 지금은 없어진 터반 구역이다. 이곳은 왕궁 언덕의 남쪽 사면과 겔레르트 언덕(이 언덕 꼭대기에 팬케이크 모양의 납작한 병영과 요새 포대가 있었다) 사이에 자리잡고 있었다. 터반은 부다의 입구 부분부터 엘리자베트 다리까지 뻗어 있었는데, 새로운 건물로 꾸며지지도 않았고 혁신에도 전혀 영향받지 않았던 진정 오래된 곳이었다. 이곳은 적당히 비위생적이었고, 군데군데 평판이 좋지 않았다. 18세기에는 세르비아인, 헝가리인, 그리스인, 집시 등이 이곳에 마구 뒤섞여 살았는데, 그들 대부분은 강변인江邊人이었다. 그들은 바지선, 보트, 연락선 등에서 일하거나 고기잡이로 생계를 꾸렸고, 나중에는 곡물과 식량을 수송하는 일까지 도맡았다. 그들이 다루던 상품은 오스트리아와 남독일 등 도나우 중부 유럽보다는 상대적으로 덜 발달하고 일부 지역은 아직 터키의 지배 아래에 있던 발칸에서 온 것이 더 많았다. 그들은 모든 종류의 무역에 관여했는데, 그중에는 백인 노예무역도 포함되어 있었다. 선술집, 도박장, 매음굴 등도 터반 여기저기에 널려 있었다. 터반의 가장자리 부근에는 부다에서 가장 유명한 두 개의 터키식 목욕탕 루더시와 러치언(라츠퓌르되)이 있었는데, 둘 다 부다의 토양 아래서 풍부하게 솟구치는 따뜻한 샘물 위에 터키인이 건설한 것이었다. 1900년경에는 이 시골벽적한 사람들이 대부분 사라졌지만, 터반은 여전히 거기 존재하면서 사람들에게 싸고 맛있는 음식과 싸고 질 좋은 와인과 (몇몇 경우에) 싸고 멋진 여자 — 현재 더 유명한 집창촌은 페스트 쪽에 있지만 — 를 제공했다. 흔들리는 기름 램프, 회반죽을 바른 단층 돌집과 붉은 기와지붕 오두막 사이로 구불구불 여기저기로 뻗은 비포장 도로와 거친 돌을 깔아놓은 보도, 봄여름에 근처 과수원에서 풍겨오는 살구와 자두의 진한 과일 내음과 잘 익은 와인 냄새가 뒤섞인 작은 와인 정원, 이런 것들이 터반을 낭만적인 장소로 만들었다. 과거에 대한 취향이 지금보다 훨씬 더 적었던 1900년 무렵에도 이곳저곳을 기웃거리며 오래된 물건과 오래된 장소를 찾던 단골들 덕분에 이런 낭만이 쌓여갔다. 오래되고 가치 있는 이런 건물 중 몇 개가 고지식하게 효율만을 추구하던 '공공사업 도시계획위원회'의 손아귀에서 살아남은 것은 기적이라고 할 수밖에 없다.

1900년에 부다는 3개 구역, 페스트는 7개 구역으로 구성되어 있었다. 철도 노선을 따라 도시가 확장되던 19세기 방식이 서서히 도입되고 있었지만, 기본적으로 부다페스트는 대부분의 유럽 수도처럼 도심에서부터 동심원 형태로 커져온 도시였다. 부다의 중심 반원에 해당되는 왕궁 언덕의 북쪽 사면 아래로는 비교적 작은 구역인 2구역 비지바로시(물의 마을)가 있었다. 더 북쪽으로는 3구역 오부다(오래된 부다)가 펼쳐져 있었다. 이 모든 구역을 부다 산줄기가 감싸고 있었는데, 1900년에 이 산줄기는 행정적으로 여전히 1구역에 속해 있었다.

비지바로시는 1구역과 비슷한 특징, 즉 오래되고 내부 지향적이며 시골 정취가 흐르는 성격을 띠고 있었다. 1900년 당시 채소밭과 정원을 갖춘 부다 교외의 일부 지역을 제외하면 이곳에 독일 장인匠人 가구가 가장 많이 남아 있었다. 이곳은 수도에서 가장 작은 두 구역 중 하나였는데, 부다 쪽 도나우강 언저리를 따라 사슬 다리부터 머르기트 다리까지 1.5킬로미터가량 펼쳐진 대지 위로 수많은 골목길이 왕궁 언덕까지 얼기설기 이어져 있었다. 1838년 대홍수 때에는 도나우강이 범람해 완전히 침수되기도 했다. 보수적인 이곳 주민들은 강 건너 페스트에 사람이 몰리고 활력이 넘치는 것을 의심의 눈초리로 지켜보았다. 부다의 비지바로시와 도나우강 바로 맞은편 페스트의 레오폴트구區만큼 강렬한 대조를 이루는 곳도 없었다. 비지바로시는 가장 오래된 곳으로 독일 장인 가구들이 거주했고, 레오폴트구는 부다페스트에서 가장 현대적인 곳으로 다소 부유한 헝가리 유대인들이 살았다. 회녹색 도나우강 물결 너머 500미터도 떨어지지 않은 레오폴트구는 1900년 당시 미래가 있던 곳이었다. 대저택에 준하는 고급 아파트가 수십 채 들어섰고, 이런 집들마저 왜소하게 만드는 의회의사당이 거의 완성되어 있었다. 오르사그하즈Országház라 불리는 이 거대한 건물은 그 이름 자체가 단순히 의회 이상의 의미를 지니고 있었다. 영어로 번역하기는 어려운데, '국가의 집' 또는 '국가의 궁전'이라는 뜻이다. 그러나 비지바로시 주민들도 번영하는 도시의 혜택을 충분히 누릴 수 있었다. 1879년 세계에서 가장 훌륭한 상수도 시설이 완성되면서 이전에 우물 때문에 겪었던 많은 어려움에서 해방될 수 있었다. 도나우강 부두 옆으로는 트롤리 차량이 달그락거리며 운행을 시작했다. 이로써 두 개의 커다란 다리 사이에 위치해 있던 비지바로시는 그 어느 때보다 접근이 용이해졌다. 페스트 쪽 부두 위의 인상적인 아파트 윤곽선에 대응하듯 신르네상스 양식 아파트 건물도 늘어서기 시작했다. 비지바로시 안쪽으로는 수십 개의 노천 시장과 푸른 잎 빽빽한 정원을 갖춘 단층 주택 그리고 '나팔수' '녹색 통' 같은 식당이 들어섰다.

부다 쪽 머르기트 다리 너머 비지바로시 북쪽은 장미 언덕이었는데, 그중 일부는 3구역 오부다에 속해 있었다. 1541년부터 1686년까지 1세기 반 동안 부다를 통치한 터키인이 가져온 것 중 오래도록 남아 있는 것이 두 가지 있는데, 바로 장미와 목욕이다. 400년 전 장미를 몹시 사랑했던 터키 관리 한 명이 이 언덕 경사면에 장미를 심었는데, 그 때문에 그는 꽤 유명해졌다(그는 부다페스트에 자신의 이름을 딴 거리 이름이 아직도 남아 있는 유일한 터키인이다). 1900년경 장미 언덕은 다시 한번 유행의 대상이 되었다. 그 무렵 부다의 많은 지역(그리고 일부 지역은 지금도)에서 인구 밀도는 매우 낮았다. 1900년경 파리의 외곽인 파시, 뇌이, 오퇴유 지역에는 이미 깔끔한 거리와 아파트가 들어섰고, 매연 가득한 런던은 리치먼드, 큐 지역을 포함할 정도로 팽창해 있었다. 그리고 가장 넓은 도시 면적을 자랑하며 활황을 누리던 유럽의 수도 베를린도 서부 외곽 지역과 호수 주변 별장 지구가 시골 정서를 잃어가고 있었다. 그러나 1900년의 부다페스트는 이러한 지방성과 국제성의 혼합—오히려 복합체라고 하는 편이 더 어울린다—이 커다란 매력으로 남아 있었다.

이곳에는 푸른 가슴 같은 부다 언덕과 과수원이 있었고, 그 너머로 들판과 숲이 쭉 이어져 진짜 산맥에 닿아 있었다. 이 산맥은 여전히 도시의 경계 안에 포함되어 있었는데, 가장 높은 산은 성 요한 봉우리(야노시혜지)로 해발 520미터 이상, 그리고 도나우강으로부터는 약 400미터 이상의 높이였다. 독수리 봉우리(서시혜지)를 이고 있는 산맥의 서남쪽은 여전히 포도밭으로 꽉 차 있었다. 페스트에서 잘 보이는 다른 쪽은 하얀 집과 별장이 환영幻影처럼 점점이 찍혀 있었는데, 가끔 보이는 사람 모습이 그 풍경의 아름다움에 오점이 되지는 않았다. 트롤리 노선은 (런던의 헤이마켓에 버금가는) 세나 노천 시장이 있는 큰 시골 마을을 넘어 부다 언덕의 초원과 계곡 밖까지 뱀처럼 구불구불한 철길을 따라 뻗어 있었다. 일요일이면 페스트에서 추글리게트의 아우가르텐 공원이나 휘뵈시뵐지 시골 지역으로 소풍 나온 가족들로 트롤리 차량은 인산인해를 이루었다. 트롤리 차량은 봄날 평일에는 많은 학생과 교사를 나르느라 정신없이 운행되었다. 장미 언덕 근처에도 유명한 샘물 주변으로 '멧돼지 머리'나 '양치기의 예쁜 아내' 같은 오래된 선술집이 있었다. 이런 장소는 나무 의자와 버팀 다리 식탁을 갖추고 있어 만남의 광장으로 활용되었다. 스위스 회사가 부다 산줄기의 가장 높은 봉우리 슈바벤베르크(슈바브혜지)까지 톱니바퀴 철도를 건설해 1872년부터 운행을 시작했다. 기차는 30분에 한 번씩 헐떡거리며 산 정상까지 기어 올라갔다.

이 높은 언덕의 위쪽 경사면을 따라 페스트의 부자들이 별장을 지었는데, 가장 유명한 헝가리 소설가 요커이 모르의 별장도 이곳에 있었다. 도시의 신고전주의 양식 또는 준準바로크 양식 저택과 달리 이곳 별장들은 건축적으로 특별히 눈에 띄는 양식이 아니었다. 별장 대부분은 커다란 유리창 베란다가 있는 널찍한 목조 샬레 형태로 오스트리아나 남독일 형식과 크게 다르지 않았다. 이 별장들은 대개 여름용 거주지로 활용되었는데, 이곳을 사용하는 운 좋은 가족들은 페스트와 도나우 평원의 열기로부터 심신을 회복할 수 있었다. 이곳에서 바라보는 전망은 극적으로 숨이 막힐 지경이었다. 극적이다. 은빛 띠 같은 도나우강을 가로질러 페스트 지역으로 4층 내지 5층을 넘지 않는 집과 빌딩이 바다처럼 펼쳐지고, 그 건물들 너머 태양 아래 동쪽으로 헝가리 대평원이 거리낌 없이 쭉 뻗어 끝없는 지평선의 장관을 연출했다. 숨이 막힌다. 군데군데 무리를 이룬 녹색 초원과 잡목림과 정원이 도나우강을 구불구불 따라가며 목가적인 경치를 빚어내고, 여기저기 산재한 흰색과 빨간색 지붕이 초록빛 푸가 선율을 선사하고, 위에서 보면 장난감처럼 볼록 튀어나온 왕궁 언덕의 돌출부가 쉬러 오라고 손짓했다.

3구역인 오부다는 1900년에는 덜 흥미로운 곳이었을 것이다. 이곳은 도시에서 가장 오래된 구역이었지만, 역사적 측면보다는 고고학적 측면에서 그러했다. 오부다에는 최소한 두 개의 주요 로마 정착지가 있었는데, 1900년 무렵 아퀸쿰의 발굴이 시작되었다.[6] 이곳에 주둔하던 로마 군단이 부다 북쪽의 온천을 처음 발견했던 것 같다. 1900년 부다페스트는 온천수가 유명하기는 했지만, 아직 계절에 어울리는 온천은 아니었다. 비지바로시 근처에 가장 오래된 광천수 온천이 두 곳 있었는데 하나는 머르기트섬에, 다른 하나는 페스트에 있었다. 그러나 가장 유명한 두 온천, '제국 온천'과 '성 누가 온천'이 시골 매력 물씬 넘치는 바로 이 3구역에

---

6 아퀸쿰 박물관은 1894년에 건설되었다. 그 전에는 발굴된 로마 시대 갓돌, 석재, 기둥머리 등의 일부가 식당(프린트 주점)에 보관되었다.

있었다. 두 온천은 누런 치장 벽토로 만들어진 후기 로마 시대 건물로, 아치를 이룬 수목으로 둘러싸인 수영장과 작은 식당을 갖추고 있었다. 주위에는 열탕 증기와 오두막 목재의 소금기 밴 냄새가 청량하게 톡 쏘는 맥주의 쓴 냄새와 기분 좋게 뒤섞여 있었다.

오부다 지역의 인구는 19세기 동안 거의 증가하지 않았다. 이곳에는 도시에서 가장 오래된 유대교 회당─비록 1900년경 오부다 지역에는 유대인이 거의 살지 않았지만─과 거대한 조선소와 도나우강에서 잡은 물고기 요리로 유명한 값싼 선술집들이 있었다. 이곳은 부다페스트의 모든 구역 중 시골 정취가 가장 강했던 지역으로 단층 가옥과 구불구불한 거리와 농촌 바로크 양식의 성당 등이 그 옛날의 도나우 마을을 생각나게 했다.[7] 이 가옥 대부분은 화목火木 난로로 난방했는데, 겨울이면 페스트의 매캐한 석탄 난로 냄새와 달리 기분 좋게 타오르는 장작 냄새가 오부다의 거리를 휘감았다. 이런 집에는 대개 어부, 기능공, 조선공, 목수 등이 살았는데, 생뚱맞기는 하지만 제화공과 구두수선공도 제법 살고 있었다. 이곳도 거주자 대부분이 독일어 사용자였고, 그리스 정교회 세르비아인이 일부 남아 있었다. 3구역은 부다 언덕의 북쪽 부분도 포함했는데, 1900년 당시 이 근처는 거주지가 거의 없는 완전한 농경지로 주로 화이트 와인을 생산하는 포도밭이었다(부다 언덕의 서남쪽은 레드 와인과 화이트 와인 모두를 생산했다).

---

7 1867년에는 부다와 페스트 가옥의 77퍼센트가 단층이었고, 1905년에는 50퍼센트가 단층이었는데, 그중 대부분이 부다 쪽에 있었다. 1900년에 이 지역 일부에서는 아직도 야경꾼이 등불을 들고 순찰했다.

이제 강을 건너보자. 오부다의 부두는 1900년 당시 이미 포장이 완료되어 있었고, 북쪽을 향한 주도로에는 통근용 협궤 열차가 운행되고 있었다. 이 부두 건너편으로 머르기트섬이 위치해 있는데, 아마도 이 섬은 2800킬로미터 길이의 도나우강 전체에서 가장 유명한 섬일 것이다. 1894년 블로위츠는 이곳에서 점심을 먹었다. 그는 이곳에 대해 "성聖 머르기트의 섬, 도나우의 진주, 꽃 둥지, 달콤한 향기, 시원한 바람, 하얀 증기선이 오가는 곳, 비스와강에서 슈프레강까지 어느 대도시의 어느 공공 정원과도 비교할 수 없는 곳"이라고 적었다. 그러나 비스와강에서 슈프레강까지로 한정할 수 있을까? 머르기트섬보다 더 아름다운 공공 정원은 유럽 곳곳에 많이 있었지만, 그들 중에서 섬에 있는 것은 거의 없었다. 이곳은 1900년이 되기 불과 몇 년 전에 개발된 흥미로운 역사를 가지고 있었다. 중세 시대에 이곳에는 '토끼섬'이라 불리던 수녀원 ─ 성 머르기트는 이곳의 수녀였다 ─ 이 있었는데, 그 유적이 1890년대에 발견되었다. 수백 년간 이곳에(아마도 토끼섬에) 사람은 살지 않았는데, 그건 이곳에 오기 어려웠기 때문이다. 19세기 초반의 어느 때인가 이 섬은 팰러틴(총독에 해당하는 헝가리 직함)이었던 합스부르크 대공의 소유가 되었다. 그는 이곳에 자신이 사용할 사냥용 작은 별장을 지었다. 그리고 합스부르크를 상징하는 누런 치장 벽토로 합스부르크 제국 후기 양식의 또 다른 건물도 지었다. 1860년 무렵 작고 하얀 증기선 ─ 적절하게 '백조'라는 이름이 붙어 있었다 ─ 이 페스트에서 이 섬으로 운행을 시작했다. 곧 '프로펠러'라 불리던 공공 보트 여섯 척이 도입되어 승객과 유람객을 태우고 양쪽의 아담한 부양식 선창 사이를 왔다 갔다 했다. 19세기 후반에 머르기트

섬에 조그만 호텔이 세워졌고, 온천 근처에 대중목욕탕이 문을 열었다. 위대한 헝가리 시인 어러니 야노시(1817~1882)를 비롯한 문인들이 거대한 떡갈나무 아래서 휴식을 취하기 위해 이 섬에 오기도 했다. 1900년이 되기 몇 년 전 강의 범람을 막기 위해 가파르게 각진 돌로 섬 주위에 제방을 쌓았고, 머르기트섬과 남쪽 끝에 있던 작은 야생 섬 사이의 수로를 메워버렸다. 1901년 머르기트 다리가 놓이며 섬은 부다와 페스트로 연결되었다. 1878년 프랑스 기술자들이 설계하고 건설을 시작한 이 다리는 도나우강을 가로지르는 다리 중 가장 매력 없는 것으로, 무거운 교각 위에 평평한 판을 올려놓은 형태에 상당히 보기 흉한 프랑스-빅토리아식 난간이 설치되었고, 다리 한가운데 각을 이루는 부분에서 넓은 Y자 모양의 아랫부분에 해당되는 돌출부가 튀어나와 섬과 연결되었다. 그무렵 섬 전체의 조경이 이루어졌다. 노천 식당과 노천 과자점이 생겼고, 커다란 장미 정원도 갖추었다. 1908년에는 시市가 요제프 합스부르크 대공으로부터 공식적으로 섬을 사들였다. 말 한 마리가 끄는 마차가 섬의 남쪽 끝에서 북쪽 끝의 호텔까지 천천히 왕래했다. 머르기트섬 입구에서는 섬 방문객에게 입장권을 팔았다. 값이 그리 비싸진 않았지만, 부다페스트의 프롤레타리아를 막기에는 충분한 금액이었다.

다음은 페스트 지역이다. 이곳은 도시의 동쪽 절반으로 부다보다는 젊지만 덜 아름다운 곳이었다. 그러나 부다페스트를 유명하게 만든 역동적엔진이며, 1900년 당시 부다페스트 인구의 83퍼센트가 살았던 곳이다.[8] 라틴 지구, 몽파르나스 지구, 생제르맹 지구 주민들, 즉 파리의 명사名士들이 강 우안右岸에 살기 위해 센강 건너편으로 옮겨간 파리를 상상하면 쉽게 이해될 것이다. 페스트에는 (부분적으로) 오래된 지역이 한 군데밖에 없었는데, 이곳은 벨바로시(도심)라 부르던 4구역으로 크기가 가장 작은 구역이었다. 부분적으로 오래되었다. 왜냐하면 벨바로시의 건물 중 1800년 이전의 것은 거의 없었기 때문이다. 기념물이 될 만한 건축물은 벨바로시 성당 하나뿐이었는데, 이 성당의 벽면 일부는 진짜로 중세 시기의 것이었다. 1900년에는 이 성당이 계속 존속할 것인지 말 것인지 확실치 않았다. 이 건물이 엘리자베트 다리로 향하는 확장 도로의 입구를 거의 막고 있었기 때문이다. 벨바로시 성당은 1910년이 되어서야 역사적인 건축물로 인정받았다. 부분적으로 오래되었다. 왜냐하면 엘리자베트 다리와 프란츠 요제프 다리 사이, 4구역의 반에 해당되는 부분이 더 오래된 지역인데 당시 약간의 붕괴 조짐을 보였기 때문이다. 그러나 벨바로시는 부다페스트가 지닌 매력의 축소판이었다. 그곳은 새로움과 오래됨이 완벽한 조화를 이루는 곳이었다. 한편으로는 웅장한 아파트, 상점가, 클럽, 식당, 호텔 등 풍요롭고 현대적인 안락함이 흘렀고, 다른 한편으로는 흔들림 없는 터줏대감 부르주아가 거주하는 오래된 도나우 상업 도시의 풍경과 소리와 공기가 넘쳤다.

부다페스트에서 가장 좋은 호텔이 여기에 있었다. 낡은 슈테판 대공 호텔과 영국 여왕 호텔은 철거되었다. 그러나 도나우 코르쇼街道를 따라 현대식 헝가리아 호텔, 칼튼 호텔, 브리스틀 호텔이 위용을 뽐냈다. 사슬 다리의 전면 교두보 근처에 작지만 보석 같은 신바로크 양식의 부다페스

---

8 1900년경에는 '페스트'라는 단어가 부다페스트와 동의어로 쓰였다. 예를 들어 "우리는 페스트로 간다Megyünk Pestre"는 "우리는 부다페스트로 간다"는 의미였다.

트 리츠가 건설될 예정이었는데, 결국 두너펄로터(도나우 궁전)라는 거창한 이름을 갖게 되었다. 이 교두보와 그 앞의 넓은 장소는 근현대사의 한 장면에 기록되었다. 1848년 9월 이곳에서 페스트의 폭도들이 오스트리아인 경찰국장 람베르크 백작을 마차에서 끌어내린 뒤 무자비하게 난도질하여 살해했다. 그러나 20년도 채 되지 않아 프란츠 요제프 황제가 헝가리의 왕이자 민족적 자부심과 화해의 상징으로서 장엄하고 이국적이며 색감 넘치는 대관식을 하기로 선택한 곳이 바로 이 광장이었다.[9] 광장 북쪽에는 신고전주의 양식의 헝가리 과학 아카데미 건물이 서 있었는데, 위대한 민족 시인 어러니가 왕의 너그러움과는 별 관계없는 그곳에서 사무총장을 맡아 한가로운 나날을 보내고 있었다. 1900년에 꽤 인상적이지만 별로 매력적이지는 않았던 두 채의 금융 궁전 건물이 솟아올랐다. 그 중 하나는 페스트 헝가리 무역은행이었고, 다른 하나는 그레셤 보험 회사의 본사 건물이었다. 7구역 내 좁은 가톨릭 지역과 귀족 지역을 제외하면, 페스트에서 이곳만이 보수적으로 국왕에게 충성을 다했다. (우연히도 수많은 거리, 장소, 광장, 다리 등에 기셀라, 마리아 발레리아, 도로테아, 엘리자베트, 펠러틴 요제프 등 합스부르크 가문의 이름이 붙어 있었다.) 호텔들은 마리아 발레리아 거리에 입구를 두고 있었다. 그리고 도나우강의 선창가를 따라 한층 높게 조성된 코르쇼 위로 차양을 갖춘 호텔 테라스가 뻗어나

---

9 1867년의 대관식은 부다와 페스트 두 곳으로 나뉘어 진행되었다. 그러나 1916년 12월 오스트리아 황제이자 헝가리 왕의 마지막 대관식이 부다페스트에서 거행되었을 때 의식은 부다에서만 진행되었다. 더 이상 페스트 지역 사람들에게 특별한 몸짓을 해야 할 필요성이 없었기 때문이다. 헝가리 왕의 마지막 대관식 날은 1867년과 달리 어둡고 불길했다. 날씨는 험악했고, 왕의 말은 미끄러졌으며, 왕의 머리에서 왕관이 떨어질 뻔했다.

와 있었다.

호텔 테라스, 커피 전문점, 식당 등이 늘어선 코르쇼는 선창가 위로 상당히 높게 조성되어 있어 화창한 오후에 거리로 나선 인파 수천 명의 웅얼거림과 악단의 음악 소리가 선창가의 소음 및 쇳소리를 잠재우기에 충분했다. 그러나 가끔 지나가는 증기선의 뱃고동과 '프로펠러'의 출발을 알리는 짧고 날카로운 경적마저 지울 수는 없었다.[10] 코르쇼에서 안쪽으로 두 블록 더 들어가면 가장 유명한 상점가인 바치 거리가 있었다. 이곳은 여러 종류의 깔끔한 상점이 모여 있는 좁은 도로로, 사키(1870~1916)가 "사회적 투쟁과 경멸이 뜨겁게 관통하는 기저의 흐름"이라고 불렀던 또 하나의 산책로였다. 바치 거리부터 전개되는 구역은 집과 길이 조금 더 낡고 좁았는데, 그중에는 지방의 오랜 귀족과 상류층 젠트리 계층이 부다페스트에 상경했을 때 애용하던 '사냥꾼의 뿔피리'라는 구식 여관도 있었다. 이 구역의 건물 대다수는 1810년에서 1850년 사이에 지어졌다. 이것은 이들 건물의 외관과 비율이 신고전주의적·제국주의적 형태로 후기 비더마이어, 초기 빅토리아, 제2차 제국주의적 특징을 띠지 않았다는 것을 뜻했다. 꽃의 여신 플로라와 미의 여신 비너스 같은 고전적 조각상으로 내부 계단과 벽감을 장식하고 정원에 분수를 갖춘 건물도 다수 있었다. 그러나 1900년경에는 수백 채까지는 아니어도 이미 수십 채의 새로운 건물이 이 구역에 세워져 부다페스트의 다양한 건축 분위기를 반영

---

10 나중에 트롤리 전차 2호선이 코르쇼의 가장자리를 따라 건설되었다. 지금도 존재하는 이 노선은 대중의 편의를 위해 코르쇼에 건설했는데, 상당히 유감스러운 양보였다. 그것은 아래쪽 선창가를 따라 건설되었어야 했다.

했다. 한여름의 정오에도 벨바로시는 황금빛 햇살과 시원한 플란넬 그림자가 뒤섞여 있었고, 전체적으로 진회색과 연노란색이 주종을 이루는 가운데 형형색색 늘어선 꽃 가판대와 아마포 창 가리개가 점점이 색감을 더했고, 차갑고 상큼한 종이 냄새와 갓 볶은 따뜻한 커피 향이 뒤섞인 페스트 벨바로시의 독특하고 기묘한 향기는 이발소 앞을 지날 때 확 풍겨오는 라일락 화장수 냄새(헬리오트로프 냄새였던가?)로 인해 더 풍성해졌다.

1900년 당시 아직 완공되지 않았던 엘리자베트 다리와 프란츠 요제프 다리 사이의 바치 거리와 자갈이 깔린 넓은 부두는 우아함을 잃어가고 있었다. 그러나 이곳은 곡물상, 제화공, 생선 장수 등이 거주하며 와인과 가죽의 신맛 냄새를 풍기고, 겨울이면 재채기할 정도는 아니지만 톡 쏘는 사워크라우트의 신선한 얼얼함으로 거리를 가득 채우는, 오래된 벨바로시의 분위기가 여전히 남아 있는 곳이기도 했다. 1900년에 비교적 새 건물이었던 대학가 뒤편에는 고위 귀족들의 소형 제국 건물들이 있었는데, 그중에는 그들의 전용 클럽인 내셔널 카지노도 있었다. 이곳 벨바로시 지역 및 이와는 사뭇 느낌이 다른 7구역(엘리자베트구)의 서남부 일대에 조성된 몇 안 되는 비대칭 주택 단지는 대개 에스테르하지, 카로이, 벤츠크하임 같은 가톨릭 대귀족 가문이 임시 저택으로 소유했다. 그래서 도시의 문인들은 이곳을 '부다페스트의 생쉴피스'라고 불렀다. 이곳에는 가톨릭 신학교와 감정을 드러내지 않는 도도한 고요함이 있었기 때문에 생제르맹 같은 느낌을 풍겼다. 무제움(박물관) 순환로를 가로지르는 이 지역은 남쪽으로 수많은 고서점이 이어지다가 그 끝에 칼뱅 광장이 출구처럼 열려 있었다. 광장에는 거대하지만 건축학적으로는 그저 그런 개신교 페스트 교회가 서 있었다.

1900년 당시 페스트에는 근 30여 년간 유지해온 도시 계획이 있었다. 그 계획의 큰 골격을 설명하거나 상상하기는 그리 어렵지 않다. 머르기트 다리 교두보에서 시작해 훗날(1937년) 완공되는 남쪽의 상업 다리(페퇴피 다리)의 교두보 위치까지 이어진 반원형의 넓은 대로人路가 있었다. 이 대로는 3킬로미터에 걸친 부다페스트 순환로로 지점마다 레오폴트, 테레사, 엘리자베트, 요제프, 프란시스 등 합스부르크 가문의 이름이 붙어 있었다. 이 반원 안쪽으로 레오폴트 순환로와 테레사 순환로가 만나는 곳 (서부역 옆의 베를린 광장)에서 프란츠 요제프 다리까지 이어지는 좀더 평평하고 타원형에 가까운 대로가 있었다. 이 안쪽 순환로는 세 개의 중요 지점으로 구성되어 있었는데 각각의 이름은 바치, 카를, 무제움이었다. 벨바로시(4구역) 전체와 레오폴트구(5구역) 대부분은 이 안쪽 순환로와 도나우강 사이에 위치했다. 도시 전체의 기본 윤곽에는 한 가지 더 눈에 띄는 특징이 있었다. 부다페스트 순환로를 자동차의 속도계라고 상상해보자. 그리고 속도계의 바늘이 60킬로미터에 서 있다고 상상해보자. 그곳은 도시에서 가장 넓은 도로인 언드라시 대로로 풀 벤 자리처럼 순환로를 가로지르고 있었다. 그곳은 샹젤리제 같은 곳 ― 어느 정도는 비슷했다 ― 이었다. 언드라시 대로는 1870년에 완성되었는데, 15년이 지나서 거의 2킬로미터 이상에 달하는 거리가 빈틈없이 건물로 꽉 차버렸다.

언드라시 대로는 현대 페스트의 야망을 대변했다. 그곳은 샹젤리제만큼 넓진 않더라도 거의 45미터에 달할 만큼 넓었고 놀라울 정도로 쭉 뻗어 있었다. 도로 양면에 두 줄로 나무를 심고 그 사이로 섬 같은 산책로를 만드는 원래 계획은 이 대로의 동쪽 3분의 1 정도만 완성되었다. 언드라시 대로의 지하에는 1896년 완공된 유럽 대륙 최초의 지하철이 네모난 터널 속을 달렸다. 바니시를 칠한 나무와 직류 전류의 오존이 풍기는 독특한 냄새가 편안한 노란색 객차를 가득 채웠다. 부다페스트에서 가장 유명한 페이스트리 가게 벨바로시의 제르보와 도시공원 동물원 옆의 유명한 식당 근처에 지하철역이 있었던 것은 분명 우연이었겠지만, 꽤나 의미심장했다. 이 노선(프란츠 요제프 노선)의 오리지널 객차는 80년간 사용했고, 제르보는 지금도 영업을 계속하고 있다. 벨바로시 끝부분에서 시작되는 언드라시 대로의 첫 구역은 호화로운 보험회사 건물이나 1884년 완공된 부다페스트 오페라 극장 같은 빅토리아 양식보다는 중부 유럽의 창업 시대Gründerzeit, 1874~1890년 번영기의 건축 양식을 보여주는 전형적인 게르만 – 신고전주의 양식의 기념비적인 아파트가 즐비했다. 그곳에는 독일식 맥줏집, 커피 전문점, 식당과 작은 극장 몇 개가 있었다. 언드라시 대로와 순환로가 만나는 옥토곤 주위는 인도로 돌출된 테라스와 시원한 판유리 창문이 있는 커피 전문점으로 가득했다. 대로를 조금 더 따라가면 샹젤리제와 비슷한 형태의 원형 교차로가 조금은 매력 떨어지는 모습으로 언드라시 대로에 또 하나의 돌출부를 형성했다. 그곳에서 마지막 650미터 정도를 죽 나가면 개선문은 없지만 에투아(프리마 발레리나) 같은 구조물이 나타났다. 19세기의 실패작인 로마의 비토리오 에마누엘레 기념물의 웅장함 및 음침함과는 사뭇 다른, 헝가리의 왕과 영웅들을 기리는 반원형의 기념물이었다.

그곳에서 언드라시 대로가 끝나고 부다페스트의 불로뉴 숲이라 할 만한 도시공원이 시작되었다. 숲에 다다르기 전 언드라시 대로의 양쪽으로 별장 구역이 형성되었다. 1900년이 되기 바로 전까지만 해도 버드나무 묘목 몇 그루밖에 없던 그곳 모래땅에 신르네상스 양식, 이탈리아 양식, 빅토리아 양식, 신바로크 양식 등 다양한 양식의 2층 주택들이 우후죽순처럼 모습을 드러냈으며 군데군데 독일 중세식 건물도 눈에 띄었다. 이곳에는 존경받는 헝가리계 유대인 가문, 헝가리 귀족, 영국 여왕 폐하의 총영사를 비롯한 여러 외교관 가족과 부유층이 살았다. 이들이 부다 언덕의 푸른 녹지보다 이 숲속의 평평한 빈터를 선호했다는 것은 1900년의 페스트에 어딘가 도시적 매력이 있었다는 점을 말해준다. 도시공원 안에는 동물원, 성城, 겨울에는 스케이트 여름에는 보트를 탈 수 있는 호수, 목욕탕, 서커스가 있었고, 이들을 이어주는 이륜·사륜마차가 슈테파니어 거리를 따라 운행되었다. 그러나 헤르미너 거리와 슈테파니어 거리의 몇몇 별장과 식당을 제외하면 도시공원은 파리의 불로뉴 숲보다는 마드리드의 레티로 지역을 닮은 먼지투성이의 광활한 공간이었다.

부다페스트의 열 구역 중 나머지 다섯 구역에 부다페스트 인구의 4분의 3이 거주했다. 이곳에 대해서는 좀 빠르게 얘기할 수 있다. 페스트 쪽에 있던 이 다섯 구역은 상당히 북적이던 곳으로 특색 있는 점이 별로 많지 않았다. 이들 구역 중 상대적─정말로 상대적이다─으로 흥미를 가질 만한 곳은 레오폴트 순환로에 의해 신구 지역으로 나뉘었던 5구역(레오폴트구)이다. 이곳의 구舊지역은 1900년 당시 완공을 2년 앞두고 있던 거대한 의회의사당이 압도적 위용을 자랑했다. 이 지역에 있는 또 다른 거대 건물은 1850년대에 건축을 시작한 작센-독일식의 페스트 바실리

카로 특별히 아름답지는 않았다. 의회의사당 주변으로는 정부 각 부처 건물, 법원, 프로이센 분위기를 풍기지 않는 거리와 커피 전문점을 제외하면 빌헬름 시대의 베를린을 연상시키는 건축물, 신흥 부르주아 계층의 아파트 등이 늘어서 있었다. 오스트리아 국방성의 일종인 대규모 병영 막사 건물 노이게보이데Neugebäude가 철거되고 매력적인 아파트 단지가 건설되어 새로운 광장, 새로운 거리와 조화를 이루었다. 1900년에 레오폴트 순환로는 일종의 도시 개척 경계였다. 그 너머로는 벽돌 공장, 공터, 마차 창고, 하늘을 오염시키는 공장 굴뚝이 널려 있었다. 그러나 1900년 이후 10여 년간 새로운 건물이 치솟아 오르며 가장 빠르게 성장했던 곳이 레오폴트 순환로의 북쪽 지역이었다. 순환로의 북쪽 면에는 비그신하즈(코미디 극장)가 이미 건축되어 있었다(1896년). 그러나 이 건물의 뭉툭한 외관은 정교하게 균형 잡힌 내부 장식이나 그곳에서 공연하는 배우들의 활기 넘치는 걸출함과 전혀 어울리지 않았다.

테레사구(6구역), 엘리자베트구(7구역), 요제프구(8구역), 프란츠구(9구역)는 집들로 넘쳐났고, 인구 밀도도 높았다. 언드라시 대로 북쪽에 테레사구가 위치했고, 그 남쪽으로 언드라시 대로부터 상점가인 라코치 대로와 동부역까지가 엘리자베트구였다. 테레사구와 엘리자베트구 인구의 3분의 1이 유대인이었다. 엘리자베트구가 가장 인구 밀도가 높았는데, 1900년 주택 건물당 67.6명이 거주했다(부다페스트 평균은 44.2명이었다).[11] 부다페스트에 유대인 게토 구역은 없었지만, 가난한 유대인 대부분은 카

---

11 BT, pp. 455~458.

를 순환로와 엘리자베트 순환로 사이의 게토 비슷한 거리에 모여 살았다. 1900년 이곳(키라이 거리 포함) 인구의 70퍼센트가 유대인이었다. 이곳 엘리자베트구의 서쪽 끝에는 1859년에 세워진 무어 양식의 페스트 중앙 유대교 회당이 있었다.[12]

　순환로 주변에 새롭게 많이 들어선 웅장한 건물, 커피 전문점과 식당, 성 테레사 성당과 성 로쿠시 성당 등 18세기 바로크 양식의 작은 성당 두세 개, 국립 극장과 오페라 극장 등을 제외하면 이 구역에서 언급할 만한 것은 거의 없었다. 이곳의 외양은 일부 주민의 열망과 달리 그리 낭만적이지 않았다. 많은 거리가 사람들로 붐볐고, 악취가 나고, 어둡고, 때로는 평판이 좋지 않았다. 사창가도 있었고 꽤 악명 높던 오르페움 '푸른 고양이'(훗날 에드워드 7세가 되는 웨일스 공작이 후원했다)도 있었다. 돌이켜보면, 1900년에는 요제프구와 프란츠구 일부가 더 흥미로운 곳이었다. 더 오래되고 낡은 지역이었기 때문이다. 이곳은 헝가리 평원의 시골 마을, 도나우와 동유럽의 도시들과 접해 있었다. 아직도 이곳에는 마부, 제화

12　카를 순환로 북쪽에 있던 오르치 하우스 ― 얼마 지나지 않아 철거되었다 ― 는 19세기 초 오르치 백작이 투자한 거대한 공동 주택이었다. 1900년경 이곳은 오스트리아 제국의 동쪽 지방에서 새로 도착한 유대인 무리를 비공식적으로 수용하던 시설로 사용되었다(임시 거처라고 하는 편이 더 정확한데, 진짜로 토끼장 같았다). 극도로 총명했지만 날카로운 반유대주의자였던 제롬 타로는 이 주택에 대해 끔찍해하면서도 마음을 빼앗겼다. 이 주택은 그가 『이스라엘이 왕이 될 때Quand Israël est Roi』라는 제목으로 부다페스트의 유대인을 다룬 책을 출간했을 때 첫 주제로 삼았던 내용이다. 이 책은 쿤 벨러(1886~1938)가 헝가리에서 집권했다 실권한 후인 1921년 파리에서 출간되었다. "오르치 하우스 사람들은 부다페스트를 변화시켰다. 그들은 한때 조그만 부르주아 시골 마을에 불과했던 곳을 거대한 수도로 만들었다. 그들이 만들어낸 것이 철과 벽돌과 콘크리트의 불협화음이라고 싫어하는 사람도 있겠지만, 그들의 열정과 에너지와 공로를 인정하지 않을 수 없다."(p. 42)

공, 재단사, 수레바퀴 제작자, 장의사, 선술집 주인, 제빵사 등 다양한 장인이 거주하는 단층 주택이 마구 뒤섞여 있었다. 그중에 특히 요제프구는 독일 장인 가구가 마지막까지 남아 있었던 곳이다. 이곳 거리의 끝에는 종종 아카시아와 린든 나무가 주위를 둘러싸고 있는 넓은 광장이 있었다. 대개 이런 곳에는 화분에 협죽도를 심어놓고 얼푈드의 모래 토양에서 생산되는 값싸고 품질 좋은 노란 와인을 파는 노천 선술집이 있게 마련이었다. 부다와 달리 이런 선술집은 지역 주민들만의 전유물이었다. 이곳 사람들은, 상당히 부정확한 말이지만, 중하층 또는 하상층 부류라 할 수 있었다.

그 동쪽으로는 10구역인 쾨바녀(채석장)를 포함해 상당히 넓은 프롤레타리아 구역이 펼쳐져 있었다. 이곳은 말 그대로 최하층 지역으로 거대한 공장의 굴뚝이 우뚝 솟아 있었고, 대형 양조장과 도축장이 몰려 있었다. 이런 건물 사이사이로 서부역과 동부역에 이르는 철도가 빠르게 확장되어나갔다. 연기 자욱한 유리창과 철제 돔으로 뒤덮인 이 역들은 동유럽 최대의 철도역이었다. 아마 베를린, 라이프치히, 드레스덴에 있는 대형 철도역을 제외하면 중부 유럽에서도 가장 큰 철도역이었을 것이다. 그 너머 교외의 노동자 계층 지역은 1000년 만에 처음으로 수백 명 단위로 농촌 젊은이들을 대도시 외곽으로 끌어들이며 도심보다 훨씬 더 빠르게 확장되었다. 이 사람들에 관한 이야기도 빼놓을 수 없다. 그러나 그들의 이야기는 도시 전경이 아니라 1900년의 부다페스트 사람들과 휴머니티에 관해 묘사하는 다음 장에서 언급하겠다.

1900년은 '그저께'의 세계였다. 1942년에 출판된 슈테판 츠바이크의 『어제의 세계』를 읽은 사람은 1900년경의 빈과 유럽에 대해 존경심을 갖거나 향수를 느끼기까지 했다. 그 이후로 부르주아 문화에 대해 심미적 시각과 감각을 곁들인 존경심이 널리 퍼졌다. 부르주아 그리고 빅토리아 시대에 관한 모든 것이 빈과 부다페스트뿐만 아니라 런던과 뉴욕에서도 명성을 얻었다. 부다페스트의 다양한 건물이 그 대상이 되었는데, 단지 그것들이 시대의 부산물이었기 때문만은 아니다. 최근 어느 건축사학자는 다음과 같은 전문적이고 딱딱한 글을 발표했다. "방대한 양의 다양한 건물이 다른 곳에서는 볼 수 없는 통일감을 주고 있다……. 다른 도시에서는 개별 건물의 탁월함이 도시 전체를 압도하지만, 부다페스트에서는 도시 자체가 부분의 합을 넘어서고 있다. 도시의 거시적 형태가 예술작품이 되고 있다……. 다른 도시는 이러한 도시 환경의 풍성함과 다양함을 성취하는 데 수 세기가 걸렸다."[13]

이것은 물론 1900년의 건축비평가들이 부다페스트를 평가한 방식은 아니었다. 그러나 당시에도 부다페스트의 도시 계획과 건축은 세계 유명 도시계획가와 건축가의 찬사를 불러일으켰다. 독일인 건축가 슈튀벤은 그의 유명한 『도시 계획Städtebau』(1907)에서 부다페스트를 '모델 도시'로 묘사했다. 그는 특히 '부다페스트 공공사업 위원회'[14](쾨즈문커터나

13 Galántay‐Preisich article in Swissair, June 1986; BT, p. 400 passim; 599 passim.
14 BT, p. 393.

치, 1870년 설립)의 활동에 감탄했다. 이 위원회는 '런던 도시사업위원회'를 본떠서 만든 조직이었다. 1901년 워싱턴 D.C.의 재설계 방안을 연구하던 미국 정부 위원회가 유럽에서 가장 중요한 6개 도시를 방문했는데, 부다페스트도 그중 하나였다. 방문단에는 대니얼 버넘, 찰스 매킴, 프레더릭 옴스테드 등 가장 저명한 미국 건축가들이 포함되었다.

다양함의 타당성을 증명하는 것은 어렵지 않다. 어쨌든 당시는 많은 요소(낭만주의, 역사의식, 자산가 계급의 부상 등)가 세계적으로 신고딕 양식의 교회, 신로마네스크 양식의 별장, 신이집트 양식의 철도 역사驛舍 등 건축적 절충주의를 낳던 19세기 말이었다. 부다페스트에서는 19세기 중반을 훨씬 넘어서까지 신고전주의 양식과 신르네상스 양식이 주도적이었다. 덕분에 부다페스트의 건물 대부분은 초기 빅토리아 양식의 과잉을 벗어날 수 있었다(일부 개인 별장은 해당되지 않는다). 위대한 건축가 폴러크 미하이(1773~1855)의 작품은 차분한 제국 형식으로 설계되었다. 사슬 다리 역시 신고전주의 양식으로 제작되었는데, 다른 어떤 건축물보다 도시 전체를 압도했다. 부다페스트 공공 건축물의 절충주의는 1850년대 페슬 프리제시(1821~1884)가 건축한 무도회장 레두테(비거도 콘서트홀)부터 시작되었다. 19세기 말의 절충주의는 개별 건물의 전체적인 형태 외에도 각 건물의 여기저기에 그 다양한 요소가 통합되어 나타났다. 그러나 당시에는 빈과 파리도 마찬가지였다. 파리와 달리 — 하지만 빈, 바르셀로나, 마드리드, 리스본과 다르지 않게 "필요한 부분만 변경해" — 헝가리 절충주의는 신바로크 양식도 포함했다. 헝가리인은 신바로크 양식에 귀족적 매력뿐만 아니라 특정한 민족적 호감을 느끼고 있었다(1900년경에 영어나 프랑스어에서 '바로크'라는 단어는 경멸적인 의미를 지니고 있었음을 기억해야 한다).

부다페스트의 건축은 모더니즘 측면에서 빈에 (그리고 서유럽과 스칸디나비아에는 한참) 뒤처져 있었다(도시 계획은 그렇지 않았다). 1900년경 빈, 뮌헨, 브뤼셀, 파리, 바르셀로나 등은 오래된 건축 전통에서 탈피하기 시작했다. 실제로 그 무렵 분리파, 아르누보, 유겐트 양식의 숭배자나 창작자가 급격히 늘어나고 있었다. 부다페스트에서는 세기가 바뀐 뒤 몇 년이 지날 때까지 이런 일이 일어나지 않았다. 페스트에 등장한 첫 번째 절충주의적 분리파 건물은 그레셤 보험회사 건물이었다. 레흐네르 외된(1845~1914)은 1903년에서 1906년 사이에 우편저축은행, 지질연구소, 산업미술 박물관을 건축했다. 이 건물 중 일부와 벨바로시 지역의 세르비터(현재는 마르티넬리) 광장에 있던 흥미로운 아파트는, 유명한 졸너이 도자기 공장에서 제작한 독특한 헝가리산産 서리 방지용 초성焦性 화강암 세라믹으로 벽면과 외장을 마감했다(내 개인적인 의견으로, 레흐너의 민족주의적 분리주의는 부다페스트의 건축 역사에서 흥미로운 각주 정도 역할을 할 뿐 그 이상은 아니다). 그중에는 가우디가 바르셀로나에서 보여준 추리게라식式의 특이함과 기이함을 연상케 하는 것도 있지만, 빈의 모더니스트 아돌프 로스나 요제프 호프만의 단호한 단순함은 찾아볼 수 없었다. 인상적인 현대 건물들이 부다페스트의 뒷골목에 처음 모습을 보이기 시작한 것은 1910~1911년 무렵이었다. 러이터 벨러(1873~1920)와 코시 카로이(1883~1977)가 이런 건물을 건축했는데, (이 역시 나의 개인적인 의견이지만) 이들은 더 널리 알려질 가치가 있다.

1900년경 부다페스트 공공 건축의 특이함은 기념비적 건축이 많았다는 점이다. 특이하다고 표현한 것은 거대 건축물이 세기가 전환되던 시점을 전후한 헝가리 건축의 전형적인 모습이 아니었기 때문이다. 그러나 당시 이런 경향은 (아마도 유감스러운 일이겠지만) 헝가리 민족의 자부심이 과도하고 거창하게 분출되던 시대의 흐름과 완전히 일치하고 있었다. 이러한 특이함은 헝가리의 전능함에 대해 이상할 정도로 낙관적인(헝가리의 민족 성향이 낙관주의보다는 비관주의로 흐르고 있었기 때문에 이상한 것이다), 그리고 이해할 만한(그러나 변명의 여지는 없는) 근시안적인 감정 때문이었다. 이러한 기념비적 건축물에 대한 막대한 재정 지출은, 다시 강조하건대, 이러한 감정의 원인이라기보다는 결과였다. 예를 들면 1895년 얼파르 이그나츠(1855~1928)가 증권거래소를 건축했는데, 극도로 추한 외관의 이 건축물은 유럽 최대 규모(아마 세계 최대 규모였을 것이다)를 자랑했지만 부다페스트의 증권 거래량은 빈의 거래량에도 못 미치고 있었다. 1883년 거대한 새 의회의사당 건물에 대한 계획이 구하원에서 처음 발표되었을 때, 검소하고 신중하며 청교도적이었던 수상 티서 칼만(1830~1902)마저 이 계획안에 대해 "주의를 기울이거나 계산을 하거나 절약해야 할 여지가 없다"[15]고 말할 정도였다. 헝가리 헌법의 상징으로서 의회의사당은 우방이나 적 모두의 눈에 눈부시고 기념비적인 위용을 자랑해야 했던 것이다. 실제로 1902년 슈테인들 임레(1839~1902)가 의회의사당 건물을 완성했을 당시 이 건물은 세계에서 가장 큰 의회

---

15 Hegedüs KAT, p. 201.

건물이었고, 신바로크 양식의 기본 계획에 헝가리-중세, 프랑스-르네상스, 웨스트민스터의 신고딕 및 다양한 내부 양식을 절충한 조합물의 결정판이었다.[16] 이 건물에는 27개의 출입구가 있고, 22캐럿 금 84파운드가 건물 장식에 사용되었다. 이상하게도 이 건물은 실패작이 아니었다. 80년 이상이 지난 지금도 이 건물은 부다페스트의 도시 풍경과 잘 어울리며, 건축학적으로도 시대의 평가를 잘 견뎌냈다.[17]

1900년경에 완성된 많은 기념비적 건물과 아파트는 의식적이든 무의식적이든 빌헬름 2세의 베를린을 채우고 있던 건물들과 비슷했다. 예를 들면 개국 천년 기념의 해인 1896년 의회의사당의 대각선 맞은편에 완공된 거대한 쿠리어(대법원) 건물과 그 앞 광장의 놀라울 정도로 추한 빌헬름식 첨탑 두 개, 그리고 코르브 플로리시(1860~1930)와 기에르글 칼만(1863~1954)이 1899~1901년 건설한 클로틸드 쌍둥이 궁전을 들 수 있다. 클로틸드 쌍둥이 궁전은 새로운 엘리자베트 다리[18]에 접근하는 도로를 양 건물 사이에 끼우고 있어서 상대적으로 좁게 건설되었기 때문에 두 건물로 인한 풍경과 전망은 훌륭했지만, 두 건물 자체는 그렇게 칭

---

16 Tharaud, p. 143; Leigh Fermor, p. 39.

17 1899년 타로는 다음과 같이 기록했다. "아무 이유 없이 기이하다 싶을 정도로 중세를 갈구하는 헝가리 건축가들이 웨스트민스터를 거울삼아 도나우 강변에 새로 건설했다." 그러나 1934년 패트릭 리 퍼머(1915~2011)는 다음과 같이 적었다. "세기의 전환기에 건설되었고 조각상으로 가득 찬, 이 미친 듯한 그리고 경이로운 건축물은 덩굴무늬 장식과 금박으로 치장한 엄청난 길이의 중세 첨탑에 호위받는, 가파른 지붕의 고딕 신전이었다. 성당 좌우 날개가 교차하는 지점에는, 토스카나의 르네상스 마을 지붕을 뒤덮었을 법한, 그러나 돔 자체는 날카롭게 곤두선 고딕 첨탑인, 이랑이 진 달걀 모양의 돔이 왕관처럼 꼭대기에 얹혀 있어, 건축적으로 더 이상 위로 솟을 수 없을 듯했다."

18 1902년 완공되었는데, 당시 세계 최대의 단경간 교량이었다.

찬할 만한 대상이 아니었다. 1896년 완공된 비그신하즈(코미디 극장)도 덩치 큰 라이프치히 형식으로 위의 범주에 포함될 수 있었다. 그런 와중에 많은 건물이 철거되었는데, 철거가 필요한 건물도 있었지만 그럴 필요가 없는 건물도 있었다. 노이게보이데가 전자라면 구舊시청 건물은 후자였다.

허우스먼 얼러요시(1847~1926)가 맡았던 왕궁의 재건축과 증축은 1896년에 시작되어 1905년에 끝났다. 이 왕궁은 독일식이라기보다는 오스트리아-헝가리식이었다. 그 북쪽의 왕궁 언덕 난간 부분에 무덤처럼 새하얀 신로마네스크 양식의 '어부의 요새'가 1902년 완공되었는데, 시대의 변천에도 불구하고 지속적으로 좋은 평가를 받았다. 대관식 성당(마차시 성당)은 1892~1896년에 재건축되면서 규모가 더 커졌다. 게르만 양식에서 다소 영감을 얻은 신고딕 양식의 이 건물은 과도한 다색채의 내부 장식이 짙은 어둠의 공간과 색상의 부조화를 이루는 특징이 있었다. 왕궁 언덕에 누런 치장 벽토로 만들어진 초기 제국 양식의 샨도르 궁전은 수상 관저와 사무실로 사용되었다. 페르디난트 펠너(1847~1916)가 건축한 재무부 궁宮은 마차시 성당 다음으로 높은, 기념비적이며 절충주의적인 건물이었다.

1890년대가 되면서 독일 금융과 상업의 영향력이 프랑스의 영향력을 완전히 대체했다. 20여 년 전만 하더라도 신생 부다페스트 은행과 철도가 파리 금융계의 재정적 지원을 받았을 뿐만 아니라, 1878년 머르기트 다리를 완성한 에르네스트 귀앵(1815~1885), 1874~1878년 서부역을 건축한 오귀스트 드 세레스 등 귀스타브 에펠(1832~1923) 유파流派의 건축가들이 지대한 영향을 미쳤다. 서부역은 1880년 베를린 안할터 역이 확장하기 전까지 유럽에서 가장 큰 기차역이었다. 부다페스트의 도시 풍경에 미친 또 다른 독일의 영향은 동상과 기념물이 급증했다는 점이다.[19] 한 번쯤은 그러한 충동 — 확실히 당시의 민족적 성향과 일치하던 — 의 원인을 추적해볼 만하다. 1897년 독일 황제 빌헬름 2세가 프란츠 요제프 황제와 함께 부다페스트를 방문했다. 그는 번영하는 이 도시에 깊은 감명을 받았다. 그렇지만 이 수다스러운 황제는 주위에 동상, 즉 기념물Denkmäler이 거의 없다는 점을 말하지 않고는 참을 수가 없었다. 언론은 빌헬름 2세의 암시를 받아들였고, 프란츠 요제프 황제는 역사적으로 중요한 동상 10개를 제작하도록 자기의 개인 지갑에서 40만 크라운을 부다페스트에 하사했다.[20] 이후 갑자기 헝가리의 역사적 인물 동상과 기념물이 광장과 공원 곳곳에 모습을 드러냈다(사부아 공국 오이겐 공작과 조지 워싱턴 두 명은 헝가리인이 아니었다). 1896년 이전 45년 동안 부다와 페스트에 26개의 동상이 세워진 반면(그중 절반 이상이 보통 크기였다), 1896년부터 1910년 사이에는 37개의 동상이 세워졌다.

그러므로 1900년에 도시 풍경이 덧없는 기념비적 시대물로 완전히 훼

---

19 BT, p. 600; Hanák, p. 85.
20 1899년 기념물을 바꾸는 의미심장한 일이 일어났다. 왕궁 언덕의 멋진 광장에 세워진 헨치 장군(1785~1849)의 동상은 50여 년간 헝가리인의 목에 가시가 박힌 듯한 느낌을 주었다. 헨치는 1849년 헝가리 독립군에 맞서 부다 요새를 방어했던 오스트리아 측 장군으로 포위전에서 사망했다. 당시 전쟁에서 승리한 오스트리아는 그를 기려 동상을 설립했다. 1899년 프란츠 요제프는 이 동상을 부다 외곽의 사관학교 내부 공원으로 옮기는 것에 동의했다(아마 마음이 내키지는 않았을 것이다). 동상은 아무도 애도하지 않고 잘 보이지도 않는 상태로 그곳에 남겨졌다.

손되었다고 생각해서는 안 된다. 의회의사당, 엘리자베트 다리, 왕궁 등은 진정한 건축 업적이었다. 이런 건물은 나무 위의 황금 곰팡이나 구리 지붕의 푸른 녹처럼 도시 위로 만족스럽게 '성장'하기만 한 것이 아니었다. 예를 들면 건축가 이블 미클로시(1814~1891)는 훌륭한 건축물을 많이 남겼는데, 그중에서도 1884년 완성된 부다페스트 오페라 극장은 가장 뛰어난 작품이었다. 외관과 내부뿐만 아니라, 언드라시 대로의 건물 열에서 몇 피트 살짝 안으로 들어간 배열로 주위와 흠잡을 데 없는 조화를 이루는 원근법의 겸손함에서도 완벽에 가까운 모습을 보여주었다. 당시 (그리고 현재) 식견 있는 사람들은 이 오페라 극장이 파리의 가르니에 오페라 극장이나 빈 오페라 극장보다 미적으로 더 뛰어나다고 결론지었다. 규모는 유명한 빈 오페라 극장보다 200석 작았지만, 내부 디자인은 훨씬 더 뛰어났다. 또한 이 건물은 고트프리트 젬퍼(1803~1879)가 건축한 드레스덴의 아름다운 타원형 오페라 극장에 화재가 발생했던 일을 본보기 삼아 방화 커튼과 철제 분장실 등 현대적 시설도 갖추고 있었다. 당시 유명했던 빈과 드레스덴의 오페라 극장이 모두 화재로 인해 파괴되거나 손상을 입었다가 재건되었기 때문에 중부 유럽에서 원형을 보존하고 있는 오페라 극장은 이 건물이 유일했다.

◆◆────◆◆

현재 남아 있는 많은 부다페스트 사진에서 분명하게 드러나는 19세기 후반의 특징은 상대적으로 군중이 적다는 점이다.[21] 호세 오르테가 이

가세트는 그의 20세기 고전『대중의 반란』을 군중에 대한 관찰로 시작했다. 그는 마드리드나 바르셀로나를 기억했을 것이다. 군중에 관한 사항은 1900년경 부다페스트를 촬영한 사진에도 충분히 반영되어 있다. 그러나 오르테가의 관점이 보편적으로 타당한 것은 아니었다. 사진은 런던, 뉴욕, 시카고, 파리 등지에서 1880년경 이미 인파와 엄청난 교통 체증이 있었음을 보여주고 있다. 그런데 당시 유럽에서 가장 빠르게 성장하던 중이고 이미 많은 사람으로 붐비고 있던 부다페스트의 사진에 대규모 군중과 교통 체증에 대한 흔적이 상대적으로 적은 것(물론 축하 행사 등에 사람이 많이 모이는 경우는 제외하고)은 무슨 이유에서일까? 당시 런던, 파리, 베를린에 비해 부다페스트의 차량이 상대적으로 적었던 점이 한 가지 이유일 것이다. 거리 풍경을 찍던 사진작가들이 자신이 찍으려는 장소에 비교적 사람이 적어 탁 트인 느낌을 줄 수 있는 시간대를 선호했다는 소문도 있다. 그러나 이런 것은 충분한 설명이 되지 못한다. 시대에 민감했던 작가들의 추억담이나 당시에 쓰인 글 등 모든 종류의 자료를 검토해보면 다음과 같은 결론을 내릴 수 있다. 부다페스트 사람들은 거리보다는 집안에서, 외부보다는 내부에서 활동하는 것을 선호했다. 사람들은 산책하러 나갈 때 이외의 오랜 시간을 실내에서 보냈던 것이다.

부다페스트의 현대식 건축 붐에 대해 '미국식' 부다페스트라고 말하는 사람도 꽤 많았다.[22] 언론계에서는 "미국식 속도"라는 문구를 상투적으로 쓰기도 했다. 그러나 부다페스트의 도시생활과 미국의 도시생활은

---

21 BT, p. 448; Horváth, p. 157; Hanák, p. 551 passim.

무척 달랐다. 아마 뉴욕의 공동주택 거주자들이 그나마 좀 비슷했을 것이다. 하지만 공동주택과 아파트 범벅이던 맨해튼에 거주하던 사람들마저 비슷한 수준의 부다페스트 시민보다 훨씬 더 넓은 면적을 사용했다. 1900년 무렵 부다페스트에 집을 소유하고 있던 가정은 극히 일부에 불과했다. 사회 구조의 최상층과 최하층을 제외한 대부분의 사람은 아파트를 임대해서 생활했다.

1900년 무렵에 이런 사정이 부다페스트에만 한정된 것은 아니었다. 마드리드부터 모스크바에 이르는 유럽 대륙의 대도시 대부분이 이와 비슷한 상황이었다. 대개 이런 건물은 사무실, 상점, 가게, 아파트가 모두 입주해 있는 복합 구조를 띠었는데, 특히 번화가일수록 이런 경향이 심했다. 1층은 상점과 가게, 2층은 사무실, 그 위는 거주 공간이 일반적인 형태였다. (이런 이유로 작은 정원으로 둘러싸인 별장 지역을 제외하면, 미국과 영국의 도시에서 흔히 볼 수 있는 주거지역과 상업지역의 명확한 분리 같은 것은 거의 없었다.) 새롭게 지어진 집들은 위치, 크기, 안락함에서 각양각색이었다. 대형 건물의 전체 층에 걸쳐 앙필라드(정렬된 방)와 갤러리를 갖춘 으리으리한 궁전 같은 아파트가 있는가 하면, 악취로 가득 찬 비좁은 토

---

22 어느 유명한 건물의 이름이 '뉴욕'이었다. 이것은 유럽 전역의 호텔, 식당 등이 여전히 프랑스와 영국식 이름을 선호하던 당시로서는 매우 이례적인 일이었다. 당시 유럽에는 수십 개의 '브리스틀' 호텔(왜 브리스틀인지?)과 수백 개의 '런던' 호텔이 있었다. (부다페스트에서 가장 좋은 평가를 받았던 독일어 신문은 『월스트리트 저널』과 『노이에 프레이 프레세』를 합친 『노이에스 페스터 저널』이라는 이름을 가지고 있었다.) 트란실바니아 지역 최대 도시인 콜로즈바르에서도 가장 유명하고 좋은 호텔과 식당의 이름이 '뉴욕'이었다. 범죄적 요소가 여기저기 포진해 있던 부다페스트 8구역의 하층민 지역은 부다페스트 은어로 '시카고'라고 불렸는데, 그곳 주민들 때문이라기보다는 빠른 건설 속도 때문이었다.

끼장 같은 아파트가 있었다. 이런 열악한 주택은 주로 6구역, 7구역, 8구역, 9구역, 10구역에 몰려 있었는데, 도시 주민의 절반(부다페스트에서는 절반 이상이었다)가량이 살던 런던 화이트채플이나 뉴욕 로어 이스트 사이드의 빈민가와 별다를 바가 없었다. 그러나 이렇게 역동적인 부다페스트였지만, 런던이나 뉴욕과 달리 사람들의 이동은 거의 없었다. 한 가족이 살 곳을 정하면 그들은 그곳에 계속 머물렀는데,[23] 심지어 부다페스트의 건설 붐이 규모와 속도에서 최고조에 달했던 시점에도 이런 경향에는 변함이 없었다. 건물 수는 1869년부터 1894년까지 25년간 두 배로 늘어났고, 1895년 한 해에만 595채의 새로운 아파트가 건설되어 1만 2783개의 방이 공급되었다. 이런 관점에서도 1900년은 기준점이 되었다. 1899년은 건설 붐의 전환점으로, 그 후 건설 속도가 떨어지기 시작했다. 이후 6년간 775채의 집이 공급되었는데, 건물당 방의 숫자는 더욱 늘어났다.

이런 아파트의 단점이 무엇이든 간에 이 건물들은 금방 무너질 것이 아니었다. 투기꾼, 건설업자, 도급업자들은 공공사업 위원회의 규제를 쉽게 통과하지 못했다. 이 건축 규제는 유럽에서 가장 엄격한 수준이었다. 무엇보다 건물의 높이, 단형 후퇴段形後退, 최대와 최소 크기에 대해 어떠

---

23 법률적 구분과 경제적 통계만으로는 파악하기 어려운 또 다른 사례가 있다. 아파트를 임대한 사람은 그 아파트에 대해 미국의 주택 소유자만큼 강하고 끈질긴 영구적 소유의식을 느꼈다. 나의 외할아버지는 1892년부터 1951년까지 거의 60년간 같은 아파트에 살면서 두 차례의 세계대전, 부다페스트 포위전, 세 차례의 외국인 점령, 두 차례의 공산당 정권, 두 차례의 혁명을 겪었다. 나의 친할아버지는 1868년부터 1931년까지 63년간 전 가족이 커다란 아파트에서 같이 살았다.

한 예외도 허용하지 않았다. 결과적으로 5층 이상 높이의 새로운 건물이 거의 없었다. '미국주의'가 열풍이었음에도 부다페스트에는 마천루는 고사하고 높은 건물도 없었다. 그래서 "집의 바다"라는 상투적인 문구가, 특히 부다 쪽에서 바라볼 때, 아주 잘 어울렸다.

이런 아파트의 형태는 대부분의 동유럽 도시와 다르지 않았다. 건물은 직사각형꼴로 내부의 마당을 둘러싸고 있는 모양새였다. 현관(밤에는 잠긴다) 뒤에는 관리인의 숙소가 있고, 계단은 대개 쓸데없이 넓었는데 심미적 이유에서만은 아니었다. 큰 가구를 위층으로 운반할 다른 방법이 없었던 것이다. 건물에는 종종 '하인용 계단'이라 불리는 좁고 어두운 두 번째 계단도 있었다. 입구에는 "하인과 짐꾼은 주 계단을 사용할 수 없다"라는 경고문이 붙어 있었다. 가장 크고 좋은 아파트는 대체로 2층 내지 3층에 있었는데, 계단참에서 문이 열리는 구조였다. 싼 아파트는 더 높은 층에 있었고, 대개 마당 쪽에서 철제 난간 통로를 통해 출입했다. 좁은 현관 홀 한쪽에는 벽장과 화장실이, 다른 한쪽에는 부엌이 있었다. 부엌 뒤쪽으로 칸막이를 해서 만든 비좁은 방은 요리사나 가정부가 사용했다. 이런 방은 어둡고 축축한 창틀 사이로 조금 열 수 있는 창문이 있거나, 아예 그런 창문조차 없는 경우도 많았다. (많은 중하층 아파트에는 이런 방도 없어서 하녀는 부엌에서 잠을 잤다.) 거실이나 응접실은 가장 넓은 방으로 예외 없이 거리를 바라보도록 배치되었다. 침실과 욕실은 작았다. 물론 이런 부정확하고 개략적인 묘사가 모든 곳에 예외 없이 적용되었던 것은 아니다. 그러나 이런 형태가 1865년에서 1914년 사이에 지어진 아파트의 전형적인 모습이었다. 건물은 크기, 위치, 배치 등에서 차이가 났다. 중산층 아파트는 대개 거실 하나, 침실 하나, 부엌 하나였다. 아이는 부모 방의 벽장이나 소파에서 잠을 잤고, 온 가족이 이런 아파트에 살았다. 아이의 방이 별도로 있다는 것은 상류층과 중·하류층의 구별점이 되었다. 도나우 강변, 벨바로시의 광장 주변, 언드라시 대로 첫 구역의 대로변, 별장 지역, 부다의 몇몇 부유한 지역에 있는 우아한 아파트에는 최소 네 개의 방이 있었고, 때로는 일고여덟 개의 방을 가진 아파트도 있었다. 의사, 변호사, 비중 있는 사업가 등은 대개 아파트와 사무실을 겸하여 사용했는데, 별도의 출입구가 있는 경우는 드물었다. 숙련된 하녀는 이들이 통상 오후에 사무실로 사용하던 응접실로 환자나 고객을 요령껏 안내했다.

적어도 한 명의 입주 하녀가 있는지 없는지로 중류층과 하류층이 구분되었는데, 1900년에 이 구분선은 대체로 방 세 개와 맞아떨어졌다. 하녀로 일했던 사람 중 50퍼센트를 약간 웃도는 인원이 방 세 개 이상의 아파트에서 주인 가족과 함께 살았다. 의외로 방 두 개짜리 가정도 상당한 비율(36퍼센트)로 하녀를 고용했다. 하층민이 주로 살던 7~10구역은 인구 과밀이 고질적이었고 때로는 끔찍하기까지 했는데, 방 하나에 네 명 또는 그 이상이 살았다. 1893년 시 당국은 네 명 이상이 거주하는 방을 비위생적인 과밀이라고 정의했다. 1869년 부다페스트의 방 하나당 평균 거주 인원은 3.2명이었고, 1900년에는 2.6명이었다. 당시 부다페스트에는 20만 명 이상의 주민이 이런 환경에서 살고 있었지만, 시영 주택의 건설은 아직 시작되지 않고 있었다. 빈민가에서 임대업을 하던 사람의 수입은 종종 호화 저택 임대 사업자의 수입을 능가했다.

1900년대까지만 해도 부다페스트의 주택과 아파트는 빈과 거의 다르지 않게 실내를 장식했다. 궁전 같은 대저택조차 은과 수정 식기가 좀 많다는 점을 빼면 특별한 가구류는 거의 없었다. 카로이 궁전의 젠체하는 듯한 만찬장은 파리나 런던의 유럽 귀족 가문(또는 신흥 산업계 거물)의 저택 또는 오래된 독일 공국 도시의 저택을 모방한 것에 지나지 않았다. 오래된 가문의 가족 초상화를 제외하면, 벽화의 질도 그리 뛰어나지 않았다. 고관 부호의 저택은 치장 벽토나 바둑판무늬의 높은 천장 덕분에 부르주아의 저택보다 통풍이 잘되는 인상을 주었다(그러나 부르주아의 아파트도 높은 천장과 정교하게 장식된 모서리 정도는 갖추고 있었다). 1900년 무렵 부다페스트 중·상류층 주택의 내부 장식은 후기 빅토리아식의 묵직하고 뭔가 꽉 찬 듯한 인상이 강했다. 이런 경향은 공공장소의 내부 장식에도 해당됐다. 우아하게 균형 잡힌 내셔널 카지노(옛 귀족들의 클럽)의 방들은 그렇게 붐비지 않았지만, 커피 전문점은 하루 종일 붐볐다. 당시의 식당, 독일식 맥주집, 과자점 등의 사진을 보면 상황은 비슷했던 것 같다. 1900년경 부다페스트에 있던 커피 전문점의 60퍼센트가 주로 중류층과 중하층이 거주하던 지역에 있었다는 사실은 많은 점을 시사해준다.

1900년 무렵에는 기이하게 큰 글자로 제작된 거대한 광고가 건물 벽면마다 부착되어 도시 미관을 해쳤다. 그런 와중에 부다페스트 거리의 매력 중 하나였던 가게 간판의 다양성이 사라지기 시작했다. 지난 세기 초기의 풍습[24]이 남아 있던 이 예쁘고 창의적인 금박 연철 세공 간판은 벨바로시, 왕궁 언덕, 비지바로시 지역의 거리를 활기차게 만들었다. 그 좁은 거리에서 이런 간판은 단지 가게를 표시하는 역할만이 아니라, 여름에는 창틀 화단에 올려놓은 붉은 제라늄 화분 사이로, 가을에는 바람에 이리저리 삐걱거리며, 겨울에는 눈으로 테두리를 덮은 모습으로 다양한 높이와 디자인을 연출해, 매력적이고 개성적이며 향수 어린 유혹의 감정을 불러일으켰다. 시 행정 담당자가 이런 것을 보존하기로 마음먹은 곳은 이제 유럽에서 잘츠부르크의 게트라이데 거리 단 한 곳밖에 남지 않았다. 그러나 그곳은 18세기 초의 유럽 도시이지 부다페스트처럼 19세기의 도시는 아니었다.

$$\bullet\bullet \!—\! \bullet\bullet$$

1900년에 헝가리를 방문한 외국인 관광객 대다수의 목적지는 부다페스트였다. 헝가리 관광은 1895년에 방문객이 약 13만 명 정도로 시작에 불과했지만, 1912년에는 거의 두 배인 25만 명이 되었다. (90년 후에는 헝가리가 제1차 세계대전 이전보다 크기가 3분의 2 정도 줄었고, 공산당 정권의 지배로 국경 제한과 비자 요구의 불리함이 있었음에도 연간 방문객이 약 1000만 명에 달했다.) 1900년 부다페스트에는 거의 모든 종류의 호텔이 약 50개 있었다. 1902년에는 새로운 형태의 현대식 펜션이 처음 등장했다.[25]

---

24 1900년 부다페스트에 대형 백화점은 파리지앵 하나밖에 없었는데, 3년 후 화재로 소실되었다. 그러나 부다페스트의 레 알(중앙 식품 시장)은 당시 이미 존재했고, 지금도 크게 변하지 않았다.

25 BT, p. 568.

많은 방문객이 현대 도시 부다페스트의 쾌적함과 우호성에 매료되었다. 도나우강 너머, 상±헝가리의 산악 지대, 트란실바니아 등 헝가리의 다른 지역에도 오래되고 아름다우며 종종 중세적 분위기가 남아 있는 지방 도시가 많이 있었지만, 1900년 무렵에는 여행자가 몰릴 만한 곳이 아니었다. (베를린보다는) 파리처럼 부다페스트도 국가 기간基幹 철도망의 중심지였다. (안락한 식당칸을 갖추고) 빈에서 출발하는 특급 열차(오리엔트 특급을 비롯해)는 부다페스트까지 4시간 40분이 소요되었다(1987년에 이 기차 여행은 4시간이 걸렸다). 교통부 장관 버로시 가보르가 1892년부터 시작한 개혁으로 국가 철도망의 급속한 확장이 이루어졌고, 새롭고 저렴한 운임 체계가 도입되었다.[26] 철도 주행거리는 1890년 1만1300킬로미터에서 1900년 1만7101킬로미터로 늘어났고, 기관차 수도 1680대에서 2917대로 늘어났다. 1900년경에는 모든 기관차를 헝가리 국영 엔진 공장에서 제작했다. 그중 하나가 1900년 파리 세계 박람회에서 일등상을 받았다. 헝가리 국영 철도MÁV가 오스트리아에서 분리되어 철도 노선의 85퍼센트를 운영했다. 헝가리의 철도 밀도(인구 10만 명당 철도 길이)는 프랑스 바로 다음으로, 오스트리아와 독일 제국의 철도망을 앞섰다. 이에 따라 여객 수송량은 1900년 이전 30년 동안 거의 17배 증가했다. 화물 수송량도 경이적으로 증가해 1866년 300만 톤에서 1894년 2억7500만 톤으로 늘었다. 승객용 객차는 당시 유럽의 거의 모든 곳과 마찬가지로 세 등급(빌헬름의 독일은 네 등급)으로 운영했다. 1878년에 완공된 서부역

---

26 Hanák, p. 276 passim, p. 405; BT, pp. 325~326, 529.

과 1883년에 완공된 동부역은 앞서 살펴보았듯이 유럽에서 가장 크고 현대적인 기차역이었다. 바깥쪽 플랫폼과 측선 및 지선 선로는 계속 확장되어 10년 만에 거의 두 배로 증가했는데, 그 이유 중 하나는 통근자가 늘어났기 때문이다. 국영 철도 시스템과 별도로 운영되는 통근 열차 노선HÉV이 1888년에 개통되었다. 1900년에 판매된 통근 열차 기차표는 300만 장이었다. 통근 열차는 1896년부터 1913년까지 전철화하였고, 이용자는 13배 늘어났다.

1900년 무렵 부다페스트는 2800킬로미터에 걸친 도나우강에서 가장 큰 항구가 되었다. 국영 하천 운송 회사MFTR는 운송 규모에서 오스트리아의 운송 회사DGT를 추월했다. 하천 운송은 승객이나 화물 모두 철도보다 저렴했다.[27] 넓고 편안한 일등 객실을 갖춘 흰색 대형 외륜선外輪船으로 빈에서 부다페스트까지 하룻밤에 걸친 즐거운 여행을 할 수도 있었다. 1896년 도나우강 하류의 철문 협곡the Iron Gate에 대한 통제권을 확보하며 발칸으로 오가는 화물 운송량이 크게 늘었다. 도나우강 위의 배들을 구경하는 것은 흥미로운 일이었다. 배에 달린 증기 굴뚝은 다리 아래를 지날 때 구부러질 수 있도록 약간 각이 지고 경첩이 달려 있었다. 당시 증기 화물선은 관례보다 조금 높게 굴뚝을 만들었다. 여객선의 실루엣은 엉덩이가 넓고 풍채가 좋은 사람 같은 인상을 풍겼다. 이런 배들은 부다와 페스트를 오가며 승객을 나르던 '프로펠러'를 제외하면 대개 외륜선이었다. 바지선은 미는 것보다는 끌어당기는 형태였다. 1900년 직후 페

27 BT, p. 532.

스트 남쪽에 농산물 하역용 부두를 갖춘 대규모 화물 항구가 건설되기 시작했다.

자동차는 1900년에도 여전히 희귀했다. 오래된 빈-부다페스트 고속 도로는 부분적으로만 포장되어 있었다. 1895년 처음으로 자동차(방문자 소유였던 벤츠)가 부르릉거리며 페스트의 거리를 달렸다. 1905년 무렵 개인용 자동차는 159대가 있었고, 헝가리산 머르터 택시가 제작되기 시작했다. 개인용 자동차 중 일부는 전기 자동차였다. 큰 바퀴가 장착되고 상자 모양이며 우아한 이륜마차를 닮은 자동차는 대개 촘촘한 플러시 천으로 만든 좌석을 갖추고, 장미 한 송이를 꽂은 조그만 유리 꽃병을 내부 창틀에 고정해놓았다. (제일 상업 은행 총재 란치 레오의 전기 자동차는 거의 40년간 부다페스트 거리를 우아하게 장식한 일종의 상징이었다.) 1896~1897년 탁월한 엔지니어 춘커 야노시(1852~1939)는 부다페스트 우편 서비스를 위해 소형 전기 자동차를 고안했다. 1900년에는 왕립 헝가리 자동차 클럽KMAC이 설립되었다. 물론 1900년의 전반적인 개인 교통수단은 말이 끄는 마차였다. 마차에는 개인 전용 마차, 면허와 번호판을 받은 말 한 마리 마차(콘플리시)와 말 두 마리 마차(피어케르), 번호판 없는 마차가 있었다. 1904년 콘플리시는 856대, 피어케르는 456대, 번호판 없는 마차는 539대가 있었다. 번호판 없는 마차는 가장 비쌌기 때문에 특별한 날 사용하곤 했지만, 개인 마차를 소유하지 못했다는 인상을 주기 싫어하는 사람도 많이 사용했다.[28] 한겨울을 제외한 일요일, 도시공원의 맵시 있게 굴곡진 슈테파니어 거리는 런던의 하이드파크처럼 마차들의 집합소가 되었다. 귀족이나 상류 계급이 사륜마차에 타거나 직접

말을 몰고 이 거리에 나타나면, 말이나 마차 없이 공원에 모인 가족들은 비상한 흥미와 관심을 갖고 그들을 구경하거나 뒤를 쫓아다녔다.

1887년 최초의 전기 트롤리 차량이 서부역에서 출발해 순환로를 따라 800미터를 달렸다. 1900년 무렵에는 트롤리 차량이 거의 모든 마차를 대체했다. 1896년 전체 길이가 170킬로미터였던 트롤리 노선은 1905년에 얼추 320킬로미터까지 늘어났다. 상류층은 트롤리 이용을 꺼렸다. 상당히 붐비는 차량에서 프롤레타리아 계층과 옷이 닿는 것을 피하려는 의도에서였을 것이다(트롤리 요금은 매우 저렴했다). 그러나 그들도 도시 외곽으로 나가는 노선, 왕궁 언덕을 오르내리는 노선, 슈바브헤지까지 가던 톱니바퀴 철도, 넓고 깨끗하고 쾌적한 프란츠 요제프 지하철 노선 등은 상당히 많이 애용했다.

1900년 무렵 대중교통을 포함한 부다페스트의 공공 서비스는 대부분 시가 소유하고 관리하며 자금을 조달했다. 부다페스트는 빈과 마찬가지로 도시 수도 시설을 통해 깨끗한 물을 생산하고 공급했다. 1899년 처음으로 부다페스트 전 지역에 수도 공급용 파이프가 설치되었다. 지난 수십 년간 (특히 페스트 지역에서) 도나우 강물의 여과와 정수가 불충분하고 비위생적이었던 점을 고려하면, 이것은 대단한 발전이었다. (1888년까지도 부다페스트에는 장티푸스가 유행했다.) 부다페스트 식수의 질은 상당히

---

28 1941년 독일군이 차량의 우측통행을 요청하기 전까지 헝가리에서 차량이 좌측으로 통행했던 일은 흥미로우면서도 중요한 사실이다. 이것은 아마도 헝가리가 오스트리아로부터 독립을 주장했던 일의 또 다른 결과였을 것이다. 헝가리 기병이 왼쪽 허리에 칼을 차고 오른손으로 칼을 뽑아 들어올리던 습관의 결과로 자연스럽게 좌측으로 통행하게 되었다는 주장도 있다.

좋은 편이어서, 1890년대에 부다와 머르기트섬의 생수를 병에 담아 판매하던 몇몇 회사가 제품 판매망을 국외로까지 확대하기도 했다. 사실, 여느 많은 유럽 도시와 달리, 생수는 와인과 함께 마실 때를 제외하면 부다페스트의 식탁에서 점점 사라지는 추세였다. 주민의 평균 물 소비량은 1896년 1인당 157리터에서 1910년 231리터로 엄청나게 증가했다.

1900년에 부다페스트의 거리와 집과 방은 여전히 가스로 불을 밝혔다. 해 질 무렵이면 긴 막대를 가진 가로등 점등원點燈員을 포장도로에서 흔히 볼 수 있었다. 배관으로 공급하는 가스의 순도와 밀도가 향상되면서 가정주부들이 좀더 편하게 요리를 할 수 있게 되었다. 부엌에서는 지저분하고 힘이 많이 드는 석탄용 조리 기구가 가스스토브와 가스레인지로 대체되기 시작했다. 좀더 현대적인 아파트에는 가스 연소식 온수 탱크(일명 간헐천)가 설치되기도 했다. 1873년 최초의 전기 가로등이 페스트에 등장했다. 전기 조명은 개국 천년 기념 전시회를 화려하게 장식하며 비약적으로 확대되었다. 1900년에 전기 조명과 가스 조명의 비율은 1대 4였다. 그러나 1909년 무렵에는 거의 모든 거리의 가스 가로등이 전기 가로등으로 교체되었다.[29] 도시의 발전소는 완벽하게 현대적이었는데, 건축 디자인 역시 훌륭했다. 부다페스트의 소방 체계도 완벽해서, 10년 이상 심각한 화재를 겪지 않았다. 우편함의 수는 1900년이 되기 전 10년 동안 두 배로 증가했고, 우편물의 양은 1895년 360만 통에서 1913년 1420만 통으로 급격하게 늘어났다. 부다페스트 최초의 전화는 1881년에 설치되

---

29 BT, p. 404.

었다. 토머스 에디슨은 전화기를 발명한 푸슈카시 티버더르(1844~1893)를 매우 높게 평가했다. 푸슈카시 티버더르는 전화를 이용한 뉴스 - 음악 서비스를 개발했는데, 라디오의 전신이라고 할 수 있었다. 1893년 500명의 가입자로 시작한 이 서비스는 1900년에 6437명이 가입함으로써 최고치를 경신했다. 장거리 전화는 1890년에 빈까지 가능했고, 1900년에는 베를린까지 확장되었다. 개인 가입자는 아직 많지 않아서 6000명 수준이었지만, 1913년에는 2만7000명 이상이 되었다.[30]

상당히 이례적이고 신뢰할 수 있는 시립 서비스로 도시 구급차 부대(멘퇴크)라는 것이 있었는데, 오늘날도 매우 높게 평가받고 있다. 이 서비스는 부다페스트의 의료 수준이 엄청나게 개선된 결과였다. 당시 부다페스트의 의과대학은 세계적으로 명성을 떨치던 빈의 의과대학 수준에 도달해 있었다. 공공 병원의 의료 장비 및 진료 수준이 향상되었고, 공공 보건 서비스의 질도 큰 진전을 보였다. 중·상류층은 병원을 이용하기보다는 가정 주치의가 직접 집으로 방문하는 서비스를 선호했는데, 이러한 방문 서비스는 모든 계층이 이용할 수 있었다. 중·상류층은 수술이나 집중 치료가 필요할 때면 개인 요양원의 객실을 활용했다.

1900년 무렵의 도시 발전에 관한 일반적·통계적 묘사에 포함해야 할 또 하나의 대상은 바로 부다페스트의 공중화장실이다. 공중화장실은 청소와 개인 화장실 칸 열쇠를 담당하던 공공 근로자(대개 늙은 여인이었다)가 관리했는데, 그들은 쥐꼬리만 한 급여와 팁에 의존해 생활을 꾸려나

---

30 BT, p. 533.

갔다. 부다페스트의 공중화장실은 일반적으로 완두콩 색으로 칠한 판금 가설 건축물이었는데, 파리 길거리의 공중화장실보다는 좀더 프라이버시가 보장되었다. 내부의 역겨운 냄새를 중화하거나 완화하기 위해 소변기를 타르로 도포했지만, 원하는 결과가 쉽게 나오진 않았다. 공중화장실은 대개 공공 광장의 수목이나 잡목림 뒤 눈에 잘 띄지 않는 곳에 숨겨져 있었는데, 1893년에는 32개, 1902년에는 50개가 있었다.[31]

··——··

1900년은 헝가리와 부다페스트의 정오(전환점)였다.[32] 그러나 이런 사실은 후대 사람들이 과거를 되돌아보고 나서 이해할 수 있는 사항이다. 당시 사람들은 무슨 일이 일어나게 될지 몰랐다. 1867년 오스트리아와 헝가리의 '대人타협'으로 시작된 헝가리와 부다페스트의 한 시대가 1914년 발발하게 되는 제1차 세계대전으로 종말을 고하게 되리라는 점을 아무도 알지 못했던 것이다. 그 시대는 도시의 영광스러운 부흥과 번영이 시작된 때였다. 그것은 물질적 번영이 심리적·사회적·정치적 분위기의 결과였지 그 반대가 아니었음을 보여주는 사례다. 1900년은 1867~1914년의 기간 중 3분의 2가 지난 시점이었다. 그러나 분란의 씨앗은 심리적·사회적·정치적으로 이미 그곳에 존재하고 있었다. 분란

---

31 BT, p. 603.
32 '정오'를 문자 그대로 해석하면 다음과 같다. 공공장소에 놓인 시계가 아직 수량도 적고 정확하지도 않던 당시, 매일 정각 12시에 요새 포대에서 대포를 발사했다.

의 씨앗은 그 47년 기간의 중간 어디쯤인 1890년대에 이미 그 모습을 드러내기 시작했다. 그러나 역사적 삶은 추진력을 내포하고 있었다. 자만심 가득한 진보는 길이 꺾이는 줄도 모르고 속도를 올리며 앞으로 나아갔다. 그러다 1900년이 지나면서 그 속도가 줄어들기 시작했고, 모든 종류의 문제가 표면에 나타날 정도로 걷잡을 수 없이 커졌다. 1900년에 아직은 문제없어 보이던 부다페스트의 분위기는 여전히 자신감 넘치던 지도층의 태도 때문이었다. 그러나 1900년이 지나고 불과 몇 년 만에 불안감— 문자 그대로 불쾌감— 이 사람들의 마음을 움켜잡기 시작했다. 그것은 정치적인 문제였다. 까다롭지만 모든 사람이 받아들였던 오스트리아-헝가리 '대타협'의 균형이 1904년 무렵 완전히 깨지고 말았던 것이다. 1904년 의회에서 수상 티서 이슈트반(1861~1918)이 제기한 수사적 질문에서 당시의 분위기를 엿볼 수 있다. "1866년의 우리 모습과 1896년의 우리 모습을 비교해보시오! 30년간의 번영과 성장과 물질적·정신적·도덕적·지적 자산의 증가! 한 국가의 삶에서 그렇게 쉽게 30년 세월을 떼어낼 수 있겠소?"[33] 그의 어조가 슬픔에 찬 것은 아니었지만(그러기에는 티서가 지나치게 엄격한 성격이었다), 비판적이고 안타까워하는 마음을 읽을 수 있다. 그러나 그 안타까움은 회고의 관점에 따라 달라질 수 있는 것이었다.

요컨대 물질적 진보가 계속되고 있음에도 불구하고 낙관론의 근거는 더 이상 확고하지 않았다. 진보의 물결은 여전히 대단했다. 1900년에 국

---

33 Horváth, p. 29.

가의 주요 생산물인 밀은 30년 전보다 두 배 이상으로 증가해 있었다. 단위 면적당 수확량도 두 배가 되었고, 소의 숫자도 그만큼 늘었다. 1900년 무렵 부다페스트 금융계도 농업 및 산업 생산량의 증가율을 따라잡았다. 1870년대에 부다페스트(헝가리 산업)는 여전히 파리와 빈 은행의 자본 투자에 의존하고 있었다. 그러나 1900년경에는 금융 자본이 헝가리에 몰리면서 부다페스트는 동유럽의 금융 중심지가 되었다. 헝가리의 은행도 1867년 11개에서 1900년에는 160개 이상으로 늘어났고, 자본금은 다섯 배 증가했다. 으리으리한 본점 건물을 자랑하는 헝가리 제일 상업 은행, 헝가리 신용 은행 등 몇몇 은행은 이제 주요 중부 유럽 금융 기관의 반열에 올랐다. 저축 은행도 1867년 29개에서 1890년 455개로 늘어났다. 헝가리 기계 산업의 60퍼센트가 부다페스트에 몰려 있었다. 이들 중 일부는 매우 현대적이었다. 예를 들면 간츠 공장은 유럽에서 유명한 곳이었다. 이곳의 제작품 중에는 이탈리아 북부 발텔리나 철도로 인도된 세계 최초의 전기 철도 엔진도 있었다. 소규모 기계 공장부터 거대한 만프레트 바이스 공장[34]에 이르는 산업체의 수는 1896년부터 1900년까지 단 4년 만에 1만1796개에서 2만8980개로 두 배 이상 늘었다. 이에 따라 부다페스트의 산업체 근로자 수는 4년간 6만3000명에서 10만 명으로, 그리고 이후 10년간 17만7000명으로 늘어났다.

부다페스트는 1900년 이전까지 세계 최대의 제분업 도시였다(1900년에 미니애폴리스가 부다페스트를 앞질렀다). 헝가리 대평원에서 생산된 밀

---

34 1913년경 만프레트 바이스 공장은 5000명 이상의 근로자를 고용했다. 특히 이 공장은 스페인, 멕시코, 영국 및 기타 국가에 군수품을 수출했다.

과 발칸에서 수확된 곡물이 부다페스트의 제분 공장에서 밀가루로 바뀌었다. 그러나 19세기 초에 곡물 상인으로 경력을 시작해 제분소를 설립하고 경영자로 성공한 많은 기업가가 1900년 무렵에는 관심사를 돌려 다른 분야에 자본을 투자하고 기업을 운영했다. 1870년대 유럽을 지배했던 헝가리의 밀가루 수출은, 1900년 이후에도 그 양과 수출 대상국의 숫자가 인상적인 수준이긴 했지만(놀랍게도 헝가리는 브라질의 주요 밀 수입국이었다), 점점 줄어들기 시작했다. 다른 농산물도 비슷한 상황이었다. 1900년경 10구역의 대형 도축장은 돼지 열병으로 큰 피해를 보았고, 부다의 포도밭은 1880년대에 뿌리 진디로 황폐해지기도 했다.[35] 이 피해는 1900년경 복구되었다. 1896년 헝가리의 수출량은 여전히 1874년의 세 배 수준이었다. 1900년 이후 이러한 성장률은 줄어들기 시작했다.

그러나 농업에 관해서 부다페스트는 헝가리 전체에 비해 상대적으로 이득을 얻고 있었다. 도시의 인구 증가는 소비자의 증가를 의미했다. 생산은 소비를, 생산자는 소비자를 뒤따랐다. 부다페스트가 일반 도시에서 거대 산업 도시로 변모해감에도 불구하고 부다페스트를 둘러싼 농업 지대는 계속 성장했다. 1890년대까지만 해도 일반적이었던 페스트 거주자의 부다 지역 포도밭 소유 관행은 1900년 무렵 거의 사라졌지만, 도시 경계 내의 포도밭은 1900년 144헥타르에서 1910년 162헥타르로 여전히 증가했다. 도시의 외곽 지역으로 새로운 농업 인구가 계속 유입되었다.[36] 부를 찾는 수십만 명의 농민이 자기 고향을 떠나 부다페스트 주

---

35 BT, p. 591.
36 BT, p. 577, 581.

변으로 모여들었다. 그들 중 일부는 공장에 취직했는데, 이런 식으로 시골에서 도시로 이동하는 일은, 서유럽보다 헝가리에서 늦게 발생하긴 했지만, 19세기 유럽 전역에서 벌어진 일반적인 현상이었다. 그러나 이런 농민 중 많은 사람이 새로운 거대 도시의 시민을 위해 채소와 과일을 재배하고 여러 다른 음식물을 생산·판매하는 일에 종사했다. 이 새로운 인구 증가는 도시의 인구 통계에 뚜렷한 영향을 미쳤다. 부다페스트는 당시의 다른 어떤 도시보다 동심원을 따라 가장 멀리(별장 지역은 제외하고) 그리고 넓게 퍼져나갔는데, 이런 지역에는 가장 가난한 사람들이 거주했다. 1890년부터 1910년까지 헝가리 인구는 20퍼센트 정도 증가했던 반면, 부다페스트는 79퍼센트, 부다페스트 교외 지역은 238퍼센트까지 급증했다. 1867년 오스트리아-헝가리 '대타협'부터 1914년 '대전쟁(제1차 세계대전)'까지 부다페스트는, 1900년 이후 출생률이 둔화되기는 했지만, 유럽에서 가장 빠르게 성장하던 도시였다.

···———···

부다페스트는 유럽의 도시였다. 85년 전 클레멘스 폰 메테르니히는 헝가리가 '동양'에 속한다고 말했지만, 1900년에 그렇게 말하는 빈 사람은 없었다. 예를 들면 1820년에 빈 사람이 부다나 페스트에 가는 것은 탐험이었다. 1900년에는 사업차 부다페스트로 떠나는 것, 특히 여름에 그곳에 가는 것은 빈 사람에게 즐거움이었다. 그가 부다페스트와 헝가리 정치에 대해 비판적이었을지 모르지만(빈 사람들은 종종 그랬다), 그 비판에는 존경과 질투의 감정이 포함되어 있었다. 그 도시는 빈에 버금가는 안락함과 즐거움을 선사했다. 물가는 비교적 쌌고, 파프리카의 얼얼함을 비롯해 헝가리 특유의 향신료가 그의 여행에 풍미를 더했다. 18세기나 19세기에 그리스나 발칸 사람이 서북쪽 트리에스테나 빈으로 여행을 떠날 때면 "나는 유럽에 간다"고 말했을 것이다. 그가 1900년에 부다페스트로 떠났다면 역시 유럽에 간다고 말했을 것이다.

부다페스트는 어떤 의미에서 국제적인 도시였다. 호텔과 식당 때문이 아니라 외국 여행자가 이곳에서 만나는 많은 사람이 유럽의 여러 언어를 사용할 수 있었기 때문이다. 대부분의 사람이 독일어를 알고 있었고, 많은 사람이 조금은 프랑스어를 할 줄 알았다. 이것은 헝가리어가 유럽어군과 별로 관련이 없는 특이한 언어였기 때문만이 아니라 헝가리인의 언어 능력이 대체로 뛰어나기 때문이기도 했다. 또한 1900년 세대의 문화적 욕구와 상류층에 필수적이었던 교양 때문이기도 했다.

1900년에 헝가리와 부다페스트는 영국에서 이례적으로 평판이 좋았다. 그러나 그렇게 생각하지 않는 사람도 있었다. 해럴드 니컬슨은 1888년 헝가리 총영사로 임명된 그의 아버지와 함께 부다페스트에 왔을 때 어린아이였다. 그의 기억은 생생했다. "그는 언드라시 대로에 있던 부다페스트 공사관(총영사관이었다), 길가 쪽 박공벽에 플로라와 포모나의 조각상이 새겨져 있고 정원에는 테라코타 분수가 있던 그 작은 집을 선명하게 기억했다……. 그는 골목 입구부터 공원까지 이어진 쥐똥나무 울타리 위에 쌓인 첫눈을 하얀 편물 장갑으로 닦았던 일, 유황천 냄새와 노란 나뭇잎 향기와 어두운 도나우의 대기로 덮인 공원 벤치 옆에서 헝가리 사람이 담배 피우는 데 사용하던 작은 판지 용기를 들고 빨아댔던 일을 기억했다. 그는 길 끝에 있던 크고 검은 급수탑(사실은 좀더 먼 슈테파니어 거리 끝에 있었다), 울부짖는 가을 강풍이 그 주위를 휘몰아치며 어린 소년에게 추위와 공포와 슬픔을 선사하던 그 급수탑을 기억했다. 그는 전차가 모퉁이를 돌 때 삐걱거리며 덜커덕거리던 소리, 잠자리에서 듣던 애절한 공장 사이렌, 부다로 이어지는 큰 다리의 끝없는 바람 소리를 기억했다. 그는 장티푸스로 앓아누워 있을 때 성 니콜라우스의 진홍 악마들이 침대 주위를 돌며 서로 쫓아다니던 일을 기억했다."[37] 그는 50년도 더 지난 뒤 런던에서 주간지 『스펙테이터』에 이런 내용을 담은 기사를 썼는데, 이 기사는 헝가리와 헝가리인에 대해 심하게 비판적이며 비난조까지 섞여 있었다. 이 기사에서 해럴드 니컬슨은 자신의 아버지와 같은 입장을 취했다. 아버지 카녹 경 아서 니컬슨(1849~1928)에 관해 1930년에 쓴 탁월한 외교 전기에서 그는 자신의 아버지가 헝가리에서 보낸 4년을 "지루하기 짝이 없는 4년"[38]이라고 적었다. "헝가리 귀족의 어리석음이 그의 신경에 거슬렸다. 그들의 오만함은 그를 역겹게 했다……. 그는 헝가리인과 (사실은) 오스트리아-헝가리 정책에 대해 깊은 불신을 품고 헝가리를 떠났다. 이런 감정은 시간이 지남에 따라 더 강해졌다……." 니컬슨의 아버지에게 이런 표현은 흔치 않은 일이었다. 부다페스트에 있는 동안 그의 아내가 헝가리 귀족의 유혹을 받았다는 이야기도 있었다. 우리는 캐서린 니컬슨의 성격과 기질을 잘 알고 있으

---

37 Lees-Milne, I, p. 3.
38 Nicolson, pp. 78~80.

므로 이 이야기는 믿기 어렵다. 왜 그녀의 남편과 그녀의 민감한 아들이
부다페스트를 그렇게도 싫어했는지 우리는 알 수 없다.

THE
PEOPLE

"부다 – 페스트!" 블로위츠는 다음과 같이 적었다. "바로 이 단어가 미래에 대한 큰 생각을 말해준다. 그것은 한 발 앞으로 내디딜 때마다 펼쳐지는 회복된 자유와 동의어다. 그것은 성장하는 사람들 앞에 열려 있는 미래다." 성장하는 사람들. 19세기의 마지막 30년간 부다페스트 — 블로위츠가 사용한 용어 '부다 – 페스트'가 1894년에는 이미 낡은 용어가 되었다는 점을 알아야 한다 — 는 유럽에서 가장 빠르게 성장한 도시였다. 1890년부터 1900년까지 부다페스트 인구는 40퍼센트 이상 증가했다. 1900년에 부다페스트는 인구 73만3000명으로 유럽에서 여섯 번째로 큰 도시이자, 빈과 상트페테르부르크 사이에서 가장 큰 도시였다. 1900년 이후에도 성장은 계속되었지만, 속도는 느려졌다. 여러 면에서 1900년은 부다페스트 역사의 정점이었다.

이 책의 주제는 이 도시의 역사가 아니라 어느 시점에서의 역사적 초상, 분위기, 거기에 살던 사람들, 그들의 성취와 고난을 그리는 것이다.

역사적 초상이 간결하게 그려지는 데에는 또 다른 이유가 있다. 19세기까지 부다와 페스트 두 도시는 서로 그다지 호응하지 않았다.

부다의 북쪽 끝부분 광천鑛泉 지역에 켈트족의 작은 거주지가 있었다. 로마인은 이곳에 판노니아 군단 사령부를 만들고, 아퀸쿰이라는 이름을 붙였다. 그들은 좀처럼 도나우강을 건너지 않았다. 중세 초기에 부다는 도시라고 할 만한 수준이 아니었고, 페스트는 이제 막 사람이 거주하기 시작한 반 야만적 상태였다. 두 지역 모두 1241년 몽골의 침입으로 파괴되었다. 헝가리 왕들이 부다에 왕좌를 세운 것은 14세기가 되어서였다. 15세기 후반 강력했던 마차시 왕이 부다의 왕궁 언덕에 르네상스식 궁전을 세웠다. 그러나 두 세대 뒤 페스트와 부다는 터키에 정복당했다. 부다는 145년 후 유럽 전역에서 몰려온 지원병과 용병으로 구성된 합스부르크 군대에 의해 재정복되었다. 그 군대 안에 헝가리인은 별로 많지 않았다. 1세기 반에 걸친 터키의 통치 기간에 헝가리 전역은 파괴되고 황폐해졌으며 인구도 줄었다. 터키인들이 떠나고 25년이 지난 뒤에도 부다의 인구는 1만3000명이 안 되었고, 페스트의 인구는 4000명을 거의 넘지 않았다. 두 도시는 가끔 놓이던 조잡한 부교浮橋로 이어질 때를 제외하면, 넓고 제어할 수 없는 도나우강에 의해 거의 분리되어 있었다. 중세로 접어든 후 약 500년간 페스트는 여전히 준淮동양의 강변 마을에 불과했고, 부다는 소규모의 집과 포도밭으로 이루어진 군락지 수준에 머물렀다.

18세기에 부다와 페스트에 거주하던 사람 대부분은 독일어를 사용했다. 합스부르크의 황제 중 몇몇은 헝가리인 신민과 그들의 열망에 그렇게 적대적이지 않았지만, 헝가리인의 숫자는 그렇게 빨리 늘지 않았고 민족의식의 회복도 더뎠다. 오스트리아 왕실의 땅과 독일 남부 지역에서 이주해온 상당수의 가구가 도나우강 양쪽 강변(특히 부다 쪽)에 정착했다. 부다와 페스트는 빈에서 동쪽으로 250킬로미터밖에 떨어져 있지 않았지만, 이 거리는 세상을 유럽과 유사 레반트(또는 근동)의 상이한 두 세계로 분리하는 거리였다. 1815년 빈 회의 때문에 그곳을 방문한 어느 외국 고관에게 메테르니히는 빈에서 헝가리로 향하는 먼지투성이 길을 가리키며 유럽이 저기에서 끝난다고 얘기했던 것으로 알려져 있다. 그러나 그때는 이미 부다페스트와 헝가리, 헝가리인과 헝가리 정신의 놀라운 부흥이 코앞에 다가와 있었다.

1799년 부다의 인구는 2만4306명, 페스트의 인구는 2만9870명으로 전체 인구는 5만4000명 정도였다. 1890년에 이 숫자는 약 50만 명으로 10배 가까이 늘어났다. 19세기 동안 유럽에서 베를린만이 유일하게 비슷한 비율(8배)로 성장했다(1800년부터 1890년까지 파리와 런던의 인구는 3.4배 증가했다). 유명한 브리태니커 백과사전 11판에 부다페스트는 '유럽에서 가장 멋진 수도 중 하나'라고 묘사되었지만, 베를린은 그렇게 기술되지 않았다.

170년 전에 헝가리 민족의식과 헝가리 민족주의가 갑자기 폭발하기 시작했다. 부다페스트의 이례적인 부흥은 이례적인 헝가리 민족주의의 힘 때문이었다. 이례적이라 함은 그것이 헝가리의 민족적 비범함 — 강점뿐만 아니라 약점도 포함한 — 이라는 특징과 연관되어 있었기 때문이다. 우리 시대의 역사학자와 사회 사상가들은 종종 민족적 요소를 회피하는 경향이 있다. 그러나 그것을 부정하거나 무시하는 것은 잘못되고 어리석은 일이다. 헝가리와 마찬가지로 그리스에서 아일랜드까지, 이탈리아에서 핀란드까지 민족주의는 19세기의 지배적인 정치사상이자 현실이었음을 부인할 수 없다. 그러나 코슈트 러요시를 파넬이나 가리발디나 마브로코르다토스와 다르게 만드는 헝가리적 요소가 있었다. 그 요소는 또한 부다페스트의 부흥에도 주재료로 활용되었다. 통계가 보여주는 부다페스트의 부흥은 현대 로마나 아테네 같은 신흥 독립국의 수도를 능가했지만, 그것은 단지 통계만의 문제가 아니었다. 부다페스트의 부흥은 작가, 학자, 예술가, 편집증적 천재 등 일군의 1900년 세대를 탄생시켰다(세계적 명성을 얻은 사람도 종종 있었다). 그것은 빈에서도 마찬가지였지만, 1900년의 빈은 한 세기 전에 이미 모차르트, 베토벤, 하이든 같은 예술가가 이끌었던 도시 예술 문화와 메테르니히, 카우니츠 같은 정치가가 주도했던 유럽 정치 문화의 연장선에 있었을 뿐이다. 부다페스트는 헝가리가 아직 세상에 널리 알려지지 않았던 시기에 세련된 도시 문명의 번성을 구가하기 시작했던 것이다.

1825년 이후 헝가리 민족 부흥, 소위 헝가리 개혁 시대가 꽃피우기 시작했다. 그리고 그것은 1848년의 헝가리 혁명으로 번져나갔다. 이 민족 부흥은 대부분 '가장 위대한 헝가리인'(그의 동시대인들이 그에게 붙인 별칭) 세체니 이슈트반(1791~1860)의 영감과 창의성과 실행력의 결과였다. 그는 여러 놀라운 업적을 이루었지만, 특히 부다-페스트의 위대한 많은 건축물(부다와 페스트를 영구적·인상적으로 연결한 최초의 다리인 사슬 다리를 포함해)을 처음으로 기획하고 세부 계획을 세우며 자금을 조달했다.

그러나 그의 삶은 국가적 혁명과 마찬가지로 비극으로 끝을 맺었다. 동포들의 불같고 현명하지 못한 기질이 그를 버렸다. 그들은 코슈트로 대표되는 더 급진적이고 감상적인 민족주의에 그들의 희망을 쏟아부었다. 그에 따라 1848~1849년 고무적인 헝가리 독립 전쟁이 일어났지만, 이 전쟁은 실패로 끝나고 말았다. 이 기간에 부다와 페스트는 복수심에 불타는 합스부르크-오스트리아 군대에 의해 두 차례 점령되었다. 부다와 페스트는 포위와 폭격에 시달렸다. 그러나 20년이 채 지나지 않아 오스트리아의 황제와 황후와 내각은 헝가리에 양보하기로 결정했다. 소위 '1867년의 대타협Ausgleich'으로 헝가리는 1848년 헝가리 지도자들이 요구했던 실질적인 권리와 독립의 상당 부분을 얻어냈다. 한마디로 헝가리는 거의 완전한 자치권을 손에 넣었다. 오스트리아 제국의 공식 명칭은 오스트리아-헝가리 제국이 되었다. 부다페스트의 역동적인 번영과 성장 그리고 인구 증가는 그때부터 시작되었다. 1867년 부다페스트 인구는 27만 명이 안 되었지만, 25년 후에는 두 배 이상으로 증가했다. 1870년 부다페스트는 유럽에서 열여섯 번째로 큰 도시였지만, 25년 후에는 로마, 마드리드, 나폴리, 함부르크, 리스본, 리버풀, 브뤼셀, 암스테르담을 누르고 여덟 번째로 큰 도시가 되었다. 이 도시는 오스트리아-헝가리 이중 제국 내에서 프라하를 제치고 두 번째로 큰 도시가 되었고, 시간이 지날수록 크기뿐만 아니라 여러 면에서 빈에 점점 더 가까워졌다.

1873년까지 부다페스트는 완성되지 않았다. 그때까지 그곳은 부다, 페스트, 오부다('오래된 부다'로 세 지역 중 가장 작음) 세 개의 도시였다. 그것은 단지 드넓은 도나우강에 의한 단절 때문만이 아니었다. 그들 사이에는 서로 오해하고 때때로 적대감을 가질 만한 분명한 차이점이 있었다. 부다(오부다 일부도 포함) 지역 주민들은 독일어를 구사하는 가톨릭 신자로 보수적이며 합스부르크에 충성했다. 1848년 혁명 당시 이곳 사람들은 페스트 쪽의 헝가리 민족주의와 급진적 열정을 별로 공유하지 않았다. 혁명은 페스트에서 시작되었다. 혁명의 지도자인 코슈트는 개신교 신자로 헝가리 동북부 출신이었다. 페스트의 좌익 급진주의자들은 부다 쪽을 믿지 않았다. 극좌파 정치인인 탄치치 미하이(1799~1884)는 1873년 부다와 페스트의 통합에 공개적으로 반대 의사를 표명했다. 부다에도 자기 생각을 공개적으로 내세우지는 않지만, 내심 통합에 반대하는 사람이 많았다. 반합스부르크 정서가 강하고 개신교 신자가 많은 도나우강 이편의 헝가리 남부 평원 지역에서 온 탄치치 같은 사람에게 부다는 독일계, 도나우강 저편, 가톨릭, 반민족주의 정서, 합스부르크의 연결 고리로 대표되는 지역이었다. 부다 지역 사람들(그리고 상당수의 페스트 지역 사람들)의 이러한 복합적인 충성심은 꽤 오래 지속되었고, 몇몇 문화적·정치적 요소는 1900년에도 명백히 남아 있었다. 그러나 부다의 인구 비율은 감소하고 있었다. 1850년에 두 지역의 인구 비율은 비슷해서, 45퍼센트의 인구가 '서쪽 부다 쪽'에 거주했다. 20년 후 이 비율은 25퍼센트로 떨어졌다. 1900년 무렵에는 부다 거주자가 전체의 6분의 1 수준이 되었다. 반면 1848년의 페스트는 비록 도로포장은 안 되어 있었지만, 역동적인 움직임으로 가득 차 있었다.[1]

---

1 1848년이 되기 5년 전 이미 페스트의 인구는 3분의 1 이상 증가했고, 주택 임대료는 부다보다 평균 40퍼센트 비쌌다.

인구 비율의 변화보다 더 중요한 것은 독일어 점유율의 급격한 감소였다. 동유럽의 거의 모든 지역(헝가리 일부 지역도 포함)에서 독일인은 그들을 둘러싼 다른 민족들로부터 자부심 가득하고 오만하기까지 한 분리적인 태도를 유지했지만, 부다페스트에서는 헝가리 사회와 융합하거나 실질적으로 흡수되는 쪽으로 나아갔다. 결국 언어적·문화적·정치적으로 헝가리의 일부가 되었던 것이다. 그래서 1872~1873년 부다페스트를 하나의 도시로 통합하는 법이 제정되었을 때 부다 지역에서조차 공개적인 반대는 거의 없었다. 당시 유대계 헝가리인 귀족 평의원 바르먼 모르(1832~1892)가 실질적인 부다페스트의 시 대변인이자 시의회 관리자 역할을 했다. 20년 후인 1892년—'대타협'과 프란츠 요제프 1세의 헝가리 왕 취임(1867년 대관식은 의미심장하게 부다와 페스트 두 곳에서 진행되었다) 25주년이었던— 부다페스트는 제국과 왕국 칙령에 따라 대수도로 선포되었으며, 빈과 동등한 대우를 받게 되었다.

1896년 새해의 첫날 부다페스트의 교회 종소리가 울려 퍼졌다. 이는 개국 '천년'을 알리는 소리였다.[2] 1000년 전인 896년 군주 아르파드가 이끄는 마자르 부족이 동쪽에서 헝가리 지역으로 이동해와 그 지역을 점령하고 정착했던 것이다. 태양이 찬란하게 빛나던 6월의 어느 날, 프란츠 요제프 황제와 엘리자베트 황후는 축하 행사를 주재하기 위해 빈에서 이곳으로 왔다. 그들은 헝가리 주최 측과 마찬가지로 상황에 대한 분별력이 뛰어났다. 프란츠 요제프는 헝가리 경비병 군복을 입었다. 모든 헝가

---

2 BT, pp. 515~520.

리인에게 사랑받던 아름답고 매혹적이며 약간 창백한 듯한 엘리자베트 황후는 퍼레이드가 계속되던 긴 하루 내내 미소를 잃지 않았다. (그들의 며느리인 슈테파니어 대공비는 부다페스트에 처음 소개되는 상자형 코닥 카메라를 들고 와 사진을 찍었다.) 행사를 알리는 천둥 같은 대포 소리, 은빛 나팔을 부는 초록 바지의 전령관, 군사 퍼레이드, 헝가리의 오래된 도시에서 18세기 심지어 17세기 군복으로 치장하고 부다페스트에 온 기마·보행자 무리의 긴 행렬이 이어졌다. (혜베시주州에서 온 기마 무리 중에는 이중 갑옷을 입은 젊은 카로이 미하이 백작도 있었다. 20년 뒤 그는 합스부르크 제국을 무너뜨리는 선봉에 서게 된다. 그러나 1896년 당시 그를 포함해 누가 그런 사실을 알 수 있었겠는가?) 부다페스트를 대표하는 기마단도 있었는데, 거기에는 부다페스트 최고의 자본가인 스위스 출신의 양조장 주인 헨리크 하겐마허(1827~1917)와 귀족 작위를 받은 유대인 방앗간 주인 두 명도 참여하고 있었다.

왕(황제)과 왕비(황후)는 크리스털 창문이 있는 마리아 테레지아 시대의 바로크풍 마차를 타고 부다에서 페스트까지 행진했다. 신성한 물건인 성聖 이슈트반의 왕관이 아직 완성되지 않은 의회의사당 건물로 옮겨졌다. (잠시 불안한 순간이 있었다. 왕관을 넣어둔 오래된 철제 상자의 걸쇠와 자물쇠가 심하게 녹슬어 있었던 것이다. 왕실 수행원 중 두 명이 급히 열쇠공을 찾아왔다. 열쇠공은 재빨리 연미복으로 갈아입고 상자를 열었다.) 부다페스트의 마르스 광장(프랑스 파리에 있는 공원―옮긴이)이라 할 수 있는 왕궁 언덕 서쪽의 넓은 들판(베르메죄)에서는 대중을 위해 거대한 쇠꼬챙이에 끼워 황소를 구웠다. 페스트의 동쪽 끝에 새로 조성된 도시공원 안에는 거대한 세계 박람회장이 마련되었고, 공원 안 호숫가에 재건된 중세풍의 트란실바니아 성을 비롯해 많은 건물이 세워졌다. 광고 풍선, 전경 그림, 군사용 풍선 기구, 헝가리인이 만든 첫 번째 뉴스 영화, 전광판의 화려한 불빛, 끝없이 이어지는 음악이 도시를 가득 채웠다. 그해에 부다페스트를 방문한 사람은 거의 600만 명에 달했는데, 대부분이 헝가리 지방에서 온 사람들이었다. 행사 후 몇 달 안에 미술관, 고등법원 건물, 최초의 지하 전차 노선, 페스트 순환로 거리의 마지막 구간 공사가 완료되었고, 왕궁의 새로운 날개 건물 건축이 시작되었다.

＋＋———＋＋

19세기 동안 부다페스트와 베를린은 유럽에서 가장 빠르게 성장한 도시였다. 특히 1867년부터 1914년까지는 부다페스트가 가장 빨리 성장했다. 인구 증가 상황은 [표 1]과 같다.

[표1]

1720년	약 11,000
1831년	103,000
1867년	280,000
1900년	733,000
1910년	880,000
1913년	933,000

1867년에 부다와 페스트는 유럽에서 열일곱 번째로 큰 도시였고, 1900년에는 여섯 번째로 큰 도시가 되었다. 전체 인구 대비 수도의 인구 비율은 그렇게 특이한 편이 아니었다. 부다페스트의 인구는 전체 헝가리 인구의 4퍼센트를 약간 웃돌았는데, 프랑스나 런던의 인구 비율은 이보다 조금 더 높았다. 특이한 점은 부다페스트와 다른 지방 도시를 비교한 경우인데, 헝가리에서 두 번째로 큰 도시였던 세게드의 인구는 부다페스트의 12퍼센트에 불과했다.

1900년 이후 성장률은 둔화되었다. 부다페스트 시민들은 아이를 점점 적게 낳았다. 도시에서 아이를 키우는 것은 시골에서 일하며 아이를 키우는 것보다 더 어렵고 부담스러우며 비용이 많이 드는 일이었다. 비좁은 아파트가 주원인이었다. 일은 긍정적인 방향만이 아니라 부정적인 방향으로도 나아갔다. 도시로 이주한 많은 가족의 마음과 습관은 점점 종교에서 멀어졌다. 이런 현상은 가톨릭 신자뿐만 아니라 개신교 신자와 유대인에게서도 볼 수 있었다. 대가족은 점점 줄어들었다. 이것은 프랑스를 비롯한 다른 유럽 국가와 마찬가지로 콘돔 사용과는 별 관계가 없었다. 기혼자들 사이에서 여러 방법을 동원한 피임이 널리 행해졌다. 그러나 아이의 수가 줄어드는 것은 아이가 전보다 더 많은 관심을 받게 되었음을 뜻했다. 더 많은 관심과 비용이 아이의 교육에 투자되었다. 대체로 1880년 이후에는 중·상류층 가정에서 자녀가 서른 살이 되기 전에는 가족의 품을 떠나지 않고 독립하지 않는 것이 당연한 일로 받아들여졌다. 그러나 하층 계급의 자녀도 이전보다 더 길게 학교에 다니게 되었고, 학교의 요구 사항도 젊은이가 일하면서는 따라갈 수 없는 수준으로 바뀌었다. 중산층 사이에는 자기 자녀가 성별 관계없이 사회적·교육적·직업적으로 부모보다 조금이라도 지위가 낮아져서는 안 된다는 무언의 믿음이 널리 팽배했다. 이러한 가족 단위의 야망은 오래된 귀족 가문에는 전형적이지 않은 모습이었다. 중산층의 자기 확신과 사회적 지위 때문에 그들의 자녀 역시 사회적·교육적 지위를 유지해야 했고, 이는 결국 빈번한 개인 교사의 고용으로 이어졌다. 이에 대해서는 뒤에 다시 언급하겠다.

1900년에 이런 문제 가운데 일부는 부다페스트에만 국한되었던 것이 아니다. 부다페스트의 특이점이라면 가족 수가 급격히 줄었음에도 인구 증가율은 매우 높았다는 사실이다. 이러한 이유 중 하나는 부다페스트를 둘러싼 농업지역이 계속해서 늘어났기 때문이다. 그리고 건강 수준이 크게 향상되었던 점도 인구 증가의 또 다른 원인이었다. 1867년 페스트 지역의 사망률은 비슷한 수준의 유럽 도시 중 가장 높았다. 그러나 1900년 이전 25년간 부다페스트의 사망률은 인구 과밀 상태에도 불구하고 절반으로 떨어졌다. 유아 사망률도 1869년부터 1900년까지 50퍼센트 감소했다. 결핵같이 많은 사람을 죽음으로 몰아넣었던 전염성 질병도 19세기에 점점 사라져갔고, 기대 수명은 느리긴 해도 꾸준히 늘어났다.[3] 이런 점에서 1900년의 부다페스트는 빈을 따라잡았는데, 빈의 프롤레타리아가 부다페스트보다 훨씬 더 적었고 빈의 시 보건 서비스가 유럽의 모범이 되었던 점을 고려하면 이는 매우 놀라운 일이었다.

1900년 부다페스트의 사생아 수는 신생아 네 명당 한 명꼴로 여전히

3 BT, p. 578.

비정상적으로 많았다.[4] (사생아 비율은 유대인이 가장 낮았고, 헝가리 동부와 동북부에서 새로 온 가난한 노동자 계층이었던 페스트의 그리스 가톨릭 및 그리스 정교회 교도가 가장 높았다.) 부다페스트 인구 구성의 또 다른 특징은 성비 불균형으로, 1900년에 남성 1000명당 여성 1088명이었다. 고용된 하녀의 수가 많았기 때문에 여성이 많았다는 설명도 있다(집사나 마부 같은 남성 하인은 귀족 가정에만 두었다). 1870년까지만 해도 부다와 페스트에서 다섯 명당 한 명은 하녀 일에 종사했는데, 이 비율은 빈의 두 배, 베를린의 세 배에 해당됐다. 이것의 결과로 빈곤 계층의 남성과 여성은 늦은 나이에 결혼하는 경향이 있었다. 1900년에 20세 이상의 부다페스트 거주자 중 남성은 56퍼센트, 여성은 44퍼센트가 결혼했는데, 이는 다른 지역에 비해 현저히 낮은 수치였다.[5] 1900년 이후 부다페스트의 급속한 산업화는 많은 변화를 가져왔다. 산업 노동자 대부분이 젊은 남성이었던 터라 평균 연령이 낮아졌고, 일반적으로 고령화되고 있던 다른 유럽 도시보다 훨씬 더 젊은 도시가 되었다.[6] 그리고 많은 여성도 산업 노동자로 일하기 시작했다. 1900년부터 1910년까지 하녀로 일하는 여성은 24퍼센트 증가했지만, 산업 노동자로 일하는 여성은 37퍼센트 증가했다. 1880년 부다페스트의 근로 여성 중 3분의 1이 산업계에 종사했지만, 그 비율은 1900년에는 2분의 1 이상, 1910년에는 3분의 2 이상이 되었다.

---

4 BT, pp. 382~383.

5 BT, p. 381.

6 헝가리 내부에서의 이동과 외부로의 이동(즉 이민)이 한 지점에서 일치한다는 점이 매우 중요하다. 1900년 무렵 부를 찾아 부다페스트로 온 젊은이는 대부분 헝가리 북부의 같은 구, 같은 지역 출신이었는데, 그곳은 대개 많은 사람이 미국으로 떠난 곳이었다.

노동 계급은 부다페스트의 인구 중 가장 큰 비중을 차지했지만, 1900년경의 부다페스트는 부르주아 색채가 강한 도시였다. 아마 동유럽 전체에서 유일한 부르주아 도시였을 것이다. 루마니아 소설가 이온 마린 사도베아누가 1900년 무렵의 루마니아 수도 부쿠레슈티를 묘사한 소설을 보면 알 수 있듯이,[7] 부쿠레슈티와 부다페스트 두 도시의 분위기, 사람, 관습의 차이는 부다페스트와 빈의 차이보다 헤아릴 수 없을 정도로 컸다. 그것은 두 이웃 국가 사이의 차이라기보다는 두 문명 사이의 차이라고 하는 편이 맞았다.

그러나 이런 사항을 통계적으로 보여줄 수 있는 증거는 그렇게 많지 않다.[8] 따라서 삶의 양적인 면보다는 질적인 면을 살펴보겠다. 1900년 부다페스트의 부르주아는 소수파였고, 숫자상으로도 빈이나 파리의 부르주아보다 훨씬 더 적었다. 그러나 그들은 물질적·재정적인 면 외에 정신적인 면에서도 대단한 영향력을 행사했다. 이에 대한 증거는 거의 모든 분야에서 찾을 수 있다. 아파트의 바다라 할 수 있는 부르주아 취향의 건물이 대유행이었다. 노동자의 집은 부르주아의 집에 비해 안락함이나 위생 면에서 극단적인 반대의 위치에 있었다. 그러나 노동자 계층도 생애 처음으로 아파트라는 곳에 살 수 있었다. 옷차림에서도 노동자 계층을 포함한 부다페스트 사람 대부분이 중산층의 기준과 관습을 따랐다. 형

---

7 Sadoveanu, *Bucharest*, 1976.
8 위대한 통계학자 쾨뢰시 요제프(1844~1906)가 이끌던 부다페스트 시립통계국은 유럽에서 명성이 자자했다. 현대 도시 통계학에 관한 쾨뢰시의 선구적이며 중요한 저작들은 파리와 빈에서도 출판되었다. 1920년 이후 유대인이었던 쾨뢰시의 가장 유능한 후계자가 단호한 반유대주의자였던 코바치 얼러요시였다는 사실은 매우 우울한 일이 아닐 수 없다.

가리의 지방 도시나 동유럽의 여느 대도시와 달리 농민 복장과 농촌 관습은 빠르게 자취를 감추었다. 1900년경 부다페스트 거리에서 볼 수 있는 산업 노동자 대부분의 복장은 짙은 색 신사복이었다. 몇몇 고위 노동자, 특히 작업 감독은 작업대나 선반에서조차 검정 중산모를 쓰는 것이 관례였다. 천 모자나 베레모는 아직 귀했다. 부르주아 패션을 따라 하는 것은 하층 계급 여성보다 남성 사이에서 더 빈번했다. 헝가리 농민이 착용하던 넓은 치마, 장화, 검정 스카프는 노동자 계층의 나이 든 기혼 여성만의 복장이 아니었다. 이 복장은 공장이나 교외 농촌 마을의 어린 소녀와 부녀자 모두에게서 볼 수 있었다. 하녀로 일하는 여성도 쉬는 날 이런 복장을 했다.[9]

＊——＊

1850년대까지만 해도 헝가리를 방문한 외국 여행자는 헝가리의 식사 습관(예절이라기보다는)과 양념(재료라기보다는)에 대해 좋게 보면 이국적, 최악의 경우에는 야만적이라고 생각했다. 이 점에서도 다른 것들과 마찬가지로 1900년까지 상당한 변화가 있었다. 헝가리 음식, 특히 중·상류

---

9 헝가리 건축의 발달과 헝가리 의류 패션 사이에는 어떤 우연의 일치도 없었다. 1850년 이전 신고전주의 및 비더마이어 건축 양식(그리고 여성에게는 비더마이어 패션)이 여전히 지배적이었던 당시에 남성 패션은 민족적·헝가리적인 경향을 띠었다. 1900년 이후 헝가리의 민족적 요소가 건축 양식에 나타나기 시작했을 때, 유럽 스타일의 부르주아 패션은 어느 곳에서나 볼 수 있는 표준이 되었다(행사나 의식에 사용되던 헝가리 예복은 예외였는데, 이에 관해서는 뒤에서 살펴보겠다).

층의 음식은 더욱 세련되고 '유럽적'이 되었다. 헝가리 지방은 여전히 한참 뒤처져 있었다. 논의를 깊이 진행하기 전에 여전히 설명이 필요한 특이한 상황을 언급하지 않을 수 없다. 그것은 어느 정도 봉건적이고 비민주적인 여러 사회에서 그랬던 것처럼 헝가리에서도 계층이 매우 상이한 이들의 식단에 큰 차이가 없었다는 점이다. 농부나 부르주아나 귀족이 다 같은 종류의 토착 음식을 선호했다. 이런 현상은 이탈리아, 스페인, 오스트리아, 폴란드 같은 나라에서 볼 수 있었다. 반면 영국이나 미국 같은 민주주의 국가에서는 상류층, 중류층, 하류층의 음식이 달랐다(현재도 종종 그렇다). 프랑스는 다른 문제에서와 마찬가지로 이러한 도식에 들어맞지 않았다. 프랑스 상류사회의 음식과 부르주아 음식에는 명백한 차이가 있었다. 1900년 무렵 헝가리 부르주아 가정의 음식에 빈의 음식이 막대한 영향을 미친 것은 사실이지만, 프랑스 음식의 영향이 헝가리(더 정확히 말하면 부다페스트)에 뚜렷이 나타나기 시작했다.

부다페스트에서 음식값은 비교적 저렴했다. 헝가리는 대체로 오스트리아–헝가리 이중 제국의 식량 창고 역할을 했다. 결과적으로 헝가리에서 가장 가난한 지역까지도 합스부르크 영토 내의 다른 가난한 지역보다 영양 섭취 상태가 좋았다(동북부의 루테니아인 거주 지역은 예외였다). 제1차 세계대전 말에 빈의 영양 부족과 기근은 부다페스트의 극빈층보다 더 심했다. 당시 오스트리아 정부와 국민은 헝가리 정부의 농업 정책을 이기적이고 권위적이라 생각하며(그것이 옳은지 그른지는 모르겠지만) 상당히 분개했다. 1900년 당시 헝가리 국외에 널리 알려진 음식이 바로 굴라시(구야시)다(미국에까지 알려졌다). 철자를 잘못 쓰는 것(goulash의 헝가리어는 gulyás이다) 부터 요리를 잘못하는 것까지 이 음식에 대한 많은 오류가 범해졌다. 구야시는 스튜라기보다는 양고기가 들어간 수프로, 궁극의 헝가리 양념 파프리카[10]로 맛을 냈다. 구야시는 대개 목동과 소몰이꾼이 들판에서 낮에 먹던 음식이었다. 1900년경 부다페스트의 가난한 사람들은 그릇에 담은 구야시를 식탁(또는 그냥 무릎 위에)에 올려놓고 먹었지만, 대다수 사람은 아주 드물게 이 음식을 식탁에 올렸다.

주목해야 할 사실은 1900년 이전 20여 년간 음식 소비에 작지만 핵심적인 변화가 일어났다는 점이다. 당시 헝가리의 소 사육이 크게 늘었고, 이에 따라 소고기 가격이 하락(특히 저렴한 부위의 가격 인하가 컸다) 하면서 소고기가 양고기를 대체(구야시에도 해당됐다) 하기 시작했다. 채소 요리도 전반적으로 품질이 향상되었고 종류도 다양해졌다. 부다페스트 주변의 농업 지역이 비약적으로 넓어졌고, 이곳에서 생산된 채소와 유제품이 부다페스트에서 소비되었다. 1900년까지도 도시의 경계 내에 있는 목초지에서 소가 사육되었다. 돼지기름으로 걸쭉하게 반죽한 밀가루에 채소와 상상력 풍부한 양념을 넣고 조리하는 요리법은 빈에서 유래한 것으로 보이는데, 부다페스트의 모든 계층 사람에게 널리 퍼졌다. 이런 식의 특정 채소 요리는 고기에 곁들이는 반찬으로서뿐만 아니라 그 자체로도 사람들의 사랑을 받아 국민적인 음식으로까지 대접받았다.

1900년 무렵 부다페스트의 아파트 주방에 가스스토브가 널리 보급되면서 이 모든 것이 더욱 용이해졌다. 상품명이 슈퍼르헤르드sparherd(연료

---

10 파프리카의 기원은 터키였다. 1900년 당시(그리고 현재) 일반적인 헝가리 가정의 식탁에서 세 개의 양념 용기를 볼 수 있다. 소금, 파프리카, 후추. 가끔 후추가 생략되기도 한다.

절약용 화덕)였던 이 스토브는 그 이름에서 추론컨대 빈에서 수입되었던 것 같다. 빈의 영향력은 부다페스트 부르주아 가정의 범위를 넘어 널리 퍼져나갔다. 빈이 자랑하던 몇몇 음식 — 예를 들면 빈 지역의 유명한 삶은 소고기 요리 타펠슈피츠 — 은 헝가리 국민의 사랑을 듬뿍 받는 대표적인 국민 음식이 되었다(크루디는 자신의 책에서 이에 관해 인상주의적 정확성보다는 자연주의적 필치로 길게 묘사했다). 송아지 고기의 공급 및 소비도 더욱 흔해졌다. 디저트와 단맛 과자에 대한 선호 역시 빈의 영향을 많이 받았다. 19세기 후반 빈의 빵집·제과점의 명성과 영향력이 파리를 앞서기 시작했고, 빈의 디저트와 페이스트리 가게는 세계 최고로 인정받았다. 그 전에 디저트는 헝가리의 국민적 사랑을 받는 품목이 아니었고, 페이스트리도 구워서 만들기보다는 요리의 일종으로 조리되었다. 1890년 무렵 부다페스트의 일부 제과점은 빈의 제과점에 맞먹는 수준이 되었다. 벨바로시의 중앙 광장에 있던 최고 제과점 쿠글러(후일의 제르보)는 지금도 영업을 하고 있다. 수십만의 가정에서도 매일 디저트를 구웠는데, 다른 여러 분야와 마찬가지로 헝가리인의 창의력은 흥미롭고 더욱 풍부한 빈 스타일 파이의 변형을 만들어냈다.[11] 일상적인 면에서 보면 빈 사람과 부다페스트 사람이 소비하는 빵과 롤의 종류 및 가격에는 거의 차이가 없었다. 차이점을 찾아보면, 빈보다 좀더 싼 호밀 빵이 가난한 계층에게 널리 애용되었다는 점이다. 그들은 향 좋은 이 빵을 넓게 자른 뒤 돼

---

11 디저트를 만들 때 꿀 대신 설탕을 발라 굽는 것이 유럽과 발칸·중근동의 차이였다. 헝가리에서는 설탕 — 특히 각설탕 — 이 훨씬 비쌌음에도 불구하고 1900년이 되기 훨씬 전에 설탕이 꿀을 대체했다. 헝가리 특산 아카시아꿀은 아침 식사나 차에 사용했다.

지기름을 바르고 소금과 파프리카를 뿌려 먹었다.

물론 식사의 순서와 횟수는 부유층과 빈곤층에서 동일하지 않았다. 상류층과 중류층은 대개 하루에 다섯 끼의 식사를 했는데, 돌이켜보면 엄청난 양이었다. 그러나 1900년경 다섯 끼 식사는 유럽의 여러 지역에서 일상적인 일이었다. 아침 식사는 미국인이 여전히 유럽식이라고 부르는 우유를 탄 커피와 버터 바른 롤빵이었으며 드물게 달걀이 포함되기도 했다. '11시 간식'은 대개 남성들이 맥줏집이나 커피 전문점에서 맥주 한 잔을 곁들여 먹는 작은 고기 요리나 소시지, 아이들이 학교에 가져가는 (고기나 치즈로 속을 채워 든든하게 먹을 수 있는) 샌드위치 같은 것이었다. 하루의 가장 중요한 식사는 아이들이 학교에서 돌아오는 오후 2시경 대개 세 가지 음식으로 마련되었다. 영국에서 오후에 마시는 차나 빈의 야우제(간식) 비슷한 것이 오후 5시경에 준비되었는데, 메뉴는 대개 휘핑크림을 곁들인 커피와 페이스트리였다. 이것은 '11시 간식'과 반대로 주로 부르주아 숙녀들이 친척이나 친구들과 둘러앉아 즐겨 먹었다. 저녁 식사는 점심 식사보다 가벼웠는데, 대개 차를 곁들인 차가운 음식을 먹었다. 노동 계급에는 '11시 간식'과 오후의 커피 – 페이스트리가 없었다. 그들의 아침 식사와 점심 식사는 소박하고 조악했으며, 저녁 식사는 대체로 한 가지 음식이었다. 일반적으로 그들은 부다페스트의 잘사는 시민들보다 저녁을 일찍 먹었다.

헝가리 요리는 세계 최고가 아니었지만(당시 뉴욕은 세계 각국의 최고급 요리로 열광의 도가니를 이루고 있었지만, 일급 헝가리 식당은 하나도 없었다), 1900년 무렵에는 프랑스, 이탈리아 요리에 이어 2등급 정도의 수준에 이르렀고, 빈 요리와도 맞먹게 되었다. 부다페스트의 가정주부와 요리사에게 존경을 표하며(돌이켜보면 존경스러운 사람이 수없이 많았다),[12] 부다페스트 음식을 프랑스식으로 개량·개선했던 몇몇 선구자를 기억하지 않을 수 없다. 그들은 최초의 위대한 요리사인 프랑스 출신 조제프 마르샬을 추종했던 진지한 식당 경영자 도보시 요제프(1853~1906), 군델 야노시(1844~1915)와 그의 아들 군델 카로이(1883~1956) 등이었다. 일반적으로 알려진 것과 달리 페이스트리 장인이 아니었던 도보시는 1890년경 세계적으로 유명한 헝가리 디저트 도보시-토르테를 개발했다. 스위스 태생의 군델 야노시는 1869년 처음으로 식당 문을 열었다. 그의 아들 카로이는 가문의 전통을 따라 고품질을 유지하면서도 자신만의 뛰어난 요리를 많이 개발했다. 1900년에도 세계적으로 유명한 헝가리 요리는 거의 없었지만(굳이 하나의 예를 들자면, 가장 맛있는 민물고기인 헝가리 포거시〔농어, Lucioperca sandra〕 정도일 것이다), 부다페스트 요리의 명성이 점점 유럽 전역에 퍼지기 시작했다. 프랑수아 코페는 부다페스트에서 먹었던 닭 파프리카에 관해 열광적인 글을 썼고, 대단한 미식가 알렉상드르 뒤마 페레는 파프리카가 들어간 헝가리 요리를 격찬했으며, 에드워드 7세는 런던의 자기 집으로 헝가리 요리사를 초대하기도 했다.

　1900년경에는 선술집(코치머)부터 부다의 정원 식당과 생선 식당, 페

---

12 1900년경 여느 유럽의 도시와 달리 부다페스트에서는 훌륭한 요리가 결코 여성의 전유물이 아니었다. 두 부류의 남자들이 창조적 요리사로 활약했는데 소수의 귀족과 작가였다. '엠머 부인'이라는 필명으로 가끔 문학 잡지 『주週』에 실렸던 미식 기사는 익명의 헝가리 작가들의 요리법이었다.

스트의 커피 전문점과 호텔 식당까지 아주 많은 대중 시설이 존재했다.[13] 이것이 가능했던 이유는 값싼 노동력 때문이었다. 그리고 비좁고 불충분한 주거 공간도 이런 환경이 조성되는 데 일조했다. 많은 남성이 낮 동안에(가끔은 밤에도) 이런 대중 시설에서 시간을 보내는 것을 선호했고, 종종 사업 장소로도 활용했다. 1900년 부다페스트에는 거의 600개에 달하는 커피 전문점이 있었다.[14] 모든 대중 시설 가운데 커피 전문점이 가장 빠르게 늘어났다. 오스트리아 - 헝가리 이중 제국 내의 다른 도시에서와 마찬가지로, 커피 전문점은 중산층 남성 클럽의 사회적 기능을 수행했고 식당의 기능도 확장되어 대부분 온종일 그곳에서 완전한 식사가 가능해졌다. 제5장에서 도시의 문화생활을 다룰 때 그 중심적인 역할을 했던 커피 전문점에 관해 다시 이야기하겠다. 1900년경 부다페스트 사람들의 음주 형태를 보면 그들이 매우 검약한 습관을 지녔음을 추론할 수 있다. 앞서 살펴보았듯 부다페스트의 수질 상태는 매우 좋았다. 부다페스트의 알코올 중독 상태도 유럽의 다른 많은 도시처럼 그렇게 높지 않았다. 부르주아 계층, 특히 유대계 가문은 금주에 큰 중점을 두었다. 당시 알코올 중독은 사회적으로 받아들일 수 없는 것이란 인식이 있었다. 소비되는 와인은 대부분 그 지역 산물이었고, 화이트 와인이 주를 이루었다. 10구

---

13 페스트에서 가장 유명한 식당은 도시공원에 있던 '웜페티치', 코르쇼에 있던 '헝글리', 언드라시 대로에 있던 '트란실바니아 와인점'과 '빈 맥주 홀'이었다. 1910년 웜페티치는 군델의 식당으로 바뀌었다.

14 커피 전문점: 5장 참조: Bevilacqua, passim; BT, pp. 350~351, 370~371.
'커피'는 카페오레나 터키식 커피를 의미했다. 1900년 부다페스트에 에스프레소는 존재하지 않았다. 그러나 수십 년 후에는 에스프레소를 팔거나 에스프레소라 불리는 장소가 아주 흔해졌다. 에스프레소는 지금도 헝가리의 주요 기호품이다.

역의 대형 양조장은 유명한 빈이나 플젠의 양조장에 필적할 만큼 우수한 품질의 라거 맥주를 생산했다. 특이하게 가난한 계층은 다른 값싼 증류주보다 럼주를 많이 마셨는데, 마부들이 겨울에 유난히 많이 마셨다. 럼주는 19세기 마지막 수십 년 동안 많이 생겨난 대규모 헝가리 설탕 정제공장의 부산물이었던 터라 값이 매우 저렴했다.

이제 이 연기 자욱하지만 침침하지 않은, 팽창하는 수도의 여러 사회문제와 질병에 관해 이야기하겠다. 온갖 종류의 불안하고 잡다하며 모험적인 요소로 인해 끝없이 팽창하던 인구를 고려할 때, 부다페스트의 범죄율은 다른 동유럽 도시에 비해 놀라울 정도로 낮았다. 1900년 무렵 상습적인 범죄자와 일반인 사이에는 뚜렷한 구분선이 존재했다. 부다페스트의 지하세계가 습관적으로 특정 구역에 은신처를 마련했기 때문에 경찰은 그들의 존재를 확실히 알 수 있었다. 따라서 최소한 통계상으로는 미해결 범죄, 즉 검거되지 않은 범죄자의 비율이 매우 낮았다. 그러나 이런 통계 수치를 불법적인 상황에도 그대로 적용할 수 있는 것은 아니었다. 불법적인 동거생활은 "야생의 결혼vadházasság"이라 불렸다. 당시 불법이며 엄중한 처벌의 대상이었던 낙태가 얼마나 많이 그리고 폭넓게 이루어졌는지 알려주는 자료는 거의 없다. 그나마 알 수 있는 사실은 당시 합법, 불법을 막론하고 아이를 젖먹이 유모에게 보내 양육하는 것이 가난한 사람뿐만 아니라 일반인에게도 널리 퍼진 관습이었다는 점이다. 많은 농민 여성이 교외의 농촌 지역에서 젖먹이 유모로 생활을 꾸려나갔다. 그러나 '양육 맡기'는 적절한 용어가 아닐지도 모른다. 이런 여성을 "천사 양육자angyalcsináló"라 불렀는데, 이 단어는 종종 낙태를 암시했다.

1900년경 부다페스트에서는 유럽의 다른 수도와 마찬가지로 매춘이 만연했다. 1885년 시 당국은 도덕적 이유만이 아니라 위생적인 이유에서 시 차원의 규제를 처음으로 시도했다. 1867년 부다와 페스트에는 정식 허가를 취득하고 정기적으로 검사를 받던 매춘 업소가 40개 있었다. 1906년에는 그 수가 21개로 줄었다.[15] 그중 마자르 거리에 있던 한 업소는 꽤나 호화롭고 유명해서 귀족이나 외국인 방문객이 자주 드나들었다.[16] 그곳의 주인 필리시 로저는 재기 넘치는 여인으로 문학에 관심이 많았다(그녀는 크루디 줄러와 사랑에 빠지기도 했다). 도시의 거의 모든 구역에 사창가가 있었다. 독자적으로 일하는 길거리 매춘부도 많았는데, 그들 중 일부는 허가를 취득하고 정기적으로 건강 검진을 받기도 했지만, 대다수는 그렇지 않았다. 그들의 숫자를 대략으로라도 파악하기는 어려운데, 이런 사회악의 정도는 당시의 여느 유럽 도시들과 별반 다르지 않았던 것으로 여겨진다. 또 다른 구슬픈 이야기도 있었다. 부다페스트 '아가씨'는 국가적 수출 상품이기도 했다. 아마도 육체적 매력 때문에 또는 상대적으로 세련된 습관 때문에 그녀들은 유럽 동쪽, 특히 콘스탄티노폴리스 및 차르 러시아의 뚜쟁이와 카바레 소유주와 그들의 부유한 고객들이 열렬히 선호하던 대상이었다. 밤에 꽃피우던 이 아가씨들 중 의지가

---

15 Siklóssy RBE, Ⅲ, p. 200.

16 1907년 헝가리에 우호적인 것으로 알려진 일단의 영국 하원의원이 부다페스트를 방문했다. 그들은 헝가리 정부로부터 융숭한 식사와 와인을 대접받았다. 그들 중 한두 명이 자유(혹은 기회)를 만끽한 뒤 거액의 청구서를 제출했다. 그 비용에는 그들이 마자르 거리를 방문한 뒤 자신의 주머니에서 돈을 내지 않고 헝가리 정부에 지급을 요청한 화대도 포함돼 있었다. 불쾌한 추문이 뒤를 이었다.

곧거나 운이 좋은 몇몇은 약간의 돈을 모아 헝가리로 돌아오기도 했다. 1900년경 그녀들은 모스크바와 상트페테르부르크에서 인기가 높아 그녀들을 일컫는 벤게르카венгéрка라는 러시아 은어까지 생겨났다. 그것은 성 관념이 약한 헝가리 소녀라는 뜻이었다.

이런 젊은 아가씨들은 부다페스트의 길거리 매춘보다는 오르페움을 통해서 이런 업종에 들어서곤 했다. 부다페스트의 오르페움은 나이트클럽과 샹탕(음악을 듣는 카페)의 혼합물 같은 곳으로, 방문객이나 관광객보다는 주로 현지 주민을 대상으로 하는 유흥 업소였다. 다른 사람들과 어울리기 좋아하고 집 밖에서 오락을 추구하던 부다페스트 사람에게 커피 전문점, 선술집, 극장, 오르페움, 서커스 등은 절대적으로 필요한 장소였다. 1900년경 도시공원 안에 설치된 서커스 텐트 안에서는 연중 내내 공연이 멈추지 않았다(몰나르 페렌츠(1878~1952)의 후기 명작 연극 「릴리옴」에도 이런 장면이 나온다).

1900년 무렵 스포츠에 관한 관심은 이제 막 시작 단계에 있었다. 부다페스트 사람들은 운동신경이 뛰어났다(1896년 아테네에서 열린 첫 번째 올림픽에서 많은 금메달을 땄다). 경마는 1830년대 '위대한 헝가리인' 세체니 이슈트반이 도입했는데, 1900년에는 평지 경주용 트랙과 마차 경주용 트랙(흥미롭게도 태터솔— 말 경매 시장— 이라는 이름이 붙어 있었다)이 갖추어져 있었다. 당시 많은 사람이 가장 좋아하던 취미는 경마장에 가는 것이었다(귀족과 노동자 계층이 부르주아보다 더 많이 경마장에 갔던 것 같다). 가장 유명한 기수 중 몇몇은 영국과 아일랜드 출신이었는데, 그들 중 다수가 기수로 경력을 쌓은 후 부다페스트에 정착했다. 전설적인 헝가리산 암말 킨쳄은 19세기 유럽과 영국에서 가장 긴 연속 우승 기록을 보유했다. 시골 지역에서는 사냥, 사격, 승마활동이 활발했지만, 부다페스트 경계 내에서는 그런 활동이 그리 많지 않았다. 부다페스트의 몇 안 되는 야외 스포츠 중 하나가 도시공원 호수에서 즐길 수 있는 스케이트 였는데, 부다페스트 스케이트 클럽의 빙판은 중·상류층 젊은이들의 만 남의 장소이기도 했다. 도나우강에서 조정 경기를 하는 것은 아직 드물 었고, 훗날 인기를 끌게 되는 머르기트섬에서의 수영도 아직은 거의 하 는 사람이 없었다. 학교의 교과 과정에는 건강 체조는 말할 것도 없고 체 계화된 육상이나 운동 과목이 아직 도입되지 않았다. 아이들은 도시 곳 곳의 공터에서 롱거메터(라틴어에서 유래한 명칭이다)라는 야구 비슷한 오 래된 헝가리 게임을 여전히 즐겨 했는데, 1900년경에는 축구가 그 자리 를 차지했다. 그 무렵 첫 번째 축구 클럽이 생겼고, 곧 축구 리그로 발전 했다. 10년이 안 되어 축구 경기는 대규모 관중이 모이는 일요일의 백미 가 되었다. 1910년 무렵 축구는 가장 인기 있는 경기여서, 유명한 남녀 배우가 중요한 경기의 시축始蹴을 위해 경기장에 나타나는 일도 자주 있 었다. 프록코트를 입고 정장용 실크해트를 착용한 우아한 모습의 부다페 스트 시장 바르치 이슈트반(1866~1943) 경이 기분 좋은 미소를 띠며 활 기차게 공을 차고 있는 사진이 남아 있다.

◆◆——◆◆

1900년 부다페스트의 계급 구조는 매우 복잡하면서도 명확했다.

부다페스트의 계급 구조는 국가 전체의 계층화를 반영하고 있었지만, 그 비율은 달랐다.

부다페스트는 도시적이었지만, 헝가리 전체는 아직 반봉건적이었다. 당시 부다페스트에는 두 부류의 귀족 계층이 있었다. 한 부류는 오래된 지주 귀족 계층이고 다른 한 부류는 새로운 금융 귀족 계층이었다. 그러나 '귀족 계층'이라는 용어는 넓은 의미에서만 두 집단 모두에게 적용되기에 그리 정확한 용어라고 할 순 없었다. 헝가리적 어법으로 '귀족'이라 하면 고귀한 일족, 즉 대공, 백작, 남작 등을 의미했다. '금융 귀족'은 부러움 또는 존경의 대상이 될 수 있었지만, 용어 자체는 그저 별칭에 지나지 않았다. 심지어 그 용어에는 경멸적이고 비판적인 뉘앙스마저 담겨 있었다. 1900년경에는 고귀한 귀족과 금융 귀족이 공존하며 협력하거나 융합하기도 했다. 그러나 금융 귀족은 왕에게 작위를 받은 경우라 하더라도 오래된 귀족 가문에 비하면 자신들이 상대적으로 열등한 존재라는 사실을 잘 알고 있었다. 뛰어난 프랑스 작가 앙투안 드 리바롤은 프랑스 혁명이 끝난 뒤 우연히 일단의 망명 귀족이 머물던 함부르크의 하숙집에서 어느 야심 찬 망명 귀족이 "우리 귀족들"이라는 단어로 이야기를 시작하는 것을 들었다. 리바롤이 끼어들었다. "복수형을 사용하는 것이 매우 특이하군요." 부다페스트의 금융 귀족이라면 왕에게 작위를 받았건 남작 칭호를 가지고 있건 어느 때라도 "우리 귀족들"이라는 말은 하지 않았을 것이다.

오래된 귀족들은 대토지 소유자로 헝가리 땅의 상당 부분을 소유했다. 1900년 무렵 그들이 보유한 토지의 가치와 그로부터 얻는 수익이 줄어들기 시작했다. 그러나 토지의 가치 및 수익 감소는 토지에 따라 천차만별이었고, 봉건제가 완전히 자본주의로 바뀌긴 했어도 귀족들이 그로부터 크게 영향을 받지는 않았다. 헝가리의 고위 귀족 가문은 소수였다. (프란츠 요제프 황제는 많은 백작·남작 작위를 하사했지만, 헝가리인 귀족은 부다페스트에 살고 있지 않았던 페슈테티치 터실로 한 사람뿐이었다.) 고위 귀족들의 근거지는 부다페스트가 아니라 다른 곳이었다. 헝가리 북부와 서부에 커다란 영지를 소유한 비헝가리인 백작과 남작은 대개 빈에 거주했고 부다페스트에 거주하는 이는 거의 없었다. 오래된 헝가리 귀족 중 오스트리아-헝가리 정부의 고위직을 맡은 사람은 대부분 외교 업무에 종사했다. 헝가리 동부와 트란실바니아 출신의 헝가리 귀족은 상대적으로 영지 규모도 작았고 덜 부유했다. 가장 유명하고 존경받던 가문은 헝가리 역사에 오랫동안 깊이 뿌리내리고 있던 귀족 가문 ― 버차니, 세체니, 에스테르하지, 언드라시 ―으로 이전부터 19세기를 관통해 헝가리 애국주의와 독립의 대의에 깊이 관여했던 집안이다. 역설적이게도 그들은 1900년경 오스트리아-헝가리 이중 제국에 전심전력을 다해 충성했다. 19세기에 그들은 시골 지역의 저택 외에, (왕궁 언덕에 조상으로부터 물려받은 집이 없을 경우) 페스트 지역에 주택을 마련했다. 그들이 페스트를 선택한 것은 애국심과 정치적 이해관계 때문이었다. 부다페스트의 도시화와 그 문화가 이런 경향을 더욱 심화시켰다. 그들은 시 정부에 적극적으로 참여했는데, 그중 한 명인 포드머니츠키 프리제시(1824~1907)는 공공사업 위원회 부위원장을 역임하기도 했다. 귀족들은 그들만의 클럽인 내셔널 카지노를 가지고 있었는데, 제한적·배타적으로 운영되던 이곳의 회원 자격은 출생 신분으로만 얻을 수 있었다. 그들은 대개 그들끼리 결혼했고, 부와 수입의 원천은 1900년 당시에도 여전히 토지와 삼림이었다. 그러나 금융 귀족과의 결혼[17] 및 부다페스트 자본주의와의 재정적·정치적 상호 의존이 그 무렵에 이미 시작되고 있었다.

귀족은 여전히 독특한 삶의 방식을 유지했다. 예를 들면 귀족의 자녀들은 열두 살까지 집에서 가정교사에게 개인 교육을 받은 후 남자는 수도회 계열의 김나지움에, 여자는 수녀원 학교에 입학해 열일곱 살 또는 열여덟 살까지 교육을 받았다. 이런 가문은 대개 가톨릭 신자였으며, 종종 가족 사제를 고용했다. 시골 저택에는 자그마한 개인용 예배당을 갖추었는데, 부다페스트에 마련한 (상대적으로 작은) 집에 예배당을 마련하는 경우도 있었다. 그들은 다른 계층보다 훨씬 더 국제적이었으며, 오스트리아-헝가리 제국 너머의 유럽 귀족 가문과 관계를 유지하는 일도 많았다. 거의 모든 귀족이 어린 나이에 프랑스어를 배워 완벽하고 유창하게 말할 수 있었다. 남자아이는 승마, 펜싱, 사격, 사냥도 배웠다. 그들의 옷은 종종 영국 재단사들이 만들었는데, 몇몇 영국 재단사는 옷을 만드는 목적 하나로 빈으로 매년 여행을 오곤 했다. 그들 삶의 많은 부분은 당시 유럽 여느 나라 귀족들의 삶과 크게 다르지 않았다. 그럼에도 중대한 차이점이 있었다. 1900년 무렵 많은 헝가리 귀족은 부다페스트의 거주지를 더 이상 임시적인 또는 부차적인 거주지로 생각하지 않았다. 독일이나 폴란드 또는 이탈리아(로마는 제외)의 귀족은 수도에서 시간을 거의 보내

---

17 당시 이런 형태의 결혼은 아직 많지 않았다. 귀족 남자와 부유한 집안(특히 유대인 가문)의 딸이 결혼하는 경우가 가끔 있었지만, 그 반대의 경우는 거의 없었다.

지 않았고, 수도에 자신들의 거주지가 전혀 없는 경우도 많았다. 이런 면에서 부다페스트에는 '계절'이라는 것이 없었다. 그들을 수도에서 멀리 떨어진 시골 지역에서 볼 수 있는 건 한여름의 한때뿐이었다. 또한 왕궁 언덕과 무제움 순환로 주변 거리를 제외하면 확실히 귀족 구역이라고 할 만한 장소도 없었다. 게다가 빈의 귀족과 달리 그들은 도시와 민족 문화의 흐름에 무관심하지 않았다. 그들은 오페라 극장뿐만 아니라 당시 번성하던 국립 극장도 자주 방문했다. 1789년의 프랑스나 1900년경의 여느 유럽 국가와 달리, 여전히 반봉건적이었던 이 나라에는 고위 귀족에 대한 증오가 거의 없었다.

그러나 이러한 장점을 과장할 수만은 없다. 그들의 예술 후원은 제한적이었고, 주목할 만한 수집품도 거의 없었다. 더 중요한 사실은 1900년 무렵 이러한 가문의 젊은 남성들이 상당히 게으른 상태에 있었다는 점이다. 그들은 영지를 관리하거나 국가의 외교 업무에 참여하는 것에 아무 관심이 없었다. 이전에 이런 가문이 자부심을 느끼며 종사하던 고위 군인이나 공무원의 직위가 더 이상 그들의 관심을 끌지 못했다. 이렇게 된 이유 중 하나는 그들이 부다페스트의 즐거움을 좋아했기 때문일 것이다. 그들에게 만연한 악습은 도박이었다. 젊은 카로이 미하이가 정치 경력을 시작하는 데 카로이 가문으로부터 도움을 받은 것은 그가 도박과 방탕으로 상당한 재산을 탕진한 후의 일이었다. 그는 급진적이고 '현대적'인 사상을 강경하게 주장하며 곧 국가적 인물이 되었다. 카로이 미하이는 1919년 헝가리 공화국의 대통령이 되었지만 참담한 결과를 얻게 되며,[18] 그의 성격은 이전 도박사 시절과 같은 종류의 무책임함으로 특징지어졌다. 고위 귀족들 사이에서는 일반적으로 여성이 남성보다 진지했는데, 대개 더 종교적이고 보수적이었다. 헝가리인의 불같은 기질에도 불구하고 당시 헝가리 귀족에게는 혼외 스캔들이 거의 없었다. 그들에게는 에드워드 7세 시대 같은 귀족의 방탕함이 거의 없었는데, 아마도 19세기 헝가리가 빅토리아 시대의 영국보다 일상적 삶의 쾌락이나 식도락의 제한이 덜했기 때문일 것이다.

사회적으로 귀족 아래에 헝가리 젠트리 계층이 자리했다.[19] 젠트리 계층은 자신들이 금융 귀족보다 위에 있다고 생각했고, 일반인들도 그런 인식에 동조했다(그런 인식은 금융 귀족이 대개 유대인이거나 그들의 뿌리가 유대인이기 때문만은 아니었다). 이런 점에서 헝가리 사회는 어떤 면에서는 폴란드와 비슷했고, 다른 어떤 면에서는 영국과 비슷했다. 특히 부다페스트의 젠트리 가문은 금융 귀족보다 재산이 적었고, 대부분의 부르주아보다도 재산이 적었다. 당시 헝가리에는 비정상적으로 상류층이 많았는데, 일부 추산에 따르면 1848년까지도 열 명당 한 명꼴로 상류층이었다. 이는 16세기 초까지 거슬러 올라가는 특별법 때문이었다. 그들은 주로 농촌 지역에 살았고, 크고 작은 많은 특권과 헌법상의 권리를 가지고 있

---

18 그의 아내 언드라시 커틴커(1892~1985)는 아름답고, 자유분방하며, 관습에 얽매이지 않는 사람이었다. 그녀는 남편의 진보적인 사상을 공유했기 때문에 그녀를 "붉은 백작 부인"이라고 부르는 사람도 있었다. 그녀는 남편과 함께 망명했다가 러시아 점령 후 그와 함께 돌아왔고, 다시 망명한 후, 카로이 미하이가 1950년대 리비에라 연안의 위쪽 방스 지역에서 사망한 후 혼자 부다페스트로 다시 돌아왔다. 그녀는 부다페스트에서 공산 정권의 존경을 받았고, 동료와 지식인들의 방문을 받으며 일종의 옛 귀족 마님으로 살았다. 그녀는 불과 몇 년 전에 타계했는데, 그해에 그녀의 삶을 그린 영화가 제작되기도 했다.
19 Concha, pp. 3~4.

었다. 그들의 칭호는, 어느 정도 범주를 확장하면, 귀족 가문을 나타내는 'von'이나 'de'에 해당되는 경우가 많았다. 본질적으로 그들은 개인적·국가적 독립에 대한 열망이 강하며 선천적인 악덕과 후천적인 악조건을 지닌 '하급 귀족 지주'였다. 영어에서 빌려온 '젠트리'라는 단어는 1880년대까지도 대중적으로 그렇게 많이 쓰이지 않았다. 당시 헝가리에는 헝가리 헌법이 영국 헌법과 똑같지는 않더라도 비슷한 수준에 있다는 생각이 널리 그리고 자랑스럽게 퍼져 있었다(영국인이 헝가리에 대해 가졌던 생각 중 일부와 일치함). 영국과 마찬가지로 헝가리도 불문 헌법이었고, 영국 귀족이 1215년 마그나 카르타로 왕으로부터 권리를 얻은 것과 헝가리 귀족이 1222년 황금 칙서로 왕으로부터 권리를 얻은 것이 연대기적으로 일치했기 때문이다. 영국과 헝가리의 자유를 상징하는 사람은 전통적인 자유 의식, 자치 관행, 시골 생활에 대한 취향을 물려받은 독립적 지주 젠트리 계층이라는 믿음이 널리 퍼져 있었다. '젠트리'라는 단어가 헝가리에 널리 퍼졌던 시기에 영국과 헝가리의 사회 구조가 너무 달랐다는 점을 제외하면, 완전한 허구는 아니며 호의적이기까지 한, 양국에 대한 이러한 비교의 타당성이나 단점을 굳이 분석할 필요는 없을 것이다. 1880년 무렵까지 헝가리 하급 귀족은 재정적·물질적으로 상당히 그리고 때로 매우 심각하게 쇠퇴했다. 그들은 여러 이유로 어려움에 부딪혔다. 그들의 토지 가치와 수확량, 농산물의 품질과 수익성은 대규모로 조직적으로 운영되는 농장과 경쟁할 수 없었다. 무엇보다 헝가리 젠트리에 관한 저술을 남긴 사려 깊은 작가 콘차 죄죄(1846~1933)가 썼듯이, 영국 젠트리가 여전히 시골 지역에서 살길 원했던 반면, 헝가리 젠트리는 부다페스트에서 살길 원했다. 많은 젠트리 가문이 자기가 중요한 인물이라는 자부심을 버리지 않고, 자기 영지와 허물어져가는 시골집을 포기하지 않은 채 부다페스트로 이주했다. 그리고 상업, 금융, 산업, 사업 등의 분야로 나아가려 하지 않았다. 그들이 추구한 새로운 수입원은 공무원이 되는 길이었다. 부다페스트 밖에서는 정부의 주요 직위가 1944년까지도 젠트리의 영역으로 남아 있었고, 부다페스트에서는 정부의 집중화 현상과 많은 정부 기구의 설립으로 새로운 가능성이 생겼던 것이다. 오스트리아 - 헝가리 공무원은 12개 직급으로 구성되어 있었다. 귀족이 주로 맡던 장관, 대사, 수석 판사, 장군 등은 1급에서 3급이었던 반면, 젠트리가 주로 맡던 직급은 4급부터 10급까지 널리 분포했다. 이 직업이 그들에게 권한과 안정과 연금을 주었다. 그러나 그들은 결코 부유한 계층이 아니었고, 19세기가 끝나가면서 그들의 수입은 더욱더 줄어들었다.

이러한 결과로 그들은 부다페스트에서 떠오르던 성공한 사람들, 특히 유대인에 대해 비판과 질투의 감정을 느꼈다. 그러나 이러한 초기의 적대감에는 재정적 좌절과 물질적 시기猜忌 이상의 것이 있었다. 젠트리 계층은 몇몇 이유에서 자신들이 진정한 민족적·역사적 존재이며, 헝가리 독립의 기수라 생각했다. 그들은 1867년의 오스트리아 - 헝가리 '대타협'에 대해 대체로 비판적인 태도를 보였고, 성직자나 경영자를 포함한 거의 모든 사적 직업을 무시했다. 정부나 시 공무원으로 일하는 유대인과 비유대인의 비율은 1:8 정도였는데, 비유대인은 대부분이 젠트리 계층이었다. 그러나 민간 기업의 화이트칼라 직원 비율은 거의 그 반대였다. 1867년부터 1900년까지 부다페스트의 시 공무원은 다섯 배 증가했다. 회계사에 대한 수요도 많아졌는데, 젠트리 계층의 자녀들은 이런 일에 관심이 없었다. 1870년대까지 이런 일은 독일과 오스트리아에서 온 성직자의 몫으로 돌아갔다. 그런 와중에 젠트리 계층은 자신들에 대한 확신이 점점 줄어갔다. 1890년 이후로 부다페스트에서 '젠트리'라는 용어의 의미가 '중산층 신사úri középosztály'라는 다른 용어와 중첩되면서(시골 지역에서는 아직 그렇지 않았다), 그들의 정체성에 도시의 감성이 늘어나기 시작했다. 10년 후 이 용어의 의미에 또 다른 변화가 찾아왔는데, 돌이켜보면 의미심장하면서도 어쩐지 불길한 측면이 있었다. 사람들은 젠트리 계층을 '기독교인 중산층'이라 부르기 시작했는데, 여기서 '기독교인'은 비유대인이라는 뜻을 단순하면서도 직설적으로 표현한 부정적 의미의 단어였다.[20]

1900년경 부다페스트에 명백한 그리고 주도적인 '젠트리' 구역은 없었지만, 어느 정도 젠트리 거리 또는 젠트리 거주 지역이라 할 만한 곳은 있었다. 많은 소설과 연구가 젠트리 계층의 비극적인, 때로는 비극적이며 희극적인 운명을 다루었기 때문에 당시의 귀족보다 헝가리 젠트리 계층의 삶에 대해 더 많은 것이 알려져 있다. 이들 작품이 다루고 있는 것은

---

20 가톨릭과 개신교 사이에도 의혹과 적대감이 팽배했다. 귀족이 주로 가톨릭 신자였던 반면, 젠트리는 가톨릭 신자도 있고 개신교 신자도 있었다. (개신교 인구는 헝가리 전체 인구의 25~30퍼센트 정도였다.) 이러한 종교적 성향은 정치에도 반영되었다. 헝가리 개신교 신자 대부분은 민족주의자이자 반합스부르크주의자였다. 젠트리 계층 내에서도 가톨릭 가문과 개신교 가문의 결혼은 많은 어려움을 불러일으켰는데, 특히 가톨릭 가문이 세례와 자녀 양육에서 가톨릭 방식을 주장했기 때문이다. 1895년 이후 가톨릭교회는 합법적 결혼의 조건으로 이런 방식을 고집할 수 없게 되었고, 자녀의 종교는 계약reverzális(상호 용인)으로 결정하게 되었다.

주로 젠트리 계층의 과도한 허세와 텅 빈 지갑이었다. 작가 믹사트 칼만 (1847~1910)은 젠트리 계층을 소재로 즐겨 사용했지만, 그가 다룬 인물은 주로 시골 지역에 사는 젠트리였다. 부다페스트에서 공무원으로 종사하는 젠트리의 삶과 일과 정신은 조금 더 복잡했다. 그들에 대해 좋게 말할 수 있는 부분은 그들이 강직하고 자부심 있으며 어려운 일도 불굴의 정신으로 해나가는 진정한 귀족 성향을 지니고 있었다는 점이다. 그들의 결점으로는 지역과 관련된 오래된 애국주의와 거기서 파생된 천박하고 강렬하며 편협한 민족주의적 성향을 들 수 있었다. 이런 성향은 그들이 집시 음악과 민족주의 문학을 선호하고, 시나 정치에 있어 웅변적 미사여구를 좋아했던 점과도 연결되었다. 젠트리 사회에서는 처음으로 자녀 세대가 대개 공무원이 되기 위해 대학 학위(일반적으로 법학)를 취득할 필요를 느꼈지만, 그들의 교육 자체는 대개 엄격하고 편협했다. 그들은 귀족이나 유대인 부르주아만큼 국제적이지는 않았다. 이런 점은 궁극적으로 그들 자신과 헝가리에 재앙으로 작용했다. 세계와 다른 민족에 대해 그들이 품고 있던 거창하지만 비현실적인 환상이 헝가리 정치와 국가의 운명에 치명적인 결과를 초래했기 때문이다. 그러나 이 계층은 도시와 시골의 연결 고리 역할을 했다. 그들은 시골의 즐거운 분위기를 부다페스트의 집과 아파트로 가져왔다. 1900년의 부다페스트에는 시골 느낌과 젠트리 계층에게서 느낄 수 있는 모종의 분위기가 있었다. 부다에 있던 식당 "초록", 대학 무도회 축제에서 눈에 띄던 아름다운 영애의 꼿꼿한 자세, 몇몇 부르주아 남성이 흉내내고 싶어하던 좋은 습관과 나쁜 습관(결투 같은 것) 등이 그런 예에 속했다. 부르주아에게 귀족은 너무 높은 곳에 있는 상대였지만, 상대적으로 젠트리는 그들이 따라갈 수 있는 범위에 있었다. 아마도 이런 점이 부다페스트의 헝가리 젠트리와 영국의 대지주 계급이 어떻게 비슷한 역할을 했는지 보여주는 척도일 것이다. 그들은 유행보다는 자부심으로 그 민족의 정수精髓를 대표했던 것이다.

따라서 자본주의가 절정에 달했던 돈의 시대 1900년에도 사람들은 물질적인 요소보다는 정신적인 이유로 금융 귀족보다 젠트리를 상위로 평가했다. 그중 하나는 현재에도 여전히 받아들여지고 있는 생각으로 젠트리 계층이 나라를 대표하는 헝가리다움의 기준이라는 관점이었다. 다른 하나는 종족으로 젠트리는 유대인이 아니었던 반면, 금융 귀족은 대부분 유대인이거나 유대인의 피가 흐르고 있었다는 점이다. 그러나 반유대주의로 이런 현상을 설명하기에는 부족한 점이 있다. 금융 귀족이 유대인이 아니었더라도 이러한 사회적 계층 구조는 별로 달라지지 않았을 것이다. 일반적으로 상업과 금융 분야에 대한 헝가리인의 존경심이 낮았기 때문이다. 젠트리는 늦더라도 지급해야 할 금액(그리고 많은 팁)을 지급하는 한 은행원보다 더 많은 존경을 받았다. 은행원은 이런 사실을 잘 알고 있었다. 중요한 것은 특정한 행동 양식과 태도였다.[21] 결과적으로 여성보다는 많은 남성이 젠트리의 습관에 매력을 느끼고 그들을 따라 했다. 많은 금융 귀족과 상류 부르주아 가문이 시골 지역에 집과 땅을 마련하고, 귀족다워 보이는 이름을 붙이고, 그들의 자식은 종종 결투를 벌이곤

---

21 나의 어머니가 나누던 전형적인 헝가리 대화를 소개하겠다. 어머니가 가족 일동의 친구에게 말했다. "너는 좀 낙담한 것 같구나." 그가 답했다. "아! 내 방식대로 살 수 있다면 좋겠어요."

했다. 그러나 거기에는 어떤 호혜성이 존재했다. 그것은 단순히 부유함이 출생에 대해 느끼는 매력 또는 출생이 부유함에 대해 느끼는 매력, 이 양자 사이의 일반적 호혜성을 의미하는 것이 아니었다. 그것은 태도의 호혜성이었다. 젠트리 계층의 부인과 딸들은 금융 귀족 여성의 국제적 우아함에 주목했고, 여력이 될 때마다 금융 귀족 여성의 패션과 의복을 따라 했다. 젠트리 계층의 젊은 아들들은 국제적 분위기의 부다페스트에 넘치는 지적·문화적 상업 분야에 흥미와 즐거움을 느꼈다. 1900년 무렵 부다페스트의 문화와 문명에는 도시적인 것과 일반 대중적인 것, 상업과 농업, 세계주의와 민족주의, 비유대계와 유대계 헝가리인 사이의 심각한 불화와 분열의 징후가 이미 존재하고 있었다. 그러나 아직 파탄이 찾아온 것은 아니었고, 이런 요소의 공존이 여전히 열매를 맺고 있었다. 차이와 질투에도 불구하고 오해와 적개심은 아직 수면 아래 잠겨 있었다. 그 결과가 1900년 무렵 부다페스트의 번영으로 나타났던 것이다.

중산층과 중하층 위에는 부유한 시민 계층이 있었다. 당시 이러한 계층에 적용할 만한 대상으로, 그 용어와 연계에 어느 정도 차이점이 있긴 하지만, '금융 귀족'과 '명문 가문'을 들 수 있었다. 1900년 무렵 역사적 발전으로 인해 이러한 차이점은 거의 사라졌다. 오래된 헝가리인의 기질과 태도 때문에 상업과 금융에 대한 근본적인 경멸은 오랫동안 지속되었다. 19세기 전반까지도 부다와 페스트의 금융업자, 제조업자, 부유한 무역업자, 장인 등은 대개 헝가리계가 아니었다. 18세기부터 19세기 초까지 많은 그리스계 가문이 오스만 제국에서 헝가리로 이주해 상업적 성공의 기회를 잡았다. 그들(허리슈, 시너, 나코, 샤첼라리, 리커, 머노, 어고러스토, 무라티 가문)은 주로 페스트에 정착해 이 지역의 첫 세대 명문 가문이 되었다.[22] 19세기 중반에는 진취적인 다른 외국인이 부다와 페스트로 진출해 곧 건설업과 제조업 분야에서 부를 쌓았다. 그들은 노르웨이 출신 그레게르센, 스위스 출신 간츠, 아에블리, 하겐마허, 루마니아 출신 고즈두, 세르비아 출신 페트로비치, 브라니, 그라보프스키, 보고시치, 모초니 등이었다. 그러나 부다와 페스트의 명문 가문은 여전히 대부분이 독일계였다. 부다 때로는 페스트까지 시 정부를 장악한 것은 독일계 명문 가문이었다. 존경받고 부유했던 이들 가문(루첸바허, 바그너, 부름, 하인리히, 뢰크, 드라셰, 드레허, 카우저)은 완전히 헝가리화했다. 그들도 대부분 건설업과 제조업에 종사했다. 1830년경 소수의 유대인 가문이 흥기하기 시작했다. 그들(보디아너, 울만)은 페스트의 재정 분야뿐만 아니라 헝가리의 정치·문화 분야에서도 명예로운 지위를 차지했다. 그들은 1848년 혁명과 독립 전쟁을 자신들의 정체성과 결부시켰는데, 이런 행위는 종종 그들의 재산과 자유를 위협하는 요소가 되기도 했다. 그들은 대개 곡물 거래를 통해 부를 쌓았다. 1867년 이후 헝가리에서 유대인의 자유행동을 허용하는 법률이 다수의 지지를 받아 통과되면서 상황은 바뀌었다. 이들 가문 중 일부는 곡물 거래에서 제분업, 양조업, 공업, 섬유업 등으로 사업을 확장했으며, 궁극적으로 제조업에서 금융업으로 눈길을 돌렸다. 이후로 다른 유대인 가문(허트버니-도이치, 헤르초그, 슈트라서, 코른펠트, 바이스,[23] 코린, 펠너, 터플레르-죄르제이)도 이 대열에 합류했다. 1900년 무

---

22 유명한 페스트의 시장이었던 보라로시 야노시(1756~1834)의 이름은 헝가리어처럼 들리지만, 원래 그리스어 Voraros였다는 사실을 아는 헝가리인은 많지 않다.

렵 빈 동쪽의 유럽에서 부다페스트는 가장 큰 금융 중심지가 되었다. 당시 부다페스트의 은행은 대부분 유대계 금융 귀족이 운영했다.

이런 상황이 도시의 정치에 반영되었다. 1870년부터 1900년까지 부다페스트에서 발생한 일은 세계의 자본주의와 자유주의 사이에서 발생한 흥망성쇠를 마치 소우주처럼 반영했다. 1871~1872년 의회는 시 명부에 있는 사람 중 가장 많은 세금을 내는 이들로 시 의원의 절반 (200명)을 구성하는 법을 통과시켰다. 돌이켜보면 이는 그리 거친 물질주의적 행보가 아니었다. 당시에는 오히려 이것이 혁신적이고 자유주의적인 진보의 발걸음이었다. 이 법은 시 의회를 지배하던 봉건적 요소―고래古來의 뿌리 깊은 길드를 포함하여― 의 영향력을 줄이는 데 그 목적이 있었다. 1871~1872년 사람들은 이러한 시 의회 개혁을 "반동反動에 반反하는" 정책이라고 평가했다. 일부에서는 법의 원래 목적이 다소 변경되었다는 취지의 반대도 있었다. 가장 많은 세금을 낸 사람이 자동으로 시 의원이 되는 것은 아니었고, 고액 납세자 1200명 중 해당 인원을 선출했다. 부다페스트의 뛰어난 도시역사학자 뵈뢰시 카로이가 힘을 기울여 정확히 연구한 바에 따르면, 약 15년간 고액 납세자, 즉 부다페스트에서 가장 부유한 사람들의 일반적 구성에 근본적인 변화는 없었다.[24] 귀족과

---

23 대대로 부유하고 저명하며 기품 있던 이 가문은 곡물 거래에서 부동산으로, 그다음에는 경금속 산업(캔 제조)으로, 마지막으로 1900년경 중금속 및 철강 산업으로 업종을 변경해 군수품, 대포, 병기, 비행기 등을 제조했다. 이 가문의 사회적 관심과 애국적 헌신은 타의 추종을 불허했다(그들은 제1차 세계대전 중 굶주리는 부다페스트 시민에게 급식을 제공했다).

24 중요한 사실: 세계의 다른 곳과 마찬가지로 과세 통계, 즉 신고된 세금의 액수는 실제 자산이나 소득을 정확하게 반영하지도 못했고, 반영할 수도 없었다.

독일계 건축가 그리고 신흥 자본가가 고액 납세자에 많이 포함되었다.[25] 1888년 이후 부다페스트의 건축 붐이 이러한 구도를 변화시켰다. 오래된 귀족이 고액 납세자의 명단에서 점점 사라지는 대신 부동산 소유자, 특히 주택 소유자가 새로운 자본가로 떠오르기 시작했다. 이들 부동산 자본가는 1888년 고액 납세자에 211명이 포함되었고, 1903년에는 466명으로 늘어났다. 1900년에 1200명의 고액 납세자 중 부동산 자본가가 34.05퍼센트로 가장 큰 집단이었고, 상인 집단이 21.85퍼센트로 그 뒤를 이었다. 다른 집단은 10퍼센트를 넘지 않았다(세 번째 집단은 은행가로 8.46퍼센트, 그다음은 공장 소유자로 7.14퍼센트였다).[26] 부다페스트의 부유층이 급격하게 바뀌고 있었다. 봉건적 질서의 잔재는 더 이상 문제가 되지 않았다. 문제는 통제할 수 없는 자본주의 질서, 즉 무질서였다.

이는 1900년경 베를린, 빈, 파리에서 유대인을 포함한 도시자본가가 발흥했던 것과 크게 다르지 않은 사회적 현상이었다. 그러나 부다페스트에는 여느 곳과 다른 독특한 문화적 현상이 있었다. 금융 귀족의 헝가리 사회 동화同化는 유럽에서 가장 완전한 형태로 이루어졌다.[27] 이들 중 일부는 젠트리 또는 귀족 가문과 결혼하기도 했고, 일부는 19세기에 기독교로 개종하기도 했는데, 이러한 개종은 단순히 사회적 야망보다는 깊은

---

25 자유주의적 페스트와 보수주의적 부다의 고액 납세자 비율은 20년 이상 1대 8이었다. 그러나 1912년에는 부다의 비율이 전체의 12분의 1로 떨어졌다.
26 BT, pp. 219~220; Vörös BA.
27 1900년에 귀족이 배타적으로 이용하던 내셔널 카지노에 유대인 회원이 일곱 명 있었다(젠트리가 이용하던 컨트리 카지노에는 더 많았다). 유대인의 개종이 필수 조건은 아니었는데, 이것 역시 독특한 현상이었다. 빈, 파리, 독일의 귀족 클럽에는 유대인 회원이 없었다.

신념에 의해 이루어진 경우가 적지 않았다. 금융 귀족의 야망, 습관, 예의범절도 귀족보다는 젠트리 상류층과 일치했다. 1890년 무렵이면 금융 귀족이 시골에 토지를 갖는 것은 거의 필수가 되었다. 그들은 대개 다른 계층의 지주보다 소작인과 소작농을 더 배려하며 자기 영지를 잘 가꾸어나갔다. 빈, 베를린, 런던, 뉴욕에서는 유대인 금융가의 응접실 분위기나 색조가 비유대인 인사의 응접실과 확연히 달랐다. 그러나 부다페스트와 헝가리 시골 지역에서는 이러한 차이점을 거의 느낄 수 없어서, 외국인 방문객은 집주인이 자신의 혈통을 언급하지 않는 한 이런 점을 전혀 알 수 없었다. 돌이켜보면 이 계층에게는 존경할 만한 특성이 있었다. 그들은 대개 과시하거나 젠체하지 않았고, 가족 안에서 철저하게 유지하던 문화적·도덕적 기준과 엄격한 예산 운영에 큰 자부심을 느끼고 있었다. 부다페스트에서 이렇게 이름 높은 가문에 대한 존경심이 꽤 오랫동안 지속되었던 점도 부다페스트가 여느 도시와 달랐던 독특한 현상이었다. 이런 현상은 히틀러 시기와 제2차 세계대전을 거치며 중산층이 확대되고 반유대주의가 확산하던 와중에도 사라지지 않은 채 그 명맥을 이어나갔다.[28]

물론 부다페스트에서 금융 귀족은 유대인 최상층에 해당됐다. 그 인구는 1872년 16퍼센트에서 1900년 21.5퍼센트로 증가하며 상당한 수치에 이르렀다. 반유대주의자이며 사람을 가렸던 빈 시장 카를 루에거(1844~1910)는 종종 '유다페스트'라는 용어를 사용하기도 했다. (그는 유대인보다 헝가리인을 더 싫어했다.)[29] 19세기의 마지막 10년 그리고 20세기의 첫 10년 동안 매년 수천 명의 유대인이 부다페스트로 유입되었다. 초기에는 부다페스트의 서쪽, 합스부르크 제국의 보헤미아와 모라비아 지역에서 많은 유대인이 이주해왔다. 1867년 이후에는 동쪽, 상대적으로 덜 발달했던 폴란드 동부 갈리치아 지역과 러시아에서 많은 유대인이 이주해왔다. 1860년 무렵까지 유대인 상인과 장인들은 차별로 인해 피해를 입곤 했다. 그들은 주로 오래된 독일계 길드에 의해 면허와 거래에 중대한 제약을 받았다. 1848년 독일계 길드의 도제들이 유대인에 대한 폭동을 일으켰다. 이 일은 헝가리의 유대인 대부분이 1848년과 그 이후로 헝가리의 민족적 대의에 자신들을 일체화하는 주요 이유가 되었다. 헝가리화가 쉬웠던 점도 이러한 일체화에 일조했다. 요제프 2세 황제의 초기 칙령 때문에 헝가리에 살던 유대인 대부분은 독일식 이름을 가지고 있었지만, 19세기 마지막 4분기에 소수라고 하기에는 상당한 인원(3분의 1 혹은 그 이상)이 자신의 이름을 헝가리식으로 바꾸었다. 헝가리계 유

---

28 미국 학자 윌리엄 O. 매커그의 뛰어난 최근 연구 *Jewish Nobles and Geniuses in Modern Hungary*, Boulder, Colo., 1973은 이 부분을 놓치고 있다. 헝가리의 대표적인 유대인 가문 중 상당수가 귀족 지위를 원했고, 프란츠 요제프 황제가 1867년 이후 그들에게 귀족 작위나 칭호를 주었던 것은 사실이다. 19세기 후반 헝가리에서 약 120개의 유대인 가문이 귀족 칭호를 받았는데, 남작은 28명, 백작은 없었다. 그러나 이러한 작위 수여는 젠트리 계층에도 광범위하게 진행되었던 헝가리만의 특별한 현상이었다. 헝가리 인구 열 명당 한 명꼴로 이 계층에 속했기 때문에 이러한 작위가 유럽 다른 곳의 귀족 또는 영국의 기사나 준準남작보다 의미상 품격이 낮았고, 항상 귀족을 나타내는 'von'이나 'de'에 해당되는 것도 아니었다(해외로 여행을 떠난 헝가리 젠트리가 귀족으로 대접받는 경우 기쁨을 감추지 않았다). 헝가리에서 작위 수여는 상류 금융 가문을 명목상의 하급 귀족 지주로 받아들인다는 뜻이었다. 금융 귀족이 명목상으로라도 더 가난한 젠트리 계층에 편입되기를 원했던 것은 매우 헝가리적인 특이한 현상이었다.

29 1897년 부다페스트의 대학생들이 루에거에게 축하 전보를 보냈다. 이것은 그들의 시야가 상당히 근시안적이었다는 점을 보여준다. 헝가리 민족주의자에 대한 루에거의 불신과 혐오는 그가 유대인을 싫어했던 것보다 훨씬 더 명백하고 강력하고 지속적이었다.

대인임을 쉽게 알 수 있는 성과 이름도 없지 않았지만, 그렇게 많지는 않았다. 최근에 동유럽에서 온 유대인 중에는 유대인 언어인 이디시어를 사용하는 사람도 소수 있었다. 유대인 신도는 현대적 - 자유주의적인 '네오로그'가 대다수였고, 정통파는 상대적으로 많지 않았다. 오스트리아에서는 유대인의 90퍼센트가 빈에 살았지만, 헝가리에서는 20퍼센트만이 부다페스트에 살았다. 유대인 대부분이 전국적으로 분산되었고, 그들 중 많은 이가 지방의 작은 도시에서 헝가리인과 동화되어 살았다. 그러나 페스트에는 유대인이 모여 사는 구역이 있었는데, 거주민의 60~70퍼센트가 유대인인 거리도 꽤 되었다. 1900년에는 유대인만 배타적으로 이용하는 것은 아니지만 상대적으로 유대인이 많이 가던 클럽, 커피 전문점, 식당 등이 존재했다. 유대인 상류 부르주아가 애용하던 레오폴트슈타트 카지노에는 비유대인 회원도 꽤 많이 있었다. 1880년대 초반 정치적·대중적 반유대주의가 표면화되기 시작했지만, 부다페스트에서는 아직 별다른 관심을 끌지 못했다. 근대 시오니즘 운동의 창시자인 테오도어 헤르츨(1860~1904)은 헝가리 태생의 유대인이었다. 그러나 언론인으로서의 경력과 시오니즘의 발견―'자유주의 유럽에서의 유대인의 완전한 동화同化'라는 이상은 뿌리 뽑을 수 없는 반유대주의 정서 때문에 환상일 수밖에 없다는 인식의 충격― 은 부다페스트가 아니라 빈과 파리에서 이루어졌다. 물론 부다페스트의 유대인 중에도 고리대금업자, 빠른 말투로 사람을 현혹하는 사업 책략가, 부실 작업자, 살얼음판 위의 빙상 선수처럼 행동하는 계약자 등 대중적 혐오와 불신을 불러일으키는 사람이 없지 않았다. 그러나 1900년 무렵까지도 부다페스트의 유대인 의사나 변호사는 거의 사람들의 분노를 자아내지 않았다. 오히려 많은 사람이 높은 학식과 좋은 실력을 지닌 이들 유대인 전문가에게 의존했다. 유대인이 종사할 수 없는 직업은 거의 없었다. 다만 인허가 문제보다는 무언의 관습에 따라 유대인이 잘 진출하지 않는 분야가 있었다. 예를 들면 공무원이나 외교관이 그랬다. 그러나 이것이 그 당시 반유대주의가 존재하지 않았다는 것을 의미하진 않는다. 반유대주의는 정치와 문화 분야에서 표면화되기 시작했는데, 그 부분에 관해서는 뒤 장에서 이야기하겠다.

1900년 무렵 부다페스트 사회 피라미드의 두텁고 넓은 하류층을 살펴보면 상류층보다 덜 복잡하고 덜 미묘한 계층화를 느낄 수 있었다. 적어도 한 명 이상의 하녀가 있는지 여부가 확실하게 계층을 구분할 만한 하나의 기준선이었는데, 중하층과 노동 계급을 구분하는 선은 수입의 차이도, 직업의 차이도 아닌 바로 이 차이였다. 그러나 이 선조차 부다페스트에 사는 사람 대다수가 어떤 식으로든 소수를 섬기는 일에 종사했던 과거(1880년 이전)보다 명확하지 않았다. 1900년 이후 산업 및 농업 노동자의 비율이 증가하는 동안 하녀로 일하는 사람의 비율은 줄어들었다. 하녀의 임금이 오르긴 했지만, 여전히 혹독할 정도로 낮은 금액이었다. 중류층과 중하층 아파트의 혼잡도는 더 심해져, 요구가 많지 않은 시골 처녀 한 명에게 할당되는 공간마저 더욱 좁아졌다. 중요한 사실은 도시의 산업화가 급속히 진행되면서 더 많은 보수를 받을 노동의 기회가 늘었다는 점이다. 산업 일자리는 지방으로부터 수만 명의 젊은이를 끌어들였다. 1890년부터 1910년 사이에 일자리는 거의 두 배로 늘어났다.

1900년 무렵 그들은 새로운 계급으로 대두됐다. 자의식 강한 부다페스트의 프롤레타리아 계급으로, 대부분 남자였던 그들은 옷차림에서 일상의 언어까지 많은 도시의 관습을 빠르게 받아들였다. 다음 장인 '정치와 권력'에서 이러한 흐름의 정치적 결과, 그중에서도 헝가리 사회민주당의 부상에 관해 검토할 것이다. 그러나 이러한 새로운 계급의식의 기미는 이미 부다페스트의 일상생활에 존재하고 있었다. 일찍이 1868년에 노동 계급의 한 연사가 당시의 새로운 환경에 대해, 노동자는 더 이상 인간이 아니며 단지 물질적 존재가 되었다고 진지한 목소리로 항의한 적이 있었다.[30] 1890년대에 첫 파업이 시작되었고, 1897년에는 벽돌공의 대규모 파업이 발생했다. 산업 지구에서는 종종 시위가 벌어졌는데, 무엇보다 하루 12시간(때로는 14시간)에 달하는 노동 시간을 단축해달라는 요구가 주종을 이루었다. 도심에서는 공동 주택 임차인이 집주인을 상대로 시위를 벌였다. 노동자의 시위가 벨바로시 지역까지 접근해 순환로의 중심지를 점령하는 때도 있었다. 1900년 무렵까지도 이런 현상은 드문 편에 속했지만, 새로운 노동 계급은 이미 손에 만져질 듯한 존재가 되어 있었다. 비록 부다 지역과 페스트의 벨바로시 지역에서는 좀처럼 눈에 띄지 않았지만, 새로운 부류의 사람이 부다페스트의 일부 구역과 거리를 채워나가고 있었던 것이다.

하녀와 공장 노동자의 계급의식에는 차이가 있었다. 그들 외에 경찰관, 소방관, 트롤리 차장, 거리 미화원, 쓰레기 청소부 등 시청과 공공 기관

---

30 BT, p. 265; Altisztek: Hanák, p. 477.

소속의 종사자,[31] 민간 및 공공건물의 관리인과 보조원 등 다양한 하층민 사이에도 이러한 계급의식의 차이가 있었다. 1900년에 이들 중 노동조합에 가입한 사람은 거의 없었다. 공장 노동자도 1901년에는 8666명만이 노동조합에 가입했지만, 6년 후에는 노동조합 가입자가 13만 명에 이르렀다. 감독과 일반 근로자, 서로 다른 직종의 근로자 사이에는 차이가 있었다. 상대적으로 인쇄공이 가장 좋은 평판과 가장 높은 임금을 받았다. 1900년 부다페스트에는 최신식 기계를 갖춘 560곳의 인쇄소가 있었고, 약 8000명의 인쇄공이 그곳에서 일했다. 다른 직업의 목록을 늘어놓자면 끝이 없을 것이다. 이런 상황은 당시 유럽의 여느 도시와 크게 다르지 않았다. 다만 두 개의 이질적인 집단은 1900년의 부다페스트에만 특이했던 현상이었을 것이다. 하나는 이미 언급했던 농업 인구로 도시의 경계 안에서 그 숫자는 여전히 빠르게 늘어나고 있었다. 다른 하나는 빨간 모자를 쓴 짐꾼hordárok의 길드 조직으로 유대인이 육체적 노동에 종사했던 몇 안 되는 직종 중 하나였다. 이들은 연애편지 전달부터 무거운 짐 배달에 이르기까지 무슨 일이든 가리지 않고 했다.[32] 사회 피라미드의 가장

---

31 수입보다 권위가 더 중요했다. 가끔 시의 하급 공무원이 군대의 하사처럼 자신의 권위를 내세우며 잔인할 정도로 즐거워하는 모습을 보이기도 했다.

32 1900년의 이야기. 셋방에 사는 젊은 기자가 임대차 계약을 해지했다. 그는 늘 가던 커피 전문점에 가서 알고 지내던 짐꾼 한 명을 불렀다. 짐꾼은 젊은 기자의 방을 비우고, 그의 옷과 책과 램프를 외바퀴 손수레에 실은 후 관리인에게 잠시 봐달라고 부탁했다. 그리고 적당한 방을 찾으러 나갔다. 방을 구한 짐꾼은 임대 조건을 흥정한 뒤, 짐이 실린 외바퀴 손수레를 끌고 가 의뢰인의 방을 정리하기 시작했다. 그는 의뢰인의 옷을 옷장에 걸고, 의뢰인이 읽던 책을 책상에 펼쳐놓았다. 그리고 커피 전문점에 돌아와 젊은 기자에게 말했다. "선생님, 여기 주소가 있습니다."

아래에는 정착하지 못한 빈곤층이 자리잡고 있었는데, 번성하던 이 도시의 인구 열 명당 두 명꼴로 이 계층에 포함되었다. 부다페스트 거주자 세 명 중 한 명은 자기 집이 없었다. 전대자轉貸者였던 이들 중 많은 사람이 비좁고 창문도 없는 방의 점유자조차 아니었다. 그들은 침대나 매트리스를 빌려 밤을 보내곤 했다.

◆◆———◆◆

부다페스트는 계급의식에 매우 민감한 사회였다. 이런 관점에서 부다페스트는 여전히 봉건적인 헝가리 전반의 사회 구조와 크게 다르지 않았다. 계층마다 사용하던 호칭이 매우 달랐는데(호칭만 달랐던 것은 아니다), 이런 현상은 결과적으로 일상의 언어에도 반영되었다.[33] 예를 들면 공무원 사회에서 1급과 2급은 케젤메시(각하, 마담), 3급에서 5급은 멜토샤고시(예하), 6급에서 9급은 너지샤고시(귀하), 10급에서 11급은 테킨테테시 또는 침제테시(님)라는 호칭을 붙였다. 괄호 안에 명기해놓은 뜻이 그렇게 정확하지는 않지만, 그 의미가 빗나가지는 않았을 것이다. 이러한 용법은 공무원 사회 바깥에서도 널리 받아들여져 다른 많은 직업과 사무실에서 폭넓게 사용되었다. 헝가리어는 사람을 부를 때 이탈리아어처럼 세 가지 표현법이 있었다(te: 너, ti: 너희, ön: 당신). 이것은 명사뿐만 아니라 문법, 심지어 구문에까지 적용되었다. 어떤 부류의 사람 또는

---

33 Hanák, p. 454; Makkai UO, passim.

그와 다른 부류의 사람에게 말을 걸고 대화를 진행해나가는 데에는 상당한 사회적 경험과 재치(말솜씨라고 하는 편이 맞을 것 같다)가 요구됐다. 이러한 차이점은 감독과 노동자 사이에도 존재했다. 이 글의 앞부분에서 1900년 부다페스트의 일반적인 색조와 분위기는 부르주아적이었고, 이런 경향은 남성의 옷차림에서 뚜렷이 느낄 수 있었다고 언급했다. (구두가 점차 부츠를 대신해나갔던 것도 이런 변화 중 하나였다. 부츠는 가난한 여성을 제외하면 거의 신는 사람이 없었다.) 그러나 상류층에서는 부르주아 유행을 따르지 않는 경우도 많았다. 그러한 예로 귀족(젠트리나 새로 작위를 받은 귀족도 포함해서)이 공식적인 행사에서 입던 예복을 들 수 있다. 이 예복은 보석과 금 사슬로 화려하게 장식한 짧은 모피 외투나 망토(대개 한쪽 어깨에 걸쳤다), 백로 깃털이 달린 우아한 모피 모자로 구성되어 있었다. 이 예복에 감탄했던 외국인이 적지 않았다. 이 예복은 자주는 아니지만, 완전히 보기 어려운 복장도 아니었다. 눈에 띄는 행사나 결혼식, 장례식 등에서 이 예복을 볼 수 있었고, 상원에서 회의가 열릴 때도 이 복장을 볼 수 있었다.

극복할 수 없는, 그리고 종종 가슴 아프게 하는 계급 차이에 관한 예로 유명한 헝가리 작가 후녀디 샨도르(1890~1942)가 단편소설 형태로 묘사한 개인적 회상을 들 수 있다. 일반 병사로 군 복무를 하던 후녀디가 어느 일요일 오후 아름다운 시골 소녀 빌머를 만났다. 당시 병사와 하녀가 일을 쉬는 일요일 오후에는 서로 대화를 갈망하며 마을 광장을 산책하는 일이 흔했다. (소녀가 허락하면 남자가 소녀의 손을 잡고, 그다음 허리에 팔을 감는 것이 당시의 관습이었다. 이런 관습은 다른 계층에서는 상상도 할 수 없는 일이었다.) 그들은 사랑에 빠졌다. 일주일쯤 지나 후녀디(그는 유명한 작가와 유명한 여배우의 아들이었다)는 어느 부르주아 가문의 저녁 식사에 초대되었다. 하필이면 그 부르주아 가문의 하녀가 빌머였다. 그녀가 식당에 들어와 그를 봤을 때, 후녀디는 그녀에게 말할 용기와 마음의 여유가 있었다. 그러나 그녀는 대답하지 않았다. 그녀는 바로 그 집을 떠났고, 다시는 돌아오지 않았다. 그리고 후녀디도 다시는 그녀를 볼 수 없었다.[34]

··——··

그러나 1900년의 부다페스트는 사회적 유동성이 높은 세계였다. 많은 사람을 부다페스트로 끌어들인 힘도 이러한 사회적 유동성이었고, 전통에 대한 존중부터 질투로 맥박이 뛰는 시기심 그리고 이 두 가지가 뒤죽박죽 섞여버린 인간의 심리까지 여러 요인으로 많은 사람을 불안하게 만들었던 것도 이런 사회적 유동성이었다. 여기에 도시의 이중성이 있었다. 많은 면에서 자유주의적이었지만 사회민주주의적 요소도 떠오르고 있었고, 부르주아 문화는 봉건적 요소를 내포하고 있었으며, 도시적 요소에 시골의 특징이 포함되어 있었고, 빠르고 놀랍기까지 한 변화 속에도 안정에 대한 욕구가 널리 퍼져 있었다. 눈에 잘 보이지는 않았지만 19세기를 지배했던 감정, 즉 존경받고자 하는 욕망이 모든 계층의 사람에게 만연했다는 점을 간과해서는 안 된다. 동유럽의 다른 도시나 헝가리의 작

---

34 "Bakaruhában", Hunyady AI - CSA, p. 83.

은 여러 도시와 달리 부다페스트에서는 가난한 계층이 특정한 도시 부르주아 계층의 습관과 삶의 방식을 모방하고 실제로 받아들이는 것이 가능했다. 이러한 행동은 노동자 계층에게도 매력적인 일로 여겨졌다.

상대적으로 민주주의화가 많이 진행되었던 부다페스트에서 사회적 유동성을 촉진한 또 다른 요소는 공공 교육이었다. 문맹이 놀라울 정도로 감소했다. 1870년 부다와 페스트 인구의 3분의 1이 문맹이었지만, 1900년에는 10퍼센트 미만으로 줄어들었다. 부다페스트(그리고 헝가리 전체)의 문맹률은 동유럽보다 훨씬 더 낮았을 뿐만 아니라, 이탈리아, 포르투갈, 스페인 등 많은 서유럽 국가보다 낮았고, 심지어 프랑스 중남부의 일부 지역보다 낮았다.

사회적 유동성, 그에 따른 열망의 충족과 관련된 중요한 요소는 언어의 통일 및 언어와 상업의 급속한 헝가리화였다.[35] 이 도시에서는 여전히 많은 사람이 독일어를 사용했지만, 이미 한 세대 이상 독일어가 주도적인 언어는 아니었다. 이러한 이중성은 오스트리아-헝가리 이중 제국의 복합적인 양상을 반영하고 있었다. 1851년까지 독일인이 부다에서는 여섯 명 중 다섯 명, 페스트에서는 약간 다수로 독일어가 주 언어로 사용되었다. 당시에는 유대인 대다수도 독일어를 사용했다. 그러나 1860년 이후 상황이 바뀌었다. 무엇보다 독일어가 유대인의 주 언어 자리를 내주었다. 일반적으로 말하자면, 페스트의 헝가리계 유대인이 부다의 독일계 헝가리인을 앞지르기 시작했다. 1870년까지만 해도 두 도시에서 헝가리

---

35 BT, p. 239, 452~456.

어가 제1언어였던 사람은 46퍼센트 정도였지만, 페스트 지역에서는 헝가리어가 지배적이었다. 1900년 무렵에는 독일어만 사용하는 사람이 4.3퍼센트로 줄어든 반면, 헝가리어만 사용하는 사람은 38.7퍼센트에 이르렀다. 즉 부다페스트 인구의 대다수는 여전히 두 개 언어를 구사했다. 1900년에 제1언어가 헝가리어였던 사람은 열 명 중 여덟 명, 제1언어가 독일어였던 사람은 일곱 명 중 한 명이었다. 당시 부다페스트에 독일어 전용 극장은 하나도 남아 있지 않았다. 중요한 독일어 신문인 『노이에스 페스터 저널』은 『월스트리트 저널』과 비슷한 성격의 언론이었는데, 지성적이었던 헝가리계 유대인 언론인이 이 신문사를 소유했다. 시민들의 사랑을 받으며 오랫동안 부다페스트 시장을 역임했던 커메르머이에르 카로이(1829~1897)가 1896년 은퇴했다. 그는 정통 독일 귀족 가문의 전형적인 후손이었지만, 공직생활 내내 자신의 정체성을 헝가리의 국가적 대의와 일치시켰다. 1897년 그의 장례식은 3년 전 치러진 코슈트의 장례식과 마찬가지로 대중의 애도 속에 거행되었다.[36]

주 사용 언어가 독일어에서 헝가리어로 빠르게 바뀌었지만, 거부감은 상대적으로 그렇게 크지 않았다. 프라하에서도 19세기 후반에 주 사용 언어가 독일어에서 체코어로 바뀌었지만, 그 결과는 헝가리와 달라 보헤미아와 모라비아 지역에서 독일인과 체코인 사이의 긴장과 적개심은 더욱 짙어졌다. 부다페스트에서는 이와 다른 형태의 적대감이 나타났지만,

---

36 1896년 이후로 시장이 라트 카로이(1821~1897), 마르쿠시 요제프(1852~1915)로 빠르게 교체되었다. 둘 다 고위직에 오른 후 얼마 되지 않아 사망했고, 구舊시청 건물도 철거되었다. 1900년 이후 새로운 시청 건물이 생겼고 새로운 도시 정치가 시작되었다.

1900년까지도 그러한 적대감은 여전히 표면 아래 숨어 있었다. 모든 면에서 그것은 독일어와 헝가리어 사용에 관한 문제를 포함하고 있지는 않았다. 어쨌든 결과는 헝가리어의 승리였다. 슬로바키아어를 사용하던 많은 가구(그들은 특히 최하위 건설 노동자 계층에 많았다)도 조상의 언어를 사용하는 것을 중단했다. 그들의 자녀는 자기 자신을 헝가리인이라고 생각했다.

동쪽에서 갓 도착한 수천 명의 유대인도 비슷한 상황이었다. 1900년 부다페스트에서는 동부 유럽이나 뉴욕과는 달리 이디시어를 사용하는 유대인이 거의 없었다. 당시 유대인 억양의 헝가리어보다 독일어 또는 슬로바키아 억양의 헝가리어가 더 구별하기도 쉬웠고, 놀림의 대상이 되는 경우도 많았다. 당시의 주간 만화 잡지, 신문, 문학작품 등에서 이러한 흔적을 쉽게 발견할 수 있다. 프롤레타리아나 건달이 자주 쓰던 은어[37]도 무성했다. 이런 길거리 언어에는 헝가리화한 빈, 프랑스, 집시, 이디시어 단어나 관용구도 간간이 섞여 있었다. 중요한 사실은 당시 모든 계층, 특히 젊은 세대가 일상생활에서 이런 언어를 많이 사용했다는 점이다. 화려한 관용구와 긴 문장을 느린 속도와 리듬으로 말하는 낡은 헝가리식 표현 습관은 오래된 가문이나 특별한 경우에만 사용되었다. 공식 언어, 정부 언어, 군사 언어에는 오스트리아처럼 관료적이며 의례적인 문구와 표현이 많았다. 말하는 방식을 포함해서 무슨 일이든 빨리빨리 피상적으로 불손하게 처리하는 부다페스트의 행동 양태는 다른 일에서처럼 특히

---

37 특수 용어jargon가 아니라 은어argot를 말한다. 당시 헝가리어 단어 'jargon(zsargon)'은 이디시어를 의미했다.

최근에 부다페스트로 상경한 젠트리 계층에게 불쾌감을 불러일으켰다.

부다페스트의 빠른 헝가리화는 매우 환영할 만한 일로 민족 문화와 문학에 많은 성과를 가져왔다. 그것은 또한 일종의 지역주의인 헝가리 중심주의에 일조했다. 귀족과 부르주아 계층은 이런 점을 인식하고 있었다. 그들은 헝가리어가 유럽 언어 중 고아 같은 처지이며, 독일어, 라틴어, 슬라브어와 아무런 관계가 없다는 것을 잘 알고 있었다. 라틴어, 독일어, 그리스어는 여전히 김나지움의 필수 과목이었던 터라 유럽 언어에 대한 사교육이 귀족에서 중·상류층 부르주아 가정으로 확산되었다. 이들 중 다수가 자녀를 위해 독일어를 사용하는 여성 가정교사를 고용했다. 이런 여성 가정교사는 대개 오스트리아나 남부 독일에서 온 미혼 여성으로, 집안의 여성이 자신의 비밀을 상의하는 절친한 친구이자 가족의 일원으로 받아들여졌으며, 자녀가 성인으로 자란 후에도 그 집에 머무르곤 했다. 수녀원 학교 대부분에서 필수 과목이었던 프랑스어도 개인 교습이 많이 이뤄졌지만, 영어는 개인 교습이 거의 없었다. 습관적으로 많이 고용하던 또 다른 가정교사는 음악 선생이었다. 역시 여성이 많았던 피아노 교사가 수업이 있는 평일 오후에 아파트 문 초인종을 누르면, 문 뒤에 있던 학생은 지루하게 끝없이 계속되는 어려운 체르니와 디아벨리의 에튀드를 연습하지 않은 것을 깨닫고 몸을 움츠리곤 했다.

부다페스트 사회가 계층화되어 있었던 점은 각각이 떠나던 휴가 장소로도 알 수 있었다. 앞서 잠깐 살펴보았듯, 부유한 사람들은 부다 지역의 높은 언덕에 여름 별장을 소유하거나 임대했다. 1900년 무렵 도로와 대중교통이 개선되면서 그곳에서 시내의 사무실로 출퇴근하는 것도 가능해졌다. 그러나 여름에 별장을 사용할 수 있는 이들은 대부분 여름의 국외 여행을 사회적 필수 요건으로 갖춰야 하는 바로 그 계층의 사람들이었다. '외국'은 오스트리아나 보헤미아에 있는 물놀이를 할 수 있는 장소, 카를스바트, 마리안스케 라즈네, 이슐, 가슈타인, 제메링 등의 유명한 온천을 의미했다. 헝가리 국내에는 상류층 부르주아의 취향을 충족시킬 만한 호텔이 갖춰진 곳이 별로 없었다. 곧 젠트리와 유대인 중산층이 터트러산맥 지역, 헝가리 서북부의 쾨슈티엔 지역, 아드리아 해안 지역, 벌러톤 호숫가 등에 자신들을 위한 휴양지를 조성하기 시작했다. 일반적으로 국외 여행지가 멀면 멀수록 사회적 위상이 높아졌다. 프랑스로 가족 여행을 떠나는 것은 이탈리아로 여행을 가는 것보다 더 위신이 서는 일이었고, 스위스 알프스에서 여름을 보내는 것은 오스트리아에서 여름 휴가를 보내는 것보다 더 체면을 살리는 일이었다. 당시 겨울 휴가는 프랑스 리비에라에 짧게 다녀오는 것을 제외하면 여전히 드문 일이었다.

이런 점에서 귀족과 중·상류층은 공통점이 있었다. 그들은 다른 계층보다 더 국제적이었다. 적어도 문화적인 면(그리고 제국에 대한 충성심)에서 그들은 젠트리 계층보다 덜 민족주의적이었다. 이런 점이 그들의 언어 능력뿐만 아니라 문화적 관심에도 반영되었다. 1900년 무렵 이들 중 일부가 상당히 중요한 개인 소장품을 소장하고 있었다. 부다페스트에 더 일반적이고 폭넓게 퍼져 있던 것이 연극 문화였다. 당시 부다페스트에는 여섯 개의 극장이 있었는데, 그중 세 개는 문을 연 지 10년 이상 되었다. 대개 교육받은 사람이 연극과 오페라의 주 고객이었다. 헝가리의 극장과 남녀 배우는 19세기 초 민족 부흥 운동의 중요한 도구로 역사적으로 지대한 역할을 했다. 1900년경 부다페스트의 연극 문화는 극작가의 자질, 감독의 문학적 식견, 연출 기법의 효율성, 남녀 배우의 우수성 등에서 매우 높은 수준에 도달해 있었다. 당시 유명 여배우(남자 배우보다는 여자 배우)는 국가 자산으로까지 여겨졌다. 거리와 광장에 유명 배우의 이름을 붙이는 경우도 많았다. 카바레와 오르페움 외에 '네프신뮈(농촌극)'라는 헝가리 특유의 공연 문화가 있었다. 이는 주로 덜 세련된 젠트리와 중·하류층이 즐기던 대중적인 희극이었다. 이 연극 장르는 민족주의적·지방적 색채가 강했지만, 천박한 면도 없지 않았다. 이 희극의 말기 작품에서 소년과 소녀가 마을 공원이 아니라 부다페스트의 호텔에서 만나는 설정은 상징적 의미가 있었다. 1900년 무렵 이 연극 장르는 독일어 극장과 마찬가지로 사라지기 시작했다.

세기 전환기 부다페스트의 초상을 그리면서 성性에 관해 이야기하는 것은 그렇게 부적절해 보이지 않는다. 당시 거의 모든 서구 사회에 만연했던 이중 잣대는 헝가리에서도 당연시되었다. 여성이 결혼 전에 순결을 유지하는 것은 바람직할 뿐만 아니라 사회적 규범으로 여겨졌다. 젊은 남자에게는 이런 규범이 적용되지 않았다. 유부남의 성적 모험은 종종 못 본 척 눈감아주었지만, 유부녀는 그렇지 않았다. 여느 가톨릭 국가와 달리 헝가리에서는 1895년 이후 법적 이혼이 가능했다. 이 문제에 있어서는 가톨릭, 개신교, 유대교 가정 사이에 큰 차이가 없었고, 약간 놀랍게도 상류층과 중산층 사이에도 큰 차이가 없었다. 결혼은 여전히 가문 차원의 일이었다. 신부 집안이 신랑 집안과 관계있거나 최소한 신랑 집안에 대한 정보를 가지고 있지 않으면 약혼은 잘 이루어지지 않았다. 파혼은 비극적인 일로 종종 젊은 여성의 사회적 위신에 오점이 되었으며, 그런 일을 당한 여성은 대개 결혼 자체를 포기해야 했다. 춤 교습소, 스케이트 클럽, 대학의 무도회, (젠트리 계층의) 지역 무도회, 가문 사이에 소개 인사가 오가는 오페라나 극장의 로비 등 허용된 장소와 가족이 마련한 사교계 이외의 장소에서 젊은 여성이 남성을 만나는 것은 거의 불가능했다. 결혼하지 않은 처녀는 쇼핑하러 갈 때나 학교에서 집에 오는 낮에도 항상 보호자가 동반했다. 이런 관습이 중·하류층에서까지 유행하면서 여성 가정교사나 늙고 깐깐한 미혼의 이모부터 칠칠하지 못한 가정부에 이르기까지 다양한 여성이 보호자로 활동했다.

1900년경 이런 상황은 빈 및 여느 유럽의 도시와 그리 다르지 않았다. 그러나 부다페스트의 일상생활과 정신세계에는 주목할 만한 특별한 분위기가 있었다. 다른 곳보다 불법이 그렇게 큰 오점이 아니었던 하층 계급에 불법적인 결혼과 사생아가 많았다는 점은 앞서 살펴보았다.[38] 그러나 결혼 후라면 하층 계급에서 이중 잣대가 훨씬 더 강했다. 노동 계급의 부정한 아내는 남편에게 심하게 구타당하고 이웃에게 따돌림당할 소지가 매우 컸다. 당시의 여러 국제 도시와 부다페스트의 또 하나의 차이점은 단기적 매춘부보다 상위로 여겨지던 장기적 정부情婦 ― 도덕적으로 타락했다기보다는 접근하기 쉬웠던― 의 세계인 화류계가 상대적으로

---

38 흥미롭게도 젠트리 계층에서는 이혼뿐만 아니라 불법 행위도 못 본 체하는 경우가 많았다(부르주아는 젠트리보다 덜했다). 앞서 언급한 작가 후녀디 샨도르가 이런 사례에 해당됐다. 그는 작가 브로디 샨도르(1863~1924)와 트란실바니아 젠트리의 딸이었던 배우 후녀디 머르기트(1854~1906)의 사생아로 태어났다. 후녀디 샨도르가 사생아로서 겪었던 차별은 거의 없었다(아마도 어머니의 고고했던 직업적·도덕적 평판 덕분이었을 것이다).

부재했다는 점이다. 당시 부다페스트에는 특정 여배우와의 연락책을 제외하면 큰 규모의 고급 매춘 집단이 없었다. (이런 직종에 진출하기를 원했던 젊은 여성들이 부를 찾아 외국으로 떠났던 사실은 앞서 살펴보았다.) 성적 욕망을 충족하고 싶은 청년이나 유부남은 다양한 가격과 시설을 갖추고 부자부터 가난한 사람까지 각계각층의 사람을 유혹하며 도시의 사회적 계층화를 보여주던 여러 종류의 사창가를 이용했다. 혼외정사는 대개 아는 사람의 아내, 즉 같은 계층의 사람끼리 이루어졌다. 낮에 방을 빌릴 수 있는 호텔이나 여관이 거의 없었기 때문에 밀회를 나눌 장소를 찾기는 몹시 어려웠다. (밀회 장소로 많이 이용하던 곳은 부다의 피우메 호텔, 페스트의 오리엔트 호텔이었다.) 인구가 늘어나고 있었지만, 사실 부다페스트에서 밀회의 비밀을 지키는 것은 거의 불가능했다. 1900년 당시 부다페스트는, 적어도 같은 계급 내에서는, 아직은 모두가 모두를 아는 사회였기 때문이다.

빈이나 파리에서 자주 있었던 부르주아 남성과 가게 여점원 또는 여성복 판매원 사이의 정사는 비교적 드물었다. 시간제 매춘부도 별로 없었다. 남성의 동성연애도 부다페스트(그리고 헝가리)에는 거의 없었다. 경찰 기록 및 당대의 풍부한 가십 언론과 문학작품에서는 남성의 동성연애에 관한 사례를 거의 발견할 수 없다. 오히려 여성의 동성연애가 더 많았다는 주장이 조심스레 제기되고 있다. 아마 1900년 무렵까지도 부다페스트에는 남성성과 넘치는 활력이 지배적이었기 때문일 것이다. 남성의 우월함은 의심의 여지도 없고 의심할 수도 없어서 때로는 여성의 감수성을 훼손할 정도였다.[39]

부르주아 시대라 할 수 있는 1900년 무렵 부다페스트 사람들은 낙관론자든 비관론자든 표현력이 풍부했다. 그들은 감정을 감추지 않고 생각한 바를 숨김없이 말했다. 그들은 자신의 걱정이나 관심사, 강점이나 약점을 잠재의식 수준으로 감추거나 억누르기보다는 누구나 알 수 있도록 분명하게 표현했다. 아마도 1900년경 오래된 귀족이 벼락출세한 사람과 새로운 부자로 빠르게 교체되고 도시의 색조가 변한 것이 사회 분위기에 가장 큰 충격을 준 흐름이었을 것이다. 그것은 정치에 좋지 않은 결과를 초래할 터였다. 이러한 변화에 대해 사람들은 참기보다는 노골적인 질투로 반응했다. 이러한 충격은 금전적이라기보다는 사회적인 측면이, 물질적이라기보다는 정서적인 측면이 강했는데, 이는 돈에 대한 헝가리인의 상대적 무관심이 반영된 것으로 언어생활에도 이런 면이 드러나 있었다. 미국인은 "일 년에 얼마나 많은 돈을 버나요?"라고 묻고, 독일인은 "얼마나 벌어요?verdienen"라고 물으며, 경쾌한 라틴 계열은 "어느 정도 승리하나요?gagner, gagnare, ganar"라고 묻는다. 헝가리어 "Mennyit keresel?"은 "얼마나 모으려 하십니까?"라는 뜻이다. 세 권짜리 훌륭한 사전도 그 뜻을 완벽히 설명해주지 못하지만, 원래 동사 keresni는 성취하려는 욕망과 노력을 함축하고 있는 단어라는 점을 이해할 필요가 있다.[40] "내 방식대로 살

---

39 헝가리어에 이런 점이 반영되어 있다(당시 널리 쓰이던 용법이었다). 남편을 지칭하는 단어 '페르옘(나의 남편)'과 '우럼(나의 주인)'은 둘 다 자주 그리고 널리 사용되었다. '우럼'은 지난 수십 년 전까지도 사용되었지만, 이제는 거의 쓰이지 않는다. 아내를 나타내는 단어 '펠레셰그'는 '나의 반쪽'이라는 사랑스러운 의미를 지니고 있지만, 고유명사이며 '나의 좋은 반쪽' 같은 구(句)는 아니다.

40 MNYTESZ, p. 2.

수 있다면!" 1900년에 그것이 모든 사람의 문제는 아니었다. 금전적 정직
성이 그리 특별한 일은 아니고 좀처럼 젠체하지 않던 부르주아에게 그것
은 확실히 별문제가 아니었다. 그것은 전반적으로 헝가리 정치의 문제이
자 고통의 원인이었다.

POLITICS
AND
POWERS

1900년 헝가리의 정치는 부다페스트, 더 정확히는 의회에 집중되었다. 이는 완공을 앞두고 있던 이 거대한 의회 건물처럼 진일보한 현상이었다. 전통적으로 헝가리 정치 활동의 대부분은 주州와 주의회에 집중되어 있었다. 19세기까지도 이러한 주의회는 입법권 및 중앙 행정권은 없지만 지방 행정권 및 사회적 권력은 여전히 상당했다는 점에서 중세 또는 근대 초기 유럽의 (지방) 의회와 비슷했다. 더 중요한 것은 그곳에서 이루어지는 웅변술이었다. 주의회는 하급 귀족 지주가 노여움을 발산하는 장소였다. 1788년 이전 프랑스 의회의 기능이 그러했다. 그러나 프랑스 귀족, 성직자, 부르주아와 헝가리 하급 귀족의 사회적·물질적·지적 특성은 크게 달랐다. 헝가리 주의회는 서유럽의 비슷한 기관에 비해 비민주적·비효율적이었다. 몽탈랑베르(1810~1870)와 토크빌(1805~1859)의 친구로 서신을 주고받았던 19세기 중반의 유명한 헝가리 자유주의 정치사상가 외트뵈시 요제프(1813~1871) 남작은 토크빌이 그랬던 것처럼 유럽 대륙의 고전적 자유주의자가 중앙집권화를 경계하자 이에 맞서 정치와 행정의 중앙집권화가 필요하다는 점을 강력히 주장했다. 이는 헝가리 정치 웅변술의 특이한 성향과 관련 있으며, 정치에 과도하게 몰입하는 헝가리 대중의 특이한 성향의 원인이자 결과였다. 1867년 이후 오랫동안 지연되었던 정부와 행정의 중앙집권화가 시작되자, 많은 의원이 정치적 웅변술이라는 무례한 버릇을 주의회로부터 화려한 아치형의 의회의사당으로 옮겨왔다.

이와 관련된 현상이 있었다. 바비츠 미하이는 "헝가리에서 모든 것의 중심에는 의회가 있다"[1]라고 적었다. 1900년경 의회에서 벌어지는 정치 활동은 국민적 스포츠가 되어 있었다. "국가의 안전이나 존립은 나 몰라라 하고, 오히려 실질적으로 전혀 중요하지 않은 문제를 둘러싸고 싸움이 벌어졌다. 사람들은 이전보다 훨씬 더 큰 관심을 가지고 정당 정치와 의회 현장을 바라보았다. 의회는 나중에 극장과 스포츠가 맡게 되는 대중적 오락 제공의 역할을 했다. 의회는 모든 관심이 집중되는 곳이었다. (…) 인기에 관한 한, 일부 의원은 가장 인기 있는 영화배우의 선배 격이었다."[2] 이것은 헝가리 문학사학자 세르브 언털(1901~1945)이 한 세대 후에 기술한 내용이다. 세르브 언털의 헝가리 문학사는 헝가리 정신[3]이 어떻게 발전하고 어떤 경향으로 이어졌는지를 감성적이고 심오하게 묘사한 고전 작품이다. 여기서 세르브 언털을 인용한 이유는 1900년 무

---

1 Babits HF, p. 72.

2 Szerb, p. 457.

3 Szerb, p. 451.

렵 헝가리 정치의 문제적 성격은 헝가리 정신이 가진 문제적 성격의 결과였다는 점을 설명하기 위해서다.

헝가리 정신은 (언털이 다른 곳에 썼듯이) "대화보다는 독백의 경향이 강하다".[4] 이런 경향은 여느 경우와 달리 대화의 독점을 의미하지는 않는다. 대체로 헝가리인은 좋은 청취자이기 때문이다. 그러나 이러한 독백의 습관과 그 결과인 실질적 대화의 부재는 정치적으로 처참한 결과를 가져왔다. 헝가리인은 공개적으로 연설하거나 성명을 발표할 때를 제외하면 그렇게 수다스러운 사람들이 아니다. 아마 헝가리어의 서술적 특성도 그 원인 중 하나일 것이다.[5] 표현은 사고를 지배한다. 사실 표현은 사고를 창조한다(단순히 완성하는 것이 아니라). 헝가리어는 신비주의적이라기보다는 합리주의적이며, 은유적이기보다는 서정적이다. 그리고 민족성에 음흉하거나 비밀스러운 면이 거의 없다. 그러나 사적인 연설보다 대중

---

4 이러한 경향의 결과가 일화逸話에 대한 선호일 것이다. 헝가리 산문에는 일화가 자주 등장하며, 수준이 꽤 높다.

5 이것은 헝가리어가 항상 첫음절을 강조하며, 일상 언어에서 문장의 억양이 영어와 달리 높은 곳에서 낮은 곳으로 흐르는 것과 관련 있을 것이다. ("의미 변화가 첫음절 뒤에 붙은 음절의 연결을 통해 전달된다. 모든 모음이 선두를 모방하여 소리를 내고, 앞 음절의 변하지 않는 강음은 일종의 강약약격強弱弱格을 형성하여 헝가리어를 처음 듣는 사람에게는 거칠고 낯선 울림을 전해준다", 리 퍼머, p. 33) 헝가리의 위대한 사상가와 작가들이 종종 지적하는 국민성의 결함과 헝가리어의 이런 특성 사이에는 어떤 연관성이 있을 것이다. 예를 들면 신중함과 선견지명을 희생한 대가로 얻은 단기적 노력의 탁월함 같은 것이다. 이런 것을 표현한 단어가 "짚불 같은 성격"이다. 짚은 빠르게 잘 타오르지만, 남는 것은 검은 잿더미밖에 없기 때문이다. 그러나 그럴듯하고 가시적인 이 이론에는 두 가지 주의 사항이 있다. 하나는 핀란드어가 헝가리어처럼 첫음절을 강조하며 비슷한 구조로 되어 있어 서로 연관이 있지만, 핀란드인과 헝가리인의 민족성과 기질은 매우 다르다는 사실이다. 다른 하나는 '짚불'의 은유에 관한 것으로, 끈질김(인내심이라기보다는)이 헝가리인의 특성이라 할 수 있는데 짚불은 그렇게 끈질기지 않다는 점이다. 헝가리가 이루어낸 업적 대다수는 최악의 재앙 이후 복구와 재건을 위해 보수적인 노력을 지속한 결과였다.

적인 연설에서 헝가리 정신의 냉철하고 이성적인 요소와 헝가리어의 간결함이 수사학의 도취에 압도되는 경향이 있다. 대화에서 이익을 얻는 경향이 거의 없으며, 타협에서 만족을 찾는 경향도 거의 없다. 생각과 행동 사이, 이상에 대한 끌림과 현실에 대한 관조 사이, 언어적 활력과 육체적 무기력 사이에는 생각과 말言語 사이와는 달리 하품이 나올 만큼 지루한 거리감이 있다. 그 결과가 헝가리인의 치명적인 자기중심주의 경향이다.

19세기에 헝가리 정신의 본질적 특징인 비관주의가 종종 분별없는 낙관주의로 덧씌워졌다. 이러한 낙관주의는 여러 차원에서 국가의 역동적 성장에 중요한 역할을 했지만, 근시안적이며 순진무구한 측면도 많았다. 순진무구함은 헝가리 시 문학에 매력적인 결과를 가져왔다. 그러나 너무 단호하다는 단점도 있었다. 헝가리 역사가 호르바트 이슈트반(1784~1846)이 19세기 초에 발표한 작품과 주장을 예로 들 수 있다. 그는 특히 마자르족이 아담과 이브의 후손이며 고대 그리스어가 마자르어에서 유래했다고 주장했다. 한 세기 후 세르보는 이 광기에 가까운 부조리가 대중에게 받아들여졌다는 사실(호르바트 이슈트반은 1823년부터 1845년까지 대학교수를 역임했다)이 "당시의 낙관주의적인 민족의 자화상을 보여준다"[6]고 적었다. 이런 식의 낙관주의가 "후속 세대가 저지른 수많은 엄청난 정치적 실수"의 준비 작업이었다는 것이다. 한 세대 이상의 후손이 민족적 자신감에 대한 미사여구로 인해 잘못된 길로 내몰렸다. 때로 유익할 수도 있는 민족적 자신감이 넘쳤지만, 자기 자신에 대한 지

---

6 Szerb, p. 315.

식은 부족했다. 유럽에서 헝가리가 처한 상황과 민족의 한계에 대한 전체적인 이해가 전혀 없었던 것이다.

이런 현상은 특히 정치에서 심했는데, 1900년 무렵에는 그런 상황이 명백하게 모습을 드러냈다. 국가 정치의 많은 부분이 여전히 젠트리 계층의 손안에 있었던 점이 상황을 더 악화시켰다. 그들의 미덕은 자기중심주의, 즉 헝가리 너머의 세계(그리고 헝가리 내에서는 자신의 소유가 아닌 세계)에 대한 치명적 무지로 인해 심각하게 손상되었다. 그들의 이상, 생각, 야망은 이미 시대에 뒤떨어져 있었지만, 그들은 이런 사실을 몰랐다. 보수주의자인 마블리(1709~1785)가 1786년에 펴낸 『프랑스 역사에 관한 관찰』의 내용을 약간만 수정하면 한 세기 후의 헝가리 정치 계급에 그대로 적용할 수 있다. "프랑스에서 제3신분은 아무것도 아니다. 제3신분에 속하기를 원하는 사람은 아무도 없기 때문이다. 우리 중에서 모든 부르주아는 자신의 처지를 벗어나 사무실을 장만하려 한다. (…) 사무실을 장만하는 순간 그는 더 이상 자신을 평민이라 생각하지 않는다." 프랑스의 부르주아를 헝가리의 젠트리로 바꾸고, 사무실을 의회 의석으로 바꾸면 위 문장은 그대로 뜻이 통한다. 귀족과 젠트리는 자신들을 국가의 '역사적 계급'이라고 생각했다(다른 계층의 사람도 일반적으로 그렇게 생각했다). 그러나 그들의 정치적 재능에는 결함이 있었다. 이에 대한 증거 역시 헝가리 정치의 수사학 습관에서 찾을 수 있다. 예를 들면 1900년까지도 헝가리 의회의 규칙은 연설문 읽기를 허용하지 않았다. 의원들은 즉흥 연설로 자기 의견을 전달해야 했다. 여기에는 두 가지 이유가 있었다. 하나는 '토론 종결'의 원칙, 즉 필리버스터의 제한이었고, 다른 하나는 더 근본적인 이유로 대중 연설의 전통이었다. 정치인의 평판은 대중 연설을 할 수 있는 능력에 좌우되었다. 결국 과장된 표현으로 가득 찬 수사학적 화려함과 민족주의적 허풍이 만연했지만, 실질적인 성과는 거의 없었다.[7]

토크빌은 귀족의 악덕은 자만심이고 민주주의의 악덕은 질투심이라고 말했다. 여기에 이 두 가지 악덕이 과도하게 퍼져 있거나 마구 뒤섞여 있는 과도기적 사회를 덧붙일 수 있다. 이런 형태는 반봉건적·반근대적이었던 스페인과 헝가리의 전형적인 모습으로, 두 나라의 무질서한 의회 정치에 속속들이 스며 있었다. 대화를 거부하는 민족성이 일부 정치인의 추악한 개인적 증오심에 녹아들었다. 과거 봉건 시대와 달리 그들이 개인적 다툼을 정치 영역으로 끌어들이는 일은 그리 많지 않았다. 반대로 그들은 정치적 의견 차이 때문에 상대방을 증오거나 결투, 신체적 공격, 심지어 총격까지 가할 정도로 개인 관계를 망가뜨리는 일을 서슴지 않았다. 1900년경 헝가리 의회의 연설과 행동 양태는 한탄스러울 정도였다.[8] 예의, 절제, 현명함이 사라져갔다. 요컨대 도시가 물질적인 면뿐만 아니라 삶의 여러 분야에서 여러 차원에 걸쳐 번성하던 바로 그 시기에 부다페스트의 정치는 극도로 불안한 상황에 직면해 있었다. 헝가리인

---

7 Vermes, p. 73.

8 헝가리의 주요 인물 두 명(정치인 한 명, 작가 한 명)의 회고록에서 발췌. 어포니 얼베르트 (1846~1933) 백작, "헝가리인 세 명이 모여 정치를 이야기할 때면 그들은 정당을 만든다. 한 명은 대표, 한 명은 부대표, 한 명은 사무총장. 사무총장은 모든 사안에 대해 '중요한 발언을 하는 것'이 자신의 의무라고 생각한다"(Apponyi EI, Ⅰ, p. 76). 헤르체그 페렌츠(1863~1954), "믹사트가 나에게 비통하다는 듯 이야기했다. '잊으면 안 되네. 이 나라와 의회는 우리의 위대한 정치가 데아크 페렌츠(1803~1876)는 기억하지 않으면서, 산적 쇼브리 요슈커(1810~1837)는 영웅 대접하며 찬가를 부르는 곳이네'"(Herczeg EM, p. 413).

의 삶의 정치화는 최고 수위에 달해 있었다. 그리고 헝가리 정신의 정치화도 마찬가지였다. 헝가리 정신은 보통 이상의, 가끔은 이례적일 정도로 특출한 자질을 가지고 있었고 지금도 가지고 있지만, 정치적 능력만큼은 매우 희귀하고 드문 자산이었다.

••——••

1900년에 헝가리는 독립 국가였지만, 완전한 독립 국가는 아니었다. 정치인을 비롯한 많은 헝가리인이 이러한 한계의 필요성을 인식하지도 못했고, 이해하지도 못했다. 그들은 헝가리의 독립이 훼손되었다고 주장했다. 그러나 국가로서 헝가리의 독립은 타협으로 촉진되었다. 바로 1867년의 오스트리아 - 헝가리 '대타협Ausgleich'이 그것이다. 이를 이해하기 위해서는 헝가리의 역사를 개괄하여 살펴볼 필요가 있다.

한때 중세 헝가리 왕국이 존재했지만, 불운하게 멸망하고 말았다. 16세기 초, 서양의 다른 지역에서 군주의 권력이 부상하던 바로 그 시기에 헝가리 왕들은 가난하고 허약한 '이름뿐인 왕들'이었다. 재앙은 외부에서 왔다. 비잔티움과 발칸을 점령한 터키군이 헝가리 평원에 모습을 나타낸 것이다. 1526년 그들은 헝가리 군대를 섬멸했다. 왕은 전쟁터에서 전사했다. 살아남은 귀족들은 오스트리아 합스부르크 군주에게 왕관을 바쳤다. 그것이 오스트리아 - 헝가리 왕조의 연결 고리가 되었다. 귀족들은 카를 5세의 동생인 페르디난트 1세 황제(왕)가 터키를 몰아낼 것으로 기대했다. 그러나 그는 그러지 않았다. 왕위를 물려받은 페르디난트

1세는 헝가리의 서쪽 변방을 방어하는 데 힘을 보태 터키가 빈에 쳐들어오지 못하도록 했다. 그게 전부였다. 부다는 1541년 터키에 함락되었다. 이후 한 세기 반 동안 헝가리는 세 부분으로 나뉘었다. 서쪽과 북쪽은 합스부르크 제국의 일부가 되어 터키의 손에서 벗어났다. 부다와 페스트를 포함한 중앙의 상당 부분은 오스만 제국이 통치했다. 동쪽의 트란실바니아(숲의 나라) 지역은 터키와 합스부르크로부터 실질적 또는 명목상 독립을 유지하며 헝가리 군주가 면면히 지배를 이어나갔다. 이러한 통치권과 반⊕ 통치권 사이에 명확하고 영구적인 경계선은 없었다. 한 세기 반 동안 전쟁의 뜨거운 칼날이 헝가리를 오르락내리락했다. 국토 대부분은 황폐해졌고 인구도 줄었다. 헝가리는 자력으로 터키의 굴레를 벗어날 수 없었다. 17세기 말에 합스부르크 제국군이 빈 성벽 아래에서부터 터키군을 격파하기 시작했다. 그 후 약 15년에 걸쳐 합스부르크 제국군은 터키군을 헝가리 전역에서 몰아냈다. 모두에게 좋은 일이었다. 그러나 헝가리는 이제 합스부르크의 한 지역이 되었다. 수천 명의 독일인을 비롯한 여러 민족이 비어 있는 땅에서 살기 위해 헝가리로 왔다. 마자르족은 이런 상황이 마음에 들지 않았지만, 할 수 있는 일이 거의 없었다. 그러나 가톨릭-오스트리아 합스부르크 제국의 통치는 터키의 통치보다 훨씬 더 나았다. 인구도 회복되고 있었다. 귀족 일부(하급 귀족)가 습관적으로 지역의회에서 독립을 주장하기 시작했다. 합스부르크의 통치가 항상 관대한 것은 아니었지만, 그렇게 전제적이지는 않았다. 국민과 귀족들은 대체로 빈의 군주가 가진 두 개의 왕관, 즉 오스트리아의 황제(또는 마리아 테레지아(1717~1780)처럼 여자 황제)이자 헝가리의 왕(또는 여왕)으로서의 권리를 존중했다. 귀족 중 가장 목소리를 높이던 애국자조차 자신의 군대를 기꺼이 군주에게 바쳤다. 한편 계몽주의, 이성의 시대, 프랑스 혁명 등은 단지 소수의 정신적 선각자와 일부 물리적 측면을 제외하면 헝가리에 거의 아무런 영향을 미치지 않았다. 예를 들면 1809년 나폴레옹의 군대가 서쪽에서 헝가리로 진군했지만, 몇 주 만에 합스부르크와 화친하고 철수해버렸다.

1820년경에 변화가 생기기 시작했다. 민족주의와 독립을 두 축으로 하는 통제 불가능한 민족의식이 자연발생적으로 생겨났다. 민족의식은 놀라울 정도로 빠르게 그리고 열정적으로 불타올랐다. 지적이며 약간 우울하고 사심 없는 천재였던 세체니 이슈트반은 건국의 아버지 세대를 하나로 합친 것과 맞먹는 인물이었지만, 미국 건국의 아버지와 근본적으로 다른 점이 있었다. 그는 완전한 헝가리 독립 국가를 추구하는 것이 적어도 당분간은 위험한 신기루라고 생각했다. 그는 헝가리의 빈 정부가 지닌 단점과 소소한 골칫거리에 대해 잘 알고 있었고, 헝가리 국내에 수백만 명의 비非마자르인이 살고 있어 헝가리 왕국의 결속력이 약하다는 점도 깊이 깨닫고 있었다. 세체니는 선각자일 뿐만 아니라 헝가리의 여러 현대적 기구를 실제로 계획하고 만든 주역이었음에도 불구하고 1840년대 초반까지 위대한 국민 연설가 코슈트 러요시의 그늘에 가려져 있었다. 이 두 사람 사이에는 실질적이거나 사려 깊은 대화가 없었다. 코슈트는 사실상 독백가였다. 1848년 3월 파리, 밀라노, 빈에서 혁명이 일어났다는 소식이 페스트에 전해졌다. 이 도시의 청년들이 15일 이에 호응했다. 몇 주 후, 흔들리던 국왕 페르디난트 5세(오스트리아 황제 페르디난트 1세는 헝가리 국왕으로는 페르디난트 5세다 ─ 옮긴이)는 자치 정부에 대한 마자르인의 요구를 대부분 받아들였다. 그게 끝이 아니었다. 요구 사항은 계속 늘어났다. 한편 오스트리아 정부는 비장의 무기를 보유하고 있었다. 헝가리 영토 내에 살고 있는 비마자르인은 불만이 많았다. 마자르인은 오스트리아로부터 자치권을 원했지만, 헝가리 왕국 내의 비마자르인에게 자치권을 허용할 의사가 전혀 없었다. 오스트리아의 장비와 도움으로 무장한 크로아티아 군대가 헝가리 서부로 진군한 뒤 부다를 향했다. 거의 아무것도 없는 상태에서 몸을 일으킨 헝가리 군대가 그들을 격퇴했다. 반격에 나선 헝가리 군대는 빈으로 진격했다. 빈은 일시적으로 급진주의자와 민주주의자의 손에 넘어갔고, 궁정은 인스부르크로 피신했다. 헝가리 군대는 부다로 회군했다. 빈의 혁명이 실패로 끝나고 궁정은 빈으로 복귀했다. 합스부르크 가문은 노쇠한 페르디난트를 퇴위시켰다. 18세의 프란츠 요제프 1세가 황제로 등극했다. 오스트리아 제국군이 헝가리로 진격해 별다른 저항 없이 부다와 페스트를 점령했다. 1848년의 혁명은 끝난 것처럼 보였다. 그러나 그렇지 않았다. 봄에 탁월한 장군 괴르게이 아르투르(1818~1916)가 이끄는 새로운 헝가리 군대가 동북부에서 몸을 일으켰다. 헝가리군은 오스트리아군을 격파해나갔다. 그리고 피비린내 나는 부다 공성전에서 승리하며 부다를 재점령했다. 코슈트가 이끄는 국민의회는 마지막 절차를 밟아 합스부르크의 폐위를 선언했다. 프란츠 요제프는 바르샤바에 가서 러시아의 차르를 만났다. 폴란드 장성과 장교들이 헝가리 혁명가 편에 서서 싸우고 있는 것을 두려워하던 차르는 기꺼이 도움을 주기로 했다. 수십만 명의 러시아군이 헝가리로 진군했다. 괴르게 이는 항복하고 코슈트는 국외로 피신했다. 오스트리아는 헝가리 혁명군의 장군 열세 명과 많은 애국자를 처형하고, 수천 명을 투옥했다. 헝가리 독립의 대의는 잿더미가 되었고, 헝가리인의 마음에는 쓰라림과 어두움만이 남았다. 위대한 세체니는 1848년 정신병원에 수용되어, 오랫동안 쓰라리지만 명료한 정신을 견뎌야 했다. 그는 1860년 스스로 목숨을 끊었다.

그러나 1860년 무렵 헝가리의 분위기는 매우 완화되어 있었고, 합스부르크도 더 이상 압제적이지 않았다. 아직 빈과 화해 비슷한 것조차 없었지만, 대규모 사면이 이루어졌다. 번영으로의 이동이 대세가 되었고, 부다와 페스트가 꽃을 피우기 시작했다. 밀라노, 베네치아, 프라하 등 합스부르크의 다른 지역과 마찬가지로, 그리고 건축, 공학, 제도 등에서 진지하고 지속적인 발전이 이루어진 것처럼 오스트리아의 경찰 통치도 빠르게 개선되었다. 이러한 상황 개선과 경찰 통치의 완화는 합스부르크의 관대함 때문이라기보다는(젊은 엘리자베트 황후는 확실히 헝가리를 좋아했지만), 오스트리아가 유연한 대처와 교묘한 조치의 필요성을 인식했기 때문이다. 오스트리아는 이탈리아 및 프랑스와의 짧은 전쟁에서 패배했고, 낡은 왕조적·다국적 제국의 구조 개혁을 위해 뭔가를 해야만 했다. 1860년 합스부르크 제국은 처음으로 일종의 헌법을 받아들였다. 그것은 독일어를 사용하는 민족에게 크게 유리했다. 헝가리인은 전혀 만족할 수 없었다. 그러나 정치 환경의 변화가 정치 구조보다 더욱 중요했다. 정치적 표현을 포함한 표현의 자유가 다시 가능해졌다. 기업의 자유, 즉 자본주의와 산업주의가 헝가리, 특히 페스트에서 꽃피고 있었다. '민족의 현인'으로 존경받던 늙고 현명한 국민적 저명인사 데아크 페렌츠가 펜을 들었다. 그는 원칙에 입각한 신중한 방식으로 헝가리 민족과 합스부르크 왕가 사이에 합의, 평화, 명예로운 타협이 필요하다고 제안했다. 그는 오래된 라틴 좌우명을 내세웠다. "조용하게 지속하는 힘은 폭력이 하지 못하는 일을 성취할 수 있다." 아마도 그럴 것이다. 그러나 실질적으로 도움을 준 것은 유럽에서 오스트리아의 위치를 영원히 바꿔버린 또 다른 외부 충격이었다. 그것은 비스마르크의 정책이었다. 1866년 비스마르크의 신형 프로이센 군대가 오스트리아 군대를 번개같이 격파했다. 비스마르크는 오스트리아의 영토를 원하지 않았지만, 결과적으로 오스트리아의 영토를 손에 넣게 되었다.[9] 비스마르크가 원했던 것, 그리고 손에 넣은 것은 독일에서 합스부르크의 영향력을 없애는 것이었다. 오스트리아는 여전히 유럽 5대 강대국 중 하나였지만, 독특한 다국적 제국의 구조와 지향점이 바뀌어야 했다. 오스트리아는 더 이상 독일·도나우 제국이 아니라 도나우 제국이었다. 민족의식, 민족적 열망, 자유주의적 민족주의의 시대에 빈은 자신의 영역 내에서 독일어를 사용하는 사람이 소수 민족이라는 점을 고려해야만 했다.

이것의 결과가 1867년의 '대타협'이었다. 이것은 헝가리가 오스트리아의 하급 동반자가 되었다는 것을 의미했다. 합스부르크 제국의 공식 명칭은 '오스트리아 – 헝가리', 구조는 '이중 제국'이 되었다. '이중 제국'은 보수적·비관적·미래 지향적이었던 헝가리 작가이자 평론가 케메니 지그몬

---

9 프로이센의 뒤를 이어 이탈리아가 쳐들어왔다. 오스트리아가 이탈리아를 물리치긴 했지만, 이탈리아는 베네치아와 베네토 지방을 획득하고 현재와 같은 통일된 나라가 되었다.

드(1814~1875)가 1850년에 처음 사용했던 용어다.[10] 이것은 또한 헝가리의 자치를 의미했다. 1848년 헝가리 자유주의자들이 요구했던 거의 모든 것이 헌법에 포함되었다. 헝가리는 자체적으로 의회, 행정부, 내각을 갖추었고, 오스트리아-헝가리 군대 내에 별도로 헝가리 연대까지 갖게 되었다. 빈에 소재한 오스트리아-헝가리 '공동' 내각은 외교, 국방, 재정의 오직 세 가지 정무만을 다루었다. 공동 예산 위원회에서 헝가리 몫의 예산을 결정했다. 이것은 '공동' 내각의 장관을 오스트리아인이 독점하지 않는다는 것을 의미했다. 실제로 헝가리인이 종종 가장 중요한 외무 장관을 포함한 공동 내각의 장관직을 수행했다. 헝가리 국민은 정말로 기뻐하며 안도했다. 1867년 6월 프란츠 요제프의 대관식이 부다와 페스트에서 대중의 열광 속에 진행되었다. 당시 이탈리아 토리노에 망명 중이던 코슈트 러요시, 소수의 급진파, 그보다 더 적은 헝가리인 공화주의자, 비헝가리인 민족주의자 정도만 이중 제국에 대해 불만을 표출했다. 이러한 불만의 소리가 계속 나오기는 했지만, 그저 웅얼거림에 지나지 않았다. 한편 헝가리, 특히 부다페스트의 자유주의, 자본주의, 물질적 번영은 이미 시작되고 있었다.

조용하게 지속하는 힘은 폭력이 하지 못하는 일을 성취할 수 있다. 그러나 헝가리의 정치력 행사는 조용하지 않았다. 정치적 웅변술을 갈망하는 국민적 성향이 발현되었던 것이다. 많은 헝가리인이 자기 권리가 짓밟히고 무시되고 있다며 '대타협'에 만족하지 않았다(그렇게 확신했다). 이

10 Szekfü, p. 83.

헝가리 '좌파'(당시 의회 용어로는 '중도 좌파')는 '대타협'을 받아들이고 지지했던 데아크의 집권 자유당 안에서조차 한동안 매우 중요한 세력으로 남아 있었다. 헝가리 의회는 점점 양당 체제로 굳어져갔다. "67년 지지자"로 불렸던 자유당은 '대타협'을 받아들였지만, 대중 앞에서는 '대타협'의 한두 가지 사항을 비난해야 할 필요성을 느꼈다. "48년 지지자"로 불렸던 독립당은 국가의 완전한 독립을 공언하며 그것을 자유당을 물리칠 무기로 활용했지만, 거창한 연설과 상징적 시위 행위를 제외하면 독립이라는 신화 같은 대의를 위한 실질적인 노력은 거의 하지 않았다. 1875년부터 1890년까지 티서 칼만이 수상을 맡았다. 그는 젠트리 및 귀족 가문과 연결된 헝가리 동부의 개신교 귀족 지주 출신이었다. 한때 '중도 좌파'이기도 했던 티서 칼만은 매우 독창적이고 웅변에 능했으며, 수상이 된 이후 신중하고 온건하며 빈틈없이 일을 처리했다. 그는 극단적인 민족주의적 수사학의 비효율성 — 위험한 비효율성 — 을 잘 인식하고 있었다. "평지풍파를 일으키지 말아달라!" 그의 반대자는 물론 그의 지지자 일부가 그에게 요구했던 사항이다. 1890년 독일에서 비스마르크가 은퇴했던 바로 그 주週에 티서 칼만도 사무실을 떠나야 했다. 이것은 비스마르크의 독일과 마찬가지로 새로운 정치 시대가 시작되었음을 뜻했다.

티서 칼만의 사임은 불길한 조짐을 내포하고 있었다. 이는 이중 제국의 복잡한 문제, 즉 독립 국가로서 헝가리의 지위에 관한 문제를 포함하는 헌법 차원의 문제였다(이후로도 계속 이런 문제가 발생했다). 문제가 복잡했던 것은 이중 제국을 확립한 '대타협' 법안이 모호하거나 복잡했기 때문이 아니라, 국민의 마음 상태가 복잡했기 때문이다. 그 마음 상태는 허

세와 낙관으로 가득 차 있었지만, 동시에 의심과 질투로 괴로워했다. 프
란츠 요제프 황제는 매우 존경받았지만, 빈 및 오스트리아와의 관계는
그렇지 않았다. 오스트리아의 권력은 현실적으로 그리고 법에 따라 효과
적으로 제한되고 있었지만, 그 힘을 상기시키는 것은 무엇이든 헝가리 국
민의 원초적 신경을 건드렸다. 그리고 그러한 정신 상태는 정치인들의 부
추김으로 인해 더욱 원초적인 형태를 유지했다. 1889년 말부터 1890년
에 걸친 겨울 동안 헌법 차원의 문제가 두 가지 발생했다. 하나는 국민적
영웅으로 존경받던 코슈트의 헝가리 시민권이 1889년 공식적으로 소멸
되는 문제였다. 이 문제는 코슈트가 헝가리로 돌아오지 않을 것이기 때문
에 실제로는 무의미했다. 헝가리의 몇몇 도시에서 그를 명예시민으로 선
출했다. 프란츠 요제프와 그의 정부가 (마지못해서이긴 해도) 그런 일을 허
용한 것은 프란츠 요제프가 상대적으로 관대했으며, 잠자는 사자를 건
드리지 않으려는 그의 의지가 강했기 때문이다. 어쨌든 코슈트는 반란군
의 지도자로 합스부르크 제국을 거의 무너뜨릴 뻔했고, 헝가리의 독립
뿐만 아니라 합스부르크의 폐위를 선언했으며, 망명 중에도 헝가리에 메
시지를 보내고 신문에 논설을 기고하는 등 절대로 수그러들지 않는 인물
이었다. 또 다른 사안은 제국과 왕실의 군대 문제였다. 1890년 2월 프란
츠 요제프와 최고 사령부는 장교들이 헝가리 국방군 연대에 소속되더라
도 오스트리아 - 헝가리 공동 군대에서 훈련받고 임명되어야 한다고 결
정했다. 티서 칼만은 코슈트의 시민권 연장과 군 개혁에 반대하는 협상
을 시도했다. 그의 당은 그를 충분하게 지원하지 않았고 그는 실패했다.
결국 그는 사임해야만 했다. 많은 정치인이 개인적인 야망과 질투 때문

에 그에게 등을 돌렸다. 헌법 차원의 문제는 그들의 목적이 아니라 수단이었다. 효과적인 대의와 실제적인 대의가 다른 것은 흔한 일이었다. 이것이 1890년 헝가리의 정치 상황이었다. 개국 천년을 기념하며 민족적 자긍심이 절정에 달했던 1896년보다 6년 전, 국가 번영의 절정이었던 1900년보다 10년 전, 바로 1890년 그해에 헝가리 의회와 정치 체제가 무너지기 시작했던 것이다.

•◦——◦•

티서 칼만의 후임으로 서파리 줄러(1832~1905) 백작이 수상을 맡았는데, 그는 정치적 재능이 없는 귀족이었다. (1918년 이중 제국이 종말을 맞을 때까지 헝가리 내각에는 최소한 한 명 이상의 고위 귀족이 있었다.) 1892년 서파리는 또 다른 상징적 사건으로 사임했다. 1892년 6월은 프란츠 요제프의 대관식 25주년이었다. 서파리는 오스트리아와 헝가리의 궁극적 화해를 상징하는 의식으로 두 기념물에 공식적으로 화환을 바치는 행사를 원했다. 하나는 1848~1849년의 헝가리 군대를 기념하기 위해 새로 세워진 기념비였고, 다른 하나는 1849년 헝가리군의 포위에 맞서 부다 요새를 방어하다 영웅적 최후를 맞이한 오스트리아의 헨치 장군을 기리는 기념물이었다. 그것은 효과가 없었고, 서파리는 사방에서 공격받았다. 그는 사임하지 않을 수 없었다. 또 다른 형태의 타협이 이루어졌다. 부다페스트 시의회는 프란츠 요제프와 코슈트를 명예시민으로 선출했다. 그러나 이것은 거의 무의미한 행동이었다.

신임 수상은 독일계 후손으로 상당한 능력을 갖춘 정치경제학자 베케를레 샨도르(1848~1921)였다. 그는 은화인 플로린(포린트)을 금화인 크라운(코로나)으로 바꾼 1892년 헝가리 화폐 개혁의 설계자였으며, 여러 면에서 글래드스턴과 닮았다(외모를 포함해서). 그의 전기는 아직 발간되지 않았다. 그는 곧 곤경에 빠졌다. 쟁점은 헝가리의 쿨투르캄프 Kulturkampf(1871~1887년의 비스마르크와 가톨릭교회의 싸움 ─ 옮긴이) 격으로, 서로 다른 종교를 가진 사람 사이의 결혼을 포함해 시민의 결혼에 관한 등록과 법적 의무에 있어서 교회(가톨릭)보다 국가의 권한을 우선시하는 법률을 통과시키는 문제였다. 또 하나의 특별한 타협이 있었다(절충 안이라고 하는 편이 맞을 것이다). 프란츠 요제프는 이러한 자유주의적이고 어느 정도는 반종교적인 개혁을 마지못해 받아들였고,[11] 대신 베케를레는 사임해야만 했다. 그의 후임자인 반피 데죄(1843~1911)는 매우 엄격한 사람으로 반정부 행위를 진압하기 위해 헌병대를 포함한 모든 방법을 동원했다. 프란츠 요제프는 반피 데죄를 좋아하지 않았다. 그는 이렇게 한탄했다. "아아, 다른 선택의 여지가 없다니."[12] 1894년 3월 코슈트 러요시가 사망했다. 그의 시신은 토리노에서 부다페스트로 옮겨졌다. 장대한 장례식이 거행되었다. 프란츠 요제프는 이 장례식을 국가 행사로 선언하

---

11 이는 꽤 복잡한 사안이었다. 이 건은 1894~1895년 교황 지상권을 지지하는 보수주의자와 헝가리 자유주의자, 가톨릭과 개신교, 빈 궁정과 부다페스트 의회, 심지어 반유대파와 친유대파 사이의 또 다른 대립으로 이어졌다. (가톨릭 인민당의 창당은 뒤에서 살펴보겠다.) 이 법안은 매우 사려 깊게 입안되었기 때문에 결국 교회가 받아들였다. (당시 헝가리 법학 수준은 꽤 높은 편이었는데, 그 결과 중 하나가 모범적이었던 형법이다.)

12 Hanák, p. 148.

는 것을 거부했고, 가톨릭교회의 조종弔鐘도 울리지 않았다. 그러나 도시는 사흘간의 애도 기간을 꽉 채우며 검은색으로 뒤덮였다. (부다페스트시는 공식적으로 애도를 선언했고, 개신교는 종을 울렸다.) 곧 코슈트 러요시의 아들 코슈트 페렌츠(1841~1914)가 헝가리로 돌아왔다. 그는 즉시 독립당의 대표로 선출되었지만, 정치력은 부족했고 성격도 강하지 못했다. 코슈트의 장례식에 거의 신경 쓰지 않았던 반피는 이러한 사실을 잘 알고 있었다. 정부의 개입과 부정부패로 점철된 선거 이후, 반피는 1896년 개국 천년의 해를 위해 정치적 휴전을 선언했다. 휴전은 지속되지 않았다. 개국 천년 행사 2년 후 헝가리는 '1848년의 혁명' 50주년을 기념했다. 헝가리가 프란츠 요제프에게 유일하게 양보한 것은 공식 축하 행사를 3월 15일이 아니라 4월 11일에 열기로 한 것이었다. (1848년 4월 11일은 프란츠 요제프의 전임자가 헝가리의 헌법 요구에 동의한 날이었지만, 1848년 3월 15일은 페스트에서 봉기가 발생한 날이었다.) 그해 말, 엘리자베트 황후가 스위스에서 이탈리아 무정부주의자의 칼에 찔려 사망했다. 모든 헝가리인이 그녀의 죽음을 슬퍼했다. 그녀는 헝가리를 좋아했고, 헝가리에서 인기가 매우 높았다. 그러나 제국에 대한 이처럼 진정 어린 감정은 그저 한 측면일 뿐, 다른 한편의 정치적 상황은 심각하게 경색되어가고 있었다. 양당 체제는 이미 네다섯 개의 당 체제로 분열되어 있었다. 1892년 자유당에서 분리해 국민당이 창당했고, 1895년에는 가톨릭 인민당이 창당했다. 1898년 반피가 사임한 뒤, 존경받던 고故 데아크의 사위이자 총명하고 온건한 정치인이었던 셀 칼만(1843~1915)이 그의 후임자가 되었다.

이러한 분열의 주된 요인은 집권당인 자유당 및 야당인 독립당을 포함한 모든 헝가리 정치계의 끝없는 질투와 개인적 다툼이었다. 그들은 끊임없이 쪼개지고 반목했다. 또 다른 요인은 정부가 때때로 행한 선거 부정을 비판하는 목소리가 점점 커졌다는 점이다. 선거 부정은 모든 종류의 행정적 협잡과 경찰, 헌병대의 개입을 통해 반ᅟ反정부 후보자의 선거운동을 방해하는 형태로 이루어졌다. 1892년과 1896년 선거에서 자유당은 과반수 확보에 실패했다. 유럽 역사에서 자유주의가 정점을 찍었던 세기말, 1900년 무렵 헝가리와 부다페스트에서 자유당은 여전히 여당이긴 했지만, 더는 그렇지 못할 운명이었다. 자유당과 자유주의 사상은 근본적으로 약해지고 있었다. 그것은 더 이상 자유, 개혁, 진보를 상징하지 않았다. 사람들은 자유당을 구체제의 잔재로 여겼다. 정치적 어휘의 변화가 이런 점을 시사했다. 사람들은 아직 살아 있는 "67년 지지자", 대타협을 주도했던 정당의 핵심 인물들을 "오리베랄리쇼크(낡은 자유주의자들)"라고 불렀다.

세기가 바뀌었다. 국가 차원의 자축 행사가 많았는데, 특히 부다페스트에서 많이 거행되었다. 그러나 국가의 정치에 만족해야 할 이유나 명분은 거의 없었다.[13] 1901년 의회 의원들이 기념비적이며 품위 넘치는 새 의회의사당으로 이전했다. 그러나 그곳에서의 그들의 행동은 품위가 없었다. 1903년 또 다른 헌법적 문제가 발생했다. 독립당과 몇몇 민족주의자가 헝가리 의회에서 공동 군대 내의 헝가리 부대를 지휘하기 위해 배

---

13 빈에서도 헝가리가 만족할 만한 일은 거의 없었다. 1900년 왕위 계승자인 프란츠 페르디난트(1863~1914) 대공이 그의 평생의 연인인 체코 백작의 딸과 결혼했다. 그때부터 그는 정치에 관심—그리고 계획—을 갖기 시작했다. 그는 극도의 반헝가리주의자였다.

타적으로 헝가리어를 사용해야 한다고 주장했던 것이다. 이것은 프란츠 요제프의 마음과 매우 밀접한 문제였다. 그는 원칙적으로나 실제적으로나 군대가 다민족 상태를 유지해야 한다고 확신하고 있었다. 군대야말로 이중 제국 그리고 다민족 제국을 방어하는 최후의 보루였다. 이런 이유로 늙은 황제는 타협을 원하지 않았다. 셀 칼만은 이 문제를 늦춰보려 노력했지만, 그의 전술은 효과가 없었다. 그는 사임해야만 했다. 몇 달간의 과도 내각을 거친 뒤, 프란츠 요제프는 티서 칼만의 아들 티서 이슈트반을 수상으로 임명했다.

티서 이슈트반은 강한 성격과 선견지명을 지닌 인물로 20세기의 가장 위대한 헝가리 정치가 중 한 명이었다. 그러나 그의 성격은 20세기에 어울리지 않을 정도로 너무나 완고했다. 만약 이 책이 부다페스트가 아니라 헝가리 역사를 다루었다면, 이 특이하고 어둡고 보수적이며 운명론적인 개신교 거물 — 어떤 면에서는 17세기 스코틀랜드 커버넌터 교인을 연상시키는 — 에 대한 묘사에 적어도 몇 쪽은 할애했을 것이다. 여기서는 티서가 의회의 북새통을 극복했던 20세기 첫해의 정치적 위기로 한정하겠다. 그는 자신이 존경했던 비스마르크처럼 의회의 북새통을 경멸했지만, 비스마르크와 달리 그것을 통제할 수단이 없었다. 독일과 달리 헝가리에서는 연극판 같은 의회가 대중의 인기를 끌고 있었기 때문이다. 그러나 티서는 노력했다. 그는 끝없이 토론하는 관행을 제한하는 새로운 의회 규칙을 제정했다. 그는 작은 싸움에서는 이겼지만, 결국 큰 전투에서 패배했다. 25일간 의회 문을 닫았다가 복귀한 의원들이 법을 사적으로 집행했다. 그들은 막 지어진 세계 최대 규모 의회의사당의 의자와 책상을 부숴버렸다. 티서는 정치적 자유라는 국가적 대의를 대표하는 것처럼 보였던 의회의 파괴자들보다 대중적 인기가 없었기 때문에 큰 전투에서 패배하고 말았던 것이다.

티서가 속한 정당의 많은 지도자 역시 그를 버리고 '연합'에 합류했다. 이 연합은 단지 티서에 대한 증오만으로 이질적인 사람과 집단이 뭉친 터무니없는 모임이었다. 티서는 선거를 요구할 수밖에 없었다. 1905년 1월 선거에서 여당은 1867년의 '대타협' 이후 처음으로 패배했다. 야당 중에서 독립당이 가장 많은 의석을 차지했다. 정상적인 권력 이양은 불가능했다. 국내 정치가 뜨겁게 달아오르며 동요했을 뿐만 아니라 독립당과 그 연합 세력이 군에 대한 프란츠 요제프의 칙령에 반대했기 때문이다. 문제의 핵심은 의회에서 벌어진 이러한 다툼이 늘 잠재되어 있던 반오스트리아 정서를 되살려 그동안 보이지 않던 불씨를 거대한 화염이 되도록 부채질했다는 점이다. 이제 이중 제국의 존립을 위협하는 것은 헝가리—헝가리 여론, 민심, 의회 의원—였다. 다른 나라 정부는 처음으로 이런 사실에 주목하기 시작했다. 그들 중 일부는 계속되는 헌법적 위기 속에서 늙은 황제(프란츠 요제프는 75세였다)가 오랜 의회 전통을 자부하는 나라의 정치 지도자들보다 훨씬 더 현명하고 능력이 있다는 사실을 깨달았다. 프란츠 요제프는 몇 달 동안 티서의 후임자를 찾기 위해 노력했지만, 소용없었다. 1905년 황제는 충실한 장군이자 정파와 무관한 페예르바리 게저(1833~1914) 남작을 수상으로 임명했다. 전국 각지에서 시끌벅적한 시위—수사학적으로 표현해서 봉기라 할 만한—가 발생했다. 빈 당국은 그러한 사실을 잘 알고 있었다. 그들은 실제로 헝가리 군사 점령 계획('U 작전')을 세웠지만, 그 군사 계획이 그렇게 필수적인 사항은 아니었다. 내무 장관 크리스토피 요제프(1857~1928)가 제안한 탁월한 방안이 페예르바리에게 힘을 실어주었다. 그것은 보통 비밀 선거로, 글을 읽고 쓸 줄 아는 24세 이상의 모든 남성에게 투표권을 주자는 제안이었다. "왕실은 더 이상 정치 계급의 지지를 기대할 수 없었기 때문에 다른 곳, 즉 하층 계급에게서 지지와 협력을 구해야만 했다."[14] 야당이었던 '연합'은 곧 분열되었다. 사회민주당을 비롯한 '연합'의 일부 세력이, 페예르바리 정부까지 지지하는 것은 아니지만, 민주적 선거 개혁을 지지한다고 선언했다. 반대하는 사람들도 있었다(티서도 보통 선거에 반대했다). 프란츠 요제프는 보통 선거가 헝가리의 많은 젠트리 정치인, 특히 독립당을 놀라게 할 것이라는 사실을 충분히 인식하고 있었다(이 문제에 관해 그에게 조언했던 참모가 누구였는지는 여전히 확실치 않다). 그 일은 그렇게 진행되었다. 몇 달간의 시위와 무질서 끝에 '연합'은 굴복했다. 1906년 4월 헌법적 위기는 종말을 맞이했다. 그리고 헝가리 자유당도 종말을 맞이했다. 티서 자신이 종말을 선언했다.

그것이 헝가리와 부다페스트에서 자유주의가 종말을 맞이했음을 뜻하지는 않았다. 그러나 그것은 적어도 좀더 심오한 어떤 것, 즉 자유와 평등 그리고 자유주의와 민주주의가 동등하게 협력하며 발전할 수 있을 것이라는 당시의 지배적 환상이 종말을 맞기 시작했음을 의미했다. 그것은 또한 헝가리가 외국, 특히 이중 제국 내 헝가리의 역할에 호의적이었

---

14 Gratz, Ⅱ, p. 29.

던 영국에서 누리던 평판이 끝나기 시작했음을 의미했다. 영국 자유당 뿐만 아니라 보수적인 토리당에서도 헝가리는 오랫동안 좋은 평판을 유지했고, 아일랜드 정치인과 작가들은 헝가리의 자치와 데아크의 정치력을 자국에 적용할 수 있는 본보기로 생각해왔다. 한편 헝가리는 자유주의적 영국을 동경했다. 도나우 강변에 세워진 새로운 의회의사당 건물은 템스 강변의 웨스트민스터의 특징을 일부 차용했고, 정치인과 작가들은 헝가리와 영국의 옛 헌법을 즐겨 비교했으며, 헝가리 '젠트리'는 명칭에도 나타나듯 자신들이 영국의 '젠트리'와 비슷하다고 생각했다. 티서 칼만은 영어도 할 줄 모르고 영국을 방문한 적도 없었지만, 영국에 대단히 우호적이어서 연설에 넬슨이나 피트 등을 자주 인용했다.[15] (티서 이슈트반은 영국을 짧게 방문한 적이 있지만, 영어는 잘하지 못했다.) 20세기 초 헝가리, 영국, 아일랜드의 정치적 변화 과정에는 우울한 유사점이 존재했다. 1890년 이후 영국과 아일랜드에서 낡은 자유주의와 영국-아일랜드의 이중 체제, 즉 아일랜드의 자치가 무너지기 시작했다. 1905년경에는 영국에서 헝가리에 대한 호의적인 인상이 갑자기 사라지기 시작했다. 이러한 변화를 촉발한 것은 스코틀랜드 자유당의 정치평론가였던 R. W. 시튼-왓슨의 신문 기사였다. 헝가리 정치인의 무책임한 행동에 초점을 맞춘 것이 시튼-왓슨만은 아니었지만, 비헝가리 민족에 대한 헝가리인의 무자비한 탄압 행위에 주목하여 여론을 형성한 것은 완전히 그의 힘이었다. 그가 '폭로'한 이 문제는 완전히 동떨어진 제삼자의 문제에 머물지

---

15 Hegedüs KAT, p. 125.

않고 점점 중요성을 띠기 시작했다.[16] 이 문제는 거의 모든 헝가리인과 헝가리 정치인이 직면하려고도 하지 않았고 직면할 수도 없었던, 해결이 불가능한 문제였다.

◆—— ◆◆

1900년경 오스트리아-헝가리 제국에는 적어도 열한 개의 민족이 있었고, 그중 여섯 민족은 잠재적으로 국경 너머의 동일한 언어를 사용하는 이웃 국가에 이끌릴 가능성이 컸다. 1890년대에 오스트리아 지역뿐만 아니라 헝가리 지역에서도 민족 갈등이 이중 제국의 정치적·사회적 질서를 어지럽히기 시작했다.

지리적 관점에서 볼 때 당시의 헝가리 왕국의 국경, 즉 모양은 오래되고 자연스러웠다. 국경은 수 세기 동안 거의 변하지 않았다. 이 긴 국경의 3분의 2가량은 반원형의 카르파티아산맥을 따라 이어지면서 모라비아, 폴란드, 우크라이나, 몰도바의 평원과 도나우 분지를 분리하는 진정한 자연 국경이었다. 헝가리인은 이 국경의 형태를 당연하게 생각했고, 지리학자는 타당하다고 생각했다. 국경의 나머지 부분도 풍부한 수량의 강과 큰 계곡을 따라 자연스럽게 형성되어서 꽤 합리적인 모양을 이루고

---

16 헝가리 역사학자 예센스키 게저(1941~) 교수가 저술한 탁월한 저서(*Az elvesztett presztizs*, 잃어버린 위신威信, 부다페스트, 1986)의 제목이 이러한 변화를 함축해서 말해주고 있다. 이 책은 정치뿐만 아니라 영국 지성계에서 헝가리에 대한 인식과 모습이 변해가던 과정을 다루고 있다.

있었다. 헝가리의 지리적 형태는 자연적인 조건에 따라 만들어졌지만, 민족 구성은 그러한 자연적인 모습을 전혀 보여주지 못했다. 1900년 헝가리 국내에 거주하는 헝가리인은 전체 인구의 절반인 51.4퍼센트에 불과했다.[17] 이러한 상태는 오랜 역사의 결과였다. 마자르족은 거의 전 역사에 걸쳐 상대적으로 낮은 출산율을 보였으며, 헝가리 분지의 유일한 거주자가 아니었다. 중세 시대에 이 지역은 서유럽, 남유럽, 그리고 독일계 유럽보다 인구 밀도가 낮았다. 그래서 마자르족은 이곳의 넓고 비어 있는 계곡 부근에 다른 민족이 정착하는 것을 허락했고, 가끔은 다른 민족을 초대하기도 했다. 마자르족은 터키에 의해 참화를 입었던 시기에 또 한 번의 급격한 인구 감소를 경험했는데, 당시는 유럽 다른 지역의 인구가 증가하기 시작하던 때였다. 18세기에 발칸 지역에서 터키의 통치가 다소 누그러지고 부패가 만연하자 서서히 재건이 이루어지고 있던 트란실바니아와 헝가리로 오스만 제국과 왈라키아에서 많은 사람이 이주해왔다.

19세기에 슬로바키아인, 크로아티아인, 세르비아인, 루마니아인의 민족의식이 높아지기 시작했다. 헝가리인의 민족주의, 헝가리인의 독립을 위한 노력은 그들에게 아무런 의미가 없었다. 아니, 오히려 그 반대였다. 1848년 헝가리 독립 전쟁 당시 이미 그러한 조짐이 나타났다. 크로아티아군과 일군의 세르비아, 루마니아 농부들이 헝가리에 대항하여 봉기했던 것이다. 1867년의 오스트리아 - 헝가리 '대타협'도 이러한 적대감을

---

17 당시의 여느 동유럽 국가와 달리 이 공식 통계는 상당히 신뢰할 만했다. 이 자료에서 국적은 인구조사 대상자의 종교나 충성심 또는 본인이 생각하는 국적이 아니라 그가 사용하는 모국어에 따라 구분되었다.

바꿀 수 없었다. '대타협'은 헝가리의 통치를 더욱 공고히 해주었다. 헝가리는 이제 빈의 하급 동반자였고, 그 지역 영토와 건물의 주인이었다. 헝가리가 비마자르인을 다루는 방식에 대해 빈은 직접적으로 간섭하지도 않았고 간섭할 수도 없었다. 이러한 방식에 헌법적 예외가 하나 있었다. 12세기부터 헝가리 왕국은 크로아티아 대부분을 지배했다. 헝가리에서 크로아티아인의 비중은 10분의 1 정도였고, 전체 63개의 주州 가운데 8개 주가 크로아티아에 속했다. 이 8개 주는 여느 곳과 달리 다양한 민족의 혼합이 상대적으로 적었다. 아드리아해 연안의 항구 도시 피우메를 제외하면 크로아티아 지역에 마자르인은 거의 없었다. 1868년의 공법公法은 1년 전인 1867년 '대타협'으로 헝가리가 오스트리아로부터 받은 것과 비슷한 자치권을 이 8개 주에 부여했다. 그러나 비슷하긴 해도 완전히 똑같지는 않았다. 크로아티아가 부다페스트로부터 얻은 자치권은 부다페스트가 빈으로부터 얻은 자치권보다 훨씬 더 제한적이었다. 결국 많은 크로아티아인이 반헝가리 정서를 갖게 되었다. 게다가 크로아티아의 젊은 세대는 크로아티아와 세르비아의 종교와 문화가 크게 다름에도 불구하고, 또 다른 '남쪽' 슬라브족인 세르비아와 연합하는 남南슬라브 국가, 즉 유고슬라비아에 매력을 느끼기 시작했다. 1890년 피우메에 주둔하던 제79크로아티아 연대가 헝가리의 통치에 반대하는 시위를 벌였다. 불길한 징조였다.

헝가리 내의 다른 비마자르인은 형편이 더 안 좋았다. 그들에게는 자치권이 전혀 없었다. 헝가리 정치인은 헝가리의 통치를 당연시했을 뿐만 아니라 그 외의 다른 방법은 없다고 확신했다. 이러한 확신과 민주적 평등주의에 대한 역사적인 의심[18]이 보통 비밀 선거의 도입을 꺼리는 주된 이유였다. 보통 선거는 부다페스트 의회가 슬로바키아인, 루마니아인, 크로아티아인, 세르비아인, 그 외 다른 민족 대표 무리의 방해로 난장판이 된다는 것을 의미했다. 여러 의미에서 진정한 19세기 자유주의자였던 (그리고 원래 '중도 좌파'였던) 티서 칼만은 1875년 다음과 같이 선언했다. "헝가리 국경 내에 독자적으로 생존할 수 있는 유일한 정치적 민족은 헝가리 민족뿐이다. 헝가리는 동쪽의 스위스[19]가 될 수 없다. 만약 그렇게 된다면 헝가리는 더 이상 존재하지 않게 될 것이다."[20] 그는 헝가리 동부에서 루마니아어 사용을 금지하는 법정 소송에 개입했고, 다른 소송에서는 특권 의식과 자만심에 가득 찬 오래된 트란실바니아의 독일계 작센인과 맞서며 "작센은 더 이상 존재하지 않는다"고 주장하기도 했다. 반피데죄는 헝가리가 "통일된 국민국가이므로 민족을 기반으로 한 정당은 용인할 수 없다"[21]고 선언했다. 무엇보다 반피는 지역명을 두 언어로 표시하는 것을 금지했는데, 때로는 크로아티아의 철도역 표지판도 사용하지 못하도록 했다. 그의 후임자인 셀 칼만은 트란실바니아의 루마니아 학교에 루마니아 정부가 재정 지원하는 것을 받아들이는 등 타협을 시도했다.

---

18 '역사적'이라고 표현한 것은 이러한 거부감이 단순한 반동적 이기심에 기인한 것이 아니라 헝가리어에 구현될 정도로 오래되고 깊은 뿌리를 가지고 있었기 때문이다. 헝가리에서 '민족'이라는 단어는 1900년 당시(그리고 그 후에도) 특별한 의미를 지니고 있었다. 이 단어는 '국민'(예를 들면 독일어의 Volk)과 전혀 같지 않았다. 이 단어는 귀족과 하급 귀족이라는 합법적 소수자, 즉 '역사적' 계급을 의미했다.

19 Vermes, p. 27

20 Hegedüs KAT, p. 187.

21 Bánffy(Horváth에서 재인용), 53.

그러나 헝가리 왕국의 모든 학교에서 헝가리어를 가르치는 것은 필수 사항이었다.

이런 종류의 헝가리 쇼비니즘을 오만함의 극치로 치부하기에는 무리가 있다. 돌이켜 생각해보면 이런 점에는 두 가지 정도의 요인이 있었다. 하나는 민족의식이 정신적·물질적으로 고정된 것이 아니라 계속 커지는 상황이었다는 점이다. 1900년 무렵까지도 이중 제국에는 자기가 어떤 민족인지 모르는 농민이 (100만 명까지는 아니어도) 수십만 명에 달했다. 그들의 민족의식은 아직 완전히 다듬어지지 않았던 것이다. 그들에게는 그들만의 모국어와 풍습이 있었지만, 그들의 공동체 의식은 민족적이라기보다는 종교적 그리고 때로는 종족적이었다. 이에 비해 헝가리인의 민족의식은 더 오래되고 더 진전된 형태였으며 훨씬 더 강했다. 다른 하나는 헝가리의 타민족 탄압이 민족적이라기보다는 문화적 성격을 띠었다는 점이다. 쟁점은 언어였다. 루마니아인이나 슬로바키아인이 헝가리어를 사용하거나 그들의 자녀가 헝가리어를 제1언어(헝가리어가 모국어가 될 필요는 없었다)로 사용한다면 그들은 불이익을 거의 또는 전혀 받지 않을 터였다. 지배 민족인 마자르족이 행한 차별 중 가장 평판이 좋지 않은 분야가 교육이었는데, 예를 들면 비마자르인 학교의 영향력을 줄이거나 억압하려는 시도를 들 수 있다(크로아티아의 완전한 비마자르인 지역은 예외였다). 그러나 이러한 정책조차 전적으로 위험에 직면한 지배 민족의 격렬하고 속 좁은 시도라고 말할 수는 없다. 돌이켜보면, 이러한 정책은 헝가리 언어·문명·문화의 동화력에 대해 지나치리만큼 낙관적이었던 헝가리인의 믿음에 바탕을 두고 있었다. 유대인은 말할 것도 없고, 얼마나 많은 독일인이 그들의 언어·문화·충성심에서 헝가리화하였던가?[22] 헝가리 서쪽에서는 지배 민족이며, 얼마 전까지도 언어와 문명에서 헝가리를 앞선다고 자부하던 그 독일인이! 그들의 헝가리화가 자연스럽게 이루어졌다면, 문맹이었던 슬로바키아인과 블라크인(헝가리 단어로는 올라─루마니아인을 의미함)에게는 헝가리화가 얼마나 쉬웠겠는가![23]

정치의 역사는 말言語의 역사이기도 하다. 중요한 점은 1900년경 많은 헝가리 정치인의 어휘에서 '쇼비니즘'이 긍정적인 단어였다는 사실이다. 그 무렵 영향력 있는 정치평론가였던 라코시 예뇌(1842~1929)는 "헝가리의 모든 사람이 마음속 깊이 헝가리 쇼비니즘주의자가 되었다고 느끼는 완전한 헝가리인이 되자"라고 주장했다.[24] 라코시는 유명한 논설에서 "3000만 헝가리인"의 국가를 주장하기도 했다.[25] 이 웅변적인 민족주의자가 독일 태생이라는 점은 상징적이면서도 상투적인 면을 지니고 있었다.

사물을 다른 관점에서 멀리 내다보는 헝가리 애국 정치가들은 계속 존재해왔다. 그들은 보수주의자이지 쇼비니즘주의자가 아니었다.[26] 그들은 민족주의 정서가 구체화되기도 전에 민족주의 대두의 위험성을 감지

---

22 "지성계에서 교양 있는 독일 부르주아 계급이 헝가리 문자와 문학을 통해 헝가리화한 것은 의심의 여지가 없다. 그것은 헝가리 문화가 자랑스러워할 만한 일이다", 세르브, p. 310.
23 1910년에 헝가리인의 문맹률은 20퍼센트(부다페스트는 9퍼센트 이하), 루마니아인은 67퍼센트, 카르파티아─우크라이나인(루테니아인)은 72퍼센트 이상이었다.
24 Bánffy cited by Horváth, pp. 38~39. 라코시 예뇌의 말을 프란츠 요제프의 말과 비교해보자. 1878년 중요한 왕실 회의에서 프란츠 요제프는 다음과 같이 말했다. "애국주의의 확산은 기분 좋은 일이오. 그러나 그런 감정이 정치적 쇼비니즘으로 전락하지 않도록 이성을 유지해야 하오."

했다. 세체니는 오스트리아 왕가와 완전히 단절하는 것, 즉 헝가리의 완전한 독립은 시기상조일 뿐만 아니라 잠재적 재앙의 원인이 될 수 있다고 생각했다. 코슈트는 쓰라린 패배와 그 결과로 망명을 떠나기 전까지는 도나우강 유역의 다른 민족과 동등한 관계를 유지하는 것, 즉 민주적 협력의 필요성을 깨닫지 못했다. 그러나 사려 깊고 심오하며 약간 우울한 성향의 역사가이자 정치평론가였던 그륀발트 벨러(1839~1891) 같은 인물도 1880년대까지 헝가리 내의 비마자르인은 "자체적으로 발전할 수 없다"[27]고 생각했다. 즉 그들을 동화하고 우수한 민족으로 흡수하는 것, 그럼으로써 문명의 승자인 마자르인이 되도록 그들을 고양하여 인류애의 의무를 다하는 것이 마자르족의 운명이라고 생각했다. 이런 생각이 그저 환상에 지나지 않는다고 여겼던 정치인과 사상가가 없지 않았다. 그러나 그들의 목소리는 새로운 함의와 새로운 반향을 얻는 1900년 무렵까지 10여 년간 거의 들을 수가 없었다.[28]

1890년대에는 크로아티아인, 슬로바키아인, 루마니아인이 거주

---

25 1880년부터 1900년까지 헝가리의 인구는 1380만 명에서 1690만 명(1910년에는 1826만 명)으로 급격히 증가했다(부다페스트만큼 급격하지는 않았지만). 마자르인의 비율도 1880년 46.6퍼센트에서 1900년 51.4퍼센트로 증가했다. 이 기간에 독일인과 슬로바키아인의 비율은 감소했고, 루마니아인의 비율은 거의 변화가 없었다. 헝가리인의 출산율이 상대적으로 낮았고 계속 떨어지고 있었음에도 전체적인 비율은 증가했다. 이것은 도나우 계곡을 중심으로 수만 명의 비마자르인이 헝가리화했기 때문이다. 또 다른 요인은 이민이었는데(1880년 이후 대부분 미국으로 이민을 떠났다), 1867년부터 1914년까지 헝가리 이민자 열 명 중 세 명만이 마자르인이었다. 1892년부터 1914년까지 오스트리아-헝가리 제국을 떠난 이민자 수는 약 200만 명이었는데, 그중 4분의 1이 오스트리아-헝가리로 돌아왔다. 부다-페스트를 떠난 이민자는 거의 없었다.
26 Staats-und Hofarchiv, Vienna, Aug. 24, 1878, cited by Hegedüs KAT, p. 213.
27 Grünwald quoted by Hanák, p. 165; also Hóman-Szekfü, V, p. 159.

하는 마을과 도시에서 반反마자르 시위와 폭동이 산발적으로 일어났다. 1895년 부다페스트에서 비마자르인 회의가 개최되었다. 민족마다 정치적으로 무장한 지식인이 있었는데, 그들은 대개 교육을 많이 받지 못했지만 목소리를 높여 자기 의견을 개진했다. 가장 가난하고 교육 수준이 낮은 카르파티아 - 우크라이나인 또는 루테니아인 사이에서는 종교가 민족의식과 결합했다. 실제로 이들에게 종교는 민족의식과 동일한 것이었다. 그리스 정교회 소속의 러시아인·우크라이나인 사제들은 러시아 정교회의 대의를 전파하면서 이들을 합동 동방 가톨릭교회나 그리스 가톨릭교회에서 멀어지게 유혹했다. 그리스 정교회와 그리스 가톨릭교회는 예배와 의식이 거의 같았기 때문에 이것은 그리 어려운 일이 아니었다. 이러한 유혹이 먹혀들도록 작용한 것은 서방(헝가리, 폴란드, 오스트리아) 지향의 그리스 가톨릭교회와는 거리가 먼 러시아 형제(민족)들에 대한 충성 욕구였다. 1906년 총선에서 더 많은 세르비아인, 루마니아인, 슬로바키아인 의원이 부다페스트의 의회의사당에 입성했다. 그러나 동시에 헝가리 정치의 자유주의 시대는 종말을 고했다. 먼 아일랜드나 가까운 오스트리아에서와 마찬가지로 헝가리에서도 민족주의의 발흥은 자유주의의 쇠퇴를 의미했던 것이다.

---

28 1898년 대체로 친정부적이었던 풍자 주간지에 실린 자기비판의 드문 예를 살펴보자. 1848년 혁명의 이상과 50년 후의 상황을 비교한 것이다. "자유, 평등, 박애! (…) 우리는 이런 것에 싫증이 났어. (…) 평등? 농민을 우리와 평등하게 만들자고? 박애? 안 돼! 우리의 루마니아인, 슬로바키아인, 다른 슬라브인 형제들이 이 말을 들으면 안 돼! ……".(Borsszem Jankó, cited by Horváth, p. 176.)

19세기 자유주의의 위기를 전반적으로 다룬 역사학자는 아직 없다. 거의 모든 역사학자와 정치사상가는 경제적 또는 사회적 측면에서 자유주의의 쇠퇴를 다루었다. 그러나 자유주의의 쇠퇴에는 더 깊고 감정적인 요인이 있었다. 자유주의는 사상가뿐만 아니라 그 수혜자로 여겨지던 하층 계급에게도 매력을 잃었다. 경제적으로 말하자면, 자유 무역과 자유 기업이라는 자유주의 원칙과 정책이 그 관대함과 자유의 고리를 상실했다. 기업가와 금융가가 여전히 자유주의로부터 이익을 얻는 동안, 노동자는 자본주의 기업의 찬란한 불빛이 닿지 않는 춥고 어두운 곳에서 자기 자신을 스스로 지켜나가지 않을 수 없었다. 대중의 반자본주의 감정은 사회주의에 대한 부분적·실질적·이성적 수용으로 이어졌다. 1880년 이후 영국 자유당과 미국 진보당의 일부 당원이 이런 점을 이해하기 시작했다. 그들은 고전적 자유주의에서 벗어나 사회 개혁, 복지 도입, 복지 제공, 복지 국가, 즉 자유당-노동당 제휴 정서(복지 부족)를 지향했다. 헝가리 자유당의 당원 중에도 이런 사람들이 있었지만, 많지는 않았다. 그러나 이런 점도 크게 중요하지는 않았다. 헝가리 자유당이 영국처럼 사회민주주의로 나아갔다면 헝가리 자유당의 종말이 좀 늦어지긴 했을 것이다. 그러나 영국에서와 마찬가지로 결국은 종말을 맞이했을 것이다.

자유주의 소멸의 원인 중 하나는 정치의식으로 무장한 노동 계급의 출현이었다. 1900년 무렵 헝가리, 특히 부다페스트에서 교육 수준이 높은 산업 노동자 계급이 빈 동쪽의 어느 유럽 국가보다 더 큰 규모로 생겨났다. 1890년 부다페스트에서 최초의 대규모 노동절 시위가 발생했다. 이 시위에 약 4만 명의 노동자가 참석해 도시공원에서 행진에 나섰다. 같은 해에 헝가리 사회민주당이 창당했다(오스트리아 사회민주당보다 1년 늦다). 이후 10년간 사회민주당의 영향력은 점점 더 커졌다. 그 기간에 부다페스트의 공장을 중심으로 몇몇 중대한 파업이 있었다. 그러나 비가 내렸던 1900년 5월 1일 노동절에 계획되었던 사회주의 시위는 무산되었다. 1900년 당시 헝가리 사회민주당은 아직 강력한 국민적 정당이 아니었다. (당 일간 기관지인 『민중의 소리Népszava』는 1904년에 창간되었다.) 여기에는 적어도 두 가지 이유가 있었다. 하나는 당이 확연히 도시적 성격을 띠고 있었고, 지도자 중 유대인이 많았다는 점이다. 헝가리에서 가장 가난한 사람들은 공장 노동자가 아니라 농민이었다. 헝가리 특정 지역의 일부 농민 사이에는 이미 농촌 사회주의의 전통이 뿌리내리고 있었다. 이 책은 헝가리가 아니라 부다페스트의 역사를 다루고 있으므로, 가슴 뭉클하고 애처로우며 때로는 종교적 감정으로 충만한 가난한 농민의 기독교적 사회주의를 여기서 묘사하는 것은 적절치 않다. 1890년대에 이들 농민은 정부와 지역 경찰의 강력한 무력 진압에 고통받았는데, 부다페스트에서 발생하던 간헐적인 파업과 노동자 시위에 대한 진압보다 그 강도가 훨씬 더 셌다. 따라서 헝가리의 농촌사회주의자와 산업사회주의자 사이에는 협력이 부족했다(실질적으로는 의견이 일치하지 않았다). 사회민주당이 상대적으로 약했던 또 다른 이유는 전형적인 마자르 정치 증후군 때문이었다. 그것은 당 지도부의 개인적 질투와 불화에 따른 분열과 파벌 싸움이었다.

19세기에 자유주의를 파괴한 것은 사회주의보다 민족주의였다. 여기서 얘기하는 민족주의는 헝가리 내의 해결할 수 없는 비마자르 민족 문제를 의미하는 것이 아니다. 마자르인 역시 자유주의적이기보다는 민족주의적이었다. (후에 알게 되지만, 사회민주당 역시 세계주의적이기보다는 민족주의적이었다. 즉 계급의식보다는 민족의식이 앞섰다.) 그러나 당시 민주적 대중의 민족주의적 반反자유주의는 전 세계적인 현상이었다. 예를 들면 1880년대 초 오스트리아에서 늙은 자유주의자와 젊은 급진적 민족주의자가 의견을 달리하며 갈라섰다. 민족주의자를 "젊은"이라고 표현한 것은 당시 사건들이 보여주듯 오스트리아 학생 대부분은 자유주의자가 아니었기 때문이다. 그들은 좌파가 아니라 우파의 민족주의 급진주의자가 되었다. 부다페스트에서도 1895년 무렵부터 대학생들 사이에 이러한 움직임이 감지되었다. 그들은 초반에는 자유주의적 민족주의 색채를 띠었지만, 점점 반유대주의 정서를 포함한 급진적 민족주의로 방향을 선회했다. 1897년 빈 의회에서 범독일 민족주의가 폭발했다. 오스트리아 정부는 의회의 폭력뿐만 아니라 길거리의 대중 폭력에 직면해 후퇴할 수밖에 없었다. 1890년대 부다페스트에서 발생한 의회와 대중의 소란은 오스트리아만큼 극적이지는 않았고, 부다페스트 의회의 폭발은 몇 년 뒤에 일어났다. 그러나 헝가리에서도 자유당의 몰락과 함께 새로운 종류의 우파가 생겨나고 있었다.

예를 들면 반유대주의는 반자유주의적 민족주의의 일부였지 그 반대는 아니었다. 1894~1895년 빈에서 갑자기 카를 루에거의 '기독교 사회당'이 혁명적으로 부상한 것은 당시 변화무쌍하게 표출되던 대중영합적 오스트리아 - 독일 민족주의 현상을 단적으로 보여주는 사례였다. 과거의 유대인 혐오증이 뿌리 깊은 종교적 편견이었다면, 당시 떠오르던 반유대주의는 국가적, 민족적, 대중영합적 성격을 띠고 있었다. 반유대주의의 대상은 고립된 유대인 거주 지역에 살면서 기이한 의복을 입고 기이한 의식을 따르는 이상한 사람들이 아니었다. 반유대주의의 대상은 유대 율법의 제약을 벗어나고 유럽 사회에 동화된, 때로 기독교로 개종하기까지 한 유대인들로 금융이나 언론 또는 다른 수익성 좋은 직업이나 정치에 종사하는 사람들이었다. 그들은 언어나 습관에서 빈 사람들과 거의 구별되지 않았고 종종 신체적 차이도 느낄 수 없었지만, 그들의 야망이나 실행력에서 어느 정도는 빈 냄새를 풍기지 않는 면도 있었다. 카를 루에거는 이러한 정서의 잠재적인 힘을 이해하고 있었다. 예를 들면 그는 1891년 교황 레오 13세가 발표한 회칙 '레룸 노바룸Rerum Novarum'에서 교회가 물질주의적 사회주의와 물질주의적 자본주의 모두를 비난하고 있다는 점을 잘 깨닫고 있었다. 루에거는 제어되지 않는 자본주의에 대한 확고한 반대 입장을 표명했고(다른 무엇보다 이러한 점이 빈 시정을 잘못된 방향으로 이끌었다), 약간 덜 단정적이긴 했지만 유대인의 '권력'에 대해서도 반대하는 태도를 보였다. 수만 명의 자유주의자와 사회주의자를 포함한 빈 시민들은 1895년 그를 시장으로 뽑았다. 그는 탁월한 능력의 시장이었다. 게다가 그는 더 이상 빈의 유대인에게 피해를 주거나 공격하지 않기로 결심했다. 그러나 그의 정당 명칭은 계속 불길한 징후를 내포하고 있었다. '기독교 사회당'의 '기독교'는 반유대주의와 반마르크스주의를 강하게 의미하고 있었던 것이다.[29]

헝가리인과 헝가리 정치계는 빈으로부터 아무런 영향도 받지 않았다고 큰소리로 주장했다. 그러나 헝가리 자유당의 위기는 빈의 자유주의 위기와 거의 일치했다. 부다페스트의 신중한 티서 칼만은 1890년에 실각했고, 빈의 신중한 타페는 1893년에 실각했다. 두 사건 모두 특정한 정치 시대의 종말을 의미했다. 1894년 헝가리에서 가톨릭 인민당이 모습을 드러냈다. 다시 한번 용어가 상황을 설명했다. '인민' '대중적' '영합적' '민족적' 같은 용어는 프랑스 혁명 이래로 오랫동안 민주주의, 자유주의, 사회주의, 좌파의 용어였다. 그러나 1890년대에는 '인민'의 이름으로 말하는 방식이 더 이상 좌파의 독점물이 될 수 없었다.[30] 따라서 헝가리 가톨릭 인민당의 이름은 상징적이라 할 수 있었다. 무엇보다 '자유주의에 대한 투쟁Harc a szabadelvüség ellen'을 선언한 헝가리 언어 역시 상징적이었다. 당시 다른 여러 유럽 국가와 마찬가지로 헝가리에서도 거의 모든 정치인이 '보수'라는 단어를 꺼렸지만, 실제로 가톨릭 인민당은 반자유주

---

29 1895년 이후 그가 견지했던 새로운 종류의 민족주의, 대중영합주의, 반자본주의, 반유대주의는 많은 나라에서 관찰된 현상이었다. 이러한 현상은 루에거 운동, 드레퓌스 사건(일반적으로 생각하듯 반드레퓌스파는 프랑스에서 반동적 제도와 신념의 단순한 최후 보루가 아니었다), 보어 전쟁과 마르코니 스캔들(1912년에 터진 영국의 정치 스캔들로 자유당 정부 간부들이 마르코니 회사와 관련하여 정부 정보를 부정하게 사용함으로써 이익을 본 사건 — 옮긴이) 당시 영국의 반자본주의적 반유대주의, 루마니아에서 쿠자(1820~1873)의 반유대주의 정당의 부상 등에 있어 공통분모로 작용했다. 1914년 이전에 종종 볼 수 있었던 미국 대중영합주의자들의 반유대주의 운동도 이러한 현상과 관련이 있었다.

30 몇 가지 예를 들 수 있다. 1914년 무솔리니가 새로 발간한 신문의 이름은 『이탈리아 인민Popolo d'Italia』이었다. 제1차 세계대전 이후에는 히틀러의 『인민 관찰자Völkischer Beobachter』가 발간되었다. 프랑스에서는 『인민Le Populaire』이 제2차 세계대전이 발발할 때까지도 사회주의 신문으로 남아 있었지만, 한때 마라가 발간했던 신문과 이름이 같은 『인민의 친구L'Ami du Peuple』는 그 전부터도 극우 신문이었다.

의적이었던 만큼 보수적인 정당이었다. 그러나 단순한 보수 이상이었다. 이 정당은 농업적이었고 반자본주의적이었으며 대중영합적이었다. 그리고 농업 보호와 금융 투기 제한, 증권거래세 도입을 요구했다. 이 정당의 주요 구성원은 도나우강 건너 지역의 가톨릭 귀족과 사회적 의식이 충만한 젊은 가톨릭 사제였다. 루에거의 정당과 달리 이 정당의 주요 세력은 부다페스트가 아니라 헝가리 북부의 슬로바키아인 거주 지역과 남부의 크로아티아인 거주 지역을 포함한 지방에 거점을 두고 있었다. 가톨릭 인민당은 자유주의를 반대했을 뿐만 아니라 자유당 정부에 의한 비마자르인의 탄압도 반대했다.[31] 교황 레오 13세가 루에거를 미심쩍어했던 것처럼 고위 성직자들은 하위 성직자 일부의 정치적 행위를 미심쩍어했다. 그러나 그들은 1894~1895년 가톨릭교회가 반대하던 시민 결혼법을 자유당 정부가 강행하자 가톨릭 인민당과 보조를 같이하게 되었다. 가톨릭 인민당은 당 잡지와 기관지에 나타난 것처럼 반자본주의 기조에 반유대주의 색채를 띠고 있었다. 이 정당은 대규모 대중 정당으로 나아가지는 못했지만, 자유당의 쇠퇴에 확실하게 한몫했다. 이 정당의 정치 무대 등장은 새로운 종류의 대중영합적, 민주적, 사회의식적 가톨릭이 자리매김했음을 보여주는 것이었다. 이러한 가톨릭 운동의 수석 대변인이자 실질적 지도자였던 프로하스커 오토카르(1858~1927)는 매우 지적인 '현대

---

31 이 정당의 주요 지도자인 지치 난도르Zichy Nándor(1829~1911) 백작은 차별적 관행에 주목했다. 예를 들면, 부다페스트에서 아드리아해의 항구 피우메까지의 철도 요금이 크로아티아의 자그레브에서 피우메까지의 철도 요금보다 저렴했다. 자그레브는 부다페스트에서 피우메까지의 철도 노선상에 있었고, 거리도 5분의 1밖에 되지 않았다.

적' 사제였다(그는 슬로바키아 출신, 즉 비마자르인이면서도 마자르 민족주의자였다). 1905년 세케시페헤르바르의 주교로 임명된 프로하스커는 관례적인 겉치레의 격식을 피하고, 기차역에서 자신이 거주할 관저까지 걸어서 갔다.

독립당 계열의 전 좌파들 사이에서도 새로운 대중영합주의가 싹트기 시작했다. 1890년 이후에는 민족 문제와 유대인의 영향에 관심을 기울이는 정치가도 등장했다. 모차리 러요시(1826~1916), 버르터 미클로시(1848~1905), 에간 에데(1851~1901)는 일부 비마자르인에 대한 무분별한 탄압과 그들이 겪는 궁핍이 재앙을 불러올 것으로 생각했다. 모차리 등은 특히 경작지를 소유하지 못한 헝가리 동북부의 루테니아인 농민들의 비참함에 경악했다. 이 농민들은 갈리치아 지방에서 카르파티아산맥을 넘어 헝가리에 정착한 뒤 돈놀이를 하는 유대인과 술집 주인들에게 종종 착취당하기도 했다. 버르터와 에간은 이 문제에 대한 관심을 불러일으키기 위해 노력했고, 짧게나마 성공을 거두었다. 유능한 농업부 장관이었던 더라니 이그나츠(1849~1927)는 이 궁핍한 루테니아인들을 돕기 위해 정주定住 장려 정책을 펼쳤다. 이 정책은 지속적인 효과를 내지 못하다가 몇 년 후 폐기되었다. 정부의 불충분한 재정 지원 탓도 있었지만, 궁핍한 루테니아인들이 헝가리화에서 별다른 미래를 발견하지 못했던 것이 더 큰 원인이었다. 진지하고 때론 격분하기도 했던 헝가리 개혁가들의 문제는 그들의 관심사가 지나치게 선별적이었다는 점이다. 그들은 유대인에 대해서는 어떠한 환상도 가지고 있지 않았기 때문에 유대인의 이민에 관해 현실적인 태도를 보였다. 그러나 루테니아인이나 루테니아 출신 소작농의 잠재적 충성심에 대해서는 많은 환상을 가지고 있었다. 그들은 루테니아인이 헝가리에 더 잘 동화될 수 있을 뿐만 아니라 그들의 헝가리화가 유대인과 달리 마자르 민족에게 긍정적 자산이 될 것으로 생각했다. 당시의 반유대주의는 늘 극단적인 것만은 아니었다. 이러한 선별적인 반유대주의는 유럽 자유주의의 일반적 위기 가운데 하나였다. 1890년 이후로 이러한 모습이 헝가리 정치에도 나타났던 것이다.

이런 모습은 적어도 표면적으로는 헝가리의 다른 지역보다 부다페스트에서 덜 뚜렷했다. 1901년의 선거는 비교적 평화로웠고, 부정부패도 거의 없었다. 1905년의 선거에서도 부정부패는 거의 없었다. 그러나 그해 부다페스트에서 국가적 정치 위기의 징후가 반복해서 나타났다. 그 위기의 국면에서 도시와 농촌 사이의 심각한 적대감이 드러났다. 이를테면 부다페스트 시정을 담당하던 시청은 자유당이 대다수 자리를 차지하고 있었고, 대부분 농경지였던 페스트주州의 본청은 그렇지 못했는데, 두 기관 사이의 적대감은 꽤 노골적이었다. 당시 헝가리 인구의 약 5퍼센트만이 유권자였다. 물론 부다페스트는 이 비율이 더 높아서 9퍼센트 정도 되었다. 재산과 교육 수준에 따라 유권자 자격이 부여되었기 때문에 부다페스트 유권자의 상당수는 유대인이었다(유권자의 40퍼센트 이상이었던 것으로 추정된다). 부다페스트에서도 정치의 양극화와 함께 19세기 자유주의의 붕괴가 시작되었다. 1905년까지 자유당은 부다페스트의 열 개 구역 전부를 장악했다. 그러나 1905년 자유당은 처음으로 부다페스트의 몇몇 구역에서 우위를 빼앗겼다. 유대인 유권자가 거의 없었던 9구역에서는 부다페스트 정치 역사상 처음으로 반유대주의 색채의 선거운동을 벌인 독립당 후보가 선출되었다.[32] 그러나 유대인이 많이 거주했던 6구역에서도 자유당의 세력은 무너졌다. 매우 지적인 유대인 변호사 바조니 빌모시(1868~1926)는 '민주당'을 창당하고 1905년 선거를 치렀다.[33] 바조니는 헝가리의 퇴행적인 정치·사회 구조와 기존 정부에 불만을 품던 부다페스트의 유대인 중산층 젊은이의 목소리를 온건하게 대변했다. 유대인 은행가, 변호사 등의 자녀들은 부모 세대의 군주에 대한 충성, 군주제 지지, 구태의연한 자유주의 전통에서 벗어나 좌익으로 기울고 있었다.

이들은 1900년 이후 부다페스트의 정치적·이념적 변화뿐만 아니라 지적·문화적 격변에도 지대한 역할을 했으며, 다음 장에서 살펴볼 1900년 세대의 일원이었다. 다음 장으로 가기 전에 마지막으로 1900년 경 국가의 정치화에 관해 언급하겠다. 부다페스트와 헝가리의 상황은 매우 이례적이었다. 역사적으로 사상운동 과정에서 새로운 사고방식과 새로운 예술 형태, 새로운 유행과 새로운 철학은 대개(항상 그런 것은 아니지만) 정치질서의 변화나 정치적 구현에 선행했다. 그러나 1900년 무렵 부다페스트에서는 새로운 사상, 새로운 창조력, 새로운 예술 형태가 도입되어야 한다는 인식과 자유주의의 정치적 위기가 동시에 몰려왔다. ('새로운 시'는 시인 어디 엔드레가 헝가리 정치와 예술—시, 문학, 회화, 음악 등—이 전환점을 맞이했던 1906년에 처음 사용한 용어였다.) 1900년 무렵 부다페스트의 물질적 번영이 극에 달하고, 천재들의 개인적 창조력이 전에 없던

---

32 BT, p. 626, 654~656; Hanák, pp. 553~606; Hegedüs KAT, pp. 281ff.
33 바조니는 "나는 자유주의적인 루에거주의자다"라고 선언했는데, 이는 자유당 이후를 시사하는 또 하나의 상징적 정치 용어였다.

수준의 업적을 달성했던 바로 그 시점에 헝가리 정치는 한탄스러운 퇴보를 거듭하고 있었다.

**THE
GENERATION
OF 1900**

최근 많은 역사가가 세대 개념[1]에 관심을 보였는데, 그중에서도 호세 오르테가 이 가세트와 그의 제자이자 탁월한 스페인 역사가인 훌리안 마리아스만큼 열정과 통찰력을 보여준 역사가는 흔치 않았다. 그런데 일부 헝가리 역사가가 그들보다 먼저 세대 문제에 관심을 집중했다.[2] 그 결과로 나온 가장 중요한 저작물이 20세기의 가장 위대한 헝가리 역사학자 섹퓌 줄러(1883~1955)가 쓴 『삼대三代, Három Nemzedék』다. '1900년 세대'라는 용어에 대한 나의 정의에 따르면, 1883년에 태어난 섹퓌 줄러 역시 1900년 세대에 속한다. 내 정의는, 섹퓌의 작품이 지닌 가치나 영향력을 손상시키지 않으면서, 한 세대가 어떻게 구성되는지에 대한 섹퓌의 정의—그는 이 개념을 명확하게 정의하지는 않았다—와 대체로 일치한다.

---

1 Marías, passim.
2 헝가리 단어 nemzedék(세대)는 영어 단어 generation보다 더 강한 느낌이다. 예를 들면 의미상 '미국 건국의 아버지'에 해당되는 헝가리 용어는 1820~1848년의 '개혁 세대'다.

물론 내 정의는 해당 인물의 생년월일이 첫 번째 조건이지만, 그들이 언제 영향력을 행사하기 시작했는지에 강조점을 두고 있다. 따라서 헝가리의 1900년 세대에 관한 내 설명은 1900년을 전후하여 형성된 일단의 무리에 집중될 것이다.[3] 그리고 이 시기보다 몇 년 후에 태어났지만, 여전히 그 시대의 문화적 분위기 속에서 자라난 사람들, 1875년부터 1905년 사이에 태어난 남성과 여성으로 눈에 띄고 매우 독특했던, 그리고 매우 성공했던 사람들도 포함될 것이다.

그들에게는 몇 가지 공통점이 있었다. 그들은 헝가리의 학교가 높은 수준에 도달했던 1880년대와 1890년대에 학교를 다녔다. 그리고 감상적인 헝가리 스타일과 수사학을 떨쳐버리려는 의지가 확고했다. 특이하고 새롭던 기민성도 그들의 공통점이었다. 낡은 관습과 편협한 전통에서 벗어나려는 그들의 노력은 각각의 독자적인 방식으로 이어졌다. 많은 작가, 화가, 작곡가, 철학자, 과학자 등이 더욱더 도시적이고 세계적인 것을 목표로 삼았다. 반면 서유럽의 새롭고 현대적인 시각과 예술 표현으로부터 영감을 받기는 했지만 도시화·세계화 문명에 별로 관심이 없는 사람

---

3 호르바트 졸탄(1900~1967)이 1961년에 출간한 『헝가리의 세기의 전환Magyar századfor-duló』은 작가에 대한 신랄한(그리고 준準마르크스적) 비판으로 평가절하되기는 했지만, 매우 중요한 작품이다. 이 작품은 1875년에서 1885년 사이에 태어난 여러 헝가리인의 특별한 재능에 초점을 맞추고 있다. '제2의 개혁 세대의 역사'라는 부제가 달려 있지만, 호르바트는 세대 개념을 거의 적용하지 않았다. 매커그의 『현대 헝가리의 유대인 귀족과 천재들Jewish Nobles and Geniuses in Modern Hungary』과 메리 글룩의 『게오르크 루카치와 그의 세대Georg Lukács and His Generation』(Cambridge, Mass., 1985)에서도 명확하지는 않지만 세대 개념을 찾아볼 수 있다. 그러나 메리 글룩의 작품 ― 특히 「세대의 토대」라는 장은 1885~1895년에 출생한 사람들을 다루고 있다 ― 이 다루는 사람들(그리고 그녀의 관점)은 일단의 급진적 지식인으로 한정되어 있다.

들도 있었다. 그들은 헝가리 시골 지역의 민속 문화를 탐구하고 그 잔재에 깊숙이 침잠하거나 이러한 문화의 축소판에 감춰진 표정을 희구함으로써 여전히 진정한 생명력으로 가득 찬 자연적 원천에서 영감을 얻고 새로운 표현법을 창조하고자 노력했다. 그 외에 헝가리 바깥의 세계로부터 거의 영향을 받지 않으면서 완전히 새로운 방식으로 헝가리를 거시적으로 표현하려던 사람들도 있었다. 첫 번째 경우로 극작가 몰나르 페렌츠를, 두 번째 경우로 작곡가 버르토크 벨러를, 세 번째 경우로 크루디 줄러를 들 수 있다. 크루디 줄러는 지금도 헝가리 이외의 지역에는 거의 알려져 있지 않지만, 나머지 두 사람은 전 세계적으로 명성을 떨치고 있다. 그들은 확실히 1900년 세대에 속했다(몰나르와 크루디는 1878년에, 버르톡은 1881년에 태어났다). 그러나 그들의 인격, 개성, 열망은 사뭇 달랐다.

1900년 세대를 일반화하는 데에는 또 다른 어려움이 있다. 그들은 헝가리 최초의 범세계적 세대로 많은 사람이 외국에서 명성을 떨치기도 했는데, 그들 중 상당수가 결국은 부다페스트와 헝가리를 떠났다. 헝가리에서 성공할 기회가 거의 없기도 했고, 생명에 위협을 느껴 필연적으로 떠난 사람도 많았다. 세 번의 이민 물결이 있었다. 첫 번째는 재앙에 가까웠던 1918~1919년의 급진적 공산 정권에 참여했던 경력 때문에 어쩔 수 없는 타협책으로 1919년 헝가리를 떠나야 했던 사람들과 이후의 민족주의 정권 아래서 자신의 학업이나 경력을 계속할 수 없다고 판단한 사람들의 이민 물결이었다. 두 번째는 이보다 작은 규모였는데, 헝가리가 히틀러의 제3제국과 엮이면서 목숨에 위협을 느낀 사람들이 1938년부터 1941년까지 헝가리를 떠난 이민 물결이었다. 그들은 미국이 전쟁에 참여하면서 이민 통로가 닫히기 전에 부다페스트를 떠날 수 있었다. 세 번째는 1944~1945년의 이민 물결로 유혈 사태에 이를 정도로 처참한 상황이 전개되었다. 당시 두 집단이 이러한 물결에 휩싸였다. 한 집단은 독일과 헝가리의 국가사회주의자들에 의해 죽임을 당하거나 추방당했던 사람들이다. 다른 한 집단은 오스트리아나 독일에 머무르며 국가사회주의와 제3제국에 적극적으로 협력했던 사람들로 전쟁 말기에 복구가 이루어진 헝가리로 돌아오는 것에 두려움을 느꼈다.[4]

그래서 많은 1900년 세대가 헝가리가 아닌 외국에서 성공적인(때로는 믿기 힘들 정도로 탁월한) 경력을 쌓았다. 헝가리 출신 노벨상 수상자 여섯 명 중 다섯 명이 1875년부터 1905년 사이에 태어났지만, 그중 오직 센트 죄르지 얼베르트(1893~1986) 한 명만 헝가리에 살며 일하는 동안에 상을 받았다. 그리고 그마저 결국 미국으로 건너가, 그곳에서 생애 마지막 30년간 꽤 유명한 대중적 인물로 살다가 생을 마쳤다. 외국에서 살았던 유명한 헝가리인은 다음과 같다. 극작가 몰나르 페렌츠,[*5] 멜키오어 렝젤*(1880~1974); 작곡가 버르토크 벨러, 에른스트 폰 도흐나니(1877~1960), 에머리히 칼만*(1882~1953); 지

---

4 1946년부터 1949년까지 헝가리에 공산주의 정권이 들어서면서 많은 유능한 인재가 부다페스트와 헝가리를 떠났다. 1956년 봉기 이후 다시 한번 약 20만 명이 헝가리를 탈출했고, 이후에도 많은 사람이 헝가리를 떠났다. 그러나 이 두 번의 이민 물결은 우리의 관심사가 아니다. 약간의 노인을 제외하면 그들은 대부분 1900년 세대가 아니기 때문이다.
5 *는 부다페스트에서 태어난 사람들이다. 나열되는 이름 중 독일식 또는 영어식으로 변경된 이름도 있다. 그러나 (다른 나라에서 미국으로 온 많은 저명한 이민자와 달리) 성을 바꾸거나 알기 쉽게 철자를 바꾼 경우는 많지 않았다. 나와 이름이 같았던 폴 루카스(헝가리식 이름은 루카치 팔Lukács Pál이다 — 옮긴이)는 매우 드문 예외였다(그는 나와 친척 관계가 아니다).

휘자 조지 셀*(1897~1970), 조르주 세바스티안*(1903~1989), 유진 오르먼디*(1899~1985), 티보르 셰를리(1901~1978); 바이올리니스트 요제프 시게티*(1892~1973); 영화감독 및 제작자 알렉산더 코르더(1893~1956), 볼바리 게저(1897~1961), 마이클 커티즈*(1886~1962), 조 파스테르나크(1901~1991); 언론인 테오도어 헤르츨*(1860~1904), 아서 케스틀러*(1905~1983); 문학 철학자 게오르크 루카치*(1885~1971); 물리학자 유진 위그너*(1902~1995), 존 폰 노이만*(1903~1957), 게오르크 베케시*(1899~1972), 레오 실라드*(1898~1964), 시어도어 폰 카르만*(1881~1963), 데니스 가보르*(1900~1979); 화학자 게오르크 드 헤베시*(1885~1966); 내과 의사 로버트 바라니(1876~1936); 수학자 프리제시 리에스(1880~1956), 리포트 페예르(1880~1959); 영화배우 폴 루카스*(1894~1971); 여자 배우 빌머 반키(1901~1991); 사진가 안드레 케르테스*(1894~1985), 마틴 문카치(1896~1963), 브라사이(1899~1984); 철학자 카를 케레니(1897~1973), 아우렐 콜너이*(1900~1973); 건축가 마르셀 브로이어(1902~1981), 라슬로 모호이너지(1895~1946); 정신 분석가 프란츠 알렉산더*(1891~1964); 경제학자 토머스 벌로흐 경*(1905~1985); 사회학자 카를 만하임*(1893~1947); 화학자이자 철학자 마이클 폴라니*(1891~1976); 20세기 최고의 모험가이자 사기꾼 I. T. T. 링컨(트레비치 링컨, 1879~1943).[6] 이들 중에는 헝가리에서 먼저 명성을 얻은 후 외국에서 이름을 날린 사람도 있고, 반대로 외국에서 명성을 얻은 후 자신의 조국과 고향에서 다시 반향을 일으킨 사람도 있었다. 또한 복잡한 심리적 이유로 스스로를 헝가리인이라고 생각하지 않았던 사람도 있었다(케스틀러, 알렉산더, 폴라니, 오르먼디[7] 등).

이러한 '두뇌 유출'(매력적이지 않은 용어다)은 헝가리의 막대한 손실이었다.[8] 그러나 여기서 주로 다루려는 인물들은 외국으로 떠나지 않았고, 외국에 거의 알려지지도 않았으며, 주로 헝가리에서만 읽히고 언급되고 존경받는 1900년 세대의 남성과 여성이다. 그들은 대부분 작가, 시인, 역사가로 모국어에 탁월한 재능을 타고난 사람들이었다.[9]

어쨌든 헝가리를 떠난 사람과 헝가리에 남은 사람의 차이는 그렇게 단

---

6 1879년 부다페스트 남쪽의 조그만 마을 퍼크스에서 존경받던 유대인 가정에서 태어난 트레비치 이그나츠는 좀도둑부터 시작해 부다페스트에서 언론인, 함부르크에서 장로교 선교사, 몬트리올에서 복음주의 성직자, 핼리팩스에서 개신교 시의원, 켄트에서 성공회 목사, 영국의 퀘이커 자선가이자 백만장자인 로운트리의 동료이자 수석 연구원, 영국 하원의 자유당 의원(1910년에 선출되었다. 잡지 『펀치Punch』는 "퍼크스 보비스쿰Paks Vobiscum"['그대들에게 평화가 있으라pax vobiscum'라는 가톨릭 인사말을 풍자적으로 표현한 말 — 옮긴이]이라는 제목과 삽화를 실었다), 갈리치아와 루마니아에서 석유 시추 장비 투기꾼, 사기 범죄 소송의 피고, 1914년 독일 고등 함대의 파멸을 초래한 군사 계획의 추진자 등 변화무쌍한 활약을 했다. 이후 그는 독일을 위해 첩자 활동을 하다가 뉴욕으로 도망쳤고, 브로드웨이에서 체포되어 영국으로 추방된 뒤 영국 감옥에서 3년간 복역했다. 독일로 돌아온 트레비치는 독일 민족주의자이자 반란을 주도했던 카프와 에어하르트의 공보 비서 겸 홍보 담당관으로 일했고, 이후 중국 군대의 선임 군사 고문을 역임하고 미국 불교 종파의 창시자가 되었다. 그는 1943년 일본 점령하의 중국에서 불교 승려로 사망했다. 버나드 와서스틴이 그에 관한 학술적 전기 『트레비치 링컨의 비밀스러운 삶The Secret Lives of Trebitsch Lincoln』(London and New Haven, 1988)을 출간했다.

7 헝가리 이름으로 블라우 예뇌Blau Jenő였던 오르먼디는 (헝가리인이라는 것이 자랑스러운 일이 된) 1956년 봉기 이후 자신이 헝가리 출신임을 '재발견'한 사람 중 한 명이었다.

8 진지한 연구자인 요제프 뷜로니 박사는 외국에서 활동한 주목할 만한 헝가리인의 인명사전을 완성하기 위해 다년간 연구해왔다. 헝가리 역사학자 프렌크 티보르(1948~)는 『잃어버린 세대』라는 제목으로 그들에 관한 책을 저술했다. 내가 빠뜨릴 수도 있었던 인물들에 관심을 두도록 아낌없이 지원해준 두 학자에게 진심으로 감사드린다. 어쨌든 이 책에 명기한 인물 목록은 불완전하다는 점을 여기에 밝혀둔다.

정적이거나 절대적이지 않다. 헝가리를 떠난 사람의 업적과 성취는 헝가리에서 완전히 사라진 것이 아니며, 오히려 두 집단의 공통점이 차이점보다 더 중요하기 때문이다. 공통점에는 1900년 세대의 두 가지 새로운 특징이 포함된다. 첫 번째는 수학에서 시에 이르기까지 그들의 재능이 광범위한 범위에 걸쳐 펼쳐졌다는 점이다(때로는 둘 이상의 분야에서 천재성을 발휘하는 흔치 않은 조합도 있었다). 두 번째는 헝가리 역사상 처음으로 1900년 세대가 본질적으로 부다페스트 세대였다는 점이다. 1900년 세대 모두가 부다페스트에서 태어난 것은 아니지만, 상당수가 부다페스트에서 태어났다. 그리고 그들의 과학·문학·예술 경력이 부다페스트에서 시작되었으며, 대부분이 부다페스트의 학교에서 기본 교육을 받았다.

◆—◆

이처럼 광범위한 재능의 원천은 생물학적이라기보다는 문화적이었다. 그것은 1900년 부다페스트의 분위기와 관련성이 깊었고, 당시 유럽 최고 수준에 도달했던 학교 상황과 확실한 상관관계가 있었다. 부다페스트 학교의 급격한 개선은 1855년 오스트리아 행정부가 12세까지 학교 교육을 의무화하면서 시작되었다. 툰 개혁(레오 툰이 주도했던 오스트리아

---

9 1947년 망명길에 올랐던 소설가 마러이 샨도르(1900~1989)와 평론가 Cs. 서보 라슬로(1905~1984)도 대상에 포함되어 있다. 그들은 비록 모국 사람들과 단절되었지만, 외국으로 이주한 후에도 계속해서 헝가리어로 글을 썼다. 그들의 이름과 작품이 모국에서 계속 읽히고 사람들 입에 오르내렸다는 점이 궁극적인 보상이 되었을 것이다.

의 교육 체계 개선 사업— 옮긴이) 이후, 헝가리 문화교육부 장관들(외트뵈시 요제프, 트레포르트 아고슈톤, 차키 얼빈)은 진지하고 헌신적인 자세로 교육 환경을 개선했다. 그들은 무엇보다 부다페스트의 문맹자 비율을 현저하게 낮추었다. 1875년부터 1900년까지 부다페스트의 학교, 교사, 학생 수는 두 배 이상 증가했다. 당시 부다페스트의 인구는 다른 유럽 대도시보다 빠르게 증가하고 있었는데, 위의 교육 관련 수치는 이 인구 증가 수치보다 훨씬 더 컸다. 일반적으로 교육에 투자되는 돈과 교육의 질 사이에는 직접적인 상관관계가 없는데(이런 유감스러운 예는 20세기에 얼마든지 찾을 수 있다), 19세기 말 부다페스트에서도 이런 상황은 별반 다르지 않았다.

교육 수준의 향상은 순차적으로 이루어졌다. 대체로 초등 교육은 1870년대에, 중등 교육은 1880년대에, 대학 교육은 1890년대에 서유럽에 맞먹는 수준으로 향상되었다. 이 중 가장 영향력이 컸던 부문은 중등 교육이었다. 중등 교육은 세 종류의 학교로 구분되었는데, 최상의 학교는 인문주의적 김나지움으로 라틴어와 그리스어가 필수였으며, 8년 과정으로 학생들은 대개 10세부터 18세까지 이곳에 다녔다. 1876년에는 부다페스트에 세 개의 김나지움이 있었지만, 1896년에는 열두 개로 늘어났다(1896년에 여성을 위한 김나지움이 처음으로 문을 열었다). 마지막 8년 차에는 대학 입학 자격을 얻기 위한, 몹시 어려운 최종 시험을 통과해야 했다(성직자나 공무원이 되기 위해서도 이 시험을 통과해야 했다).

때로는 극단적인 헝가리인들이 오스트리아로부터 독립을 주장하기도 했지만, 헝가리 교육 체제— 특히 김나지움과 대학— 는 교육 내용을 포함해서 오스트리아와 독일의 교육 체제를 거의 완벽하게 따르고 있었다. (당시 러시아를 포함한 여러 유럽 국가가 이러한 체제를 따르고 있었고, 미국도 1880년 이후에 이러한 체제에 따라 대학원 교육을 실시했다.) 중요한 예외가 파리의 에콜 노르말(고등사범학교)을 본떠 만든 외트뵈시 대학(콜레지움) 이었다. 이 학교는 위대한 물리학자였던 외트뵈시 로란드(1848~1919) 남작의 후원을 받아 1896년에 설립되었다. 이 학교의 첫 번째 학생 중에도 뛰어난 재능을 보유한 1900년 세대가 매우 많았다.[10]

1850년 이전에 빈, 프라하, 베를린의 대학에 비해 한참 수준이 떨어졌던 헝가리와 부다페스트의 대학들 역시 비약적으로 성장했다. (1875년에서 1888년 사이에 태어난 첫 1900년 세대가 대학에 들어간 시기였던) 1892년부터 1905년까지 대학생 수도 두 배로 늘어났다. 법대생의 수가 가장 빠르게 증가한 반면, 부다페스트에서 의학 학위를 받은 사람은 조금 줄었다. 그 이유는 관례적으로 중간 또는 고위직 공무원이 되기 위해서는 상대적으로 취득이 쉬웠던 법학 학위가 필요했기 때문이다(때로는 은행 같은 사기업에서도 중간 이상의 직위에 오르는 데 법학 학위가 필요했다). 의학 학위가 상대적으로 적었던 데에는 좀더 복잡한 이유가 있었다. 1900년 무렵 부다페스트의 인구 대비 의사 수는 빈만큼 많았는데, 이들 중 상당수가 빈대학의 유명한 교수에게 학위를 받았다. 헝가리 김나지움 학위로 빈

---

10 작곡가 코다이 졸탄, 역사학자 섹퓌 줄러, 민족주의자이자 대중영합주의 작가였던 서보 데죄(1879~1945), 산문과 비평의 달인 쿤츠 얼러다르(1885~1931), 미술사학자 게레비치 티보르(1882~1954), 문헌학자 곰보츠 졸탄(1877~1935) 등이 이 학교 출신이었다. 외트뵈시대학의 교수 중에도 페테르피 예뇌(1850~1899)나 조용하고 헌신적이었던 버르토니에크 게저(1854~1930) 등 탁월한 사람이 많았다.

대학에 입학하는 것이 용이했기 때문이다. (유명한 테오도어 빌로트를 비롯한 빈대학의 일부 교수가 헝가리 학생 수가 많은 것에 항의했지만 허사였다.) 1895년 이후로 부다페스트의 교수진이 상당히 엄격한 기준을 적용한 것도 빈대학 학위가 많은 이유 중 하나였다. 당시 부다페스트의 교수진도 여러 측면에서 빈과 베를린 같은 세계적 수준에 도달해 있었다.[11]

그러나 인재들의 재능이 형성된 것은 대학이 아니라 주로 부다페스트의 김나지움에서였다(외트뵈시는 이 점에서 예외라 할 수 있다). 이 점은 당시 사람들의 회상이나 자서전, 회고록, 인터뷰 등에서 확인할 수 있다. 그들 중 많은 이가 특별히 애정 어린 어조로 김나지움 시절의 선생님을 언

---

11 당시 의학 분야의 코라니 샨도르(1866~1944), 렌호셰크 미하이(1863~1937), 옌드러시크 에르뇌(1858~1921), 터우페르 에밀(1870~1956), 그로스 교수는 유럽에서 명성이 대단했다. 그 외에 이슬람 학자 골드치헤르 이그나츠(1850~1921), 핀란드-헝가리어 학자 부덴츠 요제프(1836~1892), 아시아 전문가이자 탐험가 밤베리 아르민(1832~1913), 물리학자 외트뵈시 로란드, 생물학자 헤르만, 천문학자 콘코이 테게 미클로시(1842~1916), 수학자 프리제시 리에스 등이 외국에서 폭넓은 평판을 얻고 있었다. 그러나 리에스를 제외하면 이들은 1900년 세대가 아니라 1900년 세대의 스승이었다.

몇 가지 통계 수치로 1900년 세대의 교육 기회가 확대되었음을 확인할 수 있다. 1873년 부다페스트 대학 본관 건물 신축, 1875년 음악 아카데미(부다페스트 콘서바토리) 설립, 1874년 국가 기록원 설립, 1887년 과학 기술 전문학교(폴리테크닉) 공학·건축·공익 학부 설립, 1883년 군사 과학 아카데미(루도비커) 설립, 1891년 고등 상업 아카데미 설립, 1892~1905년 철학 박사 네 배 증가, 1883~1903년 학술지 세 배 증가, 1890~1900년 학술 서적 출간 수 6251권, 1900년까지 부다페스트 도서관들의 장서 수 200만 권 이상, 1881~1906년 헝가리 특허청에 등록된 특허 일곱 배 증가. 이 기간에 헝가리 발명가들은 놀라운 업적을 달성했다. 예를 들면 1893년 춘커 야노시(1852~1939)가 기화기 발명, 1893년 푸슈카시 티버더르가 뉴스-음악을 방송하는 전화 송출 네트워크 개발, 같은 시기에 지페르노프스키 카로이(1853~1942)와 블라티 오토 티투스(1860~1939)가 변압기 개발, 칸도 칼만(1869~1931)이 전기 엔진과 기관차 발명. 칸도 칼만을 제외하면 여기 언급한 기술자와 발명가들은 1900년 세대보다 나이가 많았다. 모두 대가들이었다.

급하고 있는데, 아마 두 가지 이유에서일 것이다.

하나는 그 당시 젊은이들의 상대적 조숙함이었다. 젊은이들은 육체적인 면이 아니라 지적인 면에서 성숙이 빨랐는데, 대개 열여섯 살을 전후해서, 즉 그들이 김나지움의 고학년일 때 인격 형성의 시기가 찾아왔다. 다른 하나는 높은 수준의 교육과정과 교사의 우수함이었다. 교육과정은 매우 엄격해 라틴어 6년(일부 학교는 8년)과 그리스어 3년을 이수해야 했고, 수학은 미분과 적분까지 마쳐야 했으며, 헝가리 문학 및 역사(그리고 그리스와 로마 역사)를 처음부터 끝까지 완전히 통달해야 했다. 김나지움 교사의 상당수는 철학 박사였다. 그 외에 상당한 지명도를 가진 인문학자와 문학가도 많았다. 교사들의 헌신은 말할 것도 없고, 그들의 수업 수준이나 역량 또한 매우 훌륭해 현재 미국 대학의 석학들과 맞먹을 정도였다. 물론 중부 유럽의 다른 김나지움도 상황이 그렇게 차이 나지는 않았다. 그러나 부다페스트의 김나지움은 특히 헝가리의 열정이 손에 잡힐 듯 잘 드러났는데, 그러한 열정의 근원은 많은 교사가 가슴에 품고 있던 강력한 헝가리 민족주의였다.

경의를 표할 만한 (그러나 확실히 선별적인) 1900년 세대에 대한 기억이 이 학교 체제의 단점을 가리고 있다. 물론 이러한 단점은 개성이 아니라 두뇌 훈련에 일방적으로 중점을 두는 독일식 교육 체제에서 기인한 것이었다. 외트뵈시의 학교와 수녀원이 운영하던 몇몇 탁월한 여학교를 제외하면 부다페스트에 기숙학교는 거의 없었다. 수업 시간 중 체육은 최소한으로 할당되었다. 예를 들면 유명한 건축가가 설계한 새로운 김나지움은 웅장한 계단과 격자 천장을 갖춘 의식용 강당이 마련되고, 오페라 극장과 사법재판소와 의회의사당에 프레스코화를 그렸던 로츠 카로이 (1833~1904) 같은 유명한 화가의 프레스코화로 장식되었지만, '체육'을 위한 공간은 벽을 따라 설치된 철봉 외에는 거의 운동 장비를 갖추지 못한 보잘것없고 어두운 체육관이나 좁고 그늘진 안쪽의 뜰밖에 없었다. 역설적이게도 당시는 운동에 관한 관심이 급격히 증가하고, '멘스 사나인 코르포레 사노mens sana in corpore sano(건강한 육체에 건강한 정신)'라는 라틴어 표어가 학생들의 마음을 북돋우던 시기였다. 건강한 정신을 고양하는 데 또 하나의 장애물로 작용한 것은 매일 해야만 하는 필수 항목의 극단적 경직성이었다. 대부분의 수업은 암송으로 시작했는데, 이는 학생들이 매일 질문과 시험에 대비해 뭔가를 준비해야 한다는 것을 뜻했다. 이러한 매일매일의 과제는 학생들의 자기 훈련과 학습 습관에 도움이 되기도 했지만, 다른 한편 이렇게 어렵고 때로는 불가능한 요구로 인해 학생들이 모든 종류의 술책과 속임수를 실습해보는 계기가 되기도 했다. 학생들은 은밀함과 얼버무림, 길을 가로지르거나 규칙을 무시하는 것이 융통성 없고 단정적이며 무감각한 그리고 종종 무의미한 규칙이 넘쳐흐르는 세상에서 생존하는 데 필수 불가결한 요소라는 점을 어린 나이에 깨달았던 것이다. 학생들은 갑자기 호출되는 두려움, 불충분한 준비에 대한 두려움, 학기 말에 나쁜 점수를 받거나 낙제점을 받는 것에 대한 두려움에 시달렸다. 더 심각한 것은 그들이 열일곱 살이나 열여덟 살의 나이에 김나지움에서 배운 모든 것을 이틀에 걸친 시험 기간의 단 몇 시간 내에 설명해야 하는 마지막 마투라(대학 입학 자격시험, 바칼로레아라고 불리기도 했다)에 대한 트라우마가 엄청났다는 점이다. 이 시험은 6월 초에 치러졌는데, 종종 시험을 앞두고 자살하는 학생이 있었다. 김나지움 교육에는 여러 긍정적인 요소가 많았지만, 아주 중요한 부정적인 요소도 있었다. 그것은 좋은 성적과 훌륭한 인격이 직접적인 상관관계가 없었다는 점이다. 학업 성취도와 이후의 경력이 별로 관계없는 경우도 종종 있었다. 예를 들면 노벨상을 받은 생화학자 센트 죄르지 얼베르트는 물리학에서 'C' 학점을 받았고, 버르토크 벨러는 작곡에서 'B' 학점을 받았다.

우리는 1900년 세대의 학창 시절에 관해 많은 것을 알고 있다. 그 세대의 가장 뛰어난 몇몇 헝가리 작가가 김나지움과 학생과 교사 그리고 그들의 관계를 주제로 흥분, 악행, 각성, 오해, 비극이 넘쳐나는 완벽한 소설을 남겼기 때문이다.[12] 이렇게 많은 작품이 문학적으로 우연히 쏟아져 나온 것은 아니었다. 그것은 학교 담장을 영원히 뒤로하고 수십 년을 살아온 감수성 예민한 작가들의 삶과 마음속에 학창 시절에 대한 인상이 깊고도 강하게 새겨져 있었다는 반증이었다.

✦ — ✦

부분적이긴 하지만, 이러한 학교 덕분에 1900년의 부다페스트는 모든 분야에서 지적 성취에 따른 엄청난 관심을 받았다. 당시 지적 성취에 대

---

12 코스톨라니 데죄는 『황금빛 연Aranysárkány』에서 민감한 김나지움 교사의 비극을 다뤘다. 유머 작가 커린티 프리제시(1887~1938)는 『교수님, 제발!Tanár úr, kérem』이라는 희극 시리즈를 연재했는데, 이 작품은 수천 명의 독자에게 학창 시절의 우여곡절을 상기시키며 지속적인 성공을 거두었다.

한 젊은이들의 강한 자부심은 헝가리에서 비교적 새로운 일이었다. 그러한 열망과 인정을 갈구하는 새로운 물결은 1900년경 부다페스트에서 진행되던 사회 구성 변화 및 사회적 분위기에 따른 것이었다. 조숙하다고도 할 수 있는 이러한 문화적 욕구는 학교[13]에서뿐만 아니라 부다페스트의 각 가정에서도 표출되었다. 그것은 바로 이 도시의 분위기에서 표출되는 것이었다. 1900년 이전 25년간 독서와 출판에 큰 변화가 있었다. 그전에는 글을 읽을 줄 아는 시골의 젠트리 계층이 책을 많이는 아니지만 깊게 읽었다. 그들은 라틴어를 잘 아는 헝가리의 마지막 세대였다. 헝가리 법률이 라틴어를 많이 사용했고, 1840년대까지도 헝가리 의회에서 라틴어로 회의를 진행했던 관례 때문이었다. 이들 오래된 헝가리 젠트리 계층은 1900년 무렵 매우 가난해졌고, 그들 중 많은 이가 부다페스트로 이동해와 정부 기구에서 일자리를 찾았다. 그들은 새로운 유행의 부다페스트 문화생활에 낀 거품과 허영에 무관심하거나 적의를 품고 있었다. 그러나 그들은 소수였다. 1900년 무렵 부다페스트의 문화적 열망은 오래된 귀족과 상대적으로 신참인 중·상류층에게 똑같이 영향을 미쳤다. 당시는 조숙한 나이에 역동적으로 정신적 욕구를 갈망하던 시대였다. 후녀디 샨도르의 매력적이지만 자기비하적인 가족 회상기에는 그가 열네 살의 나이에 몰나르 페렌츠에게 스탕달에 관해 이야기하려고 애쓰는 장면

---

13 자발적 지식인 모임은 김나지움 내에서도 중요한 문화적 역할을 수행했는데, 예를 들면 자율 학습 동아리Önképzőkör 같은 것이 이에 속했다. 이런 모임은 대개 교사가 감독 역할을 맡았다. 많은 학생이 이런 모임을 통해 처음으로 자신의 문학을 시도했다. 그 작품들이 출판되지는 않았지만, 학생들 사이에서는 이런 아마추어 모임의 업적이 상당한 명성을 얻었다.

이 나올 정도였다.[14]

1900년경 부다페스트 사람 거의가 신문을 읽었고, 이 신문 대부분은 다양한 수준의 문학 지면을 제공했다. 그 무렵 부다페스트에는 모든 사람이 이용할 수 있는 네 곳의 큰 서점이 있었다. 1898년 펄러시 출판사가 경이로운 22권짜리 백과사전을 출판했다. 놀랍게도 독자 수는 2만 2000명이었는데, 이는 마자르어를 사용하는 헝가리인 400명당 한 명꼴이었다.[15]

작가들은 독자 대부분이 작가 자신들이라며 불평했다. 헝가리에서 팔리는 책의 평균 부수가 2000권밖에 되지 않았던 것이 주된 이유였다. 그러나 이 통계가 당시의 지적 삶에 대해 모든 것을 말해주지는 않는다. 이 통계는 정신생활의 질과 동향, 지적 유행 및 평판이 어떻게 순환되고 인식되었는지에 대해 거의 아무것도 말해주지 않는다. 1900년 무렵 부다페스트의 작가들은 돈을 거의 못 벌었지만, 명성은 엄청났다. 남성들은 그들을 부러워했고, 여성들은 그들을 존경했다. 1900년의 부다페스트를 얘기할 때 논쟁의 여지가 없는 것은 문학과 책에 대한 존중, 학문적·직업적 성취에 대한 존중, 재능 있는 아마추어들의 창의성에 대한 존중이 넘쳐흘렀다는 점이다. 다른 많은 것과 마찬가지로 이런 점도, 곧 사라지기는 했지만, 1900년의 부다페스트에서 완벽한 균형을 이루고 있었다. 그것은 서로 다른 사람들에 대한, 그리고 그들의 다양한 열망에 대한 상호

---

14 Hunyady AI - CSA, p. 180.
15 이상하게도 공공 도서관은 보유 장서가 상당함에도 불구하고 일반 대중의 발길이 뜸했다. 도서 대출은 광범위하게 이루어졌지만, 그것을 이용하는 사람은 많지 않았다.

존중의 균형이었다. 늙은 비평가 줄러이 팔(1826~1909)과 젊은 금융 귀족 허트버니 러요시(1897~1917) 남작만큼 성격, 기질, 배경, 철학이 달랐던 사람도 별로 없었다. 1900년 허트버니가 존경하던 줄러이를 방문해 아나톨 프랑스와 모파상에 관해 쓴 두 편의 에세이를 보여주었다. 다른 때 같으면 날카롭고 가식적인 비평을 쏟아놓았을 줄러이는 이 부유한 아마추어에게 다음과 같이 충고했다. "대학에서 공부해보는 건 어떤가?"[16] 줄러이는 많은 유능한 젊은이가 김나지움을 졸업한 뒤 대학에서 전문적인 훈련을 받아야 하는 고된 과정을 피하려고 쉬운 삶을 살 수 있는 커피 전문점으로 진로를 바꾸는 것을 봐왔다. 충고를 받은 이 젊은 호사가는 비록 부다페스트의 커피 전문점에서 매일매일을 보내며 완전한 편안함을 느껴왔지만, 프라이부르크대학으로 떠났다.

1926년에 원로 보수주의자 라코시 예뇌는 다음과 같이 옛일을 회상했다. "모든 지식인이 젊은 시절의 한때를 커피 전문점에서 보냈다……. 그것이 없었다면 젊은이의 교육은 불완전하고 미완성이었을 것이다." (부다페스트에서 커피 전문점의 황금기는 1940년까지 지속되었다.) 1900년 무렵 자신의 일상이나 저녁 모임 또는 만찬에 작가를 초대하는 인물은 많았지만, 부다페스트에 문학 살롱 같은 것은 거의 없었다. 1880년대에는 볼 연커(1841~1901)와 볼 슈테파니어(1846~1889) 자매의 살롱에서 여러 갈래의 부다페스트 문학이 꽃피웠지만, 그 후로는 부다페스트의 커피 전문점이 지적 생활의 중심지가 되었다.

---

16 Hatvany GYP, p. 21.

1900년 부다페스트에는 거의 600개의 커피 전문점이 있었다. 물론 유럽 대륙, 특히 빈이나 파리 같은 도시에서도 커피 전문점 문화는 절정에 달해 있었지만, 부다페스트의 커피 전문점에는 약간 다른 점이 있었다. 우선 그 역사가 길었다. 커피를 마시는 터키의 습관은 17세기 말에 빈과 파리에 갑자기 나타났지만, 헝가리에서는 이미 한 세기 전부터 커피를 마시고 있었다. 페스트와 부다의 커피 전문점에 대한 세 권짜리 역사서가 있을 정도인데, 이 책은 4세기에 걸친 기묘한 이야기로 가득 차 있다. 이 책의 저자인 유명한 아마추어 역사가 베빌러쿠어 보르소디 벨러(1885~1962)[17]는 저명한 커피 제조업자 조합원의 후손이었다(위대한 19세기 부다페스트 시장 커메르머이에르 카로이도 이 조합원의 후손이었다).

부다페스트의 역사에서 커피가 맡았던 역할은 중부 유럽보다는 지중해 국가에서 커피가 맡았던 역할과 더 많은 공통점이 있다. 예를 들면 18세기 이탈리아에서 가장 중요한 문학 잡지의 이름이 『커피Il Caffè』였다. 19세기에 유럽에서 많은 문학적 모의나 정치적 음모가 커피 전문점에서 시작되었지만, 적어도 내가 아는 한 위대한 민족 혁명이 말 그대로 커피 전문점에서 시작된 경우는 하나밖에 없었다. 바로 헝가리 독립 기념일이기도 한 1848년 3월 15일 아침 페스트의 커피 전문점 '필벅스Pilvax'에서

---

17 그는 파리의 사회사학자 기욤 드 고티에 빌라르가 "우리 커피의 역사를 쓰는 일은 거의 프랑스의 역사를 쓰는 일에 맞먹는다"라고 말한 내용을 인용했다. 베빌러쿠어 보르소디는 부다페스트 커피 전문점의 역사가 거의 부다페스트의 문화사와 맞먹는다고 직접 얘기하지는 않았지만, 이런 그의 생각이 그의 책 속에 함축되어 있다. 부다페스트 7구역(엘리자베트구)을 기념하여 여러 작가가 공동으로 저술한 역사서(Erzsébetváros, Budapest, 1970)는 커피 전문점에 상당한 부분을 할애하고 있다.

시작된 혁명이 그것이다. 그리고 46년 후인 1894년, 바로 그 혁명의 위대한 민족 영웅이었던 코슈트의 시신이 부다페스트로 돌아온 국가적 애도의 날에 오페라 극장과 국립 극장에서 진행되던 공연을 멈추게 하기 위해 시위대가 행진을 시작했던 곳도 커피 전문점 '피우메'였다.

1890년부터 10년 동안 부다페스트의 커피 전문점은 식당이나 선술집보다 훨씬 더 빠르게 늘어났다. 커피 전문점은 부다페스트에서 새롭게 개발되는 지역에 문을 열었다. 커피 전문점이 제공하는 것은 그동안 주로 선술집이나 펍 같은 곳에서 사회생활을 하던 사람들에게 좀더 매혹적이고 접근이 용이하게 느껴졌다. 그곳은 온 가족이 즐길 수 있는 편안하고 비교적 저렴한 휴식 장소였다. 이런 점에서 커피 전문점의 사회적 기능은 영국이나 아일랜드의 펍과 비슷했다. 그곳은 이웃과 만나 긴장을 풀고 즐거운 한때를 보낼 수 있는 곳이었다. 그러나 커피 전문점의 서비스는 펍의 서비스보다 더 광범위했다. 커피 전문점은 상대적으로 낮은 인건비와 높은 수익성 때문에 1890년대에 더 늘어났다. 하루 24시간, 1년 365일 문을 여는 곳도 생겨났다.[18] 1900년 무렵에는 많은 커피 전문점이 온종일 다양한 음식을 제공했다. 정성 어린 저녁 식사를 위해 커피 전문점에 들르는 것도 가능했다(바람직하기까지 했다). 일부 커피 전문점은 음식뿐만 아니라 편의용품으로도 유명했다(코르쇼에 유리로 덮인 가판대를 내놓고 있

---

18 옛 커피 제조업자 조합의 일원이라는 명칭에 여전히 자부심을 느끼는 오래된 커피 전문점들은 크리스마스 날(대개 크리스마스이브는 가족과 식사하는 날이었기 때문에 크리스마스로 잡았다)에 종업원에게 음식을 대접하는 전통이 있었다. 음식을 대접받는 사람에는 가장 낮은 직급의 보조 웨이터와 주방 보조원, 그리고 외로운 독신자나 홀아비, 커피 전문점을 제2의 집처럼 드나들던 단골이 포함되었다.

던 커피 전문점 '헝글리'를 예로 들 수 있다). 심야나 새벽 영업으로 유명한 커피 전문점도 있었다. 이런 커피 전문점은 새벽 2~3시에 소위 부다페스트 특식(극장이 끝난 후 먹는 저녁이 아니라 이른 아침으로 먹는 '숙취 수프')을 먹으려는 사람들로 문전성시를 이루었다. 음악을 제공하는 커피 전문점도 있었다(오케스트라나 집시 밴드를 갖춘 가게도 있었다). 그러나 오르페움과 달리 커피 전문점에서는 춤을 추지 않았다.

　커피 전문점은 그렇게 비싸지 않았다. 커피 한 잔을 시켜놓고 오랫동안 앉아 있어도 괜찮았다. 그러면 남자 웨이터가 시원한 물을 계속 가져다주었다. 대나무 선반에 걸려 있는 다양한 국내외 신문과 잡지를 볼 수도 있었다. 커피 전문점에서 편지나 쪽지를 주고받는 것도 가능했다. 무료로 쓸 수 있는 종이와 펜과 잉크도 있었다. 이런 점에서 부다페스트의 커피 전문점은 펍보다는 클럽에 가까웠다. 1900년에 개인 클럽이 거의 없었던 도시, 상류층의 클럽(귀족이 가던 내셔널 카지노, 젠트리가 가던 컨트리 카지노, 상류 부르주아가 가던 레오폴트슈타트 카지노 등)은 지적 모임이 이루어지던 장소가 아니었던 도시 부다페스트에서 이러한 커피 전문점은 특별한 가치를 지니고 있었다.[19] 언론인, 극작가, 조각가, 화가들은 각각 자신들이 전용으로 사용하던 특정 테이블에 모였고, 한두 명의 리더가 그 모임

19　작가·언론인·예술가·배우를 위한 첫 번째 클럽인 '오트혼Otthon(집)'과 '페세크Fészek(둥지)'는 각각 1899년과 1901년에 상대적으로 중·하류층이 많이 살았던 엘리자베트구에 설립되었다. 이 클럽을 유지하는 데 필요한 자금의 중요 원천이 게임 테이블과 게임방의 운영 몫이었다(커피 전문점에서는 도박이 금지되어 있었다). 서유럽의 작가·예술가와 달리 헝가리의 작가·예술가는 도박과 경마에 강한 (그리고 종종 재앙적인) 애착을 두고 있었다. 이런 점에서 이들의 성향 및 열정은 헝가리 귀족, 특히 젠트리의 성향 및 열정과 일치했다.

을 이끌었다. 많은 작가와 언론인이 부다페스트 커피 전문점의 분위기를 무척 좋아해서 종종 휴식보다는 일을 위해 (또는 적어도 일과 휴식을 겸해서) 그곳을 방문했다. 신문 기사 전체, 단편소설 전체, 소설의 한 장章, 연극 비평의 주요 단락이 시끄럽고 붐비는 커피 전문점의 테이블에서 완성되는 일도 많았다. 언론인과 작가가 자주 찾던 웨이터들(그들 중 문학적 지식이 대단한 사람도 많았다)은 "개의 혀"라 불리던 길고 하얀 종이 다발을 가지고 있다가 작가들이 그곳에 기사나 수필을 쓸 수 있도록 제공하기도 했고, 경마 정보나 가십거리의 공급 통로가 되기도 했으며, (더 유용하게도) 때때로 약간의 현금을 빌려주거나 신용 연장의 보증인이 되어주기도 했다.

'왕관' '터키 황제' '커피 분수' '하얀 배', 우아했던 '일곱 명의 선제후' 등 19세기 초부터 유명했던 커피 전문점은 1900년경 모두 사라졌다. 이들 커피 전문점은 대형 금박 거울과 샹들리에, 고급스러운 가구와 장식을 갖춘 훨씬 더 널찍한 가게에 자리를 내주었다. 예를 들면 궁전같이 으리으리했던 건물 '뉴욕'에 1894년에 건물명과 같은 이름으로 문을 연 커피 전문점 '뉴욕'[20]이 그런 곳이었다. 왕궁의 재건축을 담당했던 유명한 건축가 하우스먼 얼러요시가 커피 전문점 '뉴욕'을 설계했다는 사실로도 당시 부다페스트에서 커피 전문점이 얼마나 중요한 역할을 했는지 알 수 있다. (하우스먼은 10년 전에도 엘리자베트 광장에 유명한 커피 전문점 '키오스크'를 설계하고 건축했다.) 카페 '뉴욕'에서 멀지 않은 곳 언드라시 대로의 네 블록에는 작가와 예술가들의 발길이 끊이지 않던 유명한 커피 전문점이 적어도 다섯 개 있었다. 건축가·조각가·화가 등이 주로 모이던 '여관

Japán', 화가들이 모이던 '예술의 전당' 커피점, 부르주아와 언론인이 꾸준히 드나들던 '오페라' '드레슐러' '어바지어'가 그것이다. (커피 전문점 '왕실'에 두 개의 테이블을 예약하던 소수의 화가는 물론 '왕당파'였다.) 늙은 작가와 대학교수가 자주 모였던 무제움 순환로의 '쇼들리', 증권거래소 직원과 주식 중개인이 가던 '로이드'도 유명한 커피 전문점이었다. 당시 그리고 그 후에 이러한 부다페스트의 '커피 전문점 문화'를 경멸적으로 이야기하던 사람도 있었다. 그러나 부다페스트에 명멸했던 여러 정부(현 정부를 포함해서)는 남아 있는 커피 전문점(또는 커피 전문점이 있던 건물의 벽)에, 지금과는 아주 다른 시대였던 수십 년 전 그곳에 앉아 있었던 헝가리의 작가, 시인, 예술가를 기념하는 명판을 설치하는 것이 매우 의미 있는 일이라는 점을 깨달았다.

◆◆——◆◆

부다페스트의 커피 전문점 문화는 유럽의 다른 어떤 곳보다 언론과 더

---

20 1900년을 전후한 몇 년간 '뉴욕'은 작가, 언론인 등 특정인에 의해 점유되었다. 지식인, 예술인 등은 습관적으로 벽 쪽에 배치된 좌석을 예약했고, 야심만만한 젊은 여배우나 고급 매춘부도 다른 쪽 자리에서 쉽게 볼 수 있었다. 그러나 '뉴욕'은 실제로 하룻밤 불장난 상대를 만나는 그런 장소는 아니었다. 반대로 그곳은 귀족과 부르주아들이 문화에 관심 있는 외국인과 모임을 하는 장소였다. 그곳에서 많은 연극, 영화에 대한 협상과 계약이 이루어졌다. 1920년대에 부다페스트 관광이 다시 활성화되고 헝가리 남녀 배우와 작가가 할리우드에 진출하면서 아돌프 주커, 윌리엄 폭스, 새뮤얼 골드윈, 루이스 B. 메이어 등이 '뉴욕'을 방문했다. 스탈린 시대에 '뉴욕'의 이름은 '헝가리아'로 바뀌었지만, 부다페스트의 모든 사람은 아직도 그곳을 '뉴욕'이라고 부른다. 현재 이곳을 찾는 외국 관광객의 주요 관심사는 이곳의 아르누보 장식이다.

깊게 연결되어 있었다. 1900년 무렵은 두 가지 이유에서 신문의 황금기였다. 인구 증가와 문맹률 감소로 잠재적인 신문 독자는 계속 늘어나고 있었다. 그리고 뉴스 잡지, 라디오, 뉴스 영화가 아직 자리를 잡지 못했던 당시로서는 신문이 정보와 의견 (그리고 비판) 전달에 있어 거의 독점적인 위치를 차지하고 있었다. 부다페스트 신문사들의 높은 이익은 야심에 찬 언론인에게 더 많은 일자리를 제공했다. 사상 처음으로 수습기자도 월급을 받을 수 있었고, 기자는 많은 것을 약속해주는 매력적인 직업이 되었다. 더 중요한 것은 작가들이 단편을 발표하거나 연극, 음악에 관한 비평을 게재함으로써 돈을 벌 기회가 생겼다는 점이다.

언론과 문학이 이렇게 겹침으로써 기존에 통용되던 기준이 변경되기 시작했다. 점점 더 늘어나는 독자들의 요구에 부응하는 것은 신문의 내용이 점점 더 부실해진다는 것을 뜻했다. 이런 면에서도 1900년 무렵은 전환점이었다. 『페스티 너플로』 『페스티 히를러프』 『부다페스티 너플로』 『부다페스티 히를러프』 등 오래된 자유주의 신문들은 훌륭한 역사를 보유하고 있었지만(1860년대에 『페스티 너플로』는 1867년의 오스트리아-헝가리 '대타협'을 옹호하는 여론 형성에 지대한 역할을 했다), 아직 이익을 내고 있음에도 그 영향력은 점점 줄어들고 있었다. 1896년 처음으로 값싼 신문 『저녁 소식Esti Ujság』이 부다페스트 거리에 등장했다. 그해에 시 당국은 붐비고 시끄러운 페스트 거리에서 발 빠른 소년들이 귀에 거슬리는 소리를 지르며 신문을 파는 것을 허용했다. 스캔들과 사진으로 가득하고 아주 조잡하게 편집된 이 새로운 신문(거리 언론이라 불렸다)은 여론 형성에는 큰 영향을 미치지 않았지만, 새로운 종류의 도시 문화를 대변했다. 당시 오래된 부다페스트 신문들은 대개 국가 정치 기관 역할을 하며 전반적으로 품질이 하락하고 있었다. 1900년에 헝가리인 스무 명당 한 명꼴로 부다페스트에 살았지만, 헝가리어로 된 신문, 문학 잡지, 학술지, 정기간행물은 두 권당 한 권꼴로 부다페스트에서 제작되었다. 1900년 부다페스트에는 22개의 일간지가 있었다.[21] 독일어 신문은 『노이에스 페스터 저널』하나만 남았다. 이러한 언론의 집중은 국민의 관심이 연극 무대 같은 의회에 과도하게 집중되는 것과 마찬가지로 불건전한 병리 현상을 유발했다. 빈보다 더 많았던 이 일간지는 점점 정치화되었고, 여러 정당과 단체의 기구로 전락해갔다. 부다페스트 최고의 신문조차 서유럽 대도시들의 고전적 신문들에 비해 수준이 많이 떨어졌다. 오스트리아-헝가리 이중 제국의 언론 자유는 국가 정책에 관한 언론들의 이 같은 과도한 집착(그리고 그에 대한 과도한 웅변술)을 허용했다. 부다페스트의 신문사들은 가끔 해외 특파원을 고용했지만, 외국 뉴스는 놀라울 정도로 거의 다루지 않았다. 요약하자면, 새로 건설된 의회의사당에 모인 정치인이 극도로 헝가리 중심적이었던 만큼 부다페스트의 신문도 민족 중심적이었다.

이런 점은 좀더 긍정적인 여론을 형성하는 데 악영향을 미쳤다. 그러나 문학에 대한 신문의 공헌은 나쁘지 않았다. 이것은 헝가리 문학에만 해당되는 사항이 아니었다. 전통 있는 신문들은 헝가리 작가뿐만 아니라

---

21 1900년에 헝가리 전체 인쇄소의 절반이 부다페스트에 있었고, 그중 절반 이상이 7구역(엘리자베트구)에 있었다. 그 주위로는 신문사, 커피 전문점, 작가와 언론인이 모이던 클럽 등이 산재했다. 최소한 두 개 이상의 일간 신문사가 처음으로 라이노타이프(주조 식자기)를 도입한 것도 1900년이었다(이 기계가 발명된 지 11년이 채 되지 않은 때였다). 그해에는 그라비어(사진 요판술) 사진 주간 잡지 『톨너이 빌라그러프여Tolnai Világlapja』도 최초로 선을 보였다.

크누트 함순, 헤르만 주더만, 잭 런던, 에밀 졸라, 아나톨 프랑스, '콩테스드 마르텔Gyp' 등 당대의 외국 작가들에게도 단편과 에세이를 쓸 수 있는 공간을 할애했다.

문학에 지대하게 공헌한 또 다른 중요한 매체는 문학(그리고 준準문학) 잡지였다. 그중 가장 오래되고 훌륭한 잡지가 『부다페스트 평론Budapesti Szemle』이었다. 파란색과 노란색으로 된 표지를 사용했고, 옛 『에든버러 리뷰』를 닮았던 이 잡지는 이미 1880년대부터 탁월한 문학평론가 페테르피 예뇌와 리에들 프리제시(1856∼1921)의 문학 비평과 초일류 역사가 언절 다비드(1857∼1943)의 역사 에세이를 게재했다. 당시 좀더 부담 없이 읽을 수 있었던 다른 문학평론지 『헝가리 살롱』도 선보였지만, 오래 가지는 못했다. 1890년 헝가리 유대인 시인 키시 요제프(1843∼1921)가 주도한 주간 잡지 『주週, A Hét』가 발간되었다. 유능한 평론가이자 예술 후원자였던 유슈트 지그몬드도 이 잡지를 지원했다. 파리의 살롱을 잘 알고 있던 유슈트는 젊은 나이에 사망하면서 전도유망했던 경력을 멈춰야 했다. 1895년에는 출판사 '싱어 앤드 울프니'가 또 하나의 문학 잡지 『현대Uj Idők』를 창간했다. 그러나 그 어조는 잡지 『주』보다 덜 현대적, 덜 우상 타파적, 덜 '페스트적'이었으며 더 감정적, 더 가족 지향적이었다.[22]

---

22 다른 경쟁 잡지였던 준문학 주간지 『수도首都 신문Fővárosi Lapok』은 문학과 패션에 많은 지면을 할애했다(무엇보다 이 잡지는 부다페스트에 갓 입성해서 아직 무명이었던 약관의 크루디 줄러가 발표한 첫 단편을 1899년에 실어주었다). 1900년에는 『마자르 논평Magyar Kritika』『신 마자르 평론Uj Magyar Szemle』『현대Jelenkor』 등의 문학 잡지가 연속으로 등장했다. 유능한 작가였던 엄브루시 졸탄(1861∼1932)은 부다페스트의 '양兩 세계 평론Revue des deux mondes'을 만들겠다는 욕심으로 잡지 『현대』의 편집을 맡았다. 이 잡지들은 단명했다.

1900년 당시 『주』는 단연코 문학 매체의 최고봉이었다. 이는 부다페스트의 근대적 목소리를 대변하는 강력한 도구였다. 그 목소리는 종종 거칠고 고르지 못했으며 내용이나 지향점이 지나치게 정치적이기도 했지만, 상당한 독자와 엄청난 수의 야심 찬 아마추어 작가를 유혹했다. 많은 일간지 광고에서 당시 부다페스트의 불결한 삶의 자취(성적 기회를 제공한다는 강한 암시를 노골적으로 드러내고 있는 개인 광고를 의미한다)를 찾을 수 있듯이, 『주』의 편집자에게 당도한 수많은 편지에서 삶의 이면에 대한 자극적인 흔적을 찾아볼 수 있다. 이에 대한 편집자의 직설적인 답변은 1900년 부다페스트에서 유행했던 문학 또는 문학적 명성에 대한 욕구가 얼마나 폭넓고, 얼마나 강했으며, 때때로 얼마나 원초적이었는지를 극명하게 보여주고 있다.[23]

•• —— ••

헝가리 문학사에서 1900년은 세대 전환의 시기였다. 헝가리 '세기말'의 걸출한 시인 레비츠키 줄러(1855~1889), 버이더 야노시(1827~1897), 콤야티 예뇌(1858~1895)가 각각 1889년, 1897년, 1895년에 세상을 떠났다. 19세기 헝가리 소설의 거장 요커이 모르는 노망이 들었다(아마도 그가 노망 들어 결혼한 야심만만한 젊은 여성의 손아귀에서 놀아났을 것이다). 아무도 모방할 수 없었던 믹사트 칼만 역시 늙고 예전 같지 않았다. 그

---

23 1900년 『주』에 실렸던 편집자의 답변 사례: "당신의 시는 용납이 안 됩니다." "우리는 누구에게도 시를 쓰라고 권장하지 않습니다."

의 말년의 소설 중 하나인『이상한 결혼Különös Házasság』이 1900년에 출간되었다. 그러나 헝가리 시골 젠트리 계층의 미덕과 악덕을 유머와 풍자로 절묘하게 조합하여 반어적이지만 편안한 관용의 자세로 묘사하던 믹사트의 장점이 이 작품에서는 더 이상 균형을 이루지 못하고 있었다. 믹사트의 스타일과 주제가 이미 한 세기 전의 과거에 속했던 것이다. 그는 1910년에 죽었다. 위대한 비평가 줄러이 팔 역시 늙었다. 그는 1909년까지 살았지만, 1900년 이후에는 거의 글을 쓰지 않았다. 그들 대부분은 1850년 이전 출생자였다. 그들은 민족 독립 전쟁을 직접 목격한 세대였다. 그들 모두는 헝가리 지방에서 태어났고, 대부분 나중에 부다페스트에서 살게 되었다. 그리고 그곳에서 도시가 거대 도시로 변모해가는 것을 지켜봤고, 이전과 다른 헝가리 현대 문학의 핵심을 목격했다.

그들과 1900년 세대의 차이는 단순한 노인과 청년의 차이 이상이었다. 그러나 1900년 세대가 주류가 되기 전에 또 다른 세대의 작가들이 있었다. 그들은 1900년에 대부분 30대 후반으로, 부다페스트의 문학계를 주도하고 있었다. 작가이자 비평가이며 극작가였던 엄브루시 졸탄은 1861년에 태어났다(그는 1900년에 '양雨 세계 평론'을 만들려 시도했다). 1863년에는 가르도니 게저, 유슈트 지그몬드, 브로디 샨도르, 헤르체그 페렌츠, 네 명의 탁월한 작가가 태어났다. 이 넷은 모두 시골에서 태어났다. 네 사람은 서로 매우 달랐다. 가르도니는 겸손하고 내성적인 작가로 헝가리 마을 사람의 심리에 관심이 아주 많았다. 유슈트는 오래되고 부유한 젠트리 가문에서 태어났다. 재능 있고 섬세하며 세련된 인물이었던 유슈트는 '파리의 명사들'에게 꽤 잘 알려진(그리고 드물게 사랑받았던) 인물이었다. 그는 특히 마자르 문학 형식을 함양하기 위해 헌신했지만, 아쉽게도 젊은 나이에 사망했다. 브로디는 최초의 헝가리 유대인 소설가로 매우 뛰어난 재능을 지닌 작가였다. 미남에 보헤미안 기질을 지니고 도박꾼이었던 그는 비록 태평한 성격이었지만, 종종 비극적인 사회의 불공평을 주제로 한 작품을 남겼다(이런 유의 진지한 소설인 『유모 엘리자베트Erzsébet dajka』는 1901년에 출간되었다). 헤르체그는 1895년 젊은 소설가의 신분으로 문학 잡지 『현대』의 편집자가 되었다. 사람들은 그를 비유대인 중산층과 젠트리 계층이 선호하는 '보수적인' 작가로 생각했다. 그러나 자신이 속한 계층의 남녀를 주로 다루었던 그의 연극은 헝가리 연극계를 현대 유럽 수준으로 끌어올리는 데 지대한 공헌을 했다.

1900년 세대 헝가리 작가들의 출생 연도는 연대기적이었다. 1877년 어디 엔드레; 1878년 몰나르 페렌츠, 크루디 줄러; 1879년 모리츠 지그몬드, 서보 데죄; 1880년 커프커 머르기트; 1883년 유하스 줄러, 바비츠 미하이; 1884년 세프 에르뇌: 1885년 코스톨라니 데죄, 게오르크 루카치; 1886년 토트 아르파드; 1887년 커린티 프리제시가 태어났다. 이것은 이들의 문학적 형성기가 1900년경이었다는 것을 의미했다. 처음 세 명은 1900년 무렵 이미 책을 출간한 작가였다. 이 현대 헝가리 문학의 창시자들이 본격적으로 자리 잡았던 시기는 1900년부터 1910년까지였다. 그들은 각자만의 방식으로 낡은 문학 전통을 탈피했다. 그러나 그들의 중요성은 그들이 표방한 모더니즘의 참신함이 아니라 그들이 사용한 언어의 질에 있었다. 그들은 헝가리 문학에 새로운 주제뿐만 아니라 유럽과 세계 수준에 맞먹는(타의 추종을 불허하는 경우도 있었다) 새로운 형태의 감성을 도입했다. 그들의 이름이 헝가리 외의 지역에 알려지지 않은 것은 다른 나라의 언어와 관련이 없는 이 작은 나라의 외로운 언어로 글을 썼기 때문이다. 그러나 장기적인 관점에서 보면, 이런 우울한 조건은 그들의 성취에 거의 아무런 영향을 미치지 않았다. 오히려 그 반대였다. 특히 '과학'의 상징과 응용이 점점 더 국제적인 성격을 띠고 있는 현대에 문학은 민족적— 국수주의적이 아니라 민족적— 인 성격을 유지하고 더욱 심화되고 있었던 것이다. 문학이란 결국 언어에 의존할 수밖에 없고, 언어는 민족의, 그리고 현재에 대한 이해의 질을 좌우하는 기억과 지식의 가장 크고 깊은 자산이기 때문이다.

1900년 세대 중 몰나르 페렌츠, 게오르크 루카치, 아서 케스틀러는 지금도 외국에서 명성을 떨치고 있는 작가다. 세 명 모두 부다페스트에서 태어났다. 문제는 그들의 국제적 평판이 그들의 헝가리인 정체성(민족, 국적, 시민권이 아니라 헝가리인을 위해 헝가리어로 글을 쓰는 것을 의미한다)을 감소시켰다는 점이다(케스틀러는 감소 정도가 아니라 완전히 사라졌다). 몰나르는 매우 이른 나이에 자신의 재능을 발현했다. 그의 첫 연극은 그가 스물두 살이던 1900년에 부다페스트의 꽤 수준 높은 극장에서 상연되었다. 몇 년 뒤 그는 소설『팔 거리의 아이들Pál-utcai fiúk』을 발표했다(미국에서는 1927년 출판되었다). 이 작품은 부다페스트 9구역의 노동자 계급 마을에서 두 무리의 아이들이 작은 전쟁을 벌이는 와중에 일어난 한 소년의 비극, 용기, 죽음을 다루고 있다. 이 책은 말 그대로 현실적이며 감상적인데, 청소년 문학으로서는 드물게 청소년과 어른 모두에게 감동을 주는 수작이다. 어른이 되어 이 책을 다시 읽으면서 느낀 점은 이 책이 당시(이 책의 무대는 1889년이다)의 특별했던 헝가리적 가치를 매우 잘 표현하고 있다는 것이다. 프롤레타리아적 환경으로 가득 찬 부다페스트의 먼지투성이 빈터에서 무리 지어 뒹굴며 살아가는 노동자 계급과 중·하류 계층의 소년들이 보여주는 행동 및 가치관이 헝가리의 오래된 전통을 반영하는 자기희생과 용기와 명예를 구현하고 있다. 이런 점을 현대적인 방식과 현대적인 부다페스트 언어로 유려하게 표현한 몰나르의 작가적 재능을 이 작품에서 엿볼 수 있다. 이 작품은 또한 그가 당시 부다페스트의 영혼과 정신적 풍토를 얼마나 잘 이해하고 있었는지 보여준다. 그러나 몰나르의 이런 특성은 오래가지 않았다. 그는 자신이 가벼운 무대용 희극을 쓰는 데 재능이 있음을 발견했다. 좀더 진지한 작가였던 루이지 피란델로(1867~1936)처럼 몰나르는 '깜짝 놀라게 하기'와 '교묘한 속임수'의 달인이었다. 그의 연극은 조롱과 농담으로 가득 차 있었다. 그는 도락과 뛰어난 재치를 지닌 사람이었다(페스트식 유머의 전형이었다). 그의 희곡(『백조』『경비원』『악마』『연극이야말로 유일한 방법이다』『릴리옴』)은 부다페스트의 비그신하즈(코미디 극장)로부터 빈, 베를린, 파리, 뉴욕, 할리우드로 퍼져나갔다. 히틀러 제국의 그림자가 헝가리에 드리우기 훨씬 전부터 그가 헝가리에 머무르는 시간은 점점 줄었다. 그는 중부 유럽 출신의 많은 망명자가 그랬던 것처럼, 1940년 프랑스의 항구에서 뉴욕행 배에 몸을 실었다. 그는 저축과 저작권료(『릴리옴』을 원작으로 하여 제작된 연극과 영화 「회전목마」는 커다란 성공을 거두었다)[24] 덕분에 플라자 호텔에서

---

24 1913년부터 1948년까지 그의 희곡 수십 편이 브로드웨이에서 공연되었다. 그의 희곡은 P. G. 우드하우스, 길버트 밀러, 에드나 세인트 빈센트 밀레이 등이 각색했다.

편안한 삶을 살 수 있었지만, 몹시 외로운 존재였다. 1952년 그는 플라자 호텔에서 사망했다. 그는 이 마지막 시기를 일기에 기록했다. 그것은 자기 연민과 외로움으로 가득 찬, 삶에 대한 욕구와 재치가 영원히 사라진 한 노인의 쓰라린 반추로 가득한 슬픈 일기였다.

헝가리 문학과 학문의 역사에서 게오르크 루카치가 차지하는 위치는 좀더 복잡하고 논쟁적이다. 여러 면에서 그는 전형적인 1900년 세대였지만, 중요한 한 가지 의미에서는 1900년 세대가 아니었다. 고결하고 존경할 만한 유대인 자유주의자 은행가의 아들로 태어난 루카치는 군주에게 충성하던 부모의 자유주의적 시민 전통뿐만 아니라 부다페스트 부르주아의 기준과 예절을 자신의 활동 초창기(그의 경우 1900년 직후)에 깨뜨려 버린 지식인 무리에 속했다. (의미상 작가나 시인과 중첩되면서도 구별되는 '지식인' 개념은 당시 부다페스트에서 상대적으로 새로운 현상이었다.) 루카치는 급진주의자가 되었고, 후에 마르크스주의자이자 공산주의 문학 철학자·비평가가 되었다. 그러나 작가로서의 활동은 많지 않았다. 그는 1971년에 사망했는데, 평생 형편없는 헝가리어를 구사했다.[25] 그는 본질적으로 독일 사상가이자 작가였다. 그는 1919년 쿤 벨러의 공산주의 정권에 문화정치위원으로 참여한 이유로 헝가리를 떠나야 했던 상황이 오기 훨씬 전부터 독일에서 사는 것을 선호했다. 그의 문체나 웅변술, 사상의 구조는 바이마르–독일식이었다. 토마스 만의 『마의 산』에 나오는 인물 중 한

---

25 게오르크 루카치와 나는 전혀 관계가 없다. 외국에서도 헝가리 성姓을 유지했던 몰나르와 달리 루카치는 그 이름이 암시하듯 죄르지György의 독일식 이름인 게오르크Georg로 세상에 알려졌다.

명이 그를 모델로 삼았던 것으로 추측되고 있다. 게오르크 루카치는 히틀러가 정권을 잡자 모스크바로 도망쳤다가 1945년 작지만 강력한 힘을 구사하던 헝가리 공산당과 함께 60세의 나이로 부다페스트에 돌아왔다. 그리고 1956년 민족적 봉기가 있기 전까지 스탈린주의 정권에서 사상적 기반을 제공하는 역할을 했다. 우리는 당시의 그의 정치적 행보에 대해 별 관심이 없다. 다만 1956년 이후 미국과 서구의 학자들이 그를 재발견(발견이라고 하는 편이 더 적절하다)한 사실은 상기할 만하다. 그가 재발견된 것은 아마도 그가 체계적으로 공부한 학자 중 몇 남지 않은 국제적 마르크스주의자였고, 1960년대와 1970년대에 바이마르 문화에 대한 회고적 존경과 관심이 되살아났기 때문일 것이다. 그러나 헝가리에서의 마지막 20년간 그의 영향력은 제한적이었다('수정주의적' 마르크스주의 학생들의 비밀 모임 같은 데서는 꽤 영향력 있었다). 그가 영향력을 잃은 것은 그의 과거 정치 경력도 원인이었지만, 그의 고루하고 중압감 가득한 헝가리 글쓰기 문체가 주된 원인이었다.

세계적인 명성을 떨친 세 번째 작가는 아서 케스틀러다. 그는 1900년 세대의 마지막 주자다(그는 1905년에 태어났다). 그의 어린 시절과 청소년기 초반은 확실히 1900년 세대에 속한다. 살얼음판을 걸으며 별로 성공하지 못한 유대인 사업가의 아들이었던 케스틀러는 1919년까지 1900년 세대의 문화적 환경 속에서 성장했고, 1920년대 초에 부다페스트를 떠났다. 몰나르나 루카치와 달리 케스틀러는 다양한 자서전에 자신의 젊은 시절에 관한 기록을 남겼다. 이 자서전들은 그가 반反공산주의 태도를 보였던 중년 시절에 주로 쓰였는데, 당시 그는 관대하고 향수에 젖어 있어서 부정확하게 기술한 부분이 적지 않았다. 예를 들면 단명했던 공산당 정권 시절의 지적 자유와 흥분에 대해 "1919년 그 목가적인 나날들"[26]이라고 표현했을 정도다. 1921년 부다페스트를 떠난 뒤 케스틀러는 빈, 팔레스타인, 베를린, 모스크바,[27] 파리, 런던에서 살았다. 게오르크 루카치와 마찬가지로 아서 케스틀러 역시 바이마르 독일과 독일 사상가들에게 많은 영향을 받았다. 그는 언어에 탁월한 소질을 지닌 뛰어난 언론인이었고, 전통적인 철학적 관심 이외의 것에 흥미가 많은 거침없고 창의력이 풍부한 사람이었다. 케스틀러는 헝가리어를 잊어버리지 않았지만, 헝가리어로 글을 쓰지 않았고 자신이 헝가리 작가라는 인식도 없었으며 헝가리적 대의에 뜻을 같이하지도 않았다. 그가 어린 시절 부다페스트에서 물려받은 것은 빠른 결정력, 놀라운 다재다능함, 삶의 즐거움에 대한 욕구(예쁜 여자들에 대한 욕망을 포함해서) 같은 것으로 확실히 독일적이라기보다는 부다페스트적인 기질이었다.

이제 외국에 알려지지 않은 위대한 인물들 차례다. 여기에 묘사하는 분량이 그들의 중요성을 가늠하는 척도라면, 그들은 외국에서 명성을 얻었던 부다페스트 출신의 세 작가보다 더 자세한 묘사를 받을 자격이 있다. 여기서는 그들에 대한 자세한 묘사보다는 요약으로 갈음하려는데, 필연적으로 헝가리 작가와 시인들에 대한 묘사가 불충분할 것이다. 그렇

---

26 Koestler BA, p. 70.
27 그가 모스크바에 짧게 체류했던 것(그리고 공산주의와 결별했던 것)이 단지 이념적 환멸 때문만은 아니리라 추측하는 것은 몰인정하지만 진실일 수 있다. 칙칙하고 따분한 1930년대의 모스크바는 쾌락주의자였던 케스틀러에게 매력적이지 않았을 것이다.

더라도 이 요약이 단지 이국적인 이름을 학술적으로 나열하는 것에 불과할지도 모를 인물들에 대해 독자들에게 최소한의 정보를 제공할 수 있으리라 기대한다. 그들의 업적을 측정할 확실한 척도가 존재한다는 점도 덧붙여야겠다. 그것은 그들의 글이 사람들에게 존경받을 뿐만 아니라 사후 50년이 지난 지금, 그 당시와 전혀 다른 헝가리 사회에서도 여전히 폭넓게 읽히고 계속 재출간되고 있다는 사실이다. 그 이유 중 하나는 그들의 언어가 새롭다기보다는 현대적이어서 지금도 계속해서 시의성을 띤다는 점이다. 그들의 글에는 20세기 초 부다페스트에서 쓰이던 용어가 가끔 사용된 헝가리 고어古語보다 적다. 그들의 산문과 운문은 색깔이나 음조, 즉 글의 의미가 80년 전과 마찬가지로 지금의 독자들에게도 직접적으로 전달된다. 의식儀式적인 헝가리 고대 산문의 어법이나 에둘러 말하기 또는 헝가리 고대 시가의 감상주의 같은 것은 전혀 없다. 이것이 그들의 글이 지닌 가독성과 즐거움의 원천이다. 이 작가들의 글은 주제가 무엇이든 간에 단 한 시대에만 읽히고 버려지는 작품이 아니었다. 그들은 삶의 한계, 시대의 한계를 넘어 살아남았고, 위대한 예술의 영원한 상징이자 척도로 계속 남아 있을 것이다.

　20세기의 가장 위대한 헝가리 작가(그리고 유럽에서 가장 위대한 산문 작가 중 한 사람)는 크루디 줄러다. 1900년 무렵의 부다페스트를 묘사한 제1장에 그의 작품 중 몇 구절을 번역해놓았다. 크루디의 작품은 외국어로 거의 번역되지 않았다. 영어로 번역된 책은 단 한 권뿐이다. 그의 작품은 상당한 어려움을 겪어야만 번역할 수 있다. 다른 말로 하면, 거의 번역할 수가 없다. 그 이유는 크루디의 기억과 상상력에 켜켜이 쌓인 정신적 토양 때문이다. 그의 글은 헝가리의 사물·장소·시간에 관한 풍부하고 독특한 암시로 가득 차 있어, 이미 정신과 마음의 밑바닥에 그러한 단어를 간직하고 있는 사람에게 그 의미를 상기시킨다(단어는 사물의 상징이 아니라 의미의 상징이기 때문이다). 번역이 어려운 또 다른 이유는 유럽 각국의 언어와 너무나 다른 헝가리어의 리듬에 맞춰 마치 느린 첼로 음악이 오르락내리락하는 것처럼 써내려간 그의 산문의 서정적 빛깔 때문이다. 크루디 문장의 긴 단락은 부드러운 하강 음으로 끝난다. 그의 묘사는 종종 마법 같아서 아무도 흉내낼 수 없다. 그의 소설은 4차원 그림같이 음영과 형태뿐만 아니라 인간 현실의 4차원, 즉 시간을 통해 그 아름다움이 선명히 드러난다. 이야기의 가느다란 물줄기가 갑자기 분출해 웅장한 분수가 되고, 그 물줄기는 무지갯빛으로 튀며 빠르게 흘러내린다. 크루디는 상류사회를 좋아하면서도 그것을 비난했던 마르셀 프루스트보다는 단지 아름다운 정원을 좋아했기 때문에 그것을 그린 클로드 모네를 더 많이 닮았다. 크루디는 프루스트처럼 잃어버린 시간·장면·사람을 다시 찾았다(크루디가 프루스트의 작품을 전혀 읽지 않은 것은 거의 확실하다). 그의 초기 작품은 더 오래되고 더 행복했던 헝가리에 대한 향수로 가득 차 있다. 그는 가라앉은 기억 속에서도 아직 눈에 보이는 여정, 아직 살아 있는 과거의 향기·색깔·모양·구름 같은 것을 추적했다. 그에게는 마들렌 케이크의 맛이 필요치 않았다. 그의 진미珍味는 항상 그의 마음속에 신선하고 준비된 상태로 보존되어 있었다. 그가 스물다섯 살 때 글을 쓰던 형태는 글쓰기에 관심 있거나 인간 정신의 신비한 마력에 관심 있는 사람에게 놀라움을 선사한다. 그는 육체적 전성기인 젊은 시절에 이미 노년에 관한 모든 것을 알고 있었고, 인생에 있어 봄의 시기에 가을에 관한 모든 것을 알고 있었다. 그는 일생 내내 꿈에 사로잡혀 있었다. 그는 금세기의 정신과 의사들이 모르는 것, 즉 우리가 꿈속에서 다르게 생각하는 것이 아니라 단지 다르게 기억하고 있다는 것을 알고 있었다. 그는 헝가리의 프루스트이자 특정 시기(특정 장소가 아니라)의 호머, 근대 말기에 위대한 전진과 역사적 자각을 비밀리에 이루어낸 헝가리의 호머였다. 몇몇 헝가리 작가가 크루디를 평가한 것 외에 그는 평생 깊은 인정을 받지 못했는데, 아마도 그의 환상적인 작품 양 때문일 것이다. 그것은 그의 환상적인 삶 및 성격과 불가분의 관계였다. 세르브 언털이 썼듯이, 그는 돈을 좇았지만 그 대신 걸작을 만들어냈다. 발자크처럼 항상 돈이 부족했던 크루디는 매일 아침 구식 철필로 보라색 잉크를 사용해 12 ~ 16장의 원고를 작성했다. 그는 발자크와 달리 자신의 글을 수정하지 않았는데, 심지어 교정쇄도 고치지 않았다. 게다가 자신이 쓴 글은 거의 읽지도 않았다. 헝가리 국내나 외국에서 크루디처럼 글을 썼던 사람은 아무도 없었다. 그를 범주화하는 것은 불가능하다. 종종 20세기 헝가리 작가들을 쓸데없이 그리고 유감스럽게 '대중영합주의자'와 '도시주의자'의 두 그룹으로 나누곤 했는데, 크루디는 그 어디에도 속하지 않았다. 그는 부다페스트 거리의 빛과 그림자 또는 먼 골짜기와 외딴 시골 마을의 꿈같은 안개를 똑같은 상상력과 직관력과 서정성으로 표현했다.

1900년 세대의 또 다른 위대한 작가는 바비츠 미하이다. 크루디나 여느 조숙한 작가들과 달리 바비츠는 빠르지 않았다. 그의 첫 번째 시집은 그의 나이 서른 살이 다 되어서 출간되었다. 그는 한동안 김나지움의 보조 교사로 일했고, 그리스와 라틴 문학에 정통했다. 그는 나중에 단테의 작품을 헝가리어로 정교하게 번역했다. 이 겸손하고 내성적인 사람은 고전주의자이자 현대주의자였고, 헝가리인이자 유럽인이었으며, 가톨릭교도이자 인문주의자였다. 세르브는 바비츠에 관해 다음과 같이 적었다. "그의 작품의 예술적 가치와는 별개로, 그는 헝가리와 유럽의 정신과 지성을 새롭게 종합한 문화적 실체였다."[28] (바비츠는 유럽 문학에 관한 탁월한 역사서 『유럽 문학의 역사Az európai irodalom története』를 저술했다.) 바비츠의 시는 깊이 있는데, 이해하기는 쉽다. 그의 은유와 직유 그리고 또 다른 형태의 글쓰기는 놀라운 문장과 구절로 되어 있지만, 그리 자극적이지 않다. 바비츠는 줄리앵 그린이나 프랑수아 모리아크를 연상시키는 금세기 최고의 가톨릭 작가 중 한 명이었다. 바비츠는 도덕성이나 품위 면에서 장세니스트나 청교도주의자라 할 수는 없었지만, 그의 글은 철학적 통일성을 유지하고 있어서 만약 그가 프랑스에서 태어났다면 금세기 최고의 가톨릭 인문주의 시인으로 평가받았을지도 모른다. 그는 중년기 초반에 소설을 쓰기 시작했는데, 그의 소설은 시보다 더 침울한 분위기를 띠고 있다. 바비츠는 소설에서 종종 변화무쌍한 인간의 정신과 정신분열증을 다루었다. 그는 또한 깊은 불신과 적의로 가득 찬 시골 마을의 정서와 아직 미완성인 헝가리 도시 정신 사이의 추악하고 치명적이기까지 한 갈등을 소설 여기저기서 다루었다. 어쨌든 선량하고 위대하며 외로운 이 남자는 자신의 평판과 경력에 흠집이 날 수 있는 상황에서도 가톨릭 인문주의와

---

28 Szerb, p. 510.

정신의 자유에 대한 충실함을 잃지 않고 오롯이 일관된 삶을 살았다.

코스톨라니 데죄는 프랑스 정신에 친밀했던 또 다른 도시형의 세련되고 위대한 작가였다. 바비츠와 마찬가지로 코스톨라니 역시 시인이자 소설가였고, 유럽 문학의 유려한 번역가였으며, 철학적 성향을 보인 사람이었다. 그들은 매우 비슷하면서도 달랐기 때문에 누가 더 나은 시인이었는지 견주기는 어렵다. 그러나 소설가로서는 코스톨라니가 더 나았다. 바비츠가 주로 사고와 믿음에 관심을 가졌다면, 코스톨라니는 언어와 감정에 관심을 가졌다고 말할 수 있다. 그의 시는 인상주의적 또는 상징주의적이며, 바비츠의 시보다 더 섬세하다. 다른 말로 하면, 철학적인 의미에서 더 실존적이지만 덜 본질적이다. 코스톨라니는 비교적 늦은 나이에 소설을 쓰기 시작했다. 그의 소설 중 『종달새』『황금빛 연』『에데시 언너』는 가히 걸작이라 할 수 있는데, 언어 사용의 뛰어남뿐만 아니라 시대의 사회상, 즉 그 당시의 지배적 정서에 대한 탁월한 묘사 때문이다. 그의 소설과 에세이가 당시 유럽 작가들의 작품과 닮지 않았다는 점에서는 크루디와 비슷한 면이 있다. 이곳에 코스톨라니의 문장을 번역해 소개하지는 않지만, 그의 명민함을 보여주기 위해 그가 툭 내뱉듯 적었던 말을 인용하겠다. "알아요. 알아. 칼kés, knife가 culter(라틴어), couteau(프랑스어), Messer(독일어), coltello(이탈리아어), navaja(스페인어)란 거. 누군가는 내가 틀렸다고 말할 수 있을 거야. 그러나 아무도 칼이 칼을 의미하지 않는다고 나를 설득할 수는 없어."[29] 의미론자이자 기호학자이자 언어학자이자 구조주의자였던 사람이 했을 만한 박학다식한 말이다.

어떻게 이런 헝가리 지방 출신 작가들[30]이 높은 수준의 서유럽 문학(특히 프랑스어와 영어로 된)을 별 노력도 기울이지 않고 그렇게 자연스럽게 소화하며 응용했는지, 그렇게 쉽게 현대적 문체에 반응하고 자신의 감수성을 통해 모범적으로 미적·인간적 가치를 그려냈는지 놀랍기 그지없다. 그러므로 그들은 1900년 세대의 성숙함을 대표할 뿐만 아니라, 독특하고 때로는 이국적인 특성을 띠는 헝가리 문화가 서양 문화에 속한다는 사실을 완전하고 정확하게 표상하고 있는 것이다.

서양…… 도나우강은 옛 헝가리의 가장 서쪽에 있는 데베니 마을에서 헝가리로 흘러든다. 1906년에 20세기 헝가리의 가장 유명한 시인이 가장 유명한 시를 썼다. 그 시의 가장 유명한 두 줄은 다음과 같다.

강을 따라 데베니를 지나가볼까?

새로운 시대에 새로운 노래를 부르며

---

29 Kosztolányi GNY, 36, 60 - 61.

30 커퍼커 머르기트는 섬세하고 정확한 문장을 구사하며, 지적이고 절제된 우울함으로 가득 찬 최초의 현대적 헝가리 여성 작가였다. 그녀는 지방 출신으로 부다페스트에 거주하며 스스로 부여한 작가의 고독과 헌신적이었던 중등학교 교사직을 훌륭히 수행했던 또 한 명의 재능 있는 인물이었다. 아쉽게도 그녀는 젊은 나이에 사망했다. 토트 아르파드는 유럽 문학에 정통한 뛰어난 시인이었다. 그의 번역은 흔치 않게 탁월했다. 그는 헝가리의 저주받은 시인 유하스 줄러처럼 외롭고 비판적인 사람이었다. 그의 삶은 정신착란을 초래한 심각한 유전병을 포함해 고통으로 점철되어 있었다. 1905년에 태어난 요제프 어틸러(1905~1937)는 제1차 세계대전이 끝난 후에 글을 쓰기 시작했다. 매우 진지한 시인이었던 요제프는 프롤레타리아 출신으로, 그의 집안은 당시로서는 대중적이지도 그리 흔하지도 않았던 좌익 성향이었다. 광기는 아니지만, 지독한 절망에 몸부림치던 그는 1937년 문학적 평판이 오르고 있었음에도 기차에 몸을 던져 자살했다.

1900년 세대에게 1933년부터 1941년까지는 황혼기였다. 히틀러가 떠오르고 헝가리가 제2차 세계대전에 빨려들어갔던 그 시기에 크루디, 코스톨라니, 유하스, 요제프, 커린티, 바비츠가 사망했다. 모두 60세가 되기 전이었다.

이 시는 권두시다. 어디 엔드레의 시집 첫 페이지에 인쇄된 비범한 시로 별다른 제목 없이 단순하고 건조하게 「새로운 시」라고 제목을 붙였다.

나는 세계 문학사에서 또는 어느 나라의 역사에서 이 정도 분량의 시와 이 시인이 끼친 영향력에 견줄 만한 시와 사람을 아직 보지 못했다. 푸시킨, 바이런, 라마르틴, 휘트먼도 이런 일은 하지 못했다. 1906년 헝가리에서 이 시는 말 그대로 엄청난 폭발을 불러일으켰다. 이 시의 영향력 하나만으로도 당시 헝가리에서 문학이 얼마나 중요했는지 가늠해볼 수 있다(물론 이 영향력이 이 시의 영속적 가치를 상징하는 것은 아니다). 어디 엔드레의 존재는 문학적 현상이었을 뿐만 아니라 정치적·역사적 현상이기도 했다. (문학과 정치와 역사가 혼합된 이러한 현상에는 헝가리적 전통이 있다. 예를 들면 1848년 시인 산도르 페퇴피[1823~1849]가 국립 박물관 계단에서 한 편의 시를 낭독하던 모습은 혁명 첫날의 낭만적인 장면이 되었을 뿐만 아니라 후에 그가 전쟁터에서 맞이한 의문의 죽음과 함께 시대의 중요한 상징이 되었다. 1956년의 봉기를 이끈 일련의 정서적 사건들은 작가와 시인들이 클럽에서 대중적 모임을 하면서 시작되었다.) 어디 엔드레는 한동안 1900년 세대의 주인공이었다. 그는 단순한 상징이 아니라 시대의 새로운 물결과 연결되어 있었다. 시대의 다중 전환점이었던 1906년에 그의 「새로운 시」가 폭발한 사실 자체가 이러한 상황을 웅변하고 있다.

80년 이상이 지난 지금 이 시는 다른 방식으로 말하고 있다. 어디 엔드레의 시와 운율 그리고 세계관에는 구식의 무언가가 있다. 에즈라 파운드가 말했듯이, 예술가는 특정 신호를 민감하게 감지해 전달하는 민족의 안테나다. 어디 엔드레는 마술적 단어와 문장으로 생각을 구체화하고 감정을 고양하던 헝가리 민족의 안테나였다. 그러나 이런 생각은 이미 구체화되어 있었고, 감정은 이미 표현되어 있었다. 그는 선구자라기보다는 촉매―그리고 대중적이며 눈에 띄는 인물 ― 였고, 안테나라기보다는 번개의 섬광이었다. 안테나는 폭풍이 다가오는 것을 감지하지만, 번개는 폭풍이 몰아쳐 우리 머리 위에 쏟아질 때 천둥과 이어진다.

어디 엔드레는 (급진적 혁명 예언가의 필연적 결점과 모든 천재성을 지닌) 혁명적이며 예언적인 위대한 시인이었다. 그는 1877년 트란실바니아의 오래된 마자르 칼뱅주의자 젠트리 가문에서 태어났다. 그의 초창기 글쓰기에서는 문학적 성공의 가능성이 보이지 않았다. 그의 첫 시집은 1899년에 출판되었다. 그가 도시적이고 문학적인 분위기를 풍기기 시작한 것은 부다페스트가 아니라 트란실바니아의 도시 너지바러드에서였다.[31] 그의 인생에 전환점이 찾아왔다. 어느 사업가의 아내인 연상의 '레더 부인'과 난폭하고 정열적인 사랑에 빠진 것이다. 어디 엔드레는 레더 부인과 파리로 갔다. 그곳에서 그는 프랑스인과 거의 만나지 않았지만, 파리는 그의 눈을 뜨게 해주었다. 1906년 이 평범했던 시인은 갑자기 언어와 시각이 폭발했다. 새로운 단어, 새로운 직유, 새로운 은유, 새로운 운율, 새로

---

31 너지바러드는 작은 부다페스트라 할 수 있었다. 그곳에서 나는 다음의 글을 썼다. "마자르인(그리고 가끔 마자르-유대인) 천재들은 부다페스트나 파리의 더 큰 세상으로 날아가기 위해 어깨에 날개를 달곤 했다. 그것은 콜로즈바르와 너지바러드의 커피 전문점에서 보들레르 추종자 무리와 민속학자 무리가 술을 마시고 논쟁을 펼치며 밤을 새우는 그런 때에 벌어지는 일이었다. 흙냄새와 에로틱한 기대와 노란색 치장 벽토로 장식한 여러 단층집, 길 끝의 자갈돌을 비추는 외로운 전차의 흔들리는 불빛, 그 사이 좁은 골목길의 깨끗하고 어두운 대기 속으로 커피 전문점의 연기가 순식간에 사라져버리는 트란실바니아의 깊은 밤에……"("In Deepest Transylvania," *The New Republic*, February 3, 1982).

운 박자가 그에게서 쏟아져 나왔다. 그 소리는 깊고, 거칠고, 율동적이고, 쓰라린 헝가리의 소리였다. 그의 시가 시에 별로 관심을 기울이지 않던 지식인을 포함해 거의 모든 사람의 심금을 울린 점은 경이적이었다. 사회학자 야시 오스카르(1875~1957)는 다소 들떠서 다음과 같이 외쳤다. "소년들이여! 이 사람이 우리의 시인이다." 모리츠 지그몬드는 다음과 같이 기억했다. "그가 우리 시대의 모든 젊은이에게 얼마나 영향을 미쳤는지 아무도 가늠할 수 없다……. 어디 엔드레는 대중의 마음속에 불타는 열정의 핵심이었다. 그의 시는 탐조등이고 화염 방사기다……. 그의 언어가 닿은 곳에서는 새로운 힘의 씨앗이 사람들의 영혼에 뿌려졌다."[32]

그는 존재 그 자체였다. 이마에 흘러내린 머리칼, 큰 머리, 잘생긴 이 남자의 모습은 매일 밤 선술집 '세 마리 까마귀'에서 볼 수 있었다. 그는 술을 많이 마셨다. 그는 서서히 악화되는 매독에 시달렸다. 9~10년간의 열기와 명성이 지나간 후 그는 조용해졌다. 그는 트란실바니아 젠트리 가문 출신의 젊은 여성과 결혼했다. 그는 4년이 채 되지 않은 1919년 1월, 자신이 상징하던 사상을 구현했던, 그리고 그도 어느 정도 책임이 있었던, 단명하고 극도로 혼란스러웠던 헝가리 급진 공화혁명 정부의 어두운 시기에 어두운 부다페스트의 어두운 거리에 있는 어두운 아파트의 어두운 방에서 말할 수 없는 병으로 피폐해져 죽음을 맞이했다. 슬프고 이른 죽음이었지만(그는 겨우 41세였다), 시기상으로는 알맞을 때였다. 그는 자신의 시대를 초월하여 살았다. 그로 대변되었던 1900년 세대의 정치적

---

32 Móricz V., p. 102.

이상은 시험대에 올랐고, 곧 여러모로 부족하다는 것이 판명되었다. 그러나 우리에게 중요한 문제이자 그의 작품이 지닌 영속적 가치는 그의 정치가 아니라 그가 제시했던 헝가리의 청사진이었다.

그는 의례적인 봉건적 질서의 잔재를 혐오했던 진정한 헝가리인이었다. 그러나 헝가리 동쪽 국경의 평원 지대에서 온 이 마자르 칼뱅주의자는 헝가리인 삶의 외연을 형성한 오스트리아나 다른 나라의 바로크 문화보다는 헝가리라는 나라와 젠트리 계층의 반半 동양적 후진성에 치를 떨었다. 이것이 외로웠던 파리 생활이, 부패하고 시대에 뒤떨어진 헝가리를 '서양'으로 끌어올리겠다는 그의 목표에 별 영향을 주지 않은 이유였다. 그는 퇴행적·동양적·관료적·보수적인 모든 것을 경멸했다. 그는 자신과 출신지가 같았던 수상 티서 이슈트반을 싫어했다. 그의 눈에 티서는 상상력도 없고 융통성도 부족하며 오만방자한 신격화된 통치자에 불과했다.[33] 어디 엔드레는 정치적·사회적 사상 및 시의 운율·형식에서뿐만 아니라 육체적 사랑을 포함한 여러 주제에 관해 그가 글을 쓰던 방식에서도 혁명적이었다. 1900년 세대 이전의 헝가리 연애시는 고풍스럽고 평범했다. 19세기의 위대한 헝가리 시인 어러니 야노시는 사랑에 관한 시를 쓰지 않았다. 반면 어디 엔드레의 에로티시즘은 깊고 격렬했다. 그의 유명한 시 「낙엽 위 보라매의 짝짓기Héja-nász az avaron」에서 사랑은 발정난 보라매가 낙엽 위에서 서로 물어뜯고 싸우는 것으로 묘사되어 있다. 종종

---

33 그들은 서로 증오했다. 예를 들면 티서 이슈트반은 어디 엔드레를 "헝가리 문화라는 나무 위의 벌레"라며 업신여겼다. 그러나 1904년 어디는 티서에게 파리 여행 경비를 보조해달라고 요청했다(Szerb, p. 493).

불가지론자임을 자처하던 이 반종교적 칼뱅주의자의 정신적 깊이를 그의 종교적 시에서 느낄 수 있다. 신에 대한 강렬한 시 한 구절을 소개하겠다.

저음의 편종編鐘은 그의 외투

찢어진 그래서 빨간 글자로 고친

이 오랜 신神은 해어지고 닳은 채 일어서

안개를 향해 박수 치고 주먹을 날리며

울린다, 강림절의 종을 울린다[34]

그는 자기 조국과 국민을 꾸짖으면서도 사랑했다. 그는 에로틱한 사랑이 인생 최고의 경험이라 생각했지만, 죽음에 이끌렸고 심지어 강박관념을 가질 정도여서 죽음을 시의 단골 소재로 썼다. 그의 정치적 입장은 급진적·근시안적이었고 증오가 밑바탕에 깔려 있었지만, 다가오는 전쟁에 대한 그의 예견은 놀라울 정도였다. 요컨대, 그는 천성적으로 비관적이지만 대단한 예지력을 지닌 위대한 헝가리 시인이었다. "꿈은 위대한 민족을 더 위대하게 만든다. 개조차 맑은 정신으로 깨어 있을 수 있다. 꿈은 인간, 민족, 사회, 인간성을 이끈다." 그의 작품 일부는 시대— 물론 상당히 중요한 시대다— 의 편린을 품고 있지만, 그의 천재성은 1900년 세

---

34 이 시의 제목은 「시온산山 아래에서A Sion - hegy alatt」다. 마지막 두 줄은 프랑스 시인 장 루슬로의 번역이 더 좋다.
Il battait et frappait le brouillard
Il carillonait les matines.

대 그 누구보다 더 보편성을 띠고 있었다. 그가 모든 사람에게 존경받고 있다는 점, 특히 오늘날까지 이어지고 있는 살인적인 좌우의 이념적 분열에도 불구하고 양측 모두로부터 존경과 애정을 받고 있다는 점이 그러한 보편성을 뒷받침하고 있다.

이상하게도 헝가리의 '동양적' 후진성에 집착했던 어디 엔드레가 좀 더 차분했던 가톨릭교도 바비츠보다 덜 유럽적이었다. 현재의 우리는 이런 점을 이해할 수 있지만, 당시에는 아무도 이런 점을 눈치채지 못했다. 1906년 어디 엔드레의 폭발은 새로운 문학 잡지의 출현으로 이어졌다. 1908년 1월 1일 제1호가 발간된 이 잡지의 이름은 의미심장하게도 『서양Nyugat』이었다. 이 잡지의 기준과 목표는 문학 잡지 『주』보다 확실히 높았다. 『서양』의 기고자는 문학가 집단을 넘어섰다. 당시 거의 모든 일류급 인재가 이 잡지에 기고했고, 한동안 『서양』에 대한 새로운 사단이 모습을 보이기도 했다. 그러한 간극에 대한 서술적 분석은 이 책의 범위를 넘어서지만, 간단히 표현하면 다음과 같다. 『서양』은 많은 사람에게 도시 생활, 세계주의, 세련됨 등을 의미했지만, 다른 사람에게는 퇴폐성을 의미했다(현재도 그렇다). 그것은 미학적·도덕적 퇴폐성뿐만 아니라 헝가리다움의 퇴폐성이었다.

헝가리 최초의 대중영합주의 문학의 선구자들도 1900년 세대에 속했다. 모리츠 지그몬드와 서보 데죄는 둘 다 1879년에 태어났다. 그들에게는 공통점이 있었다. 둘 다 헝가리 개신교 신자였고, 헝가리의 반 봉건적 사회질서와 '젠트리적' 성격을 몹시도 경멸했다. 그들은 또한 비교적 늦게 문학계에 입문했지만, 둘 다 기민성이 부족했기 때문은 아니었다. 모리츠는 헝가리 농민의 신중함(준비성이라기보다는) 때문이었고, 서보는 날카롭고 풍자적인 정신에 필수 불가결한 민첩성을 체화하고 있었다. 그러나 두 작가 모두 세계주의에 대한 적개심과 무관심에도 불구하고 부다페스트의 도시적 감수성에 의해 발굴된 경우에 해당됐다. 둘 다 1900년을 갓 넘겨 작품을 발표하기 시작했다. 그들은 단지 연대기적 계산 때문에 1900년 세대에 속하는 것이 아니었다. 그들은 헝가리 농경 민족의 정신적 깊이를 최초로 파헤친 작가였다. 헝가리 '사람들'의 미덕은 19세기 내내 끊임없이 칭송되었지만, 이런 숭배의 시는 항상 감성만을 강조해 공허한 메아리에 지나지 않았다. 반면 모리츠와 서보의 상상력과 언어는 농민의 비극에 초점이 맞춰졌다. 그들은 부패한 사회질서의 한계뿐만 아니라 농민의 피에 넘쳐흐르는 격렬한 생명력을 강조했다. 모리츠와 서보의 공통점은 여기서 끝난다. 모리츠 지그몬드는 무절제하고 어두운 성애 묘사, 러시아 작가들을 연상시키는 그 노골성에도 불구하고 두 사람 중 더 위대한 작가로 평가받고 있다. 그의 언어는 진정하고 근본적인 힘을 지니고 있었다. 그는 대다수 헝가리 개신교도처럼 동방으로 이끌렸지만, 그의 폭넓은 재능을 높이 평가하던 부다페스트의 '서양파' 사이에서도 마음 편히 조용하게 생활할 수 있었다. 서보는 열정적인 문장으로 마자르족의 민족적 자질을 고양시켰지만, 모리츠보다 농민을 잘 알거나 이해하지는 못했다(모리츠는 농가 출신이었지만, 서보는 오래된 중산층 가정 출신이었다). 서보는 모리츠와 달리 본질적으로 수필가이자 정치평론가였다. 그가 헝가리 대중 사이에서 명성을 지속할 수 있었던 것은 소설 못지않게 정치적·사회적 글을 많이 쓴 덕분이었다. 마자르 민족에 대한 서보의 신격화, 그의 대중영합주의는 합스부르크, 독일,[35] '젠트리다움', 자본주의, 유대인에 대한 증오와 부정에서 유래했기 때문에 본질적으로 반동적·부정적 성격을 띠고 있었다. 그는 사랑하기보다는 증오했다. 그의 증오는 기회주의적이지 않았다. 그래서 그의 몇몇 작품은 스위프트에 가까운 특징을 보였다. 그는 헝가리 작가 중 첫 번째 반유대주의자였다. 그러한 성향과 표현으로 가득 찬 매우 중요한 첫 소설이 그의 나이 마흔에 발표되었는데, 당시는 쿤 벨러의 공산주의 독재 시절로 발표 시점이 좋지 않았을 뿐만 아니라 위험하기까지 했다. 사실 그의 날카롭고 새된 반유대주의는 비교적 이른 시기인 1900년에 이미 모습을 드러냈고, 이로 인해 그는 특정한 사람들에게 특정한 인기를 얻고 있었다. 그러나 개인적인 단점 ― 이 끝없이 전투적인 작가는 지나칠 정도로 허영심이 강했다 ― 이 많던 서보를 히틀러주의의 선구자로 간주하는 것은 전적으로 잘못된 일이다. 혈통과 민족에 엄청난 방점을 두었던 서보이지만, 그의 후기 글은 범독일주의에 대한 경고, 히틀러와 헝가리의 동맹에 대한 경고로 가득 차 있다. 그는 또한, 그가 가끔(아쉽게도 아주 가끔) 막다른 골목이라 주장했던 반유대주의 강박관념에 대해 경고하는 것도 잊지 않았다.

1900년 이후 유대인과 비유대인 사이, 부다페스트 유대인 문화(문학)와 민족적 헝가리인 문화(문학) 사이에 작지만 매우 중요한 균열이 생기기 시작했다. 결국 이 균열은 깊은 골짜기로 변해갔고 비극적인 결과를 초래했다. 그러나 아직은 1900년 세대가 그렇다고 할 수는 없었다. 그들

---

35 서보는 프랑스와 프랑스 정신을 존경했지만, 모든 면에서 교양과 세련미가 부족했다. 그것은 이 복잡한 사람의 성향에서 또 하나의 모순이었다.

은 이러한 균열의 징조를 눈치채고 있었기 때문에 앞서 언급한 위대한 작가, 시인과 주도적인 화가, 건축가, 작곡가, 조각가 중 반유대주의자는 아무도 없었다. 서보 데죄는 유일한 예외였는데, 어쨌든 그는 평생 자신에게 도전한 모든 사람에 대해 전쟁을 벌인 독특한 인물이었다. 당시 아직은 부다페스트와 헝가리 문화가 유대인과 비유대인 이렇게 두 부분으로 나뉘지 않았던 또 다른 흔적으로, 지속적인 인기를 구가하던 두 명의 유대계 헝가리인 작가가 존재했던 점을 들 수 있다. 세프 에르뇌는 뛰어난 감수성과 언어적 재능을 지닌 소설가이자 극작가였다. (위대한 가톨릭 시인 필린스키 야노시[1921~1981]는 세프 에르뇌를 가장 훌륭한 헝가리 현대 작가로 꼽았다.) 헬터이 예뇌(1871~1957)는 1871년에 태어났지만, 그 역시 1900년 세대에 속한다고 할 수 있었다. 그는 비교적 늦게 재능을 발휘한 측에 속해서, 그의 첫 번째 작품은 1900년 직후에 발표되었다.[36] 그는 소설가, 단편 작가, 밝은 운문의 시인, 진지한 극작가의 창의성을 겸비하고 있었다. 세프와 헬터이는 상대적으로 가벼운 재능의 소유자였지만, 그들의 작품은 세기 전환기 남녀의 습관과 패션, 열망과 욕망을 감성적으로 잘 표현했던 터라 당시 매우 좋은 평가를 받았다. 몰나르와 마찬가지로 세프와 헬터이는 다른 작가보다 경쾌한 촉감을 지니고 있었다. 그러나 몰나르와 달리 그들은 부당한 대우와 굴욕 속에서도 헝가리의 언어와 전통

---

36 1869년에 태어난 소모리 데죄(1869~1944)도 이런 사례에 해당됐다. 그가 문단에 늦게 모습을 나타낸 것은 1890년에 군대 의무 복무를 피하고자 파리로 떠났던 일 때문이다. 다소 신경질적이고 멋 부리기를 좋아했던 이 괴짜 신사는 뛰어난 희곡인 「요제프 2세」와 특이한 산문을 많이 발표했다. 인상주의 언어를 제멋대로 구사했던 이 산문들은 문장과 어구를 의식적·의도적으로 건달이 거리 여기저기를 헤집고 다니는 것처럼 특이하게 배치했다.

을 소중히 여기며 모국의 세계에 깊이 천착하고 뿌리를 내렸다. 여기에 비평가이자 수필가, 유머 작가인 또 한 사람의 이름을 덧붙이고 싶다. 커린티 프리제시는 헝가리 작가들의 패러디로 계속해서 커다란 성공을 거두었는데, 이러한 성공은 20세기 초반에 헝가리 문학이 헝가리인 전 세대에 걸쳐 얼마나 많이 그리고 넓게 생산되고 소비되었는지를 생생하게 반증하고 있다. 커린티가 패러디했던 작가들은 당시 헝가리인이 일상의 대화에 한두 번씩 올릴 만큼 유명하고 많이 읽혔기 때문에 그들의 패러디 역시 많은 사람이 이해하고 즐기는 대상이었다.

✦— —✦

"불가능에 진정 닿을 수 없다 해도/ 아직 신성한 우리의 목표: 써야 할 멋진 것들"(어디 엔드레). 옛 헝가리어에서 동사 ír(쓰다)는 신성한 것, 신비할 정도로 넉넉한 어떤 것을 포함하고 있었다. 그것은 '그리다' '묘사하다'를 의미하기도 했다. 앞에서 헝가리 문학과 민족의 역사 사이에, 시인 및 작가가 쓰고 말한 것과 정치에서 논의되고 행해진 것 사이에 밀접한 관계가 있음을 살펴보았다. 그러나 회화 쪽을 살펴보면 각각의 그림이 지닌 독특함 때문에 그러한 인과적·효과적 관계를 찾아볼 수 없다. 회화작품의 직접적인 효과는 시, 팸플릿, 연극 등으로 표현되는 언어의 깊은 울림과 비교할 수 없다. 이런 점은 명백하다. 이처럼 명백하지는 않지만, 매우 중요한 사실이 있다. 1900년에 구세대와 신세대의 시각 차이는 문학보다 회화 쪽에서 훨씬 더 뚜렷했다는 점이다. 헝가리 문학에서

1860년 세대는 구세대와 신세대를 잇는 가교 역할을 했다. 헝가리 회화의 역사에서는 위대한 두 화가 팔 라슬로와 시네이 메르셰 팔[37]을 제외하면 그와 같은 역할을 한 사람들이 없었다. 문카치 미하이, 벤추르 줄러(1844~1920), 세케이 베르털런(1835~1910), 로츠 카로이(1833~1904) 등으로 대표되는 감성적이고 낭만적인 구세대 — 대개 독일에서 공부했던 — 와 1900년 무렵 존재감을 드러낸 헝가리 현대 화가들 사이의 단절은 너무나 뚜렷해서, 30년 전 파리에서 있었던 살롱 화가들과 인상파의 단절에 필적했다.

고갈된(따라서 창의성이 거의 없는) 전통과 오래된 관행을 별다른 고통이나 다툼 없이 한 번에 폐기해버린 것은 놀라운 일이었다. 1900년 세대는 모든 분야에서 재능이 뛰어났지만, 그중에서도 헝가리 화가들의 면면은 특히 매력적이었다. 그들 중 자기 방임적인 보헤미안의 삶의 방식에 굴복한 사람은 거의 없었다. 정치에 관심을 보였던 사람도 거의 없었고, 특별히 급진적·혁명적 이념에 이끌렸던 사람도 거의 없었다.[38] 그들 대부분은 내성적인 헝가리 신사였고, 교양을 갖춘 지방의 오랜 젠트리 가문 출신이었다. 예를 들면 화가 버서리 야노시(1867~1939)의 형제 콜로시는 헝가리의 추기경이었다.

그들 모두는 매우 진지한 장인이었다. 홀로시 시몬, 페렌치 카로이, 버서리 야노시, 리플 로너이 요제프, 이바니 그륀발트 벨러(1867~1940), 페

<hr />

37 제1장에서 그들에 관해 살펴보았다.
38 1900년 세대 화가 중 가장 급진적이었던 선구자 촌트바리의 놀라운 작품 중 하나는 1915년 늙은 프란츠 요제프가 책상 위에서 고개 숙여 인사하는 모습을 묘사한 그림이다.

네시 어돌프(1867~1945), 굴라치 러요시(1882~1932), 촌트바리 코스트커 티버더르, 메드냔스키 라슬로(1852~1919). 물론 새로운 세대의 헝가리 화가를 나열한 이 명단은 불완전하다. 1900년 세대 헝가리 작가들의 흔치 않은 출생일의 일치를 그들에게 적용하기는 어렵다. 그들에게 인상주의, 후기 인상주의, 표현주의 등의 이름을 붙이는 것도 어울리지 않는다. 그들의 작품을 상세히 묘사하는 것은 내 능력이나 이 책의 범위를 벗어나지만, 최소한의 범위에서 그들에 관한 내용을 기술하겠다. 그들은 개성이 매우 강했다. 그들 중 어느 정도 '인상주의'에 속한다고 할 만한 홀로시, 페렌치, 이바니 그륀발트 등도 프랑스의 인상주의파와 전혀 비슷하지 않았다. 오히려 그들의 화풍은 토머스 에이킨스, 메리 카사트, 차일드 해샘, 모리스 프렌더개스트 등 20세기 초반의 미국 화가들을 연상시킨다(당시 헝가리 화가들은 이 미국 화가들을 거의 알지 못했다). 클림트의 화풍과 비슷한 굴라치의 몇몇 작품을 제외하면, 그들에게서 독일이나 오스트리아의 영향은 전혀 찾아볼 수 없었다. 그들 중 현대 프랑스 회화의 영향을 가장 많이 받은 사람은 리플 로너이였다. 그는 피에르 보나르, 폴 고갱, 에두아르 뷔야르, 아리스티드 마욜 등과 친분관계를 유지했다. 리플 로너이는 1899년 아주 특이한 마욜의 초상화를 그리기도 했다. (이 초상화는 리플 로너이가 파리에서 문카치와 같이 잠깐 공부하다 그의 곁을 떠난 지 10년 만에 그린 작품이었다.)

촌트바리 코스트커 티버더르는 가장 특이한 화가였다(촌트바리는 가명으로, 그는 가명을 사용한 유일한 인물이었다). 상류층 젠트리 가문의 아들로 태어난 촌트바리는 한동안 약제사로 일하다가 37세에 갑자기 깨달음을 얻고, 세계 최고의 외광파外光派 화가가 되겠다고 선언했다. 그러나 사실 그는 웅변가가 아니라 비밀스럽고 내성적인 사람이었다. 그의 화풍은 회화의 역사에서 볼 수 있는 그 어떤 화풍과도 닮지 않았다. 그의 작품 중 가장 크기가 큰 「바알베크」는 28제곱미터가 넘는다. 그의 색감은 경이롭다. 그가 다룬 주제는 성경, 복음서, 야간의 세르비아 발전소, 아테네의 달빛 여행, 레바논의 바알베크 등 다양했다. 동료들은 그를 대수롭지 않게 생각했는데, 어느 정도는 그의 괴팍함 때문이었다. 1919년 그는 굶주림 때문에 사망했다. 그의 소지품은 경매에 부쳐졌다. 일단의 소몰이꾼이 짐수레의 방수포로 사용하려고 그의 대형 작품들을 사려던 순간 한 젊은이가 약간의 돈을 얹어 그 작품들을 사들였다. 현재 페치시市의 한 박물관은 촌트바리의 작품만 전시하고 있다. 1900년 세대 최고의 작가들처럼 이 화가들도 지난 60~70년간 계속 그리고 서서히 평판이 올라가고 있다. 그들의 작품은 그들의 선배 화가 세대와 달리 시대를 초월하고 있다.

그들의 공통점은 무엇일까? 대체로 이 헝가리 화가들은 뛰어난 색채감을 지니고 있었다. 그들의 작품은 질감보다 색채감이 더 풍부했다. 그들 대부분은 구름 뭉치 아래 시원하게 펼쳐진 풍경을 묘사하는 데 탁월했다. 애상적인 감정은 그림의 소재나 주제로 사용되지 않고, 주로 빛에 의한 미묘한 차이로 표현되었다. 그들의 일반적인 충동은 아틀리에를 떠나 실외에서 그림을 그리는 것이었지만, 이러한 경향은 당시 유럽이나 미국의 주요 화가들에게서도 볼 수 있었다. 헝가리 화가들의 특이한 점은 1900년 무렵 이들이 시골 지역으로 옮겨갔다는 것인데, 이러한 움직임은 헝가리 작가나 다른 예술가들의 경향과는 정반대되는 것이었다. (유럽 다른 지역의 화가들도 자석처럼 대개 자기 나라의 수도로 이끌렸다.) 1895년 홀로시 시몬은 스웨덴인과 영국인을 포함한 젊은 동료와 학생들을 데리고 뮌헨을 떠나 헝가리 동부의 작은 마을 너지바녀에 정착했고, 최종적으로 50여 명의 화가가 그곳에서 같이 살게 되었다. 계속해서 1899년과 1901년에 각각 괴될뢰와 솔노크에 화가의 촌락이 형성되었다. 이러한 선택이 보헤미안적인 자유분방함에 기인한 것은 아니었다. 너지바녀, 괴될뢰, 솔노크의 환경은 매사추세츠의 프로빈스타운, 뮌헨의 슈바빙, 파리의 테르트르 광장, 브르타뉴의 퐁타벤과 전혀 닮지 않았다. 그들의 삶은 말 그대로 워크숍 같은 것이었다. 이러한 촌락이 오래 지속되지는 않았지만, 그것이 그리 큰 문제는 아니었다. 중요한 것은 이 장인들의 진지한 태도였다. 그들은 탁 트인 대기의 자유로움에 대한 갈구를 넘어서 새로운 시각에서 자연과 색채와 빛에 대한 영감을 끌어내고자 했다. 또한 그들이 헝가리 시골 지역으로 낙향한 것이 세계주의에서 민족주의로 전환한 것을 의미하지도 않았다. 어떤 면에서는 그 반대였다. 이 화가들 모두가 선배 세대가 주로 주제로 삼던 감성적 역사나 민족주의를 피했기 때문이다. 그러나 자연을 보던 그들의 눈에는 좀더 깊은 헝가리적인 무언가가 있었다. 마치 모네(마네나 세잔보다 모네가 그런 경향이 더 강하다)가 단순히 프랑스의 화가라기보다는 프랑스적인 화가인 것처럼 말이다.[39]

처음에는 그들에 대한 대중의 평가가 미미했지만, 상황은 곧 빠르게 역전되었다. 리플 로너이가 1900년 전시회를 개최했을 때는 잘해야 무관심, 심하면 경멸적이고 신랄한 비난을 받았다. 그러나 1906년에 열린 전시회는 말 그대로 모든 면에서 대단한 성공을 거두었다. 잡지『서양』이 발간되면서 헝가리 지성사에 새로운 시대를 열었던 1908년 1월 몇몇 현대 화가가 '우리의 것MIÉNK'('헝가리 인상주의자·자연주의자 단체'의 머리글자)이라는 단체를 조직하고 전시회를 개최했다. 그 무렵부터 부다페스트에서 현대 미술품의 개인 수집이 본격화되었다.

1900년에는 헝가리 건축가와 조각가들도 민족주의적·현대적 노력을 기울였다. 이들의 성취를 화가들의 업적과 비교하기는 어렵다. 절충주의 건축이 막다른 골목에 다다랐다는 인식은 레흐너 외된의 글이나 건축물에 공공연히 드러났다(그러나 레흐너 외된은 1900년 세대에 속하지는 않았다. 그는 1845년에 태어나 1914년에 죽었다). 레흐너와 러이터 벨러, 코시 카로이, 죄르지 데네시(1886~1961) 등 몇몇 젊은 헝가리 건축가는 헝가리 건축이 더 이상 오스트리아와 독일 건축의 변주가 아니라 더 많은 독창성을 지닌 건축이기를 원했다. 그들은 문학이나 음악 분야와 달리 건축 분야에서는 수 세기 동안 비극적으로 헝가리의 독립을 제한했던 역사적 조건이 헝가리가 독자적으로 전통적인 건축 양식을 발전시켜나가는 것을 방해했다는 점을 잘 알고 있었다(트란실바니아 지역은 예외적이었다). 어쨌

---

39 이 세대의 헝가리 화가 중 두 명이 외국에서 유명했다. 한 명은 런던에 거주하던 초상화 화가 필립 드 라슬로(1869~1937)다. 그는 1900년 무렵 왕실로부터 의뢰가 들어올 정도로 명성이 자자했다. 다른 한 명은 재능은 있지만 경박했던 베르테시 머르첼(1895~1961)이다. 그는 기껏해야 라울 뒤피의 아류 정도로 평가할 수 있는 인물이지만, 1930년대에는 파리에서, 1940년에는 뉴욕에서 꽤 성공을 거두었다. 그는 동시대의 다른 헝가리 화가들에 비할 바가 못 되었다. 베르테시는 1918년에 새되고 자기중심적인 혁명적 정치 포스터를 그렸는데, 그 저속함은 불쾌감을 자아낼 정도였다. 바우하우스 학파와 관련이 있던 추상 디자이너 모호이 너지 라슬로(1895~1946)도 명성이 있었다. 그는 대부분의 삶을 독일과 미국에서 보냈다.

든 인도에서 기념비적인 공공건물에 인도의 양식과 디자인을 접목해넣은 영국 건축가들의 영향을 받은 레흐너는 부다페스트에 적어도 세 개의 극단적인 분리주의(아르누보라기보다는 분리주의적인) 건물을 남겼다(우편저축은행, 지질연구소, 산업예술 박물관). 제2장에서 이에 대해 간단히 언급했다. 이 건물들은 지붕과 난간에 기괴하게 뒤틀린 장식이 있는 등 전체적인 장식에 확실히 과도한 면이 있었다.[40] 우편저축은행 건물을 '집시 남작의 궁전'이라고 부르는 사람들도 있었다. 그러나 레흐너의 작품에는 현재의 우리가 관심을 가질 만한 특징이 세 가지 있다. 첫 번째는 연기 자욱한 도시의 건물 외관에 통기성이 없는 세라믹과 순헝가리산 타일을 세공해넣은 그의 능력이다. 두 번째는 내부 장식에 대한 놀라운 주의력이다. 마지막으로 아마도 가장 탁월하고 지속적인 그의 업적으로 평가할 수 있는 것이 지질연구소의 홀 입구에서 볼 수 있는 독창성일 것이다. 그의 디자인과 장식은 세계에서 가장 유명한 카탈루냐인 가우디의 작품을 앞설 정도다. 레흐너의 스타일은 빈, 브뤼셀, 파리의 아르누보 건축가보다 가우디와 더 많은 공통점을 가지고 있었다.[41]

　"건축은 얼어붙은 음악이다." 이 유명한 독일의 명언은 질문을 자아낸다. "그럼 음악은 녹은 건축인가?" 전혀 아니다. 미술사학자를 포함한 모든 역사학자는 왜 여러 창조적 예술 분야에서 형식의 일치가 발생하는

---

40 "이 장식은 뭐죠?" 누군가 레흐너에게 물었다. "누가 이걸 볼까요?" 레흐너가 대답했다. "새들이 볼 거요."(Lechner, p. 9.)

41 코시, 러이터, 죄르지의 작품은 20세기 영국 및 스칸디나비아의 디자인과 공통점이 많지만, 그들의 건축물 대부분은 1910년 이후에 완성되었다.

지보다는 언제 그리고 어떻게 이 민감한 사람들이 가장 인기 있고 지배적인 형식에 반항하여 '새로운' 무언가를 창조하려는 열망을 표출하는지에 관심을 기울여야 한다. "진리로 가는 길은 거짓의 묘지를 관통한다"라는 격언은 철학뿐만 아니라 예술에도 그대로 적용된다. 이 격언은 확실히 헝가리 1900년 세대의 정신에 적용할 수 있는데, 특히 음악만큼 분명한 분야도 없을 것이다. 여기서 우리는 세계적으로 명성을 날린 두 명의 헝가리 천재를 만나게 된다. 버르토크 벨러와 코다이 졸탄이다. 버르토크는 1881년, 코다이는 1882년에 태어났다.[42] 둘 다 어린 나이에 재능을 발휘했다. 버르토크는 아홉 살에 작곡을 시작했다. 코다이와 달리 그는 비범한 피아니스트였다. 그는 열한 살에 첫 대중 연주회를 열었는데, 베토벤의 소나타와 자작곡을 연주했다. 1902년 버르토크와 코다이가 만났다. 그 무렵 부다페스트의 음악 교육, 특히 '음악 아카데미'와 '오페라 극장'에서 이루어지던 음악 교육은 그 질과 접근성에서 최고 수준에 도달해 있었다. 그러나 둘은 헝가리 음악 문화에 만족할 수 없었다. 버르토크와 코다이의 관심을 끈 것은 오페라 음악이 아니었다. 그들은 헝가리 음악 문화가 한편으로는 리스트와 바그너를 모방하는 이류급 아류의 토대 위에, 다른 한편으로는 집시 음악을 세련화한 대중음악의 기반 위에 구축되어 있다는 점을 명확히 이해하고 있었다. 1902년까지도 버르토크는 빈 음악의 영향 아래 놓여 있었다. 그는 리하르트 슈트라우스를 존경했고, 교향시 「영웅의 생애Ein Heldenleben」와 「차라투스트라Zarathustra」

---

42 유명한 1900년 세대 음악가 중 세 번째 인물은 도흐나니 에르뇌(1877~1960)다. 그는 버르토크나 코다이보다 덜 현대적이었고, 대체로 독일 음악의 전통 안에 머물렀다.

를 좋아했다. 사실 그의 첫 교향곡 「코슈트」는 슈트라우스의 영향을 강하게 받은 곡이었다. 그러다 변화가 찾아왔다. 1904년 버르토크와 코다이는 마자르 민속 음악을 진지하게 연구하고 있던 민속학 연구자 비카르 벨러(1859~1945)와 함께 축음기를 들고 헝가리 각 지역을 여행하기 시작했다. 그들은 마을에서 마을로 여행을 계속하며 각 마을 지도자의 도움을 받아 그 지역 음악을 잘 알고 있는 사람들을 한 명 한 명 만났다. 버르토크와 코다이는 옛 마자르 민속 음악이 대중적인 '민간' 음악과 거의 관계가 없다는 확신에 이르렀다. 그것은 음조와 화성의 구조가 근본적으로 다른 매혹적인 음악이었다. 1906년 코다이는 마자르 민속 음악의 구조에 관한 논문을 발표했다. 그리고 그의 첫 교향시 「여름 밤Nyári Este」을 작곡했다.[43] 버르토크의 '첫 번째 모음곡'은 성공적으로 연주를 마쳤고, 그는 음악 아카데미의 피아노 학장으로 임명되었다. 그 무렵 버르토크와 코다이는 드뷔시의 음악에서 정교하며 혁명적인 새로운 화성악 구조를 발견하기도 했다. 그들은 19세기 독일 교향곡과 전통 음악의 성조에서 완전히 벗어났다.

✦———✦

1906년 무렵 새로운 세대는 헝가리 음악, 그림, 산문, 시 분야에서 기존의 많은 전통과 형식을 깨뜨리고 언어, 색채, 소리에서 헝가리다운 영

---

43 그는 1929년 이 곡을 수정하여 토스카니니Arturo Toscanini에게 헌정했다.

감을 찾아내며 실질적인 혁명을 이루어냈다. 두 가지 요소로 이러한 놀라운 우연성을 설명할 수 있을 것이다. 그중 하나는 헝가리 예술계의 변화에 있어서 공식·비공식적으로 부다페스트가 맡았던 중심적 역할 또는 정보 중심지로서의 역할이다. 화가들은 너지바녀에서 작업했고, 버르토크와 코다이는 트란실바니아의 깊은 계곡 마을을 휘젓고 다녔지만, 그들은 부다페스트로 돌아와 토론하고 전시하고 공연했다. 다른 하나는 헝가리 역사상 처음으로 이러한 예술을 받아들이고 소비함으로써 고무적인 분위기를 형성한 주목할 만한 대중이 부다페스트에 존재했다는 점이다. 불과 한 세대 전까지만 해도 페스트에 오페라 극장과 교향악단은 하나도 없었고 서점 몇 개와 미술 중계상 몇 명이 존재하는 정도였다. 부다에는 그나마도 아예 없었다. 1900년 무렵 이 모든 것이 바뀌었다. 다른 유럽 수도에서와 마찬가지로 부다페스트의 부르주아 계층은 자주 책을 출간하는 문학 명사뿐만 아니라 배우, 음악가, 작곡가, 가수, 화가, 조각가 등을 받아들이고 열렬하게 추종했다. 1900년 이전 4년 동안만 해도 부다페스트에 세 개의 전용 극장이 세워졌다. 1904년에는 극장의 전체 좌석 수가 1만6000개에 이르러 부다페스트 시민 64명당 한 석꼴로 극장 문화의 절정기를 이루었다. 평범한 주중의 하루를 무작위로 뽑아보겠다. 1900년 3월 22일 부다페스트 네 개 주요 극장의 프로그램은 다음과 같았다. 오페라 극장: 바그너의 「방황하는 네덜란드인」, 국립 극장: 그릴파르처의 「메데아」, 인민 극장: 오펜바흐의 「아름다운 엘렌」, 코미디 극장: 페도의 희극. 1900년 세계의 어느 대도시와 비교해도 손색없는 목록이다.

보석 같은 부다페스트 오페라 극장은 1884년 문을 열었다(그 전 11년 간 오페라는 국립 극장에서 공연되었다). 오페라 극장의 초기 감독 세 명은 외국 출신이었다. 구스타프 말러, 아르투어 니키슈, 한스 리히터. 니키슈와 리히터는 헝가리에서 태어났다. 말러는 당시 떠오르는 권력자였던 어포니 얼베르트 백작에게 인정과 후원을 받았지만, 곧 불쾌한 다툼이 있었고 이를 계기로 감독직에서 사임했다. 1900년 무렵까지 오페라 상연 목록과 가수의 수준이 크게 향상되었고, 박식하고 세련된 오페라 애호가도 많이 늘었다. 이들은 25년 후에는 유럽에서 가장 비판적이고 까다로운 관객으로 알려진다.

또 다른 새로운 발전도 있었다. 부다페스트 오페레타의 황금시대가 막 시작되려 하고 있었다. 1900년 이후 어느 시점부터 뉴욕에서 발라드 음악을 곁들인 미국 뮤지컬 코미디가 독특한 미국의 예술 형식으로 자리잡으면서 영국·프랑스·이탈리아·독일·빈의 오페레타와 다른 새롭고 세련된 미국 대중음악이 인기를 끌게 되었는데, 부다페스트의 오페레타에서도 비슷한 일이 벌어졌다. 변화는 1900년에 시작되었다. 한편에서는 경극장輕劇場용 19세기 헝가리 전통 네프신뮈(농촌극)가 점점 사라져갔다. 다른 한편에서는 경음악輕音樂 작곡가와 음악가들이 평판이 나빴던 19세기 부다페스트의 오르페움을 떠나 오페레타가 공연되는 일반 극장으로 진출하기 시작했다. (현존하는 '부다페스트 오페레타 극장'은 1900년 당시에는 아직 오르페움이었다.) 이 분야에서는 생산자와 소비자의 공생관계가 끈끈하게 형성되고 있었다. 대중의 취향이 변하고 있었고, 새로운 종류의 경음악을 받아들여 열광적으로 반응할 준비가 되어 있었다. 곧 두 명의 오페레타 작곡가가 세계적인 명성을 얻었다. 헝가리계 오스트리아인 프란츠 레하르(1870~1948) ─ 리스트와 마찬가지로 혈통을 근거로 오스트리아 사람이라고 주장될 수도 있는 ─ 와 칼만 임레(에머릭)(1882~1953)였다.[44] 그러나 제르코비츠 벨러(1881~1948), 아브러함 팔(1892~1960), 여코비 비크토르(1883~1921), 브로드스키 미클로시(1905~1958), 커초흐 폰그라츠(1873~1923), 시르머이 얼베르트(1880~1967) 등 외국에 덜 알려진 작곡가들도 레하르만큼 세련되고 조화로운 구조의 오페레타를 만들어냈다(예를 들면 여코비의 「시빌」). 브로드웨이의 제작자와 기획자들이 곧 이들을 주목하기 시작했다. (젊은 여코비 비크토르는 1921년 뉴욕에서 사망했다. 시르머이 얼베르트는 뉴욕에서 젊은 조지 거슈윈에게 편곡과 기악 편성법을 가르쳤다.)

이들 작곡가, 음악가 외에 많은 극작가, 배우 등이 커피 전문점 '뉴욕'의 단골손님이었는데, 이들 중 꽤 많은 사람이 뉴욕시와 할리우드에서 경력을 이어갔다. (예를 들면 젊은 오르먼디는 커피 전문점 '뉴욕'이 있던 건물 '뉴욕'의 아파트에 살았다.) 부다페스트와 뉴욕 사이에는 또 다른 유사점이 있었는데, 1900년경 영화 산업이 유럽의 다른 어떤 도시보다 더 빨리 시작되었던 점이다. 미국에서 '영화movie'라는 단어가 1908년 처음 등장했는데, 헝가리 단어 'mozi'(영화가 아니라 영화관을 의미한다)는 1907년 유명한 헝가리 작가 헬터이 예뇌가 만들어낸 신조어였다는 점도 흥미롭다. 영화는 1895년 프랑스의 뤼미에르 형제가 발명했는데, 부다페스트에서

---

44 프란츠 레하르와 칼만 임레의 가장 유명한 오페레타는 다음과 같다. 레하르: 「유쾌한 미망인」 「미소의 나라」. 칼만: 「머릿처 백작 부인」 「처르더시 공주」.

첫 영화가 상영된 것은 1896년 4월이었다.[45] 뤼미에르 형제가 파리 카푸치네 대로의 한 카페에서 대중에게 영화를 공개한 지 불과 몇 달도 되지 않아서였다. 부다페스트에서는 엘리자베트 순환로에 새로 문을 연 로열 호텔의 커피 전문점에서 첫 영화 상영이 이루어졌다. 부다페스트의 첫 번째 정식 영화관도 1899년 11월 엘리자베트구에서 문을 열었다. 이 사업을 시작한 사람들은 작은 커피 전문점의 주인들이었다. 커피콩을 가는 팔뚝 힘 강한 직원들이 영사기의 손잡이를 돌리는 데 안성맞춤이라는 생각이 들었던 것이다. 실제로 세계적으로 유명한 알렉산더 코르더, 마이클 커티즈[46] 같은 영화 제작자와 감독들이 연기 자욱하고 시끌벅적하며 지저분한 번쩍임이 가득한 커피 전문점 '뉴욕'과 엘리자베트 순환로의 시끄럽고 정신없이 돌아가는 분위기 속에서 경력을 쌓기 시작했다.

•• — ◆ — ◆◆

새로운 세대의 특징이자 전유물로 생각되던 이런 피상적이고 재빠르며 돈이 되는 페스트의 거리 문화는 1900년 직후부터 시작되어 거의 90년, 3세대가 지난 지금도 치유되지 않고 있는 분열의 주된 원인이 되었다. 분

---

45 Erzsébetváros p. 157 passim; p. 204.

46 1942년에 제작된 유명한 미국 영화 「카사블랑카」의 감독은 헝가리인 마이클 커티즈(원래 이름 케르테스)였다. 그는 한 무리의 헝가리 대본 작가들에 둘러싸여 있었는데, 재미있게도 그들 대부분의 이름이 '라슬로'였다. 이 영화의 주인공인 체코의 '지하 반군' 지도자의 이름이 빅터 라슬로라는 점도 재미있다. 라슬로는 체코의 이름이나 성이 아니기 때문이다. (이 이상한 사업—그리고 이 변변치 못한 영화[내 생각이다]에 대한 신랄한 비평— 에 관심이 있는 독자는 내가 『포 쿼터스Four Quarters』 1987년 겨울호에 기고한 「다시 가본 카사블랑카」를 읽기 바란다.)

열은 세계주의와 민족주의, 도시주의와 대중영합주의, 1900년 세대를 대표하는 유대인과 비유대인, '부다페스트' 정신과 '진짜 헝가리' 정신 사이에서 발생했다. 부다페스트와 '헝가리'를 구별 짓는 것은 다음 장의 주제로 1900년 이후 채 20년도 되지 않아 그 정점에 달했다. 새로운 '민족국가' 헝가리의 수장으로서 1919년 11월 백마를 타고 부다페스트에 입성했던 해군 제독 호르티 미클로시(1868~1957)의 입에서 이러한 의미의 말이 쏟아져 나왔다. 단명했던 부다페스트 공산당 정권이 무너진 지 몇달 후의 일이었다. 호르티의 연설문에는 '죄로 물든 도시 부다페스트'라는 단어가 포함되어 있었다. 여기서 헝가리 단어 bűnös는 법률적 '죄'와 종교적 '죄악' 모두를 의미했다.

헝가리가 영토의 3분의 2를 이웃 나라에 할양하고 최악의 수렁에 빠졌던 1919~1920년 겨울에 역사학자 섹퓌 줄러는 위대하고 충격적인 역사적 회고록 『삼대』를 써야겠다고 결심했다. 이 책의 주제는 세 세대에 걸친 헝가리인의 질 저하였다. 그리고 이러한 헝가리인의 질 저하가 당시 헝가리가 직면했던 국가적 비극(을 이끈 것은 아니지만, 그 비극)과 밀접한 관계가 있다는 점이었다. 섹퓌는 평생 외로운 학자이자 작가였다. 그는 조국의 역사에 관한 감성적 전설들을 새롭게 조사하고 수정하려 시도하며, 언제나 기꺼이 비대중성과 비난의 위험을 감내했다.[47] 『삼대』에서도 그는 불쾌한 진실을 말하는 데 주저하지 않았다. 이 책은 뛰어난 문체를 포함해서 많은 부분이 아직도 읽을 가치가 충분하며, 그 지적인 방법론은 여전히 연구의 가치가 높다. 그러나 이 책은 섹퓌가 이 책을 집필하던 당시의 어두운 흔적을 많이 포함하고 있다. 세 번째 세대— 내가 분류한

1900년 세대와 완벽히 일치하지는 않지만, 1900년 무렵 지대한 영향을 미친 세대라는 점에서는 일치하는— 에 대해 섹퓌는 좋은 얘기를 별로 하지 않았다. 우리의 이해에 도움이 되는 것은 섹퓌가 부다페스트의 문화를 이기적이고 천박하다며 완전히 무시했다는 사실이다. 그는 부다페스트의 건축물을 가짜, 싸구려, 겉만 번지르르한 것, 모르타르와 값싼 재료의 반죽 덩어리로 묘사했다. 그리고 유대인에 대해 가혹하게 비난했다. 그는 오래되고 전통적인 유대인 주민에 대해서는 긍정적으로 묘사했지만, 통계 자료를 제시하며 19세기에 별생각 없이 대규모로 유대인 이민을 허락한 것은 국가적 재앙이었다고 주장했다. 그는 기업가 정신이 국가 번영에 이바지한 점에 관해서는 별로 말이 없었다. 그는 헝가리 언어, 예술, 과학, 상업 정신 등에 미친 '유대인의 영향'을 맹비난했다. 그는 이름을 거론하지는 않았지만, 1900년 무렵의 헝가리 역사학계도 거의 인정하지 않았다(당시를 대표하던 세 명의 최상급 역사학자 언절 다비드, 머르철리 헨리크[1856~1940], 프러크노이 빌모시[1843~1924]는 모두 유대계였다. 세 명 다 개종했으며, 프러크노이는 가톨릭 주교이자 헝가리 과학 아카데미의 사무총장을 역임했다).[48] 섹퓌는 1900년경의 헝가리 역사 과학 분야 역시 너무나 '허약'해서 당시의 국가적 병폐 증상을 보였다고 적었다. 즉 국가에 해로운 전설과 환상에 저항하거나 반박할 만큼 용감하지 못했다는 것이다.[49]

---

47 섹퓌는 1913년에 출간한 첫 번째 책 『망명 중인 라코치A száműzött Rákóczi』에서 이 전설적인 국민 영웅의 단점을 몇 가지 지적했다. 저속한 방식을 포함한 모든 종류의 비난과 비평이 섹퓌를 공격했다.
48 세 명 다 1900년 세대에 속하지 않는다. 그들은 더 일찍 태어났다.
49 Szekfü, p. 347.

『삼대』는 당시의 환경에서 영감을 받은 것이 분명하다. 이 책은 새로운 민족주의적·반자유주의적·반마르크스주의적·반공산주의적 정부가 집권해 1918~1919년 혁명의 열기로 지치고 혼란스럽던 부다페스트와 분열된 헝가리를 지배하던 시기에 출판되었다. 좌파와의 관계 때문에 1900년 세대 중 일부는 외국으로 망명했고 일부는 침묵을 강요당하거나 권위를 인정받지 못했다. 그러나 이런 상황이 그리 오래가지는 않았다. 1920년대에 부다페스트 정신이 되살아났을 뿐만 아니라, 헝가리 문화는 문학, 음악, 연극 등의 분야에서 다시 한번 높은 수준의 성취를 이뤄냈다. 1933년에는 섹퓌도 생각을 바꾸었다. 그는 『삼대』의 개정판을 내면서 속편인 「그리고 그 뒤에 이어진 것」을 포함했는데, 이것은 1900년 이후의 '기독교' 중·상류층 지배 계급의 편협한 정신과 거만한 허세에 대한 강력한 비판을 담고 있었다. 평생 조국의 서구 지향 필요성 및 합스부르크와 게르만-로만 관계의 불가피성을 강조했던 섹퓌는 히틀러가 아직 권력을 공고히 하지 못했던 시기에 헝가리에서 처음으로 제3제국의 가공할 위험에 대해 경고한 사람이었다. 결국 이 위대한 보수주의 역사학자는 엄청난 공격에도 불구하고 헝가리와 독일의 동맹 그리고 헝가리식 국가사회주의에 대한 유혹과 압력에 대한 저항의 대변인이 되었다. 부다페스트 유대인에 대한 비판자였던 섹퓌는 유대인 보호가 비대중적일 뿐만 아니라 위험하기까지 한 시기에 자발적으로 그들을 보호하는 일에 나섰다. 그러나 섹퓌가 당시의 정치 상황에 대해서만 반응했던 것은 아니다. 그는 더 이상 1900년 세대의 단점을 강조하지 않았다. 1900년 세대 이후의 세대가 더 형편없다는 점을 깨달았던 것이다.

1930년대에 다른 헝가리 애국 보수주의자들 역시 생각과 관점에서 비슷한 변화를 경험했다. 그들은 민족주의 혈기로 넘치던 청년기에 뒤처지고 부패해 보이던 19세기 후반의 자유주의 및 부다페스트 정신에 대해 강하게 때로는 극단적으로 반응했었다. 그러나 이제 그들은 저속하고 파괴적인 새로운 민족주의 이념 앞에서 그에 대한 반대 입장을 표명했고, 헝가리의 세련되고 민주적인 자유주의의 오랜 전통을 지지하는 외로운 방어자가 되었다.[50] 그들은 헝가리의 현재와 미래에 몰두했지만, 과거에 대한 그들의 관점 역시 바뀌었다. 그들은 1900년 무렵 성취한 문화적 업적이 진정으로 존경할 만한 가치가 있다는 점을 새삼 깨달았다.

50　헝가리인(특히 부다페스트인)의 분열은 제2차 세계대전 이전과 전쟁 중에 독일 편 또는 영국 편으로 편 가르기 하는 것과 상당히 일치했는데, 이들은 영국 편이었다. 이 분열은 또한 계급과 문화의 차이에도 해당됐다. 계급과 문화의 차이는 정치적 선호보다 더 뿌리가 깊었다. 그것은 독일과 영국에서 각각의 문명이 어떻게 발전하는지 목격했던 사람들 사이의 분열이기도 했다.

SEEDS
OF
TROUBLES

1899년 가을 부다페스트의 건축 붐이 갑자기 사라졌다. 건축비는 올랐고 신축 건물에 대한 수요는 줄었다. 그러나 금융 공황은 없었다. 부다페스트에서 건축이 완전히 멈춘 것은 아니었다. 1년쯤 지나자 건축은 다시 활기를 띠었지만, 이전보다 속도는 느렸다. 이러한 기조가 1914년 제1차 세계대전 발발 때까지 계속되었다.

당시 사람들(금융업자도 포함해서)이 몰랐던 것 그리고 알 수도 없었던 것은 이러한 부동산의 하락이 그들이 알고 있던 19세기의 경기 변동과 차원이 다른 그 무엇이었다는 점이다. 1899년의 어느 때에 전반적인 인플레이션 추세가 시작되었다. 그때부터 1914년까지 15년간 부다페스트의 물가는 40~45퍼센트 올랐는데, 특히 집세가 심했다. 급여와 임금 인상도 뒤따랐지만, 이렇게 계속 오르는 생활비를 따라잡기에는 역부족이었다. 고정 수입에 의존하지 않아도 되는 자유 전문직 종사자만이 이러한 물가 상승의 영향을 받지 않았다. 19세기 마지막 10년간 지속된 상대적 평형 상태는 정치적·지적·정신적 영역에서와 마찬가지로 물질적·재정적·경제적 영역에서도 점점 자취를 감추었다.

1900년 이전 30여 년간 부다페스트 사람 대부분은 기업의 자유화를 환영했다. 길드, 지방 자치 단체, 구식 관습, 정부에 의해 부과된 낡은 제한을 폐지함으로써 이득이 늘어났기 때문이다. 그러나 1900년 무렵 많은 사람은 경제적 자유주의, 자본주의, 기업의 자유 등은 일부 사람에게만 이익이 된다고 생각하게 되었다. 즉 다수가 희생한 대가로 소수가 부를 축적한다는 인식이 널리 퍼진 것이다. 구세대의 가장 훌륭한 보수주의자였던 셰네이 팔(1822~1888) 백작은 1870년대에 자신의 (꽤 인기가 없었던) 군주제적·가톨릭적 신념으로 상업의 자유를 지지하는 데 별 괴리감을 느끼지 않았다. 그러나 10년 후 그는 마음을 바꿔 상업의 자유에 관한 자신의 관점을 수정한다고 천명했다. 1901년 가톨릭 인민당은 의회에서 증권 거래에 대해 엄격한 세금을 부과하자고 제안했다. 이 제안은 부결되었지만, 찬성과 반대의 차이는 매우 적었다. '자유 기업'이라는 단어가 모호한 색채를 띠기 시작했다. 부도덕한 사람이 자신의 의심스러운 행동을 정신적으로 포장한다는 의미로 사용되었던 것이다. 서보 데죄는 "자유 경쟁은 사기다"라고 쓸 정도였다.

예민한 작가였던 콘차 죄죄는 뛰어난 책 『젠트리』에서 "자유주의 사상은 매력을 잃었다"[1]라고 적었다. 이 책의 제3장에서 '젠트리'라는 부정확하지만 설득력 있는 용어로 정의한 계급이 헝가리의 역사·정치·사회와

---

1 Concha, pp. 10~13.

19세기 헝가리 의회에서 (의원 숫자 이상의) 중요한 역할을 했음을 살펴보았다. 또한 영국의 젠트리와 달리 헝가리 젠트리의 경제적·재정적 상황이 몹시 안 좋아졌다는 점도 살펴보았다. 그들의 전통적 사유지는 대부분 효율적이지 않았다. 1899년 이후로 농산물 가격도 올랐지만, 공산품 가격이나 부다페스트의 생활비 상승에 비할 바는 아니었다. 1900년 바로 그해에 유난히 많은 토지가 팔렸다. 앞서 살펴보았듯이, 많은 헝가리 젠트리는 더 이상 시골에 사는 것을 선호하지 않았고, 부다페스트로 이주했다. 그들 중 사업·상업·금융 분야에 관심을 보인 사람은 거의 없었고, 대부분은 정부 기관에서 일자리를 찾았다. 요컨대 과거에는 자유주의적이고 반국가주의적이었던 젠트리 계층이 국가주의적·민족주의적 정부 관료 체제의 중심이 되었던 것이다. 1900년 이후 관료 제도는 더 커지고 경직되었다. 1906년 신중하고 보수적인 헤게뒤시 로란트는 헝가리 재정과 조세 제도를 비판하며 다음과 같이 적었다. "우리 사회의 불건전하고 저항하기 어려운 욕망이 국가를 더 큰 리바이어던(괴물)으로 만들고 있다. 이것은 심각한 질병이다. 정부의 지출과 의무를 줄이지 못하게 하기 때문이다. 반대로 이것은 국가를 신화화·인격화함으로써 모든 것을 손에 넣으려 한다……. 실제로 우리 사회는 스스로 국유화하기를 원하고 있다."[2]

이러한 경향의 원인 및 결과는 단순히 경제적인 것 이상이었다. 상대적으로 얘기하자면, 젠트리 계층이 가난해지기만 한 것은 아니었다. 그들

---

2 Hegedüs AB, p. 67.

은 과거에 국가의 정치와 문화를 이끌었던 자신들의 막대한 역할이 급격히 사라져간다고 느꼈다(그에 대한 근거가 없지 않았다). 몇몇 예외를 염두에 둔다면, 한때 자유롭고 애국적이었던 이 계층이 1900년 무렵에는 보수적·민족주의적으로 변했다고 일반화하는 것도 가능할 것이다. 괴테는 도덕적 기반이 없는 예절은 없다고 주장했다. 젠트리 계층은 예절을 잃었다. 아니, 바꿨다고 하는 편이 맞을 것이다. 19세기에 젠트리 계층 출신이었던 믹사트 같은 작가와 사상가들은 젠트리 계층의 허위와 예절을 꾸짖었다.[3] 이제 젠트리는 그동안 지방에서 누리던 확고한 권위를 대신하여 국가 관료로서 지니게 된 권위를 내세워 자신의 힘과 오만함을 과시하기 시작했다. 그들에 대한 심정적 동조자이자 조심스러운 관찰자였던 콘차는 다음과 같이 적었다. "그들은 국민적 삶이라는 새로운 조건 아래서 정말로 자신의 위치를 찾을 수 없었다."[4] 그러나 부다페스트에서도 이들 젠트리의 관습은 매우 뚜렷한 기능을 지녔다. 1900년 그리고 그 후로도 한참 동안(실제로 어떤 면에서는 제2차 세계대전이 끝날 때까지) 많은 사람

---

3 헝가리 예절의 역사는 아직 쓰이지 않았다. 내가 의미하는 것은 사회학이 아니라 역사인데, 이러한 예절이 계속 바뀌어왔기 때문이다. 예를 들면 여성의 손에 키스하는 관습은 19세기 빈에서 전해졌다. 그 전에는 나이 든 남자의 손에 키스하는 것이 관습이었다. 구두 뒷굽을 딸깍하고 소리 내는 관습은 오스트리아와 프로이센에서 들어왔다(1900년 무렵에는 이런 관습이 군 장교들만의 행동은 아니었다). 결투의 관습은 1900년에도 여전히 빈번하게 있었다. 부다페스트에는 이 목적을 위한 펜싱 학교―검술용 방―도 있었다. 이 학교는 결투를 앞두고 있지만 검술에 익숙하지 않은 사람에게 빠른 교습을 제공했다. 믹사트는 다음과 같이 적었다. "의회 의원은 쉽게 알아볼 수 있다. 그들은 자기 일이든 친구의 일이든 오로지 결투에 몰두해 있다." 거창한 환대, 과장, 대중 앞에서 돈을 헤프게 쓰는 행위, 즉 이치에 맞지 않게 부와 권력과 매력에 대한 인상을 남기려는 젠트리의 습관은 종종 자신감 없는 행동의 발로였다.

4 Concha, p. 11.

이 젠트리의 기사도적·남성적 예의와 권위적 행동을 따라 했다. 그들은 부다페스트에서도 헝가리다움의 대표자라는 인상을 유지했다. 그들은 여기저기서 도전을 받았지만, 아무도 그들의 자리를 대신할 수 없었다. 그들의 방식과 웅변술은 여전히 널리 퍼져 있었고 지배적이었다.

그들의 최대 단점은 근시안적 민족주의의 과잉이었다. 중요한 점은 1900년 당시 젠트리 계층이 공언한 민족주의가 헝가리 전반의 민족주의 정서와 맞아떨어졌다는 것이다. 당시는 마르크스주의자를 비롯한 과학적·유물론적 사상가들이 완전히 간과했던 민족주의와 민족의식이 국민 전체에 영향을 미친 시기였다. 그것은 종교나 계급의식보다 훨씬 더 강력했다. 19세기 내내 헝가리에서 애국주의와 자유주의는 하나로 연결된 대의명분이자 운동이었다. 그러나 1900년 무렵에는 민족주의가 낡은 애국주의를 대체하기 시작했다. 그 전형적인 사례가 범독일주의를 표방한 오스트리아의 민족주의였다. 그들은 필요하다면 합스부르크 제국을 해체해서라도 종족 또는 인종의 결합, 즉 오스트리아의 국경을 넘어 독일과 결합하기를 희망했다. (히틀러는 『나의 투쟁』에서 자신의 젊은 시절에 대해 "나는 애국자가 아니라 민족주의자였다"라고 기억했다.) 1900년 이후 헝가리에서도 민족주의는 덜 애국적이고 더 인종적이 되어갔다. 더 안 좋았던 것은 부패하고 이기적이기까지 했다는 점이다.[5] 1904년 역사학자 언절 다비드는 잡지 『부다페스트 평론』에 '애국자'와 '쇼비니즘주의자'를 구별하는 논문을 게재했다(그가 '민족주의자'라는 용어를 사용하지 않은 것은 의미심장하다). 그의 주장에 따르면 '애국자'는 조국을 사랑하고 조국을 지키기 위해 애쓰는 사람이며, '쇼비니즘주의자'는 끊임없이 조국을 고양하고 확장하려는 사람이다.[6] 1905년 어디 엔드레는 「민족주의의 황혼」이라는 논설을 썼다.[7] "세상은 징조로 가득 차 있다. 우리는 민족주의의 마지막 희미한 빛, 그 황혼을 지나고 있다." 그는 완전히 틀린 말을 하고 말았다.[8]

몇 년 후 보수주의자인 클레벨슈베르그 쿠노(1875~1932) 백작은 다음과 같이 회상했다. "1914년 이전에 우리는 태평양의 외딴섬에서 살고 있는 것처럼 정치를 했다. 빈 너머를 볼 수 있는 사람은 거의 없었다. 우

---

5 1900년경 미심쩍은 상류층 민족주의의 본질에 관한 두 가지 사례를 들겠다. 믹사트의 유명한 소설 『소년 노스티와 토트 머리의 연애A Noszty - fiú esete a Tóth Marival』에서 젠트리 가문 출신의 매력적이고 무책임한 젊은이 노스티는 아버지 덕으로 슬로바키아 혈통의 벼락부자 군수의 사교 담당 비서로 채용되었다. 그는 군수의 취임 연회에 관해 군수에게 다음과 같이 조언한다. 와인 상점에서 샴페인 500병을 주문하는데, 50병은 프랑스산, 450병은 헝가리산이다. 그가 상인에게 말한다. "당연히 라벨을 바꿀 거죠?" "물론입니다, 나리." 신임 군수는 불빛을 한번 보고, 그의 뛰어난 비서가 무엇을 의미하는지 알아챈다. 헝가리산 샴페인에 프랑스 라벨을 붙이는 것이군. 아닙니다. 노스티는 프랑스산 샴페인에 헝가리 라벨을 붙이라고 상인에게 지시한다. "이렇게 하면 모든 사람이 군수님의 애국심에 감명받을 것입니다. 우리는 프랑스산 샴페인을 한쪽에 두는 거죠. 주빈석에 앉는 우리를 위해서."
1906년 오스트리아로부터 경제적 독립을 쟁취하기 위한 국민운동이 소위 '튤립 운동'으로 이어졌다. 모든 사람이 헝가리 제조업에 대한 헌신을 보여주기 위해 옷깃에 붉은 천으로 만든 작은 튤립을 꽂았다. 얼마 후 그 튤립이 오스트리아의 보헤미아 지방에서 주문 제작되었다는 사실이 밝혀졌다.
6 제2차 세계대전 기간에 조지 오웰은 민족주의자와 애국자를 구별하는 에세이를 썼다. 미국의 문제는 두 가지를 혼동해 사용하는 언어적 용법에 잠재해 있다. 미국인은 '초애국자'라는 말을 '초민족주의자'라는 의미로 사용하고 있다.
7 Nagyváradi Napló; 1913: Nyugat.
8 그러나 나중에 어디 엔드레의 선견지명이 드러나기도 했다. 그는 1913년 「붉은 깃발 위의 독수리와 수탉」이라는 논설에서 아무리 사회주의자라 하더라도 독일인은 독일인, 프랑스인은 프랑스인이라고 주장했다. 1914년 '국제' 사회주의가 실패하게 될 것을 정확히 예측한 셈이었다.

리는 믿을 수 없을 정도로 순진하게 외교 문제를 판단했다."[9] 헝가리 민족주의는 근본적으로 부정적인 성격을 지니고 있었다. 즉 민족주의자가 되려면 반오스트리아적이어야 했다. 1904년 온건한 사회주의자였던 거러미 에르뇌(1876~1935)가 오스트리아와의 공동 관세 협정을 지지하자 쇼비니즘적인 독립주의자뿐만 아니라 그들의 반대파인 보수적 가톨릭 인민당도 그를 맹렬히 공격했다. 가톨릭 정당은 민족주의자인 반면, 거러미는 부다페스트인, 사회주의자, 유대인이기 때문이라는 것이 그 이유였다. 체스터턴이 썼던 것처럼 사랑보다는 증오가 사람들을 뭉치게 (또는 적어도 같은 방향으로 가도록) 만드는 것이다.

이러한 민족주의는 경제적·재정적 문제보다 부다페스트에 대해 더 많은 비판을 가했다. 부다페스트에서 삶을 꾸려가는 정치가나 작가들조차 수도와 지방의 해소할 수 없는 차이에 관해 문제를 제기했다. 농민의 대변인은 부다페스트를 부패하고 반국가적이며 파괴적이고 퇴폐적이라고 비난했다. 1893년 말, 보수주의자 언드라시 머노(1821~1891) 백작은 헝가리 추기경이 관할하는 대주교구를 에스테르곰에서 부다페스트로 옮기자고 제안했다.[10] 이 제안이 이루어지지는 않았지만, 부다페스트에 교구가 설치되었다. 얼마 지나지 않아 가톨릭교도에게 부다페스트―또는 가톨릭교도가 부다페스트 정신이라 생각했던 것―는 더 이상 인기가 없다는 점이 명백해졌다. 1880년 시인 레비츠키 줄러(1855~1889)는 부다페스트가 "정체停滯에 만족하고 있다"며 비난했다. 그러나 24년

---

9 Klebelsberg cited by Vermes, p. 183.
10 Bartha, p. 62.

후 버르터 미클로시와 서보 데죄는 부다페스트를 열병에 걸린 '소돔'이라고 묘사했다. 이전에는 아무도 부다페스트에 대해 이런 표현을 쓰거나 생각해본 적이 없었다.

•• —— ••

1900년 무렵 부다페스트와 지방 사이의 균열은 유대인과 비유대인 사이의 균열과 상당 부분 일치했는데, 후자가 전자보다 더 중요하고 그 타격이 더 컸다.

1880년대 후반까지 많은 젠트리가 유대인의 증가 및 그들의 헝가리화를 환영했다. 그러나 1900년 무렵 젠트리 계층 일부가 특히 부다페스트에서 유대인의 존재에 대해 적대적인 것까지는 아니더라도 심기 불편해하기 시작했다. 정치적인 면을 제외하면 젠트리 계층이 유대인에 대해 윗사람 행세를 하기 어려워졌다. 오히려 유대인이 재정 분야뿐만 아니라 여러 분야에서 지나치게 강력해지고 있다는 느낌을 지울 수 없었다.

이 부분은 설명이 필요하다. 당시 유대인은 부다페스트 인구의 20퍼센트 이상, 유권자의 약 40퍼센트에 달했다. 게다가 재정·상업·전문 분야에서 그리고 지적 영역과 문화 분야에서 유대인의 영향력은 이 수치를 훨씬 더 웃돌았다.[11] 그러나 이는 단지 통계 문제만이 아니었다. 이는 일종의 반동이었지만, 전통적이거나 구태의연한 것은 아니었다. 1900년 이후 부다페스트의 반유대주의는 현대적 현상이었다. 작가, 사상가, 대중적 인물들은 유대인, 비유대인을 막론하고 1900년 이후의 반유대주의 표현이나 주장을 "가장 어두운 반동의 산물"이라며 비난하고 일축했다. (미국인 역시 종교적·인종적 편견이 도덕적으로나 실제적으로나 20세기에 걸맞지 않은 과거의 반동적 잔재라고 믿는 데 익숙하다.) 이러한 견해에도 약간의 진실은 있지만, 충분하지는 않다. 1900년 이후 부다페스트에서 유대인과 비유대인의 보기 드문 공생관계가 깨지기 시작한 것은 낡은 관념 탓이 아니라 새로운 신념의 결과였다. 유대인의 존재와 영향력에 공격을 집중했던 사람들은 반동적이거나 귀족적이기보다는 대중영합주의적이거나 민주적이었다. 그들 대부분은 최초에 자유주의와 평등주의를 지향했지만, 나중에 새로운 종류의 급진주의로 방향을 선회한 사람들이었다.[12] 그들의 반유대주의는 노인보다 젊은이들에게 더 큰 영향을 끼쳤다.

어떤 면에서 이런 현상은 역사의 일반적인 흐름과 일치했다. 1875년부터 1900년까지 헝가리에서 발흥한 반유대주의는 오스트리아, 독일, 프랑스의 반유대주의와 유사했다. 그러나 분명한 차이점이 있었다. 1867년 유대인의 시민적·법적 평등을 보장한 헝가리의 법률은 당시 중부 유

---

11 1900년 이후로 부다페스트 그리고 헝가리 전체의 유대인 인구는 더 이상 증가하지 않았다. 그러나 1890년에는 언론인 36퍼센트가 유대인이었지만, 1910년에는 42퍼센트로 늘어났다. 처음으로 유대인의 토지 소유도 늘어나 1904년에는 7퍼센트에 달했다. 대토지 임차인의 70~75퍼센트가 유대인이었는데, 이것은 당시 비교적 새로 생겨난 관습이었다.

12 헝가리 반유대주의의 선봉장이었던 이슈토치 죄죄(1842~1915)와 베르호버이 줄러(1849~1906)는 좌파로 정치 경력을 시작한 이후 이 문제에 집착했다. 이슈토치는 원래 자유당 출신이었고, 베르호버이는 독립당 출신이었다. 독립당은 1882년에 베르호버이와 몇몇 반유대주의 당원을 출당시켰다(그해에 베르호버이는 내셔널 카지노에서 어느 귀족에게 결투를 신청했다가 가벼운 상처를 입었다). 새로운, 그러나 덜 극단적인, 그러면서도 노골적으로 반유대주의를 표명한 인민당이 1895년 창당하자 이슈토치가 정계 은퇴를 선언한 것(잘 지키지는 않았다)은 의미심장한 일이었다.

럽과 동유럽에서 유일했다. 1883년 악명 높은 재판이 헝가리를 분열시켰다. 마치 10여 년 후 드레퓌스 사건이 프랑스를 갈라놓는 것처럼 말이다. 헝가리 동부의 한 마을에서 몇몇 유대인이 젊은 가톨릭 소작농 소녀를 살해한 혐의로 기소되었다. 부다페스트에서도 반유대주의 폭동이 발생했고, 유대인 소년 한 명이 노동자 견습생들에게 살해당했다. 그러나 파리에서와 달리, 귀족과 젠트리를 포함한 여론은 반유대주의를 거부했다. 수상은 유대인을 옹호했다. 원로인 언드라시 줄러(1823~1890) 백작은 한때 유대인의 피가 프로이센에 도움이 된다고 말했던 비스마르크보다 한발 더 나아가 헝가리에 더 많은 유대인이 있으면 좋겠다고 말하기도 했다. 1884년 선거에서 소규모의 반유대주의 정당이 등장 — 같은 시기 독일에서도 반유대주의 정당이 등장했다 — 해 의석 몇 개를 차지했지만, 얼마 지나지 않아 사라졌다.

1900년에 그들은 잊힌 존재였다. 1880년대의 반유대주의 물결은 과거의 일이 되어버렸다. 부다페스트의 유대인은 시대의 낙관주의를 피부로 느끼며 주변 사람들과 그 분위기를 공유했다. 박해에 대한 두려움, 그 깊고 비관적인 유대 정신의 본질은 여전히 존재했지만, 널리 분산되어 약해져 있었다. 19세기 말 부다페스트처럼 많은 유대인이 자유롭게 번성하던 도시는 세상에 거의 없었다. 많은 유대인이 헝가리 문화에 동화되었기 때문에 부다페스트의 분위기는 베를린, 빈, 프라하, 크라쿠프와 매우 달랐다. 의회에는 열여섯 명의 유대인 의원이 있었고, 대학교수도 스무 명 이상 있었다. 1900년경에는 오래된 헝가리인과 새로운 유대인의 열망이 분리될 수 없고 영원히 지속될 것 같은 무언가로 융합된 듯 보였다.

1900년 무렵 겉으로 보이던 이 같은 공생의 모습은 자유주의적 착시 그 이상이었다. 이에 대한 흔적은 예민하고 철학적인 작가들의 역사적 회고록에서 찾아볼 수 있다. 예를 들면 가톨릭 신자였던 바비츠 미하이는 1927년 발표한 소설 『죽음의 아들들』에서 "동방 민족, 즉 유대인과 마자르인의 두 후손인 순수하고 낙관적인 젊은이 '임레'와 '로젠베르크'가 서로의 손을 열렬히 움켜잡고, 그들의 공통 문화와 믿음 가득한 미래에 헌신하겠다고 빛나는 눈빛으로 고백하는 세기 전환기의 모습을 묘사하고 있다".[13] 그 시대를 그린 작품들에서 가슴 아플 정도로 순진하고 섬세한 우정을 많이 발견할 수 있다. 시골에서 부다페스트에 갓 도착한 이상주의적이고 약간은 망설이는 듯한 젊은 마자르인, 문화와 지적인 삶을 열망하는 이 청년이 판단이 빠르고 국제적이며 세상 경험이 많은 자기 또래의 젊은 유대인에게 갑자기 우정과 존경심을 느낀다. 당시에는 이런 우정이 아주 많았다. 이들의 모습은 유럽에서는 독특한 것이었다. 다른 곳에서는 유대인과 비유대인 지식인의 만남이 다른 형태를 취했기 때문이다. 마자르 천재들이 부다페스트의 유대인을 아내로 맞이하는 일도 흔했는데, 예를 들면 크루디와 코다이가 그런 사례였다. 1930년대에 헝가리 문학의 위대한 비평가이자 역사가인 세르브 언털은 마자르인과 유대인의 "극복할 수 없는"[14] 정신적 차이에 관해 언급했다. 그러면서 1900년은 그

---

13 Babits HF, p. 456. 유대인과 비유대인의 관계가 근본적 문제였다는 인식은 바비츠의 다른 두 소설에도 나타난다. 『카드로 세운 집』(1915; 1923)에서는 1905년 부다페스트 교외에 사는 저명한 유대인과 비유대인 사이의 순수한 관계가 단절되는 모습을 그렸다. 『구두장이 비르질의 아들』(1922)에서는 수줍고 금욕적인 가톨릭 교사와 그가 가장 좋아하며 거의 양아들처럼 생각하는 반유대인 소년의 관계를 묘사했다. 소년은 부다페스트에서 지식인이 되었다.

러한 차이가 형성되었던 시기일 뿐만 아니라 그 차이를 극복해 상호 간에 큰 이익이 되도록 보완하고 조화를 이루던 시기였다고 적었다.

이러한 조화는 오래가지 않았다. 19세기 초 세체니, 키슈펄루디(1788~1830), 뵈뢰슈머르티(1800~1855), 케메니 등 헝가리의 위대한 정치가, 작가, 사상가가 폴란드나 러시아에서 제한 없이 헝가리로 이주해오는 유대인 프롤레타리아 계급에 대해 우려를 표명했다. 그들의 경고는 반유대주의를 표현한 것이 아니었다(당시 반유대주의라는 용어는 아직 존재하지 않았다). 그들은 오래된 유대인 정착민과 거주자에 대해 적대적이지 않았다. 오히려 그들은 유대인의 헝가리화를 원했다. 오래된 정착민과 새로운 유입자를 구별한 것은 헝가리화한 유대인 자신들, 예를 들면 1872년 페스트, 부다, 오부다를 하나의 도시로 통합한 의회 의원 버르먼 모르(1832~1892) 같은 인물들이었다. 버르먼도 동방에서의 제한 없는 이민을 경고했다. 그러나 점점 더 변화가 찾아왔다. 1900년 무렵 오래된 귀족 유대인 정착민 몇몇이 아마도 이러한 구별을 마음에 담고 있거나 입 밖으로 표현했을지 모르지만, 실질적으로 이러한 구별은 거의 사라졌다. 이제 반유대주의를 표출하는 대상이 헝가리에 동화된 유대인, 특히 부다페스트의 유대인에게 직접 향하기 시작했다. 그것은 그들의 부, 권력, 영향력, 분위기에 대한 반발의 표출이었다.

다시 한번 강조하지만, 이것은 자유주의의 위기뿐만 아니라 민족주의의 변화도 포함하고 있었다. 헝가리 자유당과 독립당이 유대인의 헝가

---

14 Szerb, p. 466.

리화를 환영했던 이유 중 하나는 헝가리 민족주의였다. 헝가리 왕국에서 마자르인의 비율은 그렇게 높지 않았다. 그런 상황에서 헝가리의 유대인 대부분이 헝가리어를 제1언어로 선택하고 헝가리의 대의에 자신들을 일체화한 것은 헝가리 왕국에 명백한 이득으로 작용했다. 1900년 이후에도 옛 자유주의자 일부는 헝가리화한 유대인이 국가의 자산이며 헝가리의 대의를 강화한다고 주장했다. 그러나 1900년 직후부터 이러한 주장은 사람들의 관심에서 밀려나기 시작했다. 1901년 대중영합주의자이자 민주주의자이며 급진주의자였던 버르터 미클로시가 『하자르인의 땅에서』라는 제목의 책을 출간한 것은 매우 중요한 사건이었다. 이 책은 헝가리 동북부의 루테니아인 농민들이 갈리치아에서 새로 온 유대인 상점 주인, 술집 주인, 돈놀이꾼 등에게 착취당하는 현실에 관한 처절한 보고서였다.[15] 이 책에서 버르터는 오래된 헝가리 유대인과 새로 몰려든 '하자르인'(그의 표현으로는 "비열한 해충"이었던) 무리를 구별했다. 그러나 그의 거친 글쓰기 맥락에서 이따금 보이는 이러한 구별은 활기가 없고 희미했다. 버르터는 유대인 대부분의 헝가리화 가능성을 부정했다. 그는 그것을 경솔하며 부패한 자유주의자의 환상이라고 불렀다. 그는 유대인의 교묘한 술책과 이를 묵인하는 자유당 정부가 없었다면, 루테니아인과 루테

---

15 버르터의 책이 출간된 그해에 버르터의 친구이자 영웅이었던 에간 에데가 총에 맞았다. 많은 사람이 이 사건을 유대인의 음모라고 생각했다. 『하자르인의 땅에서』는 1920년 이후에도 헝가리의 반유대주의 출판업자가 여러 차례 출간했다(1970년에는 뉴저지에서 한 작은 헝가리계 미국인 단체가 이 책을 출간하기도 했다). 버르터가 채택했던, 동방에서 온 유대인 대부분이 '하자르'라는 동방 부족의 자손이라는 명제가 아서 케스틀러의 마지막 책의 주제였다는 점은 꽤 의미심장하다. 아마도 그것은 그에게 부다페스트에서 보냈던 젊은 시절을 떠올리게 했을 것이다.

니아인 농민이 더 충성스럽고 선한 헝가리인이 될 수 있었을 것으로 생각했다.[16] 정부와 자유당은 버르터의 주장을 부인했다. 물론 부다페스트의 유대계 언론은 버르터를 논박했다. 곧 그의 반유대주의는 점점 더 무차별적으로 되었다. 그는 '유대화'하는 부다페스트를 더 직접적으로 비판했고, 헝가리화한 유대인이 정치·문화에 미치는 영향력을 공격했다. 그는 유대인의 존재 자체를 조국에 대한 근본적인 문제이자 위험으로 여기게 되었다.

1900~1905년의 어느 때쯤부터 부다페스트의 유대인과 비유대인 모두는 새로운 유대인의 유입만이 아니라 유대인의 동화를 받아들이는 것이 문제라고 인식하기 시작했다. 즉 새로운 유대인 이민자의 의심스러운 헝가리화뿐만 아니라 이미 정착한 이들의 실질적인 헝가리다움이 문제 되기 시작한 것이다. 이런 일은 헝가리 유대인의 동화가 만조로 치닫는 것처럼 보이던 시기에 일어났다. 그러나 역사는 힘이라는 요소를 지니고 있으므로 하나의 조각일 수 없다. 거대하게 지속되는 운동이 더 깊은 수준에서는 본질적인 역동성을 잃을 수도 있는 것이다. 1900년 이

---

16 1902년 어디는 다음과 같이 적었다. "그렇다. 사람들은 루테니아인을 방어한다. 그들에 대한 방어가 곧 유대인에 대한 공격이 될 수 있기 때문이다." 1913년 그는 예전에 친구였지만, 루마니아 반유대주의의 선봉장이 된 트란실바니아의 루마니아 시인 옥타비안 고가에 대해 격한 환멸을 드러냈다. "나는 루마니아에서 멋지게 꽃피우고 있는 반유대주의를 분석하고 싶지 않다. 그러나 유대인에 대한 그들의 증오가 내게는 권모술수로 뒤얽힌 비잔틴적 성향으로 물든 것처럼 보인다. 나는 친유대주의의 위엄과 필요성을 믿는다……. 그것은 신이 우리의 헝가리다움에 이득이 되는 단 한 종류의 사람, 즉 유대인을 보내주셨다는 믿음이다. 그들은 우리의 피에 흐르는 혼란스럽고 몽환적이며 어두운 동양적 경향에 대한 치료제다……." (Nyugat, 1913.)

후 부다페스트에서 유대인 인구의 증가세는 둔화되었다. 그 비율은 기존 상태를 유지했지만, 더 늘어나지는 않았다. 그러나 그 영향력이나 수용력, 문화 변용의 수준은 여전히 증가하고 있었다. 귀족 작위를 받은 유대인 가문의 반 이상이 1900년 이후에, 그리고 그중 대다수가 낡은 자유주의 정치질서가 붕괴하던 1905년과 그 이후에 작위를 받았다.[17] 그러나 1900년경부터 부다페스트의 사회생활에는 미묘하기도 하고 미묘하지 않기도 한 변화가 일어나고 있었다. 과거에는 저명한 헝가리 유대인을 회원으로 받아들였던 몇몇 클럽이 이제는 유대인에게 문을 닫았다. (개종한 부모의 아들인 저명한 언론인 펄크 미크셔[1828~1908] ― 엘리자베트 황후의 가정교사이자 친구이기도 했다 ― 는 1870년대에 귀족 작위를 주겠다는 프란츠 요제프 황제의 제안을 거절한 바 있다. 그는 1898년에도 젠트리가 주로 이용하던 컨트리 카지노의 회원이 될 수 있었다.) 도나우강 부다 쪽 강변에 클럽 회관과 선착장을 가지고 있던 조정 클럽은 비유대인 회원과 유대인 회원으로 나뉘었다. 벨바로시의 바치 거리와 황태자 거리 산책로마저 미묘한 구분이 생겨서, 한쪽은 비유대인, 다른 한쪽은 유대인이 붐비는 거리가 되었다. 부다페스트의 유대인 몇 명이 이러한 상황을 분석했다. 그들의 비

17 1910년 유대인 허저이 셔무(1851~1942)가 전쟁부 장관이 되었다. 1912년에는 유대계인 텔레스키 야노시(1868~1939)가 재무부 장관이 되었고, 1913년에는 헬터이 페렌츠(1861~1913)가 부다페스트 시장이 되어 짧게 근무했다.
제임스 조이스가 그의 작품 『율리시스』에서, 1904년 6월의 어느 날 더블린(당시 헝가리 유대인이 거의 살지 않았던 곳)을 배경으로 인간의 삶과 정신 전체를 묘사하려고 시도한 현대인의 원형으로 등장하는 인물이 헝가리 유대인이라는 점은 매우 의미심장하다. (그러나 주인공 블룸의 원래 헝가리 이름인 '비라그'는 대체로 헝가리 유대인의 성이 아니다. 그의 다른 작품 『피네건의 경야』에 나오는 이상한 세부 묘사에서 알 수 있듯이, 조이스는 자신이 생각했던 것보다 헝가리어를 잘 알지 못했다.)

판은 주로 (그들의 말에 따르면) 비유대인 헝가리 젠트리의 습관을 흉내내는 상류층 헝가리 유대인 가문에 초점이 맞춰졌다. 몰나르 페렌츠의 몇몇 초기 소품에 이런 비판이 남아 있다. 1902년 비유대인 엄브루시 졸탄 (그는 반유대주의자가 아니었다)은 새로 작위를 받은 유대인 남작 가문의 행운과 불행을 반어적으로 묘사한 희극을 발표했다.[18] 1904년 비유대인 작가 헤르체그 페렌츠는 다음과 같이 적었다. "헝가리 전체가 여전히 자유주의적이지만, 아무도 유대인을 좋아하지 않는다. 유대인 자신은 그렇지 않다……. 기독교인은 개종한 유대인을 기독교인으로 받아들인다. 그러나 유대인은 절대로 받아들이지 않는다."[19] (이 책은 헤르체그의 몇 안 되는 상업적 실패작 중 하나였다.) 극단적·민족주의적 독립당이 의회에서 여전히 '극좌'로 인식되던 당시에 몇몇 헝가리 유대인 작가와 지식인이 이전 세대의 헝가리 민족주의에 대해 꽤 논리적으로 의문을 제기하기 시작했다.[20] 또 다른 비민족주의적 좌파가 필요하다는 인식을 가진 사람들도 등장했다. 그들은 옳기도 하고 틀리기도 했다.

---

18 Berzsenyi báró és családja(1920).

19 Andor és András(1904).

20 이런 점에서 민족주의와 유대인을 연관 짓는 것은 오스트리아와 헝가리에서 유사점이 제한적이었다. 1882년 오스트리아의 자유주의 유대인, 사회주의자, 범독일주의자가 린츠에서 모임을 갖고, 오스트리아-헝가리 제국 내의 다른 민족을 희생해서라도 오스트리아의 독일 민족 문화를 촉진하자는 연합 운동을 추진했다. 이후 불과 몇 년 만에 오스트리아의 새로운 민족주의(옛 애국주의와 구별되는)는 반체코, 반헝가리뿐만 아니라 반유대주의까지 포함하고 있다는 것이 명백해졌다. 제2차 세계대전이 끝날 때까지 오스트리아에서 '민족주의'는 반유대주의이자 범독일주의를 의미했다. 그들은 필요하다면 자기 나라의 독립을 포기해서라도 독일과 하나 되기를 원했다. 그러나 제2차 세계대전 중 헝가리에서 '민족주의'는 대개 범독일주의를 의미했기 때문에 오스트리아에서 사용되던 용법처럼 터무니없지는 않았다.

그들은 반유대주의와 새로운 민족주의를 오래된 '종교적 반동'의 잔재 탓으로 돌렸는데, 이는 틀린 견해였다. 가톨릭 성직자 중 세계주의, 자본주의, 유대인의 영향, '부패한 부다페스트'에 반대하는 새로운 민족주의, 대중영합주의, 사회 문제 지향성을 보인 사람은 젊은 성직자였다. 현대적·사회적 헝가리 가톨릭교회의 대변인으로 떠오른 프로하스커 오토카르가 이런 성향의 인물이었다(제4장에서 그가 1905년 주교로 임명되던 당시 관습적 격식을 피한 사례를 이미 살펴보았다). 프로하스커를 비롯한 일군의 사제들은 오래된 것을 유지하기보다 새로운 상황에 대응하기 위해서는 이런 인식이 필수라고 생각했다. 즉 '각성' — 반유대주의 지도자였던 이슈토치와 베르호버이가 1881년에 처음 사용했던 단어지만, 당시에는 별 호응이 없었던 — 이 필요했다. 1899년 프로하스커는 헝가리의 '기독교적 각성'에 대해 언급했다.[21] 당시 이러한 정서가 (이런 일이 아니라면 종교에 별로 관심이 없었을) 부다페스트의 수많은 대학생에게 큰 영향을 미쳤다. 당시 유대인 대학생의 비율은 증가하고 있었다. 유대인 학생과 비유대인 학생의 우정이 계속된 사례는 많았지만, 그렇지 않은 경우도 많았다. 반유대주의는 역사상 처음으로 기성세대보다 젊은 층에서 더 기승을 부렸다. 1900년 한 학생이 어느 대학 강당 건물에 십자가가 부서진 채 떨어져 있는 것을 발견했다. 학생들은 유대인 학생 한 명을 지목해 비난했다. 불쾌한 시위가 이어졌고, 정부가 이를 진정시켰다. 그러나 지식인들 — 유대인

---

21 이 단어는 그 기원뿐만 아니라 이후의 용법 역시 불길했다. 1919년 이후 '각성한 마자르'는 강력한 반유대주의를 의미했다(독일에서도 국가적 '각성'은 히틀러가 급부상하던 당시의 나치 구호였다).

지식인뿐만 아니라 비유대인 지식인까지도— 은 습관처럼 자기 생각과 반대되는 증거를 무시했다. 그들은 그것이 무엇을 의미하는지, 즉 가슴과 정신을 고조시키는 이 운동이 '좌파'에서 '우파'로, 낡은 자유주의에서 새로 각성한 민족주의로, 관용에서 편협으로 이동하고 있다는 점을 인식하지 못했다. 그들은 황제 지지자이자 보수주의자였던 오스트리아의 시인이자 극작가 그릴파르처가 1849년 말했던 내용, '진보'란 인본주의에서 민족주의를 거쳐 짐승의 길로 나아가는 것이라는 경고를 잊지 말았어야 했다.

유대인의 재산 축적에 대한 시기심이 이러한 '각성'에 매우 중요한 요소였음을 부인할 수 없다. 그러나 그것이 유대인과 비유대인의 균열을 촉진한 유일한 요소는 아니었다. 이 균열은 토크빌과 몽탈랑베르 그리고 프랑스 자유주의 가톨릭 정신을 추앙하던 콘차 같은 나무랄 데 없는 자유주의적 가톨릭 사상가와 작가들의 마음을 불안으로 가득 차게 했다. 콘차는 젠트리를 다룬 책에서 컨트리 카지노와 레오폴트슈타트 카지노 사이의 적대감을 없애자고 주장했다(컨트리 카지노는 젠트리가 주로 이용했고, 레오폴트슈타트 카지노는 유대인 상류 계급이 주로 이용했다). 그는 그들 사이의 "엄격하고 절대적인 이질적 구성과 성향을 합쳐버리자"라고 제안하며, 다음과 같이 적었다. "그것은 시간이 걸릴 것이다. 그것은 헝가리 기독교와 국가 이념의 확산을 통해 최종적으로 유대적 요소를 국가의 몸체 안에 동화하게 될 것이다."[22] 그리고 다음과 같이 덧붙였다.

---

22 Concha, p. 75.

만일 이 일을 이루어낼 수 없다면, 즉 유대인 지도층이 자신들의 주도권을 주장하며 세계주의와 반기독교 구호를 맹목적으로 따른다면(최근 몇몇 지도자가 그 길을 따르기 시작했다), 이 나라 두 지도자 계층의 공존이 불가능하다는 관점에서 우리는 민족적·기독교적 패권을 위해 공개적이며 쓰라린 투쟁을 전개할 수밖에 없다⋯⋯. 그러나 우리는 우리 사회에 직접적으로 치명적인 영향을 끼칠 그러한 투쟁으로부터 유대적 요소가 되살아나길 바란다⋯⋯. 왜냐하면 유대적 요소는 유대인이 지닌, 그러나 헝가리 민족에게는 부족한 어떤 종류의 미덕과 자질을 마자르 민족에게 불어넣어야 하는 중대한 임무를 여전히 가지고 있기 때문이다. 그것이 유대적 야망을 충족시키는 길일 것이다.[23]

콘차가 유대인의 성향과 영향력의 범위 및 방향을 과장했을 수도 있다. 그러나 잊지 말아야 할 것은 (제2차 세계대전 기간에 전체주의적 정부 및 국민이 행한 유대인 혐오와 반유대주의 공포 정치를 겪은 후 이런 글을 쓰는 것은 쉬운 일이 아니지만) 그러한 성향이 실제로 존재했고, 그들의 표현은 요령이 없었다는 점이다. 1890년대에 가장 중요한 문학 잡지였던 『주』는 평판이 높던 헝가리 유대인 시인 키시 요제프가 주도하고 편집을 맡았으며, 모든 헝가리 비유대인 작가가 이를 환영했던 사실은 이미 앞서 살펴

---

23 콘차는 1917년 잡지 『20세기Huszadik Század』가 "유대 문제는 여전히 존재하는가?"라는 제목으로 조사한 중요한 설문에 대해 "그렇다"라고 답변한 몇 안 되는 사람 중 한 명이었다. 그는 1900년이 전환점이었고, 그 이후 젊은 유대인이 완전히 다른 방향을 선택했다고 답변했다.

보았다. 1893년에 누군가가 『주』에 "유대인은 영원한 인류 문명의 파종자播種者이며, 다가오는 세기 역시 유대인이 준비하고 있다"라는 논설을 기고했다. 그러나 1900년 『주』에 실린 기사에서 최소한 몇몇 페스트의 지식인이 한탄스러운 균열에 한몫했다는 사실을 알 수 있다. "도나우강은 부다페스트의 중심이 아니라 가장자리를 따라 흐른다. 사실 부다는 이 수도의 반쪽이 아니라 단지 소풍 장소일 뿐이기 때문이다……"[24] 이는 오래되고 가톨릭적이며 보수적인 모든 것에 대해 몇몇 페스트의 지식인이 적대감—또는 반쯤은 경멸의 감정—을 표현한 것이었다.

반유대주의에 대한 '각성'에도 불구하고 1900년 무렵 부다페스트에서 국가의 주요 문제가 유대인과 관련되어 있다고 생각한 사람은 거의 없었다. 유대인의 동화가 바람직하기는 하지만 불가능하다고 생각하는 헝가리 노년층은 당시에 거의 남아 있지 않았다. 콘차처럼 유대인이 아닌 사람 대부분은 유대인의 동화가 아직은 불완전하지만, 이는 바람직한 일이며 실현할 수 있는 일이라고 생각했다. 그러나 유대인의 동화가 가능해 보이던 그때에도 그것은 불가능하며 바람직하지도 않다고 생각하는 사람이 이미 존재하고 있었다. 그런 사람은 아직 그리 많지 않았다. 그러나 그들의 생각은 새로운 종류의 반유대주의였다. 그들이 보기에 부다페스트와 헝가리의 가장 큰 문제는 "단단한" 소수와 "부드러운" 다수의 관계로, 전자가 자신들의 욕망, 가치, 기준을 후자에게 강요하는 것(그리고 강요에 성공한 것)이었다. 이러한 생각이 옳지 않은 것(이것은 현재진행형이다)

---

24 A Hét, April 9, 1900.

은 그 배후에 음모가 있기 때문이다. 실제로 "단단한" 소수는 그렇게 단단하지 않았고, "부드러운" 다수는 그렇게 부드럽지 않았다. 사실 "단단한" 소수에 속한 많은 사람이 더는 자기 자신을 소수라고 생각하지 않았다. 그들은 자기가 다수의 정식 구성원이 되었다고, 또는 적어도 다수와 자신을 구별할 수 없다고 생각했다. 반대로 "부드러운" 다수는, 특히 부다페스트에서, 소수가 그것을 강요하지 않았음에도 소수의 가치와 기준과 언어와 유행을 채택했다.

·· —— ··

1900년 직후 부다페스트와 헝가리 나머지 지역 사이의 균열은 좌파와 우파의 날카로운 대립으로 이어졌다. 이러한 대립은 부다페스트의 지식인 사회로 확대되었는데, 의회에서의 대립을 능가할 정도였다.

1901년 대학에서도 전년과 다르게 분쟁이 발생했다. 이 분쟁은 복도가 아니라 교실에서, 유대인 학생이 했을 법한 행동 때문이 아니라 교수가 수업 중에 한 말 때문에 시작되었다. 스펜서파派 실증주의자였던 법학 교수 피클레르 줄러(1864~1937)는 기독교를 부정하는 수업으로 비난받았다. 그의 직무를 정지시키라는 요구가 각 대학에서 빗발쳤고, 이 요구는 의회로까지 확산되었다. 2년 후 비슷한 위기가 또다시 발생했다. 스펜서 철학의 열렬한 지지자였던 법학 교수 쇼믈로 보도그(1873~1920)가 자신의 가르침 때문에 공격을 받았던 것이다. 이번에는 교수진 몇 명이 그와 연대하여 다른 교수들에게 대항했다. 앞서 언급한 1900년의 십자가 사건과 대학에서 발생한 이 두 번의 찻잔 속의 폭풍 같은 사건은 '종교 및 교육부' 장관이었던 블러시치 줄러(1852~1937) 남작이 항의자들의 요구를 묵살하고 학문의 자유를 박탈하겠다고 협박함으로써 잦아들었다. 이후로 대학생들의 동요도 멈췄다.

피클레르와 쇼믈로는 1900년 설립된 '사회과학협회'의 설립 회원이었다. 이 협회에 관한 이야기는 그 연대기적 성격 때문에 매우 중요하다. 그것은 아마도 부다페스트에서 두 지식인 집단이 어떻게 이념적으로 충돌했고, 고통과 분열이 어떻게 점점 더 커졌는지에 관한 가장 명확한 사례일 것이다. 그것은 1900년 조화를 이루던 동료에서 1906년 분쟁을 일삼는 적으로, 1900년 계몽 정신에 대한 열정적 헌신에서 1906년 '진보'에 관한 해소할 수 없는 이념적 분열로, 1900년 보편적으로 받아들여진 자유주의에서 1906년 지배적 집단의 적대적 급진화로 진행된, 그 기간으로 대표되는 또 다른 지적 혁명에 관한 이야기였던 것이다.

당시의 서유럽 지성사와 비교해보면 이 협회의 설립에는 뭔가 순진한 면이 있었다. 이 협회의 회원들은 규정을 제정하기 전에 허버트 스펜서(1820~1903) — 야시 오스카르는 그를 "위대한 선각자"라고 표현했다 — 에게 전보를 보내 그에게 경의를 표하고 그의 승인을 요청했다. (1899년 9월 스펜서는 협회의 설립을 축하하며 회신한 적이 있다.) 그러나 1900년 무렵 사회와 인간 본성에 관한 스펜서의 생각은 서유럽에서 이미 한물간 이론이었다. 그 대신 앙리 베르그송이나 윌리엄 제임스처럼 전혀 다른 사상가가 명성을 높이고 있었다. 당시 헝가리에는 사회에 관한 '과학적'[25] 연구가 아직 존재하지 않았기 때문에 확실히 많은 수의 진지한 지식인과 학자가 협회의 필요성에 절대적으로 공감하고 있었다. 그리하여 1900년 적절한 시기에 협회가 설립되었다. 초대 협회장 풀스키 아고슈트(1846~1901)는 존경받던 자유주의자이자 인문주의자로 그의 가문은 19세기 내내 헝가리 자유주의 및 인문주의와 깊은 연관을 맺고 있었다. 이 협의의 설립 회원 다수가 풀스키의 제자였다. 이 협의의 회원 및 임원 명단으로부터 1900년 부다페스트의 고급문화와 학문의 일치감을 추측해볼 수 있다. 그것은 일종의 아레오파고스(고대 아테네의 최고 재판소—옮긴이)였다. 이 협회의 회원은 기독교인과 유대인이 거의 동수였다. 부회장과 비서진은 유대인이었던 피클레르 줄러와 쇼믈로 보도그 교수, 비유대인이었던 그러츠 구스타브(1875~1946)와 헤게뒤시 로란트가 맡았다. 1901년 풀스키가 사망했다. 그의 뒤를 이어 헝가리에서 가장 저명한 가문 출신으로 애국자, 군주제 지지자, 귀족적 자유주의자(1905년 이후로 자유당과 인연을 끊긴 했지만)인 언드라시 줄러 2세(1860~1929)가 협회장을 맡았다. 1901년의 피클레르 사건과 1903년의 쇼믈로 사건에서 상대적으로 보수적인 기독교인 회원과 상대적으로 자유주의적인 유대인 회원 모두 곤경에 처한 두 교수를 지원했다.

이 협회는 1900년 설립 이후 자체 기관 잡지인 『20세기』를 발행했다. 편집자는 야시 오스카르[26]였다. 이 협회는 단순히 '과학적' 사회학[27] 협회를 뛰어넘어 훨씬 더 심각한 기관으로 발전했다. 야시와 그의 동료들

---

25 헝가리어의 언어 특성을 다시 한번 상기할 필요가 있다. '과학tudomány'이라는 단어는 자연과학에 한정되지 않으며, '과학자'와 '학자'는 같은 단어tudós다.

은 정치·철학에서 문학비평에 이르기까지 꽤 높은 수준을 유지하며 쉼 없이 헌신적으로 몰두했다. 그러나 야시와 그의 친구들의 마음속에는 때로 오만하기까지 한 주제넘음이라는 치명적 결함이 있었다. 야시는 『20세기』 창간호에 실린 「과학적 저널리즘」이라는 논문에 다음과 같이 적었다. "이 잡지의 모든 페이지는 오직 하나의 경향에만 집중할 것이다. 반동적 세계관에 관한 것은 그것이 묵시적이든 명시적이든, 용기 있는 표현이든 비겁한 표현이든 모두 금지될 것이다……. 언론 자유에 관한 우리의 강한 믿음에도 불구하고……. 정의에 따르면, 반동 정치 이론은 정치 이론이 될 수 없다."[28] 쇼플로 사건은 1903년 그가 협회에서 한 발표 보고서 때문에 촉발됐는데, 무엇보다 그가 격찬했던 에밀 졸라의 심오한 말("과학만이 혁명적이다")이 주원인이었다. 1903년 이런 종류의 실증주의가 이미 구시대의 유물이었던 점을 우리는 알고 있지만, 당시 협의 회원 대다수는 이런 점을 알지 못했다. 어쨌든 이 협회와 잡지 『20세기』의 영

---

26 야시는 전형적인 1900년 세대였다. 그는 스펜서식의 자유주의에서 좀더 급진적인 영역으로 전환했고, 1918년 헝가리의 붕괴 이후 단명했던 카로이의 급진적 공화 정부에서 중요한 역할을 했다. 비헝가리인의 민족 문제에 비상한 관심을 가졌던 그는 "동쪽의 스위스"라는 이상과 구호를 내세우며 헝가리의 통일을 유지하려 노력했지만, 1918년 그의 정치적 주장과 전술은 현실성이 결여되어 있었다. 뒤이은 공산당 정부와 아무 관련이 없었음에도 그는 1919년 외국으로 망명해야 했다. 야시는 처음에 빈으로 갔다가 이후 미국 오벌린대학의 정치과학 교수로 임용되어 미국으로 갔다. 1919년 이후 그의 급진주의는 더욱 온건한 자유주의로 나아갔다. 그러나 이 지적인 사람의 조국에 대한 현실감 결여는 거의 완벽한 수준이었다.
27 어디 엔드레는 헝가리 학생 열 명 중 아홉 명이 과학적 사회학에 관해 아무런 개념이 없던 당시에 그것이 "가장 중요하고 현대적인 과학"이라고 주장했다. 그는 1905년 다음과 같이 적었다. "밝게 빛나는 인간적인 새로운 세계는 영원한 인과 법칙인 유일한 진리, 자연과학의 진리에 의해 더욱 높이 고양된다."(Nagyváradi Napló: 1905.)
28 Jászi cited by Gluck, p. 90(내가 Gluck의 번역을 살짝 수정했음).

향력은 점점 커져만 갔다. 1906년 무렵 야시와 그의 동료들은 교육받지 못한 대중을 위한 일종의 무료 대학을 설립하고자 노력했다. 이 계획을 추진했던 야시의 개시 연설 역시 눈여겨볼 만하다. "우리는 종교나 형이 상학의 무너진 도덕성 위에 새로운 도덕, 새로운 윤리를 창조해야 한다. 새로운 도덕의 핵심은 과학, 인간 결속, 연구의 자유 등이다……."[29] 협회 또는 적어도 야시가 속한 핵심 세력은 1905년 정치적 위기 속에서 보통 선거권을 옹호했던 것처럼 노동 계급의 정치적 선전에 대한 준비가 되어 있었다. 이제 그들은 자신들이 헝가리 문화와 진보의 기수가 되었다고 확신했다. 그들 중 아직 마르크스주의자는 없었다. 그러나 그들은 더 이상 자유주의자가 아니었다. 그들은 점점 더 급진주의자가 되어갔다.

그들의 '진보' 이념이 가지고 있던 단점은 별도로 치더라도, 이 젊은 진보주의자·급진주의자들이 생각하고 말하고 행동하는 것에는 근본적인 결함이 있었다. 부다페스트 프롤레타리아를 비롯한 헝가리 노동 계급이 그들의 문화적 노력에 전혀 관심을 보이지 않았던 것이다.[30] 그보다 더 중요하고 근본적인 문제는 그들이 상대적으로 보수적이고 자유주의적인 동료들을 소외시켰다는 점이다. 1906년 '사회과학협회'는 분열되었다. 이들 진보 세력은 협회와 잡지의 방향을 지적하거나 수정하려 시도했지만, 그러한 시도는 점점 더 정치적이고 독단적이며 신랄한 방향으로 나아갔

---

29 Jászi cited by Horváth, p. 132.
30 1870년대 젊은 나로드니키(인민주의자)의 선동에 러시아 농민이 거의 반응하지 않았던 것과 (똑같지는 않지만) 비슷한 점이 많았다. 그러나 다른 점도 있었다. 러시아 농민은 문맹인 데다가 미신을 믿었지만, 부다페스트 프롤레타리아는 그렇지 않았다.

고 그들의 조심스러운 훈계는 헛된 노력이 되고 말았다. 이 협회의 분열은 부다페스트의 역사에서 중요하진 않지만 의미심장한 사건이었다. 그러나 헝가리 지성계의 역사에서는 매우 중요한 사건이었다.[31] 의회에서 그리고 국가 정치에서 한때 비천한 것과 거리가 멀고 인간적이었던 헝가리 자유주의의 통일성이 깨지고 말았다. 그러츠와 콘차 그리고 다른 보수주의적 자유주의자들은 협회에서 쫓겨났다. 언드라시는 협회장직에서 사임했다. 1906년 8월 17일 그들이 떠난 후 흥분한 회원들이 개최한 회의의 회의록을 점검해보면 회의장에 난무하던 무례와 언사가 얼마나 끔찍했는지 알 수 있다. 헝가리 의회의 시끄럽고, 요란하고, 무절제하고, 예의 없는 "동양적" 웅변술과 행동을 이성적으로 지적하고 비판하던 이 협회 회원들이 헝가리의 "서양화"와 지적 자유를 토론하는 자신들의 회의에서 비명 지르는 듯한 욕설을 내뱉고, 몇 명 안 남은 반대자에게 고함치고, 신랄한 언어폭력을 내뱉으며 자기만족과 쾌감을 느끼는 등 의회 의원들과 똑같은 행동을 보였다. 의회가 헝가리 전체를 대표하는 기관이었다면, 1906년과 그 후의 '사회과학협회'는 부다페스트의 지식인 일부, 즉 점점 급진적으로 되어가는 유대인 지식인을 대표했다.[32]

---

31 그동안 헝가리 역사는 정치에 역점을 두었기 때문에 이 사건의 의미가 모호한 측면이 있었다. 그러나 최근 헝가리 국내외의 여러 역사학자가 이 협회와 잡지 『20세기』에 더 많은 관심을 보이고 있다. 이 협회의 주요 설립 회원이자 1867~1920년의 기간을 대표하는 뛰어난 역사학자였던 그러츠 구스타브는 1934년 출간한 그의 역사서에서 이 사건에 대해 거의 언급하지 않았다. 제2차 세계대전 이전에 급진적 우파에 반대했던 이 고매하고 인간적이며 구식인 보수주의적 자유주의자는 1906년 당시 자기 동료이자 적이었던 유대인 급진주의자를 비난하는 것이 시대에 뒤떨어진 행동이며, 민족주의자와 반유대주의자의 명분에 힘을 보태는 일이라고 생각했던 것 같다.

이런 식으로 헝가리와 부다페스트 사이, 기독교인과 유대인 사이, 오래된 자유주의자와 새로운 급진주의자 사이에 균열이 스며들었다. 그들의 조화로운 공생이 6년도 되지 않아 쓰라린 분열로 치달았던 것이다. 분열은 아직 완전한 것이 아니어서 양쪽에 기독교인, 유대인, 오래된 자유주의자가 남아 있었다(회의에서 급진적 다수에 대항했던 가장 용감하고 이성적 인물이 유대인인 볼프너 팔[1878~1921]이었다). 그러나 불행의 씨앗은 뿌려진 정도가 아니라 이미 싹트고 있었다. 채 2년이 지나지 않아 젊은 급진주의 지식인들이 갈릴레오단圞을 조직했다(초대 단장은 폴라니 카로이[1886~1964]가 맡았다). 유감스럽게도 갈릴레오단은 단명했던 공산 정권 및 1919년의 적색 테러와 직접적인 관련을 맺으면서 헝가리 지성계의 역사뿐만 아니라 헝가리 정치의 역사에서도 큰 비중을 차지하게 되었다.[33]

스코틀랜드 시인 알렉산더 스미스는 1863년 출간한 『꿈의 마을Dreamthorp』에서 "새벽 별이 여명을 앞서가는 것처럼 문인들은 과학을 앞서간다"라고 적었다. 가톨릭 신자이자 인문주의자였던 바비츠가 당시의 역사가 아니라 청년들의 삶과 열망을 묘사했던 소설 『죽음의 아들들』에서 1900년 무렵 열정에 타오르는 젊은 유대인 지식인과 비유대인 지식인 사이의 빛나는 우정 및 조화를 묘사했던 사실을 앞서 살펴보았다. 그는 이 소설에서 1906년의 상황에 대해서도 묘사했다. 소설의 주인공 임레

---

32 야시는 1906년 다음과 같이 적었다. "무겁고 어둡고 비위생적인 공기로 오염된 자본주의 정신이 공장에만 가득 찬 것은 아니다. 그것은 뮤즈의 숲도 가득 채우고 있다."(Jászi in Huszadik Század, 1906.)
33 7장을 참조하라.

는 "전쟁터에 홀로 서 있었다. 마치 두 무리의 양 떼 사이에서 자신이 어디에 속하는지 모른 채 머뭇거리고 두려워하며 주위를 둘러보는 어린 양처럼".[34]

앞서 살펴보았듯 『주』는 1900년 헝가리에서 가장 중요한 문학 잡지였다. 야심에 찬 모든 시인, 작가, 비평가는 자기 글이 이 잡지에 실리기를 원했다. 이 잡지의 편집자는 유대인 키시 요제프와 대표적인 헝가리 쇼비니즘주의자인 독일계 라코시 예뇌로 둘은 매우 친한 친구였다. 그러나 1900년에 다소 보수적인 헝가리 문학가 협회 '키슈펄루디'가 키시를 회원으로 받아들이길 거부했다. 얼마 지나지 않아 부다페스트 문화와 헝가리 나머지 지역 문화 사이의 무언의 갈등이 부다페스트의 여러 문학 잡지에 나타나기 시작했는데, 대개 유대인 '문제'에 대한 저의를 품고 있었다. 1902년 젠트리 계층이 가장 좋아하던 보수주의 작가 헤르체그 페렌츠가 유대인 브로디 샨도르의 희곡을 비평했다. 헤르체그는 연극을 좋아했지만, 이 연극의 "절망적일 정도로 슬픈 풍자"[35]에 사람들이 주목해주기를 원했다. "이 풍자는 부다페스트와 지방의 관계, 지식인과 농민의 관계를 그리고 있다. 보일라. 이 도시는 지방의 중심지다. 그러나 이곳은 국가의 몸체로 성장하지 못했다……. 우리의 혈관과 그곳을 이을 수 없다……." 1904년 헤르체그는 또 다른 보수적 헝가리 문학가 협회 '페퇴피'의 회의에서 이 문제를 다시 꺼냈다.

---

34 Babits HF, p. 723.
35 Herczeg cited by Horváth, pp. 205~206.

부다페스트의 언어와 정서는 마자르의 것이 맞지만, 그 화학적 성질은 외래적 요소를 많이 포함하고 있다. 부다페스트의 문학 역시, 비록 그 목적이 민족적이라고 대담하게 말할 수 있을지라도, 무의식적으로 많은 외래적 요소를 담고 있다. 우리의 언어는 옛 작가들의 언어보다 더 부드럽고 유연하다. 가끔은 훨씬 더 민속적이기도 하지만, 그럼에도 덜 마자르적이다. 우리의 관점은 폭넓지만 그렇게 깊지는 않다. 우리는 헝가리어로 말하고 느끼지만, 우리의 정신적 발걸음과 도덕은 점점 덜 헝가리적으로 되고 있다. 문학의 지평선에서 지배적인 별자리는 사회적 문제다. 그러나 우리는 마자르 민족의 미래에 영향을 미치는 문제보다 프랑스, 독일, 스칸디나비아 문학에 나오는 불안한 문제들에 더 익숙해져 있다.

헤르체그는 교양 있는 유대인 평론가 이그노투시(1869~1949)로부터 사려 깊고 지적인 비평을 받았다(「예술의 보호주의」, 이 비평의 파장은 엄청났다).

헝가리어를 사용하는 사람이 헝가리 땅에 살고 있고 다른 무엇이 되고 싶어도 될 수 없는 현재 상황에서 마자르 문학과 비마자르 문학을 구분하는 것, 현재의 문학에 반해서 헝가리성을 문학의 기준으로 삼는 것은 무슨 목적이 있기 때문인가? (…) 어떤 미학적 정당성이 헝가리 것은 '도덕적'이고 외국 것은 '부도덕'하다고 정의할 수 있는가? (…) 이런 종류의 우상 파괴는…… 민족을 보호한다는 명분 아래 헝가리 문학의 영역에서 부다페스트시를 제외하려 한다…….[36]

자유주의자 레즈 미하이(1878~1921)가 헤르체그와 이그노투시 그리고 부다페스트를 소돔이라 불렀던 노골적인 반유대주의자 버르터의 주장에 답변하는 글을 발표했다. "부다페스트를 거부하는 것은 잘못된 일이다……. 나는 그렇게까지는 가지 않을 것이다……. 나는 지난 50년의 눈부신 발전을 부정하지 않는다……. 이것은 지난 50년의 결과일 뿐이지만, 이 나라는 1000년의 역사를 자랑한다……. 나는 우리의 수도에서 그 기원과 종교가 외국으로부터 유래한 사람을 배제하지 않을 것이다. 비록 그들 중 일부의 문화가 여전히 이국적이라 하더라도……."[37] 의미심장하게도 이 글은 키시의 『주』에 게재되었다.

<hr />

'불행의 씨앗'은 이 장의 제목이다. 그러나 씨앗을 뿌리는 것과 열매를 맺는 것은 별개의 문제다. 역사학자는 인과관계에 대한 소급적 귀인 오류를 범할 때가 많다. 즉 누구도 피할 수 없는 어떤 일에 대해 현재의 관점에서 과거를 바라볼 뿐만 아니라, 이전에 일어난 어떤 일이 필연적으로 나중의 일로 이어진다는 가정에서 일의 진행 상황을 판단함으로써 시간의 전후 관계와 일의 인과관계를 혼동하는 오류를 범하는 것이다. 예수가 말했던 씨앗 뿌리는 사람과 씨앗에 관한 비유를 상기해보자. "그가 씨앗을 뿌렸을 때, 어떤 것은 길가에 떨어져 공중의 새들이 그것을 먹어버

36 Herczeg cited by Horváth, pp. 207~208
37 Herczeg cited by Horváth, p. 208.

렸고, 어떤 것은 돌 위에 떨어져 뿌리를 내리지 못하고 말라버렸고, 어떤 것은 가시밭에 떨어져 가시가 자라서 기운을 막으니 열매를 맺지 못하였다."[38] 죄지은 인간의 본성을 지닌 역사학자는 이것이 모든 씨앗 뿌리는 사람과 모든 씨앗에 해당된다는 점, 그것이 좋은 것이든 나쁜 것이든 약속의 씨앗이든 불행의 씨앗이든 그 모두에 해당된다는 점을 깨달아야 한다. 그리고 이런 점은 우리가 다루는 문제에도 적용된다. 그곳에 불행의 씨앗이 있었고, 많은 씨앗이 싹트기 시작했지만, 그 씨앗의 열매가 필연적인 것은 아니었다. 즉 그것들이 필연적으로 이후의 비극으로 이어진 것은 아니었다.

그것은 부다페스트의 역사에서 1900년 이후 눈에 띄게 깊어졌던 균열에도 필연적으로 이어지지는 않았다. 1906년 무렵에도 균열은 있었다. 그러나 많은 균열이 여러 측면에서 더 깊어지지는 않았고, 더 문제가 되지도 않았다. 부다페스트와 지방 사이의 기본적인 균열은 그 의미를 잃기 시작했다. 나라는 정치적·사회적으로 분열되었다. 그러나 1906년 이후로 부다페스트 대 헝가리라는 구도는 설득력을 잃기 시작했다. 그러기에는 부다페스트의 광채와 끌어당기는 힘이 너무 강했다. 부다페스트의 언어, 습관, 태도가 전국적으로 파급되어갔다. 부분적으로 이국적이고 비애국적인 "세계주의적" 부다페스트와 "진정한" 나머지 헝가리 지역이라는 구도를 받아들이는 사람은 더욱더 줄어들었다. 그런 생각은 1919~1920년에 다시 한번 살아나지만, 지속적인 효과는 없었다.

---

38 「마가복음」 4:2-20.

감정적인 측면에서 '기독교인'(더 정확히 말하면 비유대인)과 유대인 사이의 균열은 더 깊어졌을지 모르지만, 1906년 이후로 이것 역시 어느 정도 의미를 잃었다. 예를 들면 1906년부터 1914년까지 높은 경제성장이 계속되어, 꾸준히 이어지던 인플레이션을 상쇄하고 여러 측면에서 더 효과적인 번영을 구가했다. 이에 따라 부다페스트에서 유대인과 비유대인의 경제적·재정적 차이는 어느 정도 줄어드는 효과가 있었다. 오래되고 더욱 헝가리화한 유대인 부르주아 계급과 비유대인 중하층 계급이 1906년 이후로 부다페스트에서 점점 더 평화롭게 공존하게 되었는데, 각각의 문화와 이념을 대표하는 이들 사이에서도 이런 분위기가 유지되었다. 이 같은 공존은 1918~1919년 국가적 재앙을 맞이할 때까지 지속되었다. 1914년 제1차 세계대전이 일어나기 전 몇 년 동안의 이러한 햇볕 따뜻한 오후 분위기 ― 영국 작가와 많은 회고록은 종종 이 시절을 자유주의 영국의 마지막 시기로 생각하며 약간 아쉬워하듯 '에드워드 시대'로 묘사한다 ― 는 빈이나 베를린보다 부다페스트와 헝가리에 더 잘 어울렸다. 여전히 많은 긴장감 ― 새로운 것을 포함해서 ― 이 흘렀지만, 초기의 쓰라림이 어느 정도 사라진 것은 주목할 만했다. 이런 점에서 반유대주의가 준공식적인 이념이 되고 대중에게 광범위하게 확산되자 헤르체그, 그러츠, 섹퓌 등 초창기에 유대인의 영향력을 비판했던 사람들이 용감하게 반유대주의에 맞서기 시작했던 사실도 주목할 만하다.[39] 가톨릭 쪽에서는 급진주의자와 일부 유대인을 극도로 싫어했던 프로하스커 주교가 일종의(또는 온건한 독일 가톨릭 중앙당의 헝가리판이라 할 수 있는) 기독교 민주주의의 지지자가 되었다. 그러나 젊은 예수회 성직자를 포함한 하급 성직자 다수는 여전히 유대인의 문화와 정신적 영향력에 대해 비판적으로 말하고 글을 썼다(그러나 예수회를 포함한 이들 중 일부가 제2차 세계대전 동안 유대인을 보호하고 구해준 존경할 만한 사람들이었다는 점을 다시 한번 강조한다).

여기서 당시 부다페스트의 가톨릭에 대해 약간(그렇게 길지는 않게) 서술하겠다. 부다페스트 사람 대부분이 로마 가톨릭의 세례를 받았지만, 그들의 종교적 독실함은 1900년 무렵이나 그 이후로 그리 뚜렷하지 않았다. 1899년 프로하스카가 '각성'을 촉구했던 흔적이 몇 가지 있다. 유럽의 다른 지역과 마찬가지로 신新가톨릭 지성주의가 시작되었는데, 그러한 노력의 일환으로 가톨릭 출판 협회의 회원 수와 출판물 수량이 20년 만에 열다섯 배 증가했다. 그러나 절대적인 수치로 볼 때, 그 출판물의 수량과 영향력은 여전히 크지 않았다. 예를 들면 몇몇 작가가 관찰했듯이 '기독교인' 젠트리의 습관은 그다지 종교적이지 않았다. 젠트리 계층의 아내와 아이들이 규칙적으로 교회에 가는 신자였던 반면, 남자들은 거의 미사에 가지 않았다. 모든 것을 정치화하던 당시의 풍조가 이렇게 종교생활에도 안 좋은 영향을 끼쳤던 것이다. 1900년 무렵 '기독교적'이라는 형용사가 인기를 끌었는데, 이는 그저 부정적, 반유대주의적, 반세계주의적, 반마르크스주의적이라는 함축적 의미를 지닐 뿐이었다.

---

39 반대로, 급진적인 '진보' 세대의 유대인 지식인 중 일부가 1920년 이후 투철한 보수주의자(가톨릭으로 개종하는 사람도 있었다)가 되었던 점도 주목해야 한다. 이들 중 멘체르 벨러(1902~1983)와 콜너이 어우렐(1900~1973) — 콜너이는 체스터턴과 친구였다. 1933년 그가 교회에서 결혼식을 올렸을 때 체스터턴이 들러리를 서주었다 — 이 눈에 띄는 인물이다. 이들보다 더 유명한 인물인 마이클 폴라니가 1939년 출간한 『개인 지식』은 급진적·과학적 실증주의자이자 결정론자가 인문주의적 과학자로 변모하는 모습을 보여주는 만물 백과 같은 책이다.

1894년 모습을 드러낸 가톨릭 인민당이 때로는 미묘하게 때로는 거침없이 얼마나 반유대주의적이고 얼마나 반자유주의적이었는지는 앞서 이미 살펴보았다. 뒤돌아보면, 일간지 『헌법Alkotmány』을 비롯한 일부 가톨릭 언론의 공격적이고 선동적인 색채 때문에 가톨릭이 가끔 보여주었던 칭찬할 만한 사회적 주장도 그 의미가 퇴색되곤 했다. 그러나 1919년 이후 이 가톨릭 정당 출신의 사람들이 인도적인 가톨릭 정신의 대변인 또는 사상가로서 국가적 명성을 얻게 되었다. 기스바인 샨도르(1856~1923), 에른스트 샨도르(1870~1938), 그리게르 미클로시(1880~1938), 슐러흐터 머르기트(1884~1974) 등은 유대인을 옹호했는데, 특히 슐러흐터는 제2차 세계대전 이전과 전쟁 기간에 진정한 유대인의 보호자로서 영웅적인 모습을 보였다.

부다페스트 그리고 헝가리 전 지역에서 치유되지 않은 것은 좌파와 우파의 균열이었다. 그리고 새로운 요소가 끼어들기 시작했다. 독립당의 급진화와 사회주의자의 대두였다. 사회주의는 부다페스트 지식인과 노동자 계층의 급진화와 함께 그 존재감이 서서히 커지고 있었다. 그러나 그런 정치적 요소의 전개 과정은 이 책의 범위를 벗어난다. 어쨌든 1914년의 태풍[40]은 그러한 균열을 (잠시나마) 파묻으며 세상을 진동시켰다. 상징적인 우연의 일치인지, 그해 7월 23일 부다페스트 하늘 전체가 벌컥 열렸다. 이 도시의 역사에서 그 전에도 그리고 그 후에도 전례 없었던 진짜 태풍이 몰아닥쳤던 것이다. 시속 200킬로미터 이상의 강풍이 건물 수

---

40 BT, p. 722.

십 채를 파괴했고, 페스트의 바실리카와 부다의 대관식 성당(마차시 성당) 지붕을 날려버렸다. 사슬 다리도 큰 피해를 보았고, 사망자와 부상자도 다수 발생했다. 이틀 후 오스트리아 - 헝가리 제국은 세르비아와 국교를 단절했다. 헝가리, 특히 부다페스트에 적대적이었던 황위 계승자 프란츠 페르디난트 대공의 암살로 전쟁이 발발했다. 헝가리와 전혀 다툼이 없던(그러나 그건 그리 중요하지 않았다) 세르비아, 곧이어 러시아, 프랑스, 영국과의 전쟁, 제1차 세계대전이었다. 폭풍 같은 국민의 열광이 부다페스트의 거리거리를 휩쓸었다. 1914년 7월 25일 그 쌀쌀하고 눅눅하게 비 내리던 오후와 저녁, 부다페스트의 모든 계층이 참여한 갑작스러운 시위가 발생했다. 급진주의자나 사회주의자나 평화주의자의 반대 몸짓은 하나도 없었다. 비슷한 현상이 빈, 베를린, 상트페테르부르크, 파리, 런던에서도 발생했다. 그것은 민족주의 광기의 거대한 파도 속에 일상의 근심을 묻고 모든 계층을 하나로 어우르며 감정의 안도감을 불러모은 거대한 폭풍우였다.

이것 때문에 우리가 관심 가질 만한 문제가 하나 더 있다. 1900년부터 1914년까지 부다페스트에서 일어난 일은 결국 세계와 완전히 분리된 현상이나 경향이 아니었다. 그러나 1900년 무렵의 자유주의의 위기, 1914년과 그 이전의 사회주의와 평화주의의 실패, 증가하는 사회 문제, 19세기의 사상과 질서의 쇠퇴 등은 유럽 전역의 물질적·경제적 상황 변화에 따른 "불가피한" 결과였다고 단순하게 말할 수만은 없다. 사상은 인간에 의해 현실로 구현될 때만 중요성을 띠며(이 점에서 프루동은 마르크스보다 선견지명이 있었다), 사람들은 사회계약의 이상보다 현실 권력(그리고 현실에 대한 인상)에 더 깊이 반응하게 되는 것이다. 1900년에, 그리고 확실히 1914년에 유럽 최대의 강국은 독일이었다. 헝가리가 오스트리아로부터 독립하려는 욕구가 높아지고 성취 역시 늘어났지만, 그리고 헝가리인과 독일인의 기질과 성격에 큰 차이가 있었지만, 헝가리 역사상 처음으로 독일의 힘에 대한 존경심이 독일 문화와 제도에 대한 강한 끌림을 자아냈다. 헝가리 교육 제도가 대체로 독일과 오스트리아의 제도를 따랐다는 점이 이런 설명에 충분한 사례가 되지는 못할 것이다. 독일의 빌헬름 정부는 아직 문화 선전 외교를 구사하지 않았다. 많은 부다페스트 사람이 아직도 독일어에 능숙했다는 점이 (헝가리 역사에서 새로운 요소로 등장한) 독일의 영향력과 관련 있었다. 이는 여러 정부와 여러 국가의 관계, 즉 한 국가의 문명과 문화(결국 국가는 문화의 원형이다)가 다른 나라에 미치는 영향력과 연관된 것이었다.

20세기 초 부다페스트에서 독일의 영향력은 좌파나 우파 모두에게 뚜렷이 나타났다. 19세기에 헝가리 자유당은 친영국적이었다. 독립당과 민족주의자는 전통적으로 친프랑스적이었는데, 특히 프랑스 – 프로이센 전쟁에서 프랑스가 패배한 이후 프랑스에 더욱 심정적으로 동조했다. 그러나 1880년대에 반유대주의자들은 이슈토치와 베르호버이가 말했던 것처럼 독일의 사례에서 영감을 얻고 전략을 배웠다. 1899년 이슈토치는 독일을 "세계에서 가장 강력한 국가"라고 치켜세웠다.[41] 독립당원 중 민족주의자와 반유대주의자가 가장 먼저 반영국의 기치를 들었다. 그들은 보어인을 응원했다. 반면에 자유당은 여전히 영국에 대한 감탄과 존경의 마음을 유지했다. 새로운 '보수적' 가톨릭교도가 내세운 '기독교 사회주의' 사상 역시 친독일 민족주의와 반유대주의 명제를 헝가리의 용어로 옮긴 것으로, 실제로 가톨릭 인민당은 독일 기독교 인민당의 헝가리판이라 할 수 있었다. 샤를 페기와 레옹 블루아의 새로운 프랑스 가톨릭 정신은 소수의 가톨릭 지식인을 제외하면 거의 아는 사람이 없었다. 1900년 무렵 부다페스트 폴리테크닉대학의 학생과 교수를 중심으로 독일에 대한 열망은 더욱 강해졌다. 그러나 문학과 예술 분야는 여전히 프랑스를 사랑했다(어디 엔드레는 "경이롭고 위대하며 거룩한 도시, 파리"라고 적었다). 한편 부다페스트의 좌파와 급진주의 지식인 역시 독일의 사상과 형식 쪽으로 기울었다. 이러한 독일 지향은 그들의 글과 용어에서 나타났다. 1910년 게오르크 루카치가 부다페스트에서 『영혼과 형식Lélek és forma』이라는 첫 수필집을 발간하자, 바비츠는 잡지 『서양』에 이에 대한 서평을 실었다. 바비츠는 루카치의 사상과 문장이 "전반적으로 독일적인…… 현대의 영향력 있는 독일어 용어를 사용하고 있으며……"라고 적으면서, 자신은 그것이 썩 마음에 들지 않는다고 고백했다.[42] 『영혼과 형식』은 불과 1년 뒤 독일에서 번역본이 출간되었는데, 이는 헝가리 지성계의 흔치 않은 업적이었다. 이 책은 독일 지식인들의 호평을 받았다. 그러므로 1914년 전쟁 발발 직후에 전형적인 부다페스트의 예민한 유대인 급진주의 지식인 벌라주 벨러(1884~1949)가 『파리인가 바이마르인가?』[43]라는 제목의 수

---

41 Verhovay‑Napló(Kecskemét, 1899).

42 이 일화는 바비츠보다는 루카치의 어떤 면모에 대해 말해주고 있는데, 루카치는 바비츠의 비판을 반유대주의 탓으로 돌렸다. 최근 헝가리계 미국인 역사학자(글룩, p. 93)는 바비츠가 독일적 요소에 관해 말한 것은 "관련 없는 논평"이었다고 적었다. 그렇지는 않았다.

43 Balázs, Nyugat, August 1914.

필을 발간한 것은 그리 이상한 일이 아니었다. 이 책은 유럽 문화의 진정한 대표자가 프랑스인지 독일인지를 묻는 내용이었다. 벌라주는 독일의 손을 들어주었다.

1914년의 오후 5시, 도나우의 페스트 쪽 강변에 새로 지은 크고 호화로운 호텔마다 차를 곁들인 작은 무도회가 열리고(비교적 새로운 유행이었다), 부다페스트의 멋쟁이 젊은이들(젊은이만 있는 건 아니었다)이 마시시, 케이크워크, 보스턴 왈츠, 래그타임, 탱고 리듬에 맞춰 흥겹게 춤을 추었다. 그러나 독일이라는 거대한 덩어리가 서양 사람의 시야로부터 좀 더 현실적인 광경을 가로막아버렸다. 그리고 20년 이상의 시간이 지난 뒤 문화적·국가적 비극이 더욱 강력하고 불길한 형태로 다시 찾아왔다.

7장

그 이후

SINCE
THEN

1914년 7월 이후 한동안 부다페스트는 전쟁으로 인한 피해가 거의 없는 것처럼 보였다. 민족주의자의 열정은 도시의 심장을 더욱 빨리 뛰게 했다. 그러나 전쟁이 시작되고 첫 겨울을 맞이하면서 예상치 못한 일이 부다페스트 거리에 나타나기 시작했다. 전선에서 불구가 되거나 장님이 되어 돌아온 군인들의 모습에서 애써 고개를 돌려보지만, 그런 모습은 사람의 마음을 초조하게 만들기에 충분했다. 처음에는 눈에 띄지 않았지만, 시간이 지날수록 뚜렷해지는 문제는 남편과 아버지가 전선에 투입된 수만 명의 노동자 계급 가족이 겪는 빈곤이었다. 정부의 지원은 턱없이 부족했다. 부다페스트의 몇몇 위대한 기업가가 그들을 위해 공공 식당을 세웠다. 그러나 부다페스트의 전쟁으로 인한 궁핍은 다른 유럽 도시에 비해 상대적으로 덜했다. 식량 공급에 관한 한 헝가리가 오스트리아보다 상황이 좋았다. 여기저기서 노동자의 항의와 파업이 잇따랐다. 전쟁에서 이익을 취하는 사람들에 대한 대중의 분노도 적지 않았다. 그러나 모습을 드러내기 시작한 긴장감은 사회적이라기보다는 정치적인 측면이 강했다.

　이 책은 헝가리와 부다페스트의 정치에 관한 역사서는 아니지만, 전쟁이 끝나는 시기에 다가갈수록 정치, 즉 그 영향과 기억이 수십 년 동안 한 세대 이상의 마음을 어둡게 만든 비극적인 전개와 사건들에 대해 언급하지 않을 수 없다. 우리는 전쟁 초기에 일시적이나마 거리와 광장 그리고 도시의 정신까지 밝게 비추던 빛줄기가 1917년 후반의 어느 때에 사라져버렸다는 것을, 이 여름 도시의 기후가 어둡고 비에 젖은 무거운 것으로 바뀌었다는 것을, 이른 오후에서 늦은 밤으로 시간이 흘러가버렸다는 것을 느끼게 된다. 여기에는 인상적인 역사학자가 보여주는 은유적 이미지 이상의 것이 있다. 우리는 이어지는 격변기에 활동했던 여러 무리의 사람들이 오후와 저녁 늦은 시간에 페스트의 어두운 거리의 어두운 아파트의 어두운 방에 모여 비밀 집회를 열었던 사실을 알고 있다. 급진주의 지식인 단체였던 갈릴레오단(체제 전복 활동을 했다는 이유로 1918년 초 자유주의 정부에 의해 해산을 명령받았던)의 비밀 모임이나, 시인이자 예언자였던 어디 엔드레가 죽어가던 방이나, '국민위원회'가 헝가리 10월 혁명을 선언했던 어두운 간판의 '어스토리어 호텔'을 생각할 때마다 그 장면은 어두움으로 채색되곤 한다. 그 혁명은 후드득 빗방울이 날리고, 구름이 여기저기 흩어져 바람에 휘날리고, 공기는 흙투성이로 더러워진 늦은 10월의 어느 날 일어났다. 남아 있는 사진 속에 시위하던 군인들이 꽂았던 과꽃(이 혁명은 '과꽃 혁명'이라 불린다)이 살짝살짝 보이지만, 그 꽃에 광채는 전혀 없었다.

이야기는 이렇게 전개되었다. 오스트리아 – 헝가리 제국은 전쟁에 패배했다. 티서와 베케를레 정부는 그것이 무엇을 의미하는지 잘 알고 있었다. 그러나 그들의 반대파는 그것이 무엇을 의미하는지 잘 알지 못했다. 전쟁 기간에 반대파는 급진주의 지식인들과 연합하기 시작했고 카로이 미하이 백작 주변에 모여들어, 헝가리는 서구 민주주의 국가들과 다투지 않았기 때문에 이 전쟁에 관심이 없다고 점점 더 큰 목소리로 주장했다. 서구 민주주의 국가들이 헝가리에 대해 관심도 없고 동정심도 없다는 사실 — 실제로 그들은 이미 헝가리를 희생하는 대가로 루마니아, 유고슬라비아, 체코슬로바키아에 영토에 관한 모든 약속을 해버렸다 — 이 카로이와 그의 추종자들 머릿속에 들어오지 않았다. 오스트리아 – 헝가리 이중 제국의 종말은 헝가리 영토 통합의 종말을 의미했다. 그러나 카로이와 그의 동료들은 제국의 종말은 기뻐했지만, 영토 통합의 종말은 인식하지 못했다. 1918년 10월 말 오스트리아 – 헝가리 제국은 해체되기 시작했다. 빠르게 진행된 일련의 사건 중 화룡점정은 10월 31일, 바로 그 '과꽃'의 날에 어스토리어 호텔에서 헝가리 국민위원회가 발표한 성명이었다. 이 우울한 날에 비극적인 각주가 첨가되었다. 무장한 남자들이 오랫동안 카로이의 의회 정적이었던 티서가 살고 있는 헤르미네 거리의 주택에 난입했다. 그들은 아무런 목적도, 이유도 없이 그를 살해했다(티서가 사임한 지 이미 1년 이상 지나 있었다). 카로이는 이튿날 티서의 집에 아주 큰 화환을 보내 애도의 감정을 표현했다(고 생각했다). 티서의 가족은 그 화환을 쓰레기 더미에 던져버렸다.

과꽃과 화환 얘기는 이 정도에서 멈추겠다. 며칠 후 카로이와 그의 정부 대표단은 베오그라드로 가서 협상국Entente(제1차 세계대전에서 독일, 오스트리아 - 헝가리 제국에 맞섰던 연합국으로 영국, 프랑스, 러시아의 삼국 협상이 주축이었음. 1915년 이탈리아가 협상국 측으로 전쟁에 참여했고, 일본, 벨기에, 세르비아, 몬테네그로, 그리스, 루마니아, 체코슬로바키아 등이 포함됨 ― 옮긴이) 세력의 발칸 지역 총사령관인 프랑스 장군 프랑셰 데스프레를 만나 존경을 표하고, 협상국 세력에 대한 헝가리의 사랑과 충성을 맹세했다. 프랑스 장군은 경멸감을 가지고 이 헝가리인들을 대했다. 카로이는 크게 실망했다. 그는 희망의 방향을 선회해서, 헝가리가 미국 대통령 우드로 윌슨의 이상을 믿어야 한다고 말했다. 그것은 그에게도 헝가리에도 별로 도움이 되지 않았다. 한 달 이내에 체코슬로바키아, 루마니아, 유고슬라비아의 무장 세력이 헝가리 왕국의 영토로 쳐들어와, 카로이의 원래 의도에 따라 사실상 해산해버린 헝가리 군대의 반발이나 저항도 받지 않고 더 넓게 진군해나갔다. 헝가리 영토의 전면적인 절단 작업이 진행 중이라는 사실이 사람들에게 알려지기 시작했다. 1919년 3월 카로이는 프랑스 장교로부터 루마니아, 체코슬로바키아, 유고슬라비아가 헝가리의 국경선 안쪽으로 깊숙이 진격할 수 있도록 허락받았다는 내용의 문건을 받았다. 그의 인내력은 한계에 다다랐다. 그는 사임했다. 그는 이제 세계의 프롤레타리아에게 정의와 원조를 기대하겠다고 선언했다. 그는 쿤 벨러가 이끄는 작지만 목소리를 높이던 헝가리 공산당에 정권을 넘겼다. 쿤 벨러는 헝가리가 공산주의 소련의 도움을 기대할 수 있다고 주장했지만, 이 역시 또 다른 환상이었다.

이후 헝가리(더 정확히는 부다페스트) 공산당 정권이 수립되어 133일간 지속되었다. 이 정권은 무능, 비효율, 폭력으로 특징지어졌다. 이 정권의 조례, 규정, 개혁안은 무의미하거나 무시할 만한 수준이었고, 화폐는 가치가 없었다. 이 정권은 1919년 여름 부다페스트를 기아의 늪에 빠뜨렸다. 레닌이 내전으로 여기저기서 위협받던 시기에 레닌의 도움을 받겠다는 생각은 이치에 맞지 않았다. 동시에 쿤과 그의 동료들은 외교적으로 인정받기를 원하며 협상국(앙탕트) 세력에 아첨 이상의 행동은 하지 않았다. 헝가리 시골 지역에 대한 이 정부의 권위는 거의 존재하지 않았다. 이를 강요하려 했던 공산당 정부의 테러 부대는 그러한 사실을 이미 잘 알고 있었다. 1919년 7월 말 루마니아 군대가 부다페스트로 진군을 시작했다. 이들이 부다페스트에서 동쪽으로 70킬로미터 정도 떨어진 티서강 근처까지 진군했을 때, 쿤 벨러와 그의 무리 몇 명은 빈으로 달아났다. 사흘 뒤 루마니아 군대는 부다페스트의 거리를 못 믿겠다는 듯이 어기적거리며 걸어다녔다. 그 무렵 헝가리 반혁명 세력이 세게드에 집결했다. 그곳에서 전 오스트리아 - 헝가리 해군 제독 호르티 미클로시가 이끄는 헝가리 국민군이 부다페스트를 향해 천천히 진격을 시작했다. 루마니아 군대는 떠났다. 비가 내리던 11월의 어느 날 아침 호르티의 군대는 부다에 입성했다. 호르티는 백마 위에서 환영 대표단을 만났다. 그의 연설에는 부다페스트에 관한 단어 "죄로 물든 도시"가 포함되어 있었다.

그 무렵 새로운 반공산주의 테러가 헝가리 시골 지역을 뒤덮기 시작했다. 마을마다 공산주의와 연관된 남녀가 구타당하고 교수형에 처해졌다. 동시에 반유대주의 물결도 거세게 일었다. 쿤 벨러는 유대인이었다. 그리고 헝가리 공산주의 공화국의 정치 위원 45명 중 32명이 유대인이었다. 즉 (헝가리 유대인 대부분이 공산주의에 가담하지 않았음에도 불구하고) 이 정권과 연관이 있던 많은 사람이 유대인이었다. 새 정부는 '기독교와 민족주의' 이념을 선언해야겠다고 느끼지 않을 수 없었다.

햇볕이 화창하게 내리쬐던 1920년 6월 4일 부다페스트의 거리는 모든 것이 정지해버렸다. 가게는 문을 닫았고, 트롤리 차량은 멈춰 섰고, 검은 깃발이 펄럭였고, 교회는 종을 울렸다. 그날 아침 파리 근교에서 헝가리 영토를 분할하는 평화 조약이 체결되었다. 이 분할은 폴란드의 두 번째 분할을 제외하면 유럽 역사에 전례가 없는 규모였다. 헝가리 왕국 영토의 3분의 2가 후속 국가들에 넘어갔다(루마니아, 체코슬로바키아, 유고슬라비아, 심지어 오스트리아에도 일부 지역이 분할되었다). 국가 애도의 날이었다.

그렇게 부다페스트는 절단된 나라의 수도, 700만 명 국가의 100만 명 도시가 되었다.

1914년 이래로 부다페스트의 인구는 증가하지 않았다. 전쟁 기간에 그리고 이어진 혼란과 혁명의 몇 년 동안 많은 사람이 부다페스트를 떠났다. 그리고 많은 사람이 부다페스트로 왔는데, 그들은 대개 다른 나라로 변해버린 마을과 지역에서 온 난민들이었다. 그들은 주로 기차역 바깥에 늘어선 철도 차량에서 짧게는 몇 달, 길게는 1년 이상 생활을 꾸려나갔다. 부다페스트는 먼지로 뒤덮인 비참하고 무서운 도시로 변해버렸다.

이윽고 상황이 좋아지기 시작했다. 헝가리와 헝가리인은 놀라운 승리 뒤에 실패하는 경향이 있지만, 최악의 재난 이후에는 본능적·천재적인 회복력을 가지고 있었다. 부다페스트를 필두로 온 나라에 평화의 기운이 퍼지기 시작했다. 1914년 이전의 평온한 세월로 돌아간 것이 아니라는 사실(돌아갈 수도 없었다)은 나의 부모와 조부모 세대를 포함해 거의 모든 세대가 사용했던 "평화로운_békében"이라는 단어의 새로운 용법에 반영되어 있었다. 그것은 전쟁이 없는 평화가 돌아왔다는 것을 의미하지 않았다. 그것은 1914년 이전의 세월을 의미했다. 1920년대 대부분과 1930년대 일부 기간은 양차 대전 사이의 단순한 휴전 기간이 아니었다. 부다페스트 사람들은 더 자유롭게 숨을 쉬었고, 공기는 더욱 맑았으며, 도시는 여기저기서 새롭게 빛나기 시작했다. 이것은 단순한 비유가 아니다. 그들은 매우 다른 수준에서 앞으로 나아갔다. '통합'의 시기에 섭정 호르티의 수상을 지낸 베틀렌 이슈트반(1874~1946)은 훌륭한 정치인이었다. 재정적 안정과 산업적 번영이 다시 돌아왔다. 교육과 출판은 전쟁 이전의 높은 수준을 회복했으며, 어떤 경우에는 그것을 능가하기도 했다. 1921년부터 1935년까지는 현대 헝가리 문학의 '은의 시대 Silver Age'라고 부를 만했다. 1920년대 후반 극장과 저택의 응접실, 부다페스트의 거리와 호텔과 상점과 여러 집회 장소에 위풍당당하게 모습을 드러내던 세련된 여성의 모습에는 일종의 은빛 우아함이 깃들어 있어서 외국 관광객의 관심과 탄성을 자아내기도 했다. 그 우아함은 고급스럽게 짠 라메 직물 의상을 잘 차려입는 것 이상의 그 무엇을 의미했다. 그것은 그 시대의 편지와 잡지와 책을 통해, 가볍고 경쾌한 오페레타 음악을 통해, 부다페스트 건축가가 설계하고 건축한 개인 저택의 정면 장식을 통해 여기저기서 빛을 발하고 있었다. 어느 날 저녁 머르기트 다리의 남쪽 난간에 기대어 바로크식 곡선과 반짝임으로 장엄하게 뒤덮인 도나우강의 거대한 굴곡이 빚어내는 비교할 수 없는 광경을 바라보고 있으면, 그 반짝거림은 더 아래쪽의 여러 거대한 다리 위로 느리게 움직이는 많지 않은 자동차의 하얀 불빛 뭉치와, 건물과 언덕에서 새어나오는 무수한 전기 불빛에 의해 더욱 아름다운 광채를 띠었다. 부다페스트의 명물로 우아한 사슬 다리 전체를 비추는 긴 전선 전구는 아직 설치되지 않았다. 그러나 관광업은 처음으로, 특히 여름에, 도시의 삶에 중요한 요소가 되었다. 대체로 1926년 이후에 수만 명의 외국 관광객이 부다페스트로 여행을 오기 시작했다. 그들 중에는 웨일스의 왕자, 이탈리아의 왕, 헨리 루이 멩켄, 에벌린 워 같은 인물도 있었다.[1] 쥘 로맹은 "강변을 따라 형성된 도시 중 도나우강과 부다페스트는 가장 아름다운 도시 풍경을 보여준다. 그곳은 아마 유럽에서 가장 아름다운 도시일 것이다"라고 적었다. 1930년 멩켄은 다음과 같이 적어서 아내에게 보냈다. "이 도시는 정말 놀랍습니다. 내가 지금까지 본 것 중 가장 아름답습니다. 나는 빈의 다소 우중충한 복사판을 기대했습니다만, 이 도시는 빈을 시골 마을처럼 만들어버립니다. 여기에는 뭔가 왕족의 기품 같은 것이 흐릅니다……. 내 방 창문

---

1 부다페스트의 극장과 오케스트라의 수준, 특히 가장 중요한 관객의 높은 수준 때문에 방문한 예술가도 많았다. 아르투로 토스카니니, 브루노 발터, 빅토르 데 사바타, 토머스 비첨 경卿, 오토리노 레스피기, 엔리코 카루소, 표도르 샬리아핀, 베냐미노 질리, 아르투르 루빈슈타인, 블라디미르 호로비츠, 아멜리타 갈리쿠르치 등등.

아래로 도나우강이 흐르고, 강 건너 언덕에는 정말로 훌륭한 궁전이 길게 이어져 있습니다."[2] 그는 36년 전 블로위츠가 사색하던 바로 그 호텔 '헝가리아'에 묵었다. 그렇지만 멩켄은 다음과 같은 글도 남겼다. "부다페스트는 웅장하지만, 텅 빈 무도장처럼 보인다. 헝가리는 전쟁으로 인구와 영토의 3분의 2를 잃었고, 간신히 살아남을 수 있었다. 길모퉁이마다 교통경찰이 트렌치코트를 입고 칼을 찬 엄숙한 모습을 드러냈지만, 규제할 만한 차량은 없었다……."

이것은 아마 과장일 것이다. (멩켄은 1930년 1월에 부다페스트를 방문했다. 한겨울의 부다페스트 거리에는 차가 많지 않았다.) 헝가리가 세계 대공황 때 타격을 받은 것은 사실이다. 특히 농업 부문의 타격이 컸다. 그러나 부다페스트는 다른 나라보다 영향을 덜 받았다. 그리고 1933년 이후로 경제 상황이 전반적으로 호전되기 시작했다. 현대적 건물이 이곳저곳에서 솟아올랐다. 1930년대에는 부다페스트의 밝고 탄탄하고 근육질 넘치는 특징이 두드러졌다. 그러나 또 다른 문제가 점점 더 분명해지고 있었다. 외국인 방문객의 눈에는 보이지 않는 문제, 사진에는 분명하게 나타나지 않는 문제였다. 그것은 독일 제3제국의 존재가 부다페스트 사람들의 마음속에, 숭배자와 적대자의 마음속에, 잠재적인 추종자와 잠재적인 피해자의 마음속에 서서히 자리잡아가고 있다는 점이었다.

그 존재는 1938년 3월의 어느 금요일 저녁 오스트리아가 히틀러에게 항복하며 갑자기 그림자처럼 다가왔다. 의기양양하고 거대한 제3제국이

---

2 Mencken, p. 430, 431.

이제 부다페스트에서 불과 200킬로미터 떨어진 헝가리의 서쪽 끝에 나타난 것이다. 어떤 사람은 그 사건에서 헝가리와 자기 자신에게 행운을 가져다줄 조류의 흐름, 미래의 물결이 펼쳐지는 것을 보았다. 독일의 발흥은 제1차 세계대전의 패전국에 부과된 유럽의 질서, 그 무질서의 폐기를 뜻하는 것이었기 때문이다. 그리고 새로운 독일의 부상은 또 다른 의미가 있었다. 그것은 많은 사람에게 인기가 없었던 자본주의와 공산주의의 새로운 대안이었다. 1939년 5월 헝가리 총선거가 시행되었는데, 그 결과가 많은 것을 얘기해주고 있다. 부다페스트에서 유권자 네 명당 한 명꼴로 국가사회주의 정당에 투표했는데, 이 정당은 스바스티카卍字紋의 헝가리판인 화살십자가를 상징으로 사용했다. 이 정당이 받은 표는 상당 부분 노동자 계급에서 나왔다. 이전 세대의 급진주의자들이 새로운 인본주의를 위한 프롤레타리아 선봉 부대라고 칭송했던 바로 그 계급이었다. 1939년 부다페스트에서 가장 용감하게 그리고 가장 단호하게 히틀러를 반대했던 사람들은 예절과 명예에 대해 구시대의 신념을 가지고 있던, 한 세대 전에 급진주의자들이 '반동주의자'(1939년에는 국가사회주의자들이, 1945년에는 공산주의자들이 낙인찍었던 호칭)라고 무시했던 구시대적 남녀였다. 상당한 비난의 위험에도 불구하고 국가사회주의가 국가와 민족의 품위 있고 선하며 정직한 모든 것에 대해 크고 깊은 위험이 될 것이라고 주장했던 헝가리인이 있었다는 사실은 지금도 자랑스러운 일이 아닐 수 없다. 그들은 전쟁 후반부에 결국 실패하긴 했지만, 최소한 어떤 측면에서 그리고 한동안은 사람들의 주의를 끌 수 있었다.

거의 5년간 부다페스트는 제2차 세계대전의 참화를 피할 수 있었다. 여러 측면에서(물론 모든 측면은 아니다) 부다페스트와 헝가리는 히틀러의 유럽 한가운데에 상대적으로 평화로운 섬으로 남아 있었다. 결국 헝가리는 독일과 공식적인 동맹을 맺고 소련, 영국, 미국에 전쟁을 선언했다. 그러나 섭정 호르티와 정부의 주요 인사들은 독일이 반드시 승리할 것인지, 그것이 정의로운 일인지 확신할 수 없었다.

그 모든 것은 매우 복잡한 이야기다. 그리고 다시 한번 강조하지만, 이 책은 부다페스트와 헝가리의 정치에 관한 역사서가 아니다. 내가 전하고 싶은(그리고 나의 젊은 시절 중 가장 인상 깊은) 것은 제2차 세계대전 기간의 부다페스트를 스케치한 모습이다. 그 모습에는 음울함이 깃들어 있다. 독일군 제복, 독일을 찬양하는 신문과 잡지와 소책자의 광적인 어조, 점점 더 많은 가정의 아들과 남편과 아버지가 먼 러시아에서 사망했거나 사라졌다는 소식이 느리게 퍼져나가면서 피부로 느끼는 죽음의 존재 등등. 그러나 이런 모습은 전쟁의 마지막 해까지 제1차 세계대전 때보다 심하지 않았고, 부다페스트의 거리에 불구나 장님이 되어 돌아온 군인의 모습도 그리 흔치 않았다. 식량은 배급되었지만, 부족하지는 않았다. 검열이 있었지만, 보수당, 자유당, 심지어 사회민주당의 기관지도 존재했고, 그 정당 소속 의원들은 종종 의회에서 목소리를 높이기도 했다. 일부 신문과 잡지는 편집자나 기고자의 반나치 의견을 감추려 하지 않았다. 1942년과 1943년에는 히틀러의 이념에 반대되는 주제와 어조의 책이 출판되고 연극이 상연되기도 했다. 부다페스트 유대인의 삶에도 양면적인 모습이 존재했다. 한편으로는 정부와 의회가 전쟁 직전에 유대인의 자유를 제한하는 법률을 통과시켰는데, 유대인을 어떻게 대우하는지가 베를린의 눈에는 일종의 리트머스 시험지였기 때문이다. 다른 한편으로는 독일이 동맹을 맺거나 점령한 유럽의 다른 지역보다 헝가리에 거주하는 유대인이 상대적으로 안전한 삶을 유지했다.

이 모든 것은 얼마 지나지 않아 끝난다. 그러나 부다페스트 사람들은 이런 사실을 알지 못했다. 한 번의 특이한 경우를 제외하면, 제2차 세계대전이 발발한 이래 4년 반이 넘는 기간에 부다페스트에 단 하나의 폭탄도 떨어지지 않았다. 전쟁은 곧 끝날 것이며, 부다페스트는 거의 아무런 손상 없이 살아남으리라는 희망이 존재했다. 바로 그때 몇몇 사람(나도 거기에 포함된다)이 부다페스트를 오래된 도시로 생각하기 시작했다. 우리는 18세기와 19세기의 고귀한 것들을 떠올리게 하는 광경과 사건을 음미하기 시작했다. 거기에는 향수나 속물주의적 골동품 애호 이상의 것이 있었다. 과거에 대한 새로운 애틋함을 부다페스트의 건물과 장식 속에서, 세련된 작가가 남긴 글과 기억 속에서, 늙은 사람의 관습과 습관과 말투에서, 여전히 남아 있는 옛 귀족 예절의 흔적에서 지금도 살아 있는 형태로 발견하는 기쁨을 느낄 수 있었다. 1943~1944년 겨울 부다페스트의 공기에는 현존하는 작가의 기억과 마음속에 과거의 의미를 조용히 내면화하도록 자극하는 무언가가 있었다.

1944년 3월 19일 일요일 이른 아침, 부다페스트의 몇몇 아파트와 집에서 전화벨 소리가 갑자기 어두운 침묵을 깨뜨렸다. 소식 빠른 사람들이 친구들에게 전화를 걸고 있었다. 아주 나쁜 소식이었다. 독일군이 부다페스트를 점령하고 있었다.

히틀러에게는 모든 것이 충분했다. 헝가리 정부의 속임수도 충분했고, 정부 주요 인사들이 연합국과 접촉을 시도했다는 증거도 충분했으며, 빈과 가까운 유럽 한복판, 러시아가 진군해오고 있는 나라에 수십만 명의 유대인이 살고 있다는 사실 역시 충분했다. 히틀러는 호르티에게 완벽한 친독일 정부를 구성하라고 압박했다. 헝가리에 남아 있던 자율권은 거의 다 사라졌다. 총알 한 발 발사되지 않았다. 독일군 탱크가 부다페스트 거리에 나타났다. 게슈타포도 도착했다. 곧 부다페스트에 폭격이 시작되었다.

1944년 봄, 그렇게 부다페스트에 물리적인 전쟁이 찾아왔다. 그동안 이탈리아 남부에서 작전 중이던 영국, 미국 공군과 헝가리 정부 사이에는 영미 비행기가 방해 없이 헝가리 상공을 횡단하고 대신 폭격을 가하지 않는다는 암묵적인 합의가 있었다. 그것이 끝난 것이다. 4월 초부터 영국과 미국의 비행기가 부다페스트의 산업 지구와 철도역에 폭탄을 투하하기 시작했다. 피해가 그렇게 결정적이지는 않았다. 부다페스트의 유명한 건물과 다리는 1944년의 아름답고 살인적인 여름 동안 여전히 거의 온전했다.

그러나 부다페스트 사람들의 희망과 공포는 온전하지 않았다. 유대인은 옷에 커다란 노란색 별을 꿰매어 붙이라는 명령을 받았다. 그들은 여러 굴욕과 통행금지령을 받았다. 부다페스트 각 구역의 특정 집에 노란색 별이 부착되었고, 유대인은 이곳으로 이동하도록 강요당했다. 그들은 그곳에 갇혀 있다가 화물차에 실려 아우슈비츠로 향했다. 계획에 따라 나라 곳곳의 시골과 마을로부터 50만 명의 유대인 이송이 거의 완료되었다. 6월 말 섭정 호르티는 외국의 심각한 경고와 양심의 자극에 따라 자신의 무관심을 떨쳐버렸다. 한 부대가 이송 명령을 거부하고 부다페스트로 이동했다. 그럴 필요까지는 없었다. 부다페스트의 유대인이 (일시적으로) 안전해졌기 때문이다.

1944년 늦여름 히틀러의 제국은 무너지는 것처럼 보였다. 독일은 유럽의 도시를 차례로 떠나고 있었다. 로마, 파리, 브뤼셀, 부쿠레슈티, 소피아, 헬싱키, 아테네, 베오그라드……. 부다페스트의 차례도 빠르게 다가오는 듯했다. 러시아 군대가 헝가리 평원에 진입했다. 도시의 소음이 잦아드는 밤이면 부다페스트 사람들은 동쪽에서 다가오는 대포의 으르렁거리는 희미한 소리를 들을 수 있었다. 도시의 분위기가 다시 바뀌었다. 소식 빠른 사람들이 평상시처럼 소문과 추측으로 웅성거리기 시작했다. 그들은 섭정 호르티와 그의 새로운 정부가 연합국과 스탈린에게 비밀리에 휴전 협상단을 보냈다는 사실을 알고 있거나 아는 척했다. 독일도 그런 사실을 잘 알고 있었다. 그리고 그들은 준비가 더 잘 되어 있었다. 10월 15일 호르티는 헝가리 라디오를 통해 휴전 선언을 발표했다. 몇 시간 후 부다페스트는 독일군과 화살십자가당의 손에 넘어갔다. 독일의 티거 전차 몇 대가 돌로 포장한 왕궁 언덕길을 달그락거리며 올라갔다. 헝가리 정예 부대와의 교전이 있었다. 그 저항은 상징적이었을지 모르지만, 효과는 거의 없었다. 독일군과 화살십자가당 지도부가 왕궁 뜰로 몰려들었고, 왕궁 목욕탕에서 잡힌 섭정 호르티는 자신의 사임 문서에 서명하도록 강요당했다. 화살십자가당이 새로운 정부를 구성했는데, 그들의 성격과 지능은 독일 나치보다 훨씬 더 저급했다. 그들은 무식한 폭도로 범죄자도 섞여 있었다.

이 쿠데타의 성공은 부다페스트의 테러 통치 및 파괴 그리고 일종의 헝가리 내전으로 이어졌다. 테러의 주 대상은 부다페스트에 남아 있는 유대인이었다. 이들을 보호하기 위해 자원봉사자로 등장한 인물이 스웨덴인 발렌베리였다. (그의 보호활동이 모든 곳에서 이루어질 수는 없었다. 화살십자가당은 종종 유대인을 도나우강 부두에 몰아넣고 살해했다.)

겨울이 왔다. 그리고 러시아 군대가 부다페스트에 더 가까이 다가왔다. 부다페스트 시내는 더욱 혼란스러워졌다. 수천 명의 헝가리 군인, 장교, 공무원이 화살십자가 정부의 명령과 지시를 따르지 않고 잠적했다. 러시아군이 부다페스트 포위를 시작하자 화살십자가 내각은 도시를 탈출했다. 그들은 공무원, 군대, 중요 산업 종사자에게 자신들과 함께 서쪽의 독일로 후퇴할 것을 명령했다. 화살십자가당 지도부는 여전히 독일의 궁극적인 승리를 믿었다. 많은 헝가리인이 더 이상 독일의 승리를 믿지 않았고, 정부의 명령을 따르지 않았다. 이것이 내가 헝가리 내전이라고 얘기했던 상황이다. 부다페스트에서 사람들 사이의 직접적인 싸움은 거의 없었지만, 헝가리인과 그들의 충성심은 독일의 패배를 기대하는 측과

그렇지 않은 측으로 나뉘었다.[3]

크리스마스 전날 부다페스트 포위전이 시작되었다. 독일과 러시아의 엄청난 전쟁에서 부다페스트는 스탈린그라드 전투 이후 그리고 베를린 전투 이전에 세계 최대의 두 나라 군대가 도시의 건물 공방전을 벌인 유일한 대도시였다. 러시아 사령부는 이 전투를 피하고 싶었을지 모르지만, 독일군과 헝가리 동맹군은 상대적으로 많은 병력에 포위된 이 도시에 주둔하기로 결정했다.

러시아군이 페스트를 정복하는 데 3주가 걸렸다. 그리고 부다에서 독일과 헝가리의 저항에 마침표를 찍는 데 또 한 달이 걸렸다. 많은 지역에서 집집마다 전투가 전개되었다. 러시아와 독일 병사들이 촛불 한두 개가 희미하게 켜진 어둡고 축축한 맞은편 지하실을 향해 총을 난사하고, 놀란 사람들이 눈과 귀를 막은 채 벽을 따라 엎드려 있는 광경을 흔히 볼 수 있었다. 남아 있던 독일군 트럭과 탱크는 지역에서 지역으로, 거리에서 거리로 조직적으로 철수했다. 러시아 대포보다 독일군에 더 큰 타격을 준 무기는 대공포의 무력화로 지붕 위를 낮게 날 수 있게 된 러시아 전투기가 투하하는 수천 발의 소형 전술 폭탄이었다. 이 폭탄이 좁은 거리에 모인 독일군 트럭과 탱크를 불태우고 파괴한 뒤 러시아 보병이 진격해

---

3 가장 위대한 헝가리 현대 가톨릭 시인 필린스키 야노시는 젊은 시절 독일에서 전쟁 말기의 참상을 목격했다. 30년 후 그는 이렇게 말했다. "나는 지난 전쟁의 기억과 함께 살고 있다. 우리에게 매우 중요한 일이 일어났다. 갑자기 우리는 돌이킬 수 없는 잔혹함을 뒤에 남겨놓았다는 점을 깨달았다. 우리 앞에 아무리 아름다운 미래, 사랑스러운 미래가 놓여 있다고 해도 우리가 당시 일어났던 일에 대해 책임을 느끼지 못하다면 그것은 도덕적 황무지가 될 터였다. 그 불쌍한 사람들에 대해, 우리를 슬프게 하는 끔찍하고 굴욕스러운 그 불쌍한 사람들에 대해……"(Pilinszky, p. 15.)

들어갔다. 물론 그 과정에서 주변의 많은 집이 불타고 파괴되었다. 러시아군은 페스트의 벨바로시 지역을 1945년 1월 18일 아침에 점령했다. 독일군은 부다로 후퇴하며 도나우강을 가로지르는 모든 다리를 폭파했다. 왕궁 언덕을 중심으로 한 부다 공방전은 훨씬 더 치열했다. 그곳은 2월 12일 함락되었는데, 전날 밤 서쪽으로 탈출하려는 독일군의 필사적인 노력은 실패로 끝나고 말았다.

지하실에서 나온 부다페스트 사람들은 처참하게 파괴된 도시의 모습을 보게 되었다. 유명한 건물과 다리는 폐허가 되었다. 왕궁은 불길 속으로 사라졌다. 건물은 10채당 7채꼴로 심하게 손상되었다. 비교적 온전한 건물은 100채당 26채꼴이었다. 창문은 거의 다 깨져 있었는데, 1945년의 겨울은 유난히 추웠다. 전기와 가스는 끊기고, 전화는 작동하지 않았다. 오직 수도 시설만 정상적으로 작동했다(러시아 사령관이 그것만 남겨두기로 결정했다). 거리에는 돌무더기, 불탄 차량, 끊어진 전선 등이 나뒹굴었고, 민간인의 시체가 여기저기 널려 있었다. 전쟁은 끝났지만, 사람들의 고통은 끝나지 않았다. 소련군의 행동은 말로 다 형언할 수 없었다. 순찰대가 지나가면 곧 군인 무리가 거리로 뛰쳐나왔는데, 말을 타거나 신형 미제 지프를 탄 이도 있었다. 그들은 민간인을 습격하고 가정집에 침입했다. 그리고 사람들에게 총부리를 겨누고 코트, 장갑, 구두, 특히 손목시계를 빼앗았다. 길거리에서는 수천 명이 소련 군인에게 포위되어 전쟁 포로로 가득 찬 수용소로 끌려갔다. 그들 중 돌아오지 못한 사람도 있었고, 러시아에 다년간 억류되었다가 돌아온 사람도 있었다. 소련군 사령부는 독일군과 헝가리군 포로 11만 명을 체포했다고 발표했다. 실제로는 그렇게 많지 않았다. 나머지는 언제 어디서든 마음대로 데려간 거리의 민간인이었다. 밤마다 술에 취한 소련군과 몽골군 병사가 어두운 지하실에서 수만 명의 여성을 강간했다. 전투가 끝난 후에도 종종 러시아 군인들은 아무런 이유 없이 집과 아파트에 불을 지르거나 집기를 때려 부쉈다. 부다페스트 포위전 이후 거의 1년 이상 해가 진 후에 거리로 나가는 것은 극도로 위험했다.

♦♦———♦♦

1945년에 유럽에서 가장 파괴가 심했던 세 수도는 부다페스트, 바르샤바, 베를린이었다. 세 도시 중 이후 15년간 가장 전망이 어두웠던 곳은 부다페스트였다. 전쟁이 끝나고 4년 후 베를린의 서쪽 지역(동쪽 지역보다 훨씬 더 넓었다)에서는 거의 기적에 가까운 놀라운 복구와 재건이 시작되었다. 바르샤바도 거의 10년 만에 잿더미 속에서 옛 도시가 다시 일어섰다. 그러나 부다페스트의 복구와 재건은 훨씬 더 느렸다. 도나우강을 가로지르는 거대한 다리들은 1963년에야 마지막 다리의 보수를 끝냈다. 전쟁 후 몇 년간 해낸 일은 잔해를 치운 것이 전부였다. 처참하게 부서지고 불에 탄 큰 건물의 복구는 거의 시작도 되지 않았다. 스포츠 경기장을 제외하면, 새 정부가 이 도시를 위해 투자한 자본이 이루어낸 것은 아무것도 없었다. 이전 시대에 지어진 아파트 벽은 여기저기 마맛자국처럼 움푹 팼고, 이런 건물로 뒤덮인 부다페스트 거리는 무시무시한 쇠락의 분위기로 그 어느 때보다 더 어둡고 가라앉은 고요 속에 잠겨 있었다. 도나우강 부두를 따라 줄지어 서 있던 호화로운 건물과 호텔의 멋진 풍경은 사라져버렸다. 부지에 널린 돌무더기 때문에 건물의 위치가 어디였는지도 알 수 없었다. 한때 부다페스트가 보여주었던 자신감 넘치는 젊은 귀부인의 햇빛 비친 얼굴 같은 모습은 이제 이 빠지고 쭈그러든 모습으로 망가지고 말았다.

이 모든 것이 더 큰 사건들과 부합했다. 2년간의 제한적이고 불완전한 의회민주주의가 끝나고 공산당이 독재의 대못을 박았다. 석양 뒤에는 밤이 찾아왔다. 스탈린처럼 공산주의가 인기가 없다는 것을 잘 알고 있던 헝가리의 새 통치자들은 경찰 테러를 통해 가능한 모든 대안을 없애야 한다고 생각했다. 그들은 부다페스트에 여전히 남아 있는 부르주아 계급이 그 대안의 뿌리라고 생각했다. 헝가리 서쪽 국경선을 따라 철의 장막이 세워지는 1949년 이전에 숫자는 많지 않지만 역사적·사회적으로 엄청나게 중요한 탈출이 이루어졌다. 남아 있던 민주주의 정치인, 적지 않은 중상류층 계급, 살아남은 상류 귀족 등이 부다페스트를 떠나 서쪽으로 향했다. 소련과 미국의 '냉전'이 한창이던 1950~1951년, 새벽마다 수많은 부다페스트 아파트의 초인종이 울리곤 했다. 경찰이 남아 있는 부르주아 집안에 추방 명령을 전달하기 위해서였다.

1953년 스탈린이 죽었다. 헝가리에도 변화가 찾아왔다. 추방자에게 귀환이 허락되었다. 1956년 무렵에는 정치적 분위기도 가벼워졌다. 당시에는 아무도 몰랐지만, 위대한 혁명이 다가오고 있었다. 토크빌은 한때 사람들이 자연의 법칙을 잘 따르지 않는다는 점을 관찰했다. 반란은 억압이 강할 때가 아니라 약해지기 시작할 때 일어날 가능성이 크다. 그런 식으로 헝가리 봉기는 1956년 10월 23일 부다페스트에서 시작되었다. 부패하고 무의미한 공산당과 소련의 폭정에 대한 증오가 이후 열광적인 며칠 동안 전 국민을 하나로 뭉치게 했다. 실제로 그들은 공산당 간부들이 공포에 떨고 있던 당 본부 건물 주위를 제외하고, 소련 탱크를 부다페스트 밖으로 몰아내는 데 성공했다. 그러나 처음엔 당황했던 소련 지도부가 궁극적인 결정을 내렸다. 헝가리는 소련의 궤도를 벗어나고 있었다. 이것은 동유럽 제국 전체의 붕괴로 이어질 수 있기 때문에 소련은 이런 상황을 용납할 수 없었다. 11월 3 ~ 4일 몹시 추웠던 밤에 소련의 무장 병력이 돌아왔다. 그들의 대포가 다시 부다페스트를 강타했다. 거리 여기저기서 며칠 동안 전투가 벌어졌다. 건물은 다시 파괴되고 불탔으며, 대포와 기관총 자국으로 벌집처럼 변했다. 부다페스트 사람들이 분노와 절망에 빠진 가운데 새 정부가 들어섰다. 10만여 명이 밤에 일어났다. 문을 두드리는 경찰에 대응하기 위해서가 아니라 자유롭고 정의로운 삶을 찾아 탈출하기 위해서였다. 작은 여행 가방과 배낭에 소지품을 몇 개 넣은 후, 그들은 차가운 새벽의 어둠 속으로 발길을 내디뎠다. 그리고 아직 닫히지 않은 오스트리아 국경을 향해 걷기 시작했다. 그들은 미련 없이 고향을 떠났다. 때 묻은 건물 벽과 서리 낀 포장도로가 냉랭히 그리고 조용히 그들이 떠나는 것을 지켜보고 있었다.

◆◆——◆◆

우리는 1956년의 이야기에 관해 적어도 두 가지 측면에서 주의를 기울여야 한다. 하나는 헝가리 혁명이 본질적으로 부다페스트 봉기로 시작되어 번져나갔다는 점이다. 당시 나라 전체가 부다페스트로부터 영감을 받았다. 20세기 초 헝가리(그리고 부다페스트)의 많은 사람이 유해하고 세계주의적인 부다페스트의 분위기와 건강하고 민족적인 시골 지역의 삶을 불쾌감을 가지고 비교했던 사실과, 1919년 비록 짧은 기간이었지만 민족주의자들이 부다페스트를 "죄로 물든 도시"로 지칭했던 사실을 앞서 살펴보았다. 그러나 이제 1956년에 부다페스트는 애국적 선혈과 민족의 영광을 전 세계에 알린 도시가 되었다.

다른 하나는, 당시 아무도 보지 못했고 볼 수도 없었던 점으로, 소련군의 탄압에도 불구하고 혁명이 완전한 실패로 끝난 것은 아니었다는 사실이다. 비극적이고 정치적으로 억압된 몇몇 사례가 있긴 하지만, 1956년 이전의 경찰 폭정으로는 결코 돌아가지 않았다. 새 정부가(그리고 아마 러시아도) 그런 상황을 보고 싶어하지 않았다. 헝가리의 새로운 지도자 카다르 야노시(1912~1989)는 혁명 몇 년 후에 다음과 같이 말했다. "우리에게 반대했던 사람도 우리와 함께할 것이다." 그와 그의 정부는 헝가리 정치의 제한된 범위 안에서 국가 통합을 장려했지만, 동시에 개인과 문화의 자유를 확대하는 정책도 추진했다. 카다르 야노시와 헝가리 국민은 상당한 수준의 번영을 이루고 개인 생활을 증진시켰다. 그와 그의 당 그리고 정부가 이루지 못한 것은 그가 그렇게 원했던 일종의 국가 통합이었다. 표면적으로 나타나지는 않았지만, 새로운 문제와 반복되는 분열이 헝가리인의 삶과 마음속에 계속 나타났기 때문이다.

그러나 이 책의 관심사는 부다페스트다. 1956년 이후 몇 년간 큰 변화가 나타나기 시작했다. 1960년대 초에 도시의 여러 지역이 암울한 절망의 모습을 벗기 시작했다. 도시의 역사적 건물 몇 채가 마침내 재건축되었다. 파괴된 다리 중 마지막으로 엘리자베트 다리가 도나우강에 다시 모습을 드러냈고, 상징적이게도 헝가리와 헝가리인을 사랑했던 합스부르크 황후의 이름을 되찾았다. 카다르 정부는 과거의 국가적 기념물에 존경과 관심(과 비용)을 기울임으로써 국가 통합을 원했기 때문에 재건 사업을 크게 장려했다. 그러나 이런 재건 사업에서 가장 중요한 요소는 부다페스트 사람들 — 역사학자, 고고학자, 건축가, 설계자, 디자이너 등 — 의 창조적 야망과 감정이었다. 도시의 역사에 관한 그들의 사랑과 자부심은 새롭게 자라났고, 그들의 에너지는 당국의 허가와 재건 목표라는 배출구를 발견했다. 1970년대에 이르러 재건 작업이 거의 완성되었다. 건물 사이의 공백과 잔해는 완전히 사라졌다. 부다페스트의 이 빠진 미소도 사라졌다. 공식적인 공산주의 정부의 존재 때문에 봉기와 마지막 전쟁에 대한 기억과 정신적 손상이 아직은 부다페스트인의 마음속에 남아 있었지만, 부다페스트는 물리적으로 거의 손상되지 않은 모습으로 되돌아왔다.

그리고 이제 매년 수백만 명의 관광객과 방문객이 부다페스트에 몰려들기 시작했다. 그중에는 1956년 이후로 부다페스트를 탈출했던 수만 명의 남녀, 다시는 부다페스트에 돌아오지 못할 것으로 생각했던 사람들도 포함되어 있었다. 그렇게 그들은 매년 돌아오고 있다. 그들은 미국화한 부다페스트에 오고 있는 것이다. 미국화라는 말이 부정확하고 과장된 단어일지 모르지만, 실체가 없는 것은 아니다. 1980년대에 부다페스

트의 거리는 형형색색의 지저분한 고철 덩어리로 꽉 차버렸다. 도시 위로
는 맑게 갠 날조차 거대한 디젤 배기가스가 뿌옇게 뒤덮여 있다. 부다페
스트의 자동차는 대부분 서양에서 만든 것이 아니다. 그러나 부다페스트
는 동유럽에서 매일 엄청난 교통 체증을 겪는 유일한 도시다. 그곳은 동
양과 서양 사이, 미국과 소련 사이의 이중적인 도시다. 도나우강의 선창
을 따라, 특히 사슬 다리와 엘리자베트 다리 사이 페스트 쪽 강변에는 미
국(그리고 최근에는 오스트리아) 투자 자본과 헝가리 정부의 승인 및 지원
을 받아 건설된 콘크리트, 유리, 강철 구조의 거대한 호텔이 늘어서 있다.
1956년 그리고 그 후 오랜 기간, 부다페스트의 최고급 호텔(최근 리모델
링한 전통적인 호텔을 포함해서)에 힐튼, 하얏트, 인터콘티넨털, 라마다 같
은 이름이 붙을 거라고 누가 상상이나 했겠는가? 이런 이름은 확실히 현
재 부다페스트의 한 측면을 상징한다. 그러나 수많은 길과 장소의 이름
은 또 다른 그리고 좀더 확실한 측면을 상징하고 있다. 이 책 초반에 언급
했던 옥토곤(팔각광장)은 1917년 페트로그라드(상트페테르부르크)에서 발
생한 일(볼셰비키가 10월 혁명으로 정권을 잡은 일— 옮긴이)을 기념해 '11월
7일 광장'이라는 이름이 붙어 있다(그러나 부다페스트에서 이 이름으로 그
광장을 부르는 사람은 아무도 없다).[4]

　　다른 의미에서도 현재 부다페스트는 두 개가 존재한다. 호텔과 유명한
식당은 관광객과 방문객을 위한 장소다. 이런 곳은 직원과 매니저, 홀에

4　1938년부터 1945년까지 이 광장은 무솔리니 광장이라 불렸다. 이 광장과 교차하는
부다페스트의 가장 중요한 도로 이름은 처음(1873)에 '언드라시 대로'였다가 '스탈린 대로'로
바뀌었고, 현재는 '헝가리 인민 공화국 대로'다.

앉아 있는 젊은 매춘부와 그 밖의 관광 서비스 경제 수혜자, 또는 지금은 외국에 살면서 방문차 이곳에 온 옛 부다페스트 사람의 친척으로 약간은 불편한(불행하지는 않지만) 미소를 지으며 밝게 빛나는 홀로 들어서는 부다페스트 사람 등을 제외한 일반인에게는 꿈에서나 가볼 수 있는 신기루 같은 곳이다. 이런 호텔이나 식당에 소련인 관광객은 없다. 모스크바 관광객은 대형 러시아 버스를 타고 부다페스트에 도착한 뒤 도시 외곽 3등급 호텔의 단체 식탁에 모인다. 미국인도 많이 볼 수 있는데, 그중 많은 이가 1956년에 부다페스트를 떠났다가 미국 여권을 가지고 돌아온 사람으로 강인한 다년생 식물처럼 해마다 늘고 있다. 그러나 관광객 대부분은 독일인과 오스트리아인이다. 유럽의 다른 곳과 마찬가지로 부다페스트에서도 오래 번창했던 미국화 국면이 점점 사라지고 있는 징후가 보인다. 그리고 부다페스트와 헝가리에서 독일의 존재감과 영향력이 다시 커지고 있다.

어쨌든 엄청난 번영으로부터 90년, 그리고 막대한 파괴로부터 40년 이상의 세월이 지난 후 부다페스트는 새로운 역사의 장을 펼치고 있다. 사람들 사이에 새로운 분열이 시작되기도 하지만, 연속성은 변화만큼이나 강하다. 전통보다 더 강하기도 하고 약하기도 한 그 무엇, 일종의 역사의식이 부다페스트 사람들의 마음속에 스며들고 있다. 1900년에 부다페스트 사람들은 자신들의 도시가 유럽에서 가장 새로운 대도시라는 점에 자부심을 느꼈다. 이제 그들은 오래된 것은 무엇이든 소중히 여기기 시작했다.

이 책의 참고문헌에는 두 가지 제한 사항이 있다. 하나는 저자 때문이며, 다른 하나는 주제 자체 때문이다. 첫 번째 제한은 명백하다. 이 책은 영어권 독자를 위해 쓰였다. 그러므로 거의 헝가리어로 되어 있는 참고문헌 목록이 아무런 의미도, 아무런 쓸모도 없을 것이다. 그러나 이 책의 독자에는 역사학자와 이 주제에 더 관심 있는 사람이 포함되므로 이 참고문헌이 일종의 안내가 될 수 있을 것이다.

1900년의 한 도시에 대해 그 사람들, 문명, 문화, 대표적인 모습 등 전반적인 역사적 그림을 그리는 우리의 주제는 무척 광범위해서 1900년의 부다페스트를 아우르는 완벽한 자료의 목록을 만드는 작업은 이미 수십 년 전에도 불가능한 일이었다. 여기에 지난 25년간 축적된 자료를 추가해야 한다. 이 기간에 헝가리에서 글쓰기와 출판에 관한 여러 정치적 제약과 마르크스의 영향이 줄어들면서 1900년에 관한 관심이 책, 기사, 기타 여러 형태의 결과물로 급속히 증가했다. 부다페스트의 역사에 관해 신중하게 그리고 큰 노력을 기울여 제작한 자료 목록 — BTB, BSE, BSK, TBM — 조차 당시의 개인이나 가족 기록뿐만 아니라 도시생활을 다룬 다양한 문학작품 등 모든 자료를 포함하거나 나열하지는 못하고 있다.

그러나 우리는 운 좋게도 우리의 주제에 없어서는 안 될 뿐만 아니라 현대의 모든 도시 역사에 있어 본보기가 될 만한 책을 가지고 있다. 여러 권으로 된 부다페스트 역사 BT 중 1848년부터 1918년까지의 기간을 다룬 제4권이다. 이 두꺼운 책의 내용 중 1873 ~ 1918년에 해당되는 상당한 분량이 역사학자 뵈뢰시 카로이의 작품인데, 1896 ~ 1914년의 내용이 약 200페이지에 걸쳐 빽빽이 채워져 있다. 뵈뢰시의 작품은 스타일, 효율성, 백과사전 같은 놀라운 지식, 문학·예술·대중문화를 포함한 시대에 관한 이해 등 여러 면에서 걸작이다. 조사의 출처와 문제에 관한 소개, 그리고 광범위한 참고 문헌 기록도 매우 특별하다.

1900년의 부다페스트 역사는 헝가리와 분리될 수 없기 때문에 1890 ~ 1918년을 다룬 새 헝가리 역사Hanák는 상당 부분을 부다페스트에 할애했다. Hóman - Szekfü 제5권에서 섹퓌가 고전적 방식을 사용한 이후로 40년 만에 출판된 허나크의 책은 세심하게 사회 경제사를 다루며(참고 목록도 포함) 섹퓌의 책을 보완하고 있다. 그러나 나는 독자들이 그러츠, 헤게뒤시 KAT, 페퇴, 섹퓌의 오래된 작품에 집중해주기를 바란다. 그들의 통찰력과 해석은 아무리 '구식'이라 할지라도 세월을 관통하는 힘이 있기 때문이다.

나는 이 책의 본문에서 서술적이면서도 우리 주제와 관련 있는 여러 문학작품에 대해 언급했다. 여기에 1900년 당시의 모습을 담은 방대한 사진 자료를 첨가하고 싶다. 그것은 소위 클뢰스Klösz 컬렉션이라 부르는 사진과 삽화다(그중 일부는 부다페스트시 역사박물관에 소장되어 있다).

아래 목록에는 내가 읽고 참고한 모든 책과 자료가 포함되어 있다. 독자들은 본문과 인용에서 축약형으로 표시된 작품들의 완전한 제목을 이 목록에서 찾아볼 수 있을 것이다. 기사 제목은 본문에 인용된 경우를 제외하고 아래에 나열하는 것을 피했다.

작품 목록

특별한 언급이 없으면 출판 장소는 부다페스트다.

잡지, 신문, 정기 간행물

A Hét
Az Élet
Borsszem Jankó
Budapesti Napló
BSK *Budapest Statisztikai Közleményei*

Fővárosi Lapok
Huszadik Század
Jelenkor
Magyar Kritika
Magyar Salon
Nineteenth Century (London)

Nyugat
Pester Lloyd
Pesti Napló
Századok
Tanulmányok Budapest multjából
Történelmi Szemle
Uj Idők
Uj Magyar Szemle
Vasárnapi Ujság

책(참고 문헌, 회고록, 선집 등 포함)

Ady OP Ady, Endre, *Összes prózai művei* (1–12). 1955–77.

Ambrus, Zoltán, *Berzsenyi báró és családja*. 1902.

Apponyi EI Apponyi, Albert, *Emlékirataim*, Ⅱ. 1934.

Babits HF Babits, Mihály, *Halálfiai*. 1971 ed.

Babits, Mihály, *Kártyavár*. 1923.

Babits, Mihály, *Timár Virgil fia*. 1922.

Balla, Vilmos, *A kávéforrás — Régi pesti kávéházak legendái*. 1926.

Bartha Bartha, Miklós, *Kazárföldön*. 1939.

Beer – Csizmadia, *Történelmünk a jogalkotás tükrében*. 1966.

Berend – Ránki, *Közép - Kelet - Európa gazdasági fejlődése a 19. - 20. században*. 1976.

Bevilacqua Bevilacqua – Borsody – Mazsáry, *Pest - budai kávéházak*, Ⅰ - Ⅱ. 1935.

Bródy Bródy, Sándor, *Erzsébet dajka*. 1901.

Budapest Anno (English edition). 1979.

BSK *Budapest statisztikai közleményei*. (especially No. 53: Thirring, G.,

Budapest félévszázados fejlődése 1873 – 1923).

BSE *Budapest székesfőváros statisztikai évkönyve*. 1907 - .

BT *Budapest Története*, Ⅳ. 1978. (See p. 231.)

BTB *Budapest történetének bibliográfiája*. 1974 - .

Budapesti üdvözlet (Békéscsaba, 1983).

Concha Concha, Victor (Győző), *La Gentry* (French edition). 1912.

Csáky, Moritz, *Der Kulturkampf in Ungarn* (Graz, 1967).

Erzsébetváros *Erzsébetváros* (Timár Andor, ed.). 1970.

Farkas, Gyula, *Az asszimiláció kora a magyar irodalomban*. 1932.

Fényes, László, *A társadalom és a nemi kérdés*. 1906.

Ferenczy, Imre, *Lakáspolitika és lakásügyi intézmények*. 1910.

Fermor Fermor, Patrick Leigh, *Between the Woods and the Water* (New York, 1986).

Források Budapest multjából, Ⅱ. 1873 – 1919 (Kohut Mária, ed.). 1971.

Fülep, Lajos, *Magyar művészet*. 1923.

Gedényi, Mihaly, *Krúdy Gyula bibliográfia*. 1978.

Genthon, István, *Az uj magyar festőművészet története*. 1935.

Glatz, Ferenc, *Történetirás és politika*. 1980.

Gluck Gluck, Mary, *Georg Lukács and his generation, 1900-1918* (Cambridge, Mass., 1985).

Gogolák, Lajos, *Mocsáry Lajos és a nemzetiségi kérdés*. n.d.

Granasztói, Pál, *Budapest egy épitész szemével*. 1971.

Gratz Gratz, Gusztáv, *A dualizmus kora*, Ⅰ - Ⅱ. 1934.

Halász, Gábor, *Magyar századvég*. 1940.

Halász, Lajos, *Az Országos Kaszinó 50 éves története*. 1923.

Hanák *Magyarország története 1890 - 1918*, Ⅰ - Ⅱ. (Hanák Péter, ed.). 1978.

Harrer, Ferenc, *Egy magyar polgár élete* Ⅰ. 1968.

Hatvany, Lajos, *Emberek és korok*, Ⅱ. 1964.

Hatvany GYP Hatvany Laios, *Gyulai Pál estéje*. n.d.

Hegedüs AB Hegedüs, Lóránt, *Adórendszerünk betegségei*. 1906.

Hegedüs KAT Hegedüs, Lóránt, *Két Andrássy és két Tisza*. 1937.

Heltai, Jenő, *Tündérlaki lányok*. 1908.

Herczeg EM Herczeg, Ferenc, *Emlékezéseim*. 1939.

Herczeg, Ferenc, *A Gyurkovics-lányok*. 1893 (*A Gyurkovics-fiúk*, 1895).

Hóman - Szekfü Hóman – Szekfü, *Magyar történet* V. 1937.

Horváth Horváth, Zoltán, *Magyar századforduló. A második reformnemzedék története 1896 - 1914*. 1961.

Hunyady AI - CSA Hunyady, Sándor, *Családi album. in Aranyifjú*. 1983.

Istóczy, Győző, *Országgyülési beszédei*. 1904.

Jánszky, Béla, *A magyar formatörekvések történeti épitészetünkben*. 1929.

Jeszenszky Jeszenszky, Géza, *Az elveszett presztizs*. 1986.

Kann, Robert, *Das Nationalitätproblem der Habsburgmonarchie* Ⅰ - Ⅱ (Graz, 1964).

Kellér, Andor, *Iró a toronyban*. 1981.

Kemény, Gábor (ed.), *Iratok a nemzetiségi kérdés történetéhez Magyarországon a dualizmus korában*, Ⅰ - V. 1952 - 71.

Klein, Ödön, *Tiszától Tiszáig*. 1922.

Kóbor Kóbor, Tamás, *Budapest*. 1901.

Koestler BA Koestler, Arthur, *Arrow in the Blue* (London, 1954).

Körmendi Körmendi, Ferenc, *A boldog emberöltő*. 1934.

Kosztolányi, Dezső, *Aranysárkány*. 1924.

Kosztolányi GNY Kosztolányi, Dezső, *Gondolatok a nyelvről* (Bucharest, 1977).

Kosztolányi, Dezső, *Pacsirta*. 1929.

Kovács, Alajos, *Magyarország népe és népesedésének kérdése*. 1941.

Kristóffy, József, *Magyarország kálváriája*. 1927.

Krúdy, Gyula, *A tegnapok ködlovagjai* Ⅰ - Ⅱ. 1925.

Krúdy, Gyula, *Budapest vőlegénye*. 1966.

Krúdy BUK Krúdy, Gyula, *Bukfenc*. 1958.

Krúdy MLVB in MVK Krúdy, Gyula, *Mit látott Vak Béla szerelemben és bánatban? in*

Mákvirágok kertje. 1961.

Krúdy SF in **MT** Krúdy, Gyula, *Sneider Fáui in Magyar tükör.* 1984.

Krúdy PA Krúdy, Gyula, *Pesti album.* 1985.

Krúdy PBS Krúdy, Gyula, *Pest-Budai séták.* 1916.

Krúdy világa. 1964.

Kubinszky, Judit, *A politikai antiszemitizmus Magyarországon.* 1978.

Lázár, Béla, *A Munkácsy-kérdés.* 1936.

Lázár Lázár, Béla, *Munkácsy Mihály. Emlékek és emlékezések.* 1944.

Lechner *Lechner Ödön 1845-1914.* 1985.

Lees-Milne Lees – Milne, James, *Harold Nicolson: a biography* (London, 1981).

Lugossy – Paraszthy, *A képviselőház a jelenben és a multban.* 1906.

Lyka, Károly, *Festészeti életünk a milleneumtól az első világháboruig.* 1951.

McCagg McCagg, William O., *Jewish Nobles and Geniuses in Modern Hungary* (Boulder, Colorado, 1973).

Makkai UO Makkai, János, *Urambátyám országa.* 1942.

Malonyay Malonyay, Dezső, *Munkácsy Mihály* I - II. 1906.

Marías Marías, Julián, Generations: *A Historical Method* (University of Alabama, 1971).

Mencken *Mencken and Sara: a Life in Letters: the Private Correspondence of H. L. Mencken and Sara Haardt* (New York, 1987).

Mérei, Gyula, *A magyar polgári pártok programjai.* 1971.

Mikszáth, Kálmán, *A Noszty-fiu esete a Tóth Marival.* 1908.

Mikszáth, Kálmán, *Különös házasság.* 1900.

Mikszáth, Kálmán, *Politikai karcolatok 1881-1908.* 1969.

Mikszáth, Kálmán, *Szent Péter esernyője.* 1895.

MNYTESZ *A magyar nyelv történeti-etimológiai szótára 2.* 1970.

Molnár, Ferenc, *A Pál-utcai fiúk.* 1908.

Móricz V. Móricz, Virág, *Apám regénye.* 1953.

Németh, G. Béla, *A magyar irodalomkritikai gondolkodás a pozitivizmus korában.* 1980.

Németh, G. Béla, *Századelőtől-szazadutóig.* 1982.

Németh, Lajos, *Magyar művészet 1890-1919* I. 1981.

Németh, Lajos, *Modern Art in Hungary.* 1969.

Nicolson Nicolson, Harold, *Lord Carnock⊠A Study in the Old Diplomacy* (London, 1930).

Pásztor, Árpád, *Vengerkák.* 1913.

Pásztor, Mihály, *A 150 éves Lipótváros.* 1940.

Pereházy, Károly, *A régi Belváros.* 1982.

Perneczky Perneczky, Géza, *Munkácsy* (German edition). 1970.

Pethő Pethő, Sándor, *Világostól Trianonig*. 1925.

Petrassevich, Géza, *Zsidó földbirtokosok és bérlők Magyarországon*. 1905.

Pilinszky *Beszélgetések Pilinszky Jánossal*. 1983.

Preisich Preisich, Gábor, *Budapest városépitésének története* Ⅱ. 1964.

Prohászka, Ottokár, *Az ondovai vámos*. 1905.

Richardson Richardson, Joanna, *Victor Hugo: A Biography* (New York, 1976).

Sadoveanu Sadoveanu, Mihail, *Századvég Bukarestben* (Bucharest, 1976).

Siklóssy RBE Siklóssy, László, *A régi Budapest erkölcse* Ⅲ. 1923.

Siklóssy, László, *Hogyan épült Budapest?* 1931.

Szabolcsi, Bence, *A magyar zene története rövid összefoglalásban*. 1964.

Szekfü Szekfü, Gyula, *Három nemzedék és ami utána következik*. 1934.

Szép LA Szép, Ernő, *Lila ákác*. 1967.

Szép, Ernő, *Patika*. n.d.

Szerb Szerb, Antal, *Magyar irodalomtörténet*. 1978 edition.

TBM *Tanulmányok Budapest multjából. A Budapesti Történeti Múzeum évkönyve*. Ⅰ-ⅩⅩ. 1932-74.

Tharaud Tharaud, Jérôme, *Quand Israël est roi* (Paris, 1921).

Thirring, Gusztáv, *Budapest székesfőváros a milleneumi évben*. 1898.

Tóth, Ede, *Mocsáry - Emlékkönyv*. n.d.

Verhovay - Napló (Kecskemét, 1899).

Vermes Vermes, Gábor, *István Tisza* (New York, 1985).

Vezér, Erzsébet, *Ady Endre élete és pályája*. 1977.

Vörös BA Vörös, Károly, *Budapest legnagyobb adófizetői 1873 - 1917*. 1979.

Zselenszky, Róbert, *Emlékeim*. 1940.

감사의 말

나는 많은 빚을 지고 있는데, 금융 부채와 달리 이 빚은 기록하는 것이 즐겁다. 나에게 안식년을 주신 체스넛힐대학의 총장님, 국제 연구 교류 위원회, 적지만 유용했던 여행 자금을 지원해 준 국립 인문학 기금, 부다페스트 체류 비용의 상당 부분을 지원해 준 소로스-MT 재단에 감사드린다. 그곳에서 나는 아무런 어려움 없이 독서하고 연구했다. 특히 많은 사람의 아낌없는 도움과 관심 덕에 나의 일은 더욱 쉬웠다. 게저 예센스키 교수, 미하이 세게디-머사크 교수, 벨러 G. 네메트 교수, 러요시 네메트 교수, 라슬로 페테르 교수, 그리고 티보르 프런크 교수와 요제프 뷜뢰니 박사, 일로너 코바치 박사와 국립 도서관 직원들, 부다페스트 도시 역사박물관의 죄르지 세케이 박사, 미국 대사관 직원들과 문화 담당관 켄 모스코비트 씨에게 감사드린다. 페테르 허나크 교수가 소개해 준 거브리엘러 스보보더 씨와 미하이 세게디-머사크 교수가 소개해 준 커털린 케셰뤼 교수는 사진 자료를 구하는 데 큰 도움을 주었다. 게저 예센스키 교수가 나의 연구 조교로 소개해 준 언드라시 반은 박식하고 믿음직스러우며 매력적인 인물이었다. 제5장을 세심하게 읽어 준 자크 버르준과 제7장에 관해 사려 깊게 조언해 준 게오르게 페예르에게 감사드린다. 체스넛힐대학의 사서인 헬렌 헤이스 박사는 참고 문헌에 관한 나의 이상한 질문에 언제나 빠르고 정확한 답을 주었다. 제1장의 축약판은 잡지『더 아메리칸 스칼라』1988년 봄 호에 게재되었다.

19세기 말 20세기 초 부다페스트의 탈바꿈

1. 도시의 탈바꿈Metamorphosis?

부다페스트는 1873년 부다와 페스트, 오부더Óbuda라는 세 곳이 하나로 합쳐져 형성된 인위적 도시다. 부다Buda와 페스트Pest는 과거 헝가리 왕국의 중앙부에 위치한 지리적 이점과 두너Duna강을 끼고 있는 교통의 편리함 덕분에 중세부터 헝가리의 중심 도시가 되었고, 특히 부다는 헝가리의 문화 부흥을 이끌었던 마차시 1세의 치세기에 왕도王都가 되어 중세 헝가리 문화의 요람이 되었다. 부다페스트는 1873년 하나의 도시로 탄생한 이후 1867년 성립된 오스트리아 - 헝가리 제국의 제2의 수도로서 빈에 버금가는 역할을 했다. 즉 중부 유럽 최대 규모의 도시가 되었고, 제2차 세계대전 이전까지는 이른바 '세계 도시'로서의 면모와 기능을 갖추고 그에 걸맞은 역할을 했다.

비유상 전통적인 것은 헝가리적이고, 현대적인 것은 코즈모폴리턴적이라고 정의한다면, 부다페스트는 헝가리적인 것과 코즈모폴리턴적인 것의 공존을 대표하는 도시라고 할 수 있다. 헝가리의 수도인 부다페스트에 대한 이런 후한 평가는 이 책의 저자 존 루카스의 주장이기도 하다.

루카스는 이 책에서 부다페스트의 도시적·문화적 특징을 화려한 필치로 묘사하고 있다. 그에 따르면 9세기 말부터 시작되는 헝가리 역사에서 1900년은 최정점에 있었고, 정치적·경제적으로 성공했으며, 다양한 국적의 유럽인이 거주하던 시기였다. 굳이 루카스의 표현을 빌리지 않더라도 인구 구성비에서 부다페스트는 이미 다국적 배경의 시민들이 함께 사는 혼종의 공간이었다.

따라서 20세기 초의 부다페스트는 헝가리인의 수도라는 민족적 의미보다는 오스트리아-헝가리 제국의 제2도시 또는 중부 유럽과 발칸 유럽을 대표하는 세계 도시로서의 면모가 두드러진다.

물론 부다페스트의 혼종적 성격을 비판하는 시각도 존재한다. 헝가리 언어 연구자인 박수영은 부다페스트가 유럽 각 시기의 대표적인 건축물이나 유명한 도시들의 장점을 취해 한자리에 모아놓은 탓에 독특한 역사와 전통, 문화를 보여주지 못하는 개성 없는 도시라고 평가하기도 한다. 이 지적은 일리가 있고, 학계에서 통용되는 내용이기도 하다.*

그렇지만 이러한 성격 자체가 부다페스트가 가지고 있는 또 하나의 특징으로 간주되곤 한다. 특히 유럽의 도시문화사와 도시건축사를 연구하는 학자들에게는 부다페스트가 혼종성의 문화가 현존하는 표본이 되기

---

* 박수영, 「근대 유럽의 대도시 부다페스트의 역사와 문화」, 『동유럽 발칸학』, 2002, pp. 247-268.

도 한다.

20세기의 첫해인 1900년은 오스트리아 – 헝가리 제국이 성립된 지 30여 년이 지났고, 부다페스트가 탄생한 지 근 30년이 되는 시점으로 부다페스트 이전의 '부다' '페스트'와 이후의 부다페스트를 비교하는 데 최적의 시점이다. 20세기 초, 특히 1900년대 초엽은 헝가리 역사에 있어서 최고의 절정기이고, 부다페스트도 정치적·경제적·문화적으로 전성기였다. 특히 지식인 사회의 발전은 그 깊이와 수준에서 오스트리아 – 헝가리 제국의 제1수도 빈에 뒤지지 않는다.

부다페스트는 오스트리아로 대표되는 서구적 관점에서 다소 거리를 두고, 중부 유럽적 문화 혹은 코즈모폴리턴적 색채가 강한 문화적 담론과 소통·소비가 일어나는 중심지였으며, 늘 옛것과 새것, 시골적인 것과 도시적인 것이 공적인 사회와 개인적 삶 모두에서 이중적 혹은 중층적으로 나타나는 장소였다.

문화 이론의 관점에서 장소적 환경은 문화의 외연을 규정하는 매우 중요한 요소다. 장소와 그것이 배태한 생명력이 문화로 산출된다는 '장소–문화적 생성 이론'은 부다페스트의 문화적 양태를 분석할 때 적실성을 갖는다. 특히 규정된 공간 속에서 문화의 접변을 통해 새로운 문화의 창조 혹은 탈바꿈Metamorphosis이 일어난다는 생성론은 부다페스트를 이해하는 이론 틀이다.

부다페스트는 역사적·문화적·사회적으로 다양한 배경을 가진 이질적 주체들이 모여 인위적·계획적으로 건설한 거대 도시였기 때문에 중층적이며 여러 삶의 양식이 나타나는 것은 당연한 현상이었다. 따라서 부다페스트는 로마 시대의 유적을 간직한 오부더와 헝가리 왕국의 삶의 양식을 보여주는 부다, 급격히 성장한 근대적 상업 도시로서의 페스트라는 세 도시가 합쳐져 탄생한 '중층적 전환 공간'이라고 할 수 있다. 이러한 부다페스트의 특징은 중세적 감성과 현대적 삶의 방식, 시골 혹은 농촌의 풍습과 도시적 감수성의 공존이 나타난다는 것이다.

2. 헝가리 역사에서 부다페스트의 성격

헝가리는 역사적 기원, 언어와 문화 등에서 다른 유럽 국가들과는 차이나는 면이 많다. 헝가리 민족은 인종적으로는 내륙 아시아와 주변 지역의 유목 민족에게서 그 기원을 찾을 수 있고, 언어적으로는 우랄어(또는 핀-우고르어파)에 속한다. 이러한 특징 때문에 헝가리를 '민족의 섬' '언어의 섬'이라고 부르기도 한다.

9세기경 지금의 트란실바니아(현재 루마니아) 지역에 자리 잡으며 유럽의 일원이 된 헝가리는 이미 기독교화가 이뤄진 주변 국가들의 영향을 직접적으로 받을 수밖에 없었다. 기독교 국가들의 영향은 정치 제도적인 측면은 물론, 문화적인 면에서 특히 중요했다.

헝가리 민족이 유럽에 도착했을 때는 이미 그들이 출발했던 시기와는 매우 다른 모습의 헝가리인이었을 것이다. 아마도 헝가리를 에워싼 주변 기독교 문화권의 영향은 전통적인 헝가리 문화와 결합해 독특한 양상을 나타내는 배아가 됐을 것이다. 따라서 헝가리적이라고 규정되는 문화 특징은 주변의 기독교 문화의 수용을 통해 탈바꿈된 것이라고 볼 수 있다.

1526년 오스만튀르크의 침략으로 헝가리 왕국의 영토가 셋으로 나뉜 후, 헝가리의 전통문화가 비교적 잘 지켜지던 트란실바니아 지역을 포함해, 오스만튀르크가 직접 지배했던 헝가리 중부 지역에는 오스만적인 문화가 곳곳에 뿌리내렸다. 이러한 현상은 1686년 합스부르크 제국이 오스만 세력을 헝가리에서 몰아낼 때까지 계속됐다. 이후 합스부르크 제국의 직접적인 지배가 시작돼 정치적으로나 문화적으로나 합스부르크의 영향을 받았다.[*]

이러한 역사적 배경에 따라 헝가리의 수도 부다페스트는 중층적인 성격을 띤다. 헝가리 역사에서 부다는 왕의 거주지로서 정치적 기능을 했고, 페스트는 상업 중심지로서 헝가리 경제의 중심 역할을 했다. 이 시기 유럽 국가들 가운데 현대적 의미의 수도라고 할 수 있는 대도시는 소수에 불과했다. 당시 유럽에서는 정치적 의미로서의 수도보다는 상업과 교류의 중심지로서 대도시의 의미가 더 중요했던 터라 부다페스트도 이에 걸맞은 위상과 역할을 요구받았다. 특히 근대로 접어들면서 부다페스트는 그 역할에 대한 좀더 명징한 정의를 획득한다.

1867년 오스트리아 - 헝가리 제국이 성립된 이래로 부다페스트는 제국의 한 축을 이루는 '주축 도시'로서 그 기능과 역할이 부여되었다. 이런 요구는 1891년 오스트리아 - 헝가리 제국의 헝가리 측 국회에 제출된 전국산업연합회의 「공통 견해közhangulat」라는 문서에 잘 표현되어 있다.

---

[*] 이상협, 『헝가리사』(서울, 대한교과서, 1966), pp.183 - 204.

……부다페스트의 임무는 세계도시로 변하는 것이며, 부다페스트가 동유럽의 파리가 되어야 한다. 우리 수도[부다페스트]의 최근 발전을 보면 이러한 목표가 유토피아가 아닌 것을 알 수 있다. 우리 도시의 지리학적인 위치나 국제적 교통망, 최근의 경제나 정치 성장도 고려해보면, 제국[오스트리아-헝가리 제국]의 중심이 부다페스트 쪽으로 옮겨가고 있는 것 같다…….*

부다페스트를 제국의 중심 도시로 규정한 이 문서에는 지향점으로서 '동유럽의 파리'를 명시하고 있는데, 당시 파리가 지녔던 상업적·정치적·문화적 위상과 국제적 명성을 고려하면 부다페스트의 거주자들이 추구했던 이상을 짐작해볼 수 있다. 물론 여기에 헝가리 수도로서의 상징성이라는 민족적 측면이 부가되면서 부다페스트가 양가적 성격이 공존하는 도시로 변화했다는 점을 기억해야 한다. 즉, 부다페스트는 헝가리의 근대성을 상징하는 '도시적 문화'와 헝가리의 민족문화 및 자주성을 상징하는 '지방주의 문화'가 부딪치거나 어우러지며 결합된 도시로서 존재할 수밖에 없었다.

헝가리 역사에서 민족 정서와 '헝가리적인 것'의 드러냄을 강조하는 경향을 '네피에시Népies'라는 용어로 표현하고, 헝가리의 근대성, 유럽 지향성을 강조하며 유럽의 일원으로서의 헝가리를 추구하는 지향성을 '우르

---

* BATK, *Budapesti agglomeráció területfejlesztési koncepció. (Projektvezető: Tosics Iván - Barta Györgyi - Gauder Péter - Ongjert Richárd.) Régió 8 Szakértői Munkaközösség*(Budapest 1999), p.25.

바노시Urbános'라고 표현하는데, 부다페스트는 네피에시와 우르바노시의 갈등 및 투쟁 혹은 조화와 화합이 공존하는 전환 공간이었던 것이다. 이러한 이분법은 지식인 사회의 고준담론에 지나지 않는 면도 있지만, 헝가리인의 정신세계 속에서 이러한 이분법이 존재하는 것은 분명하다. 그러나 이러한 구분도 헝가리가 오스트리아와 오스트리아–헝가리 제국을 형성하면서 다른 양상으로 변모한다.

헝가리 지식인 사회의 논쟁 주제였던 '도시적인 것'과 '민족적인 것'의 갈등은 이제 오스트리아적인 것과 헝가리적인 것, 더 정확히는 빈적인 것과 부다페스트적인 것의 대립항으로 드러난다. 특히 세기말적 분위기는 빈과 부다페스트를 대조하며 헝가리적인 것과 오스트리아적인 것의 대비를 강조한다. 헝가리 문화계는 이 양자의 대립을 의식적으로 부각시키며 지식인 사회를 담론의 장으로 이끌었다. 헝가리 지식인 사회, 문화계의 분위기는 19세기 말이라는 시대적 조건과 부다페스트와 빈이라는 공간적 조건에서 융합되어 독특한 지적 흐름과 양식으로 나타난다.

헝가리 입장에서 19세기 말은 헝가리인이 유럽에 정착한 지 1000년이 되는 시기다.* 따라서 유럽 정착 1000년이 되는 1896년을 기념하고 새로운 밀레니엄을 맞이하기 위해 많은 준비를 했다. 그중 대표적인 것 하나가 전 세계에서는 두 번째로, 유럽 대륙에서는 최초로 건설된 부다페스트 지하철 1호선이다. 이를 통해 부다페스트는 드디어 지상에서뿐만 아니라 지하세계로도 활동 영역을 넓혀, 부다페스트의 '지하 시대'를 열기도 했다. 이 지하철은 당시 헝가리의 건축 기술과 더불어 지하철을 운영해야 할 정도로 붐비던 거대 도시 부다페스트의 위상을 다시금 확인해

준다. 헝가리의 지도층은 이 지하철이 헝가리가 유럽에 정착한 1000년을 기념할 뿐 아니라, 유럽의 중심 국가, 나아가 전 세계로 뻗어나겠다는 헝가리의 야심찬 포부를 드러내는 상징물로 기억되기를 기대했다.

헝가리 정부와 더불어 헝가리 건국 1000년을 기념하는 다른 주체는 부다페스트시 당국이었다. 부다페스트시 당국은 다양한 문화 프로그램과 예술작품으로 밀레니엄을 준비했다. 이런 준비에 대해 빈 당국은 환영과 축하의 입장을 표하며 여러 방식으로 지원했다. 즉, 오스트리아-헝가리 제국의 황제인 프란츠 요제프는 1892년 부다페스트에 제국의 수도라는 명칭을 부여한 것이다. 이 명칭은 예전에는 오로지 빈만 사용할 수 있었다. 빈의 이러한 조치는 오스트리아-헝가리 제국 내에서 부다페스트의 위상이 강화된다는 사실과 더불어 실질적으로 오스트리아가 헝가리를 인정한다는 상징적인 의미를 띠고 있었다.

헝가리인들은 빈의 이러한 조치가 1867년 타협kiegyegyes 이후 25년간 부다페스트가 이뤄낸 경제적 성취 때문이라며 자부했다. 헝가리 사람들은 앞으로 부다페스트가 빈처럼 유럽의 주요 도시로 성장하며, 곧 유럽에서 빈과 같은 '세계 도시'의 위치를 점할 것으로 기대했다.[*] 당시 헝가리에서 유행하던 '세계 도시világváros'라는 개념은 헝가리 사람들이 소망하는 두 가지 사항을 내포하고 있었다. 즉, 부다페스트의 생활 수준, 문화와 예술, 법과 질서, 치안 등 모든 면에서 서유럽의 '세계 도시'인 파리나

---

[*] 헝가리인은 자신의 유럽 정착의 역사가 서기 896년부터 시작되었다고 생각한다. 그러나 헝가리인의 유럽 정착과 이주가 정확히 896년에 이루어졌다고 보는 데는 다소 무리가 있다. 아마 9세기 말에서 10세기 초에 유럽에 정착했을 것이라는 게 정설이다. 이상협, 『헝가리사』, (서울, 대한교과서, 1966), pp.32-36.

빈처럼 되는 것이었으며, 다른 한편으로는 부다페스트가 문명화로 상징 되는 도시화가 가장 잘 진척된 중–동 유럽의 도시가 되는 것이었다.

19세기 말에서 20세기 초, 중부 유럽과 발칸반도 지역의 정치·경제· 문화 및 사회 발전 과정에서 부다페스트는 경제·문화 분야의 소통과 교 류의 중심지로 변모하게 되었다. 교류형 도시의 특성에 걸맞게 부다페 스트는 문화 분야에서 독특한 성장과 발전·창조를 이뤄냈다. 그 결과 부다페스트는 헝가리의 다른 도시들의 발전을 촉진했으며, 헝가리뿐만 아니라 국경을 맞대고 있는 세르비아, 루마니아 도시들에도 영향을 주 었다. 특히 도시 건축과 도시계획의 측면에서 다른 후발 도시들의 모범이 되기도 했다.

* Barta Györgyi, *Budapest és az agglomeráció gazdasaági szerepkőrének átalakulása.* In: Holló Szilvia Andrea-Sipos András szerk (2002) "Az őtvenéves Nagy-Budapest-előzmények és megvalósulás. Budapest Tőrteneti Múseum". Budapest Főváros Levétára (Budapest, 2002), pp.23–31.

3. 19세기 말~20세기 초 부다페스트

제1차 세계대전 발발 50년 전에 부다페스트는 유럽에서 가장 빠르게 발전하고 있는 대도시 중 하나였으며, 인종적인 용광로였다.[*] 외국에서 들어온 이민자든, 국내에서 살던 소수민족 출신이든 한두 세대 안에 헝가리 문화에 완전히 동화되는 추세였다. 외국인의 헝가리 이주는 헝가리 인구 증가에 영향을 미쳤는데, 실제로 1910년 부다페스트의 이민자 비율은 유럽 대도시들 가운데 2위였다.

이민자들이 모여든 이유는 부다페스트가 오스트리아 - 헝가리 제국의 경제 중심지가 되면서 오스트리아와 독일 기업들이 이곳으로 많이 진출했고, 이로써 일자리가 늘어났기 때문이다. 또한 부다페스트의 공업화가 빠르게 진전되면서 각 분야의 전문가에 대한 수요도 증가했다. 따라서 오스트리아나 독일, 체코 지역에서 많은 전문 인력이 헝가리로 이주해왔다. 오스트리아 - 헝가리 제국 초기에 헝가리 전문 인력 중 이들의 비율이 거의 10퍼센트대에 달했던 점 역시 주목할 만한 사실이다. 즉 헝가리의 산업화와 부다페스트의 발전에는 이민자의 기여도 상당했다고 할수 있다.[**]

오스트리아 - 헝가리 제국 외부에서 온 이주민들 중 가장 다수는 독일인이었다. 1910년경에는 부다페스트의 인구 중 7만9000명 정도가 독일

---

[*] Dővényi Zoltán, *A Magyarorszégot érintő vándorlás területi jellemzői*. In, Bevándorlás Magyarországra. Szerk, Tóth Pál Péter, Lucidus Kiadó(Budapest, 2006), pp.123 - 147.

[**] Dővényi Zoltán, *A Magyarorszégot érintő vándorlás területi jellemzői*, pp.149 - 150.

어를 모국어로 했다. 이 중 25퍼센트가 오스트리아 – 헝가리 제국에서 태어났으며, 5퍼센트 정도가 오스트리아 – 헝가리 제국 바깥에서 들어온 이주민이었다.

오스트리아 – 헝가리 제국 시기 유럽 대도시 중 부다페스트가 차지했던 독특한 위상은 부다페스트가 정치적으로는 제한된 권한을 가진 제국의 제2도시였다는 점이다. 여기서 '제한된 정치권력'은 오스트리아 – 헝가리 제국의 구조상 부다페스트는 헝가리 문제에 대해서만 발언권을 가지고 있었다는 의미다. 제국의 운명을 결정짓는 사무, 즉 외교, 국방, 재정 문제에 대한 결정은 모두 빈에 있는 오스트리아 – 헝가리 제국의회에서 이뤄졌던 것이다.

헝가리의 정치권력은 오스트리아와 제국의 권력을 분점하려 하지 않았다. 헝가리는 오스트리아와 오스트리아 – 헝가리 제국을 건설함으로써, 헝가리 1000년의 역사상 가져보지 못했던 제국의 권력과 위상을 향유했던 터라 오스트리아 – 헝가리 제국의 법적 권한과 지위에도 불구하고, 제국의 중요한 결정은 빈에 의존하는 경향을 보였으며, 부다페스트가 빈에 이어 제국의 제2도시라는 호칭을 얻은 것에 만족하는 모습을 보이기까지 했다.[*]

오스트리아 – 헝가리 제국에서 헝가리가 차지하는 영토가 제국 전체 영토의 50퍼센트 가까이 되었음에도 불구하고, 헝가리 인구는 오스트리아의 40퍼센트에 지나지 않았고, 제국 내에서의 경제적 중요성은 그

---

[*] Fleischer Tamás – Miklóssy Endre – Vidor Ferenc (Szerk.), *Második Millennium"* (Budapest, 1993), pp.115 – 119.

보다 적었다. 예를 들어 제국의 운영을 위해 양국이 부담하는 비용은 오스트리아가 70퍼센트, 헝가리가 30퍼센트였다. 또한 제국의 황제는 빈에 머물고, 제국의 공동 군대에서 사용되는 명령어는 모두 독일어로 지정되었다. 이러한 시스템은 실질적으로 군대의 명령권이 황제에게 있었다는 것을 뜻한다. 사실 오스트리아 - 헝가리 제국을 운영하는 각종 행정기관이나 시설, 관공서는 모두 빈에 있었고, 오스트리아 - 헝가리 제국의 중요한 외교적 행사가 모두 빈에서 이뤄졌다는 점은 부다페스트의 실제 위상을 보여준다. 그렇지만 부다페스트는 이러한 약점들에도 불구하고 제국의 두 번째 수도이자 헝가리의 수도라는 자격으로 빈을 통해서 세계와 유럽 대도시 네트워크에 연결되어 있었다. 특히 외교관계에서 빈과 더불어 세계 정치(당시에는 유럽 정치)의 매개자로서의 역할을 적극 수행했다.[*] 빈과 부다페스트는 거의 하나의 도시처럼 기능했다. 1890년대 말에서 1900년대 초까지 부다페스트에서 외국으로 나가는 국제전화 중 44.5퍼센트가 빈의 전화 회선을 경유했다. 1912년에는 부다페스트에 있는 호텔의 손님 중 35.6퍼센트가 빈에서 왔다. 부다페스트에 지사를 두고 있던 36개의 보험회사 중 15개사가 빈에 본사를 두고 있었고, 부다페스트에 있던 다른 4개 회사의 본사도 오스트리아의 다른 도시에 있었다.

빈에 대한 이런 연결성과 더불어 헝가리 정부는 독자성을 강조하는 메타포를 만들어냈다. 즉, '동방으로의 확장'이라는 담론을 통해 헝가리와 부다페스트의 역할을 강조하면서 확장의 전초기지는 부다페스트일 수

---

[*] Kováts András - Rónai Gergely (Szerk.), *Bevándorló Budapest*(Budatest, 2009)

밖에 없다는 수사를 구사하곤 했다. 이런 수사는 정치적 성격이 강했다. 즉 동방으로의 확장이라는 담론 구조의 형성은 헝가리와 부다페스트의 정체성을 규정하는 과정에서 매우 작위적으로 이루어진 점이 없지 않다. 이러한 현상이 민족주의 정서의 강화와도 깊이 연결되어 있다는 점 역시 간과되어서는 안 된다.

부다페스트가 제국의 두 번째 도시로서 확고한 위치를 점하며, 빈과의 격차를 해소할 수 있었던 가장 큰 이유는 부다페스트에서 발전한 현대화된 중공업 덕분이었다. 중공업의 발전을 가능케 했던 것은 기술적·과학적 혁신이었다. 이러한 발전과 혁신을 이끌었던 주요 기관으로는 부다페스트대학, 의과대학, 경제대학, 공과대학, 헝가리 학술원 등이 있으며, 이 기관들은 형태와 이름이 바뀌었더라도 그 고유한 기능과 역할을 오늘날까지 유지하고 있다.[*]

19세기 말 빈은 파리와 런던 다음으로 유럽 문화의 중심 도시였다. 부다페스트는 빈 정도는 아니었을지라도, 특정한 문화 분야에서 두각을 나타냈다. 예를 들어 부다페스트는 그 시대에 인기를 끌었던 음악 장르인 오페레타를 선도하는 중심 도시였으며, 도시 인프라 확충 사업을 통해서도 빈과의 간극을 좁히고 있었다. 부다페스트와 빈의 격차는 규모뿐만 아니라 내용 면에서도 줄고 있었는데, 특히 건축 분야의 차이는 매우 빠른 속도로 좁혀졌다. 오스트리아–헝가리 제국 시기의 부다페스트는 건축 부문에서 빈과 더불어 또 다른 분리파의 상징 도시였다는 점이 이

* Horváth J. András., *A megigényelt világváros: Budapest hatósága és lakossága a városegyesítés éveiben*, Budapest : BFL, 2010(Disszertációk Budapest Főváros Levéltárából), pp.154–156.

를 입증해준다. 부다페스트의 분리파 건축물은 빈에 비해 양적으로 뒤지지 않았으며, 수준도 상당했다. 분리파 양식을 추구하던 건축가들은 빈뿐만 아니라 부다페스트에서도 활발히 활동하고 있었던 것이다.

이 당시 부다페스트의 특징 중 하나는 인구의 급격한 상승이었다. 당시 유럽의 대도시 인구 증가율을 비교해볼 때, 부다페스트를 앞지르고 있던 곳은 베를린 정도였다.[*] 부연하자면 당시 런던과 파리가 경제적·문화적으로 유럽 내 최상위 계층 도시였을 것이고, 베를린과 빈, 상트페테르부르크 정도가 다음의 위치이며, 그다음 그룹에 로마, 밀라노, 마드리드, 뮌헨, 브뤼셀, 스톡홀름, 이스탄불, 부다페스트 정도가 포함될 것이다.[**] 다시 말해 20세기 초반의 부다페스트는 유럽 도시 중 10위권 정도의 위치였을 것이다.

부다페스트는 오스트리아-헝가리 제국 내의 도시들, 특히 빈과 슬로바키아의 수도인 브라티슬라바 등과 긴밀한 관계를 맺고 있었다. 빈은 명실상부한 쌍둥이 도시의 형님 격으로 모든 면에서 부다페스트의 모범이었다. 브라티슬라바는 헝가리식 이름으로는 포조니Pozsony인데, 한때 헝가리의 수도였다. 부다페스트와 브라티슬라바는 형제처럼 도시가 서로 연결된 것 이상의 의미를 가지고 있었다. 빈과 브라티슬라바를 제외하고 부다페스트의 국제적 연계는 오스트리아-헝가리 제국의 국경에서 비교적 멀리 떨어진 트란실바니아 지역과 독일의 동남부 지역인 바이에른, 작

---

[*] Briesen, Detlef, *Weltmetropole Berlin? Versuch, sich einem deutschen Mythos über die Zeit zwishen den Weltkriegen emprisch zu nähern*. In: Berlin als deutsche Hauptsadt im Vergleich europäischer Hauptstädte. 1870 - 1939(Bouvier, Bonn, 1992), pp.173 - 184.

[**] Enyedi György, *Budapest – Kapuváros?* In: Budapest – nemzetközi város, pp.87 - 95.

센 등과 관계가 깊다. 부다페스트 이주민의 상당수가 이 지역 출신이었던 것이다. 그다음으로 부다페스트와 관계있는 곳은 헝가리가 영토적·정치적·경제적으로 확장의 대상으로 삼고 있었던 발칸반도 지역의 도시들이다. 발칸반도는 산악 지역으로 형성된 지리적 조건으로 인해, 평원지대인 헝가리를 통하지 않고는 유럽의 서부, 북부 지역으로 진출하기 어렵다. 따라서 역사적으로 헝가리는 발칸과 서유럽을 연결하는 다리 역할을 해왔다. 특히 부다페스트는 발칸과 서유럽을 잇는 철도, 도로 교통의 중심지로서 양 지역을 직접적으로 연결하고 있었던 것이다.

최근 유럽의 도시 개발 정책에 대한 많은 논의가 오스트리아–헝가리 제국 시기의 부다페스트를 하나의 참고 사례로 여긴다는 사실은 부다페스트라는 도시의 가치와 위상을 보여준다.

오스트리아–헝가리 제국의 제2의 수도로서 건설된 부다페스트의 경험은 유럽의 도시설계가 혹은 도시 정책 입안자들에게 모범이 된다. 부다페스트는 다른 유럽 대도시들에 비해 비교적 늦게 건설되면서 여타 도시들이 갖고 있던 모순과 문제점을 파악하게 되었고, 그러한 점을 해결하면서, 부다페스트에 거주하는 시민의 편리성과 다양한 민족의 융합적 특성이 공존하도록 설계되었던 것이다.

오스트리아–헝가리 제국이 제1차 세계대전에서 패하고, 부다페스트가 본연의 헝가리 수도라는 위치로 되돌아오면서, 이전의 세계 도시의 면모와 기능을 상실한 점은 분명하다. 또한 40년간의 사회주의 통치 기간에 부다페스트가 과거의 역사적 기능과 역할을 하지 못한 점도 뚜렷하다. 그러나 1989년의 체제 전환과 2004년의 유럽연합 가입을 통해 유럽의 일원으로 복귀하고, 국경 없는 통합 유럽이 현실이 되면서 부다페스트는 중부 유럽의 가장 중요하고도 영향력 있는 도시로 다시 한번 자리매김하게 되었다.

참고문헌

김지영,「헝가리의 오스만 문화 수용과 문화적 메타모포시스」,『동유럽발칸연구』43:3(2019)

_____,「'접변과 수용, 재해석'의 문화 현상으로서의 헝가리 세체씨오(Szecesszió) 연구」,『역사와문화연구』71:2(2018)

_____,「제1‐2차 세계대전 시기 야씨 오스카르(Jászi Oszkár)의 '다뉴브 연방'을 통해 본 중부 유럽 통합구상」,『독일연구』41:3(2019)

디오세기 이슈트반,『모순의 제국』, 김지영 옮김(외대출판부, 2006).

박수영,「근대 유럽의 대도시 부다페스트의 역사와 문화」,『동유럽 발칸학』(2002).

이상협,『헝가리사』(대한교과서, 1996).

Barta Györgyi, Keresztély Krisztina, Sipos András, szerk A "*világváros*" Budapest két *századfordulón*(Budapest, 2010).

Barta Györgyi, szerk, *Budapest – nemzetközi város*(Budapest, 1988).

Barta Györgyi, *Budapest és az agglomeráció gazdasági szerepkőrének átalakulása*. In: Holló Szilvia Andrea – Sipos András. "Az őtvenéves Nagy – Budapest – előzmények és megvalósulás. Budapest Tőrteneti Múseum". Budapest Főváros Levétára(Budapest, 2002).

BATK, *Budapesti agglomeráció területfejlesztési koncepció. (Projektvezető: Tosics Iván ‐ Barta Györgyi ‐ Gauder Péter ‐ Ongjert Richárd.) Régió 8 Szakértői Munkakőzősség*(Budapest 1999).

Dővényi Zoltán, *A Magyarországot érintő vándorlás területi jellemzői*. Bevándorlás Magyarországra. Szerk, Tóth Pál Péter(Budapest, 2006)

Enyedi Győrgy, Budapest – *Kapuváros?*"(Budapest, 1998)

Fleischer Tamás – Miklóssy Endre – Vidor Ferenc (Szerk.), *Második Millennium*"(Budapest, 1993)

Francz Magdolna, *és Rozgonyi Sarolta., Budapest: világváros a Duna partján*(Budapest, 2017)

Glatz, Ferenc, *A magyarok krónikája*(Budapest, 1996)

Horváth J. András, *A megigényelt világváros: Budapest hatósága és lakossága a városegyesítés éveiben*(Budapest, 2010)

Kováts András – Rónai Gergely (Szerk.), *Bevándorló Budapest*(Budatest, 2009)

Lukacs, John, *A város és kultúrája, Eeurópa könyvkiad*(Budapest, 1900)

부다페스트 1900년

초판인쇄 2023년 5월 26일
초판발행 2023년 6월 2일

지은이 존 루카스
옮긴이 김지영
펴낸이 강성민
편집장 이은혜
마케팅 정민호 박치우 한민아 이민경 박진희 정경주 정유선 김수인
브랜딩 함유지 함근아 박민재 김희숙 고보미 정승민
제작 강신은 김동욱 임현식

펴낸곳 (주)글항아리 | 출판등록 2009년 1월 19일 제406-2009-000002호

주소 경기도 파주시 심학산로10 3층
전자우편 bookpot@hanmail.net
전화번호 031-955-8869(마케팅) 031-941-5161(편집부)
팩스 031-941-5163

ISBN 979-11-6909-113-8 03920

www.geulhangari.com